创新思维法学教材
Legal Textbooks of Creative Thinking

国际商法

International Commercial Law

主　编　李凤宁　张　琼
副主编　陈玉祥　王晓丽
撰稿人（按姓氏笔画排序）
王　芳　王晓丽　田　辽　李凤宁
张　琼　陈玉祥　罗宗奎　胡秀娟

WUHAN UNIVERSITY PRESS
武汉大学出版社

图书在版编目(CIP)数据

国际商法/李风宁,张琼主编 . —武汉:武汉大学出版社,2010.11
(2016.7 重印)
创新思维法学教材
ISBN 978-7-307-08315-8

Ⅰ.国…   Ⅱ.①李…   ②张…   Ⅲ.国际商法—高等学校—教材
Ⅳ.D996.1

中国版本图书馆 CIP 数据核字(2010)第 211520 号

责任编辑:钱　静　　　责任校对:刘　欣　　　版式设计:马　佳

出版发行:**武汉大学出版社**　　(430072　武昌　珞珈山)
(电子邮件:cbs22@whu.edu.cn　网址:www.wdp.com.cn)
印刷:武汉中科兴业印务有限公司
开本:720×1000　　1/16　　印张:25.5　字数:458 千字　　插页:1
版次:2010 年 11 月第 1 版　　2016 年 7 月第 5 次印刷
ISBN 978-7-307-08315-8/D·1049　　定价:35.00 元

前　言

　　"国际商法"在西方尤其是英美法国家的法律和经济专业教育体系中占据着重要地位；在我国，它也是法学和国际贸易等专业学生修习的一门重要课程。虽然目前我国学者对"国际商法"的概念、地位及其与"国际贸易法"、"国际经济法"的关系仍存在重大的分歧，但越来越多的学者倾向于认为国际商法应当脱离国际经济法的范畴并成为一门独立的法律部门，而国际商法学也应成为一门独立的学科。本书赞同这一观点，并认为国际商法应该是调整不同商事主体之间的跨国贸易或跨国商事关系的法律规范的总称，它调整的是私人间的国际商事交易关系，而不包括管制性的法律，这也是"国际商法"与"国际经济法"的区别所在。从这个意义上来说，国际商法就是国际商事交易法。

　　本书的写作除以上述观点为立论和撰写的基础外，还在以下方面体现出自己的特色：本书力求反映最新的立法和研究成果，这包括联合国国际贸易法委员会（UNCITRAL）主持制定并于 2009 年 9 月正式签署发布的《联合国全程或部分海上国际货物运输合同公约》（即《鹿特丹规则》，*Rotterdam Rules*），2009 年新修订的《中华人民共和国保险法》，以及 2007 年修订的国际商会《跟单信用证统一惯例》（简称"UCP600"）等法律和惯例。此外，国际商事实践中一些最新的发展状况，如 2009 年新修订的"协会货物保险条款（ICC/01/01/09）"等也在本书中得到详细阐述。

　　本书由李凤宁、张琼主编，具体写作分工如下：

　　李凤宁（法学博士，武汉理工大学文法学院副教授，硕士生导师），撰写第四章，第五章第一、二节，第六章；

　　张　琼（武汉大学出版社副编审），撰写第一章；

　　陈玉祥（法学博士，湖北大学商学院副教授，硕士生导师），撰写第三章；

　　王晓丽（法学博士，武汉理工大学文法学院副教授，硕士生导师），撰写第七章；

王　芳（法律硕士，内蒙古工业大学国际工商学院讲师），撰写第二章；

罗宗奎（法律硕士，内蒙古工业大学人文学院法学系讲师），撰写第八、九章；

田　辽（法学硕士，武汉大学国际法研究所博士研究生），撰写第五章第三、四、五节；

胡秀娟（法学博士，武汉理工大学文法学院副教授，硕士生导师），撰写第十章。

由于作者水平有限，错误疏漏与观点冲突在所难免，望读者不吝批评指正。

李凤宁　张　琼

2010 年 9 月

目　　录

第一章 导 论

要点提示：本章对国际商法进行了概括介绍，重点探讨了国际商法的概念、调整范围、历史发展以及法律渊源等。学生应重点掌握国际商法的内涵与外延，并理解国际商法的法律渊源以及法律适用的一般规则。

第一节 国际商法的界定

一、国际商法的概念

一般来说，国际商法被认为是调整不同商事主体之间的跨国贸易或跨国商事关系的法律规范的总和。所谓跨国间的贸易或商事关系，也称国际商事关系，是指不同商事主体之间在从事跨国贸易或跨国商事交易过程中所形成的法律关系，其狭义上仅指不同国家的私人之间所从事的商事交易关系，即国际商事交易关系。而在广义上，国际商事关系除包括国际商事交易关系外，还包括一国对本国对外商事交易活动的管制与调节关系，以及国家与国家之间对国际私人商事交易的协调关系，如图 1-1 所示。以中国甲公司向美国乙公司出口一批服装为例，在这一国际贸易活动中，将涉及中国甲公司与美国乙公司之间的货物买卖关系，中国政府对中国甲公司的服装出口可能实施的数量或许可证管理、税收管理等管制关系，美国政府对美国乙公司的服装进口可能实施的数量或许可证管理、关税征收等管制关系以及中美之间的双边或多边贸易协调关系。

$$
国际商事关系 \begin{cases} 国际私人商事交易关系 \\ 国家对本国对外商事交易活动的管制与调节关系 \\ 国家与国家之间对国际私人商事交易的协调关系 \end{cases}
$$

图 1-1

1

不过通常情况下，国际商法被认为仅调整狭义上的国际商事交易关系。在西方国家，调整国际商事交易关系的法律通常有"国际商法"(International Commercial Law, International Business Law)、"国际贸易法"(International Trade Law) 或 "国际商事交易法"(International Business Transactions Law) 等不同称呼。①

在我国，这一类法律规范同样被认为属于"国际商法"的调整范畴，但同时它也被认为是"国际贸易法"、"国际经济法"的构成部分。不过值得注意的是，目前我国学者对"国际商法"的概念、地位及其与"国际贸易法"、"国际经济法"的关系仍存在重大的分歧，远未形成统一的、广为接受的观点。总结起来，我国学者在这一问题上主要有以下几种观点：

(1) 狭义说。狭义说认为，国际商法是调整国际商事交易和商事组织的各种关系的法律规范和惯例的总和。持此种观点的学者承袭了英国学者施米托夫的观点，即认为国际商法是调整国际商业组织间在私法范围内进行的国际商事交易的法律，它既不同于国际经济法，也不从属于国际私法；国际商法的渊源主要为商事惯例和国际立法，不包括国内民商法；国际商法建立在国际商业中普遍采用的做法和世界各地商人们的共同意识的基础上。②

(2) 广义说。广义说认为，国际商法是调整国际商事关系及相关关系的各种法律规范的总和。无论主体是个人、法人、国家政府或国际组织，只要这种商事关系的当事人分属于两个以上不同的国家或国际组织，或其所涉及的商事问题突破了一国国界的范围，就属于国际商事的范畴。因此，国际商法并不局限于某一特定的法律规范或法律部门，它的内涵以传统的国际贸易法为主，其外延早已打破了国际法体系和国内法体系、公法和私法的划分，而涵盖调整国际经济交往的多个环节、多个领域的法律规范。可见，根据广义说的观点，国际商法的调整范围较宽，主体较广，涉及的法律规范具有多重性，因而其与广义国际经济法的界限不甚明显。

(3) 折中说。有学者认为，国际商法是调整国际商事交易和国际商事组

---

① 参见 ［美］约翰·H. 威尔斯：《国际商法》，金婧等译校，中国人民大学出版社2008年版；［美］理查德·谢弗、贝弗利·厄尔、菲利伯特·阿戈斯蒂：《国际商法与环境》，周珂等译，中国人民大学出版社2005年版；［英］施米托夫：《国际贸易法文选》，中国大百科全书出版社1993年版。

② 参见左海聪：《国际商法是独立的法律部门——兼谈国际商法学是独立的法学部门》，载《法商研究》2005年第2期；左海聪：《国际商法的产生、发展和未来》，载曾令良、肖永平主编：《武大国际法讲演集》第一卷，武汉大学出版社2006年版。

织的各种法律规范的总称。其渊源包括国际条约、国际惯例和国内法等。折中说的观点在我国国际商法学界已逐渐成为主流学说。①

本书认为，现有的商事惯例和国际立法还远不够发达，还无法完全、独立地调整和规范国际商事交易关系。国际商事交易中当事人之间权利义务的确定及其纠纷的解决，除了要依靠商事惯例和国际立法外，还要依靠相关的国内法来确定，因此"狭义说"的观点值得商榷。同样，"广义说"的观点亦不足以完全采信，因为国际间私人商事交易关系为一种私法性关系，其法律渊源为商事惯例、国际条约以及相关国家的国内民商事立法，而一国对本国对外商事交易活动的管制与调节关系以及国家与国家之间对国际私人商事交易的协调关系，是一种公法性关系，通常由一国国内行政法、经济法、对外贸易管理法以及国家间双边和多边协议所调整，二者在法律性质、适用原则、价值目标以及实体规范、救济方法与程序等方面存在很大不同，因此不能混为一谈。而且，"广义说"的观点会使得国际商法与国际经济法的界限不清，可能会使其失去独立存在的价值。

据此，本书同意"折中说"的观点，即认为国际商法是调整不同商事主体之间的国际商事交易关系的法律规范的总称，其仅调整跨国间的私人商事交易关系，而不调整一国对本国对外商事交易活动的管制与调节关系以及国家与国家之间对国际私人商事交易的协调关系。

二、国际商法的调整范围

国际商法调整的是不同商事主体之间的国际商事交易关系，其具有"国际性"和"商事性"两大特征。

所谓"国际性"，是指"国与国"之间或"跨国"的意思，而以一国为视点则是指具有"涉外性"。"国际性"的判断有许多衡量的标准，各国国内立法和有关国际条约的规定也不尽相同。一般说来，商事交易关系的主体分处于不同的国家，或者当事人具有不同的国籍，或者交易的标的物或内容中有一项具有国际性的，即可被认为属于国际商事交易关系。这其中，采用"营业地标准"即以当事人的营业地位于不同国家来判定是否属于"国际性"商事交易已经逐步成为一种通行做法。比如在买卖关系中，买方或卖方中有一方是位于中国的自然人、法人或其他经济组织，而另一方是外国的自然人、法人或

---

① 参见韦经建、王小林：《论国际经济法与国际商法的学科分立》，载《吉林大学社会科学学报》2005 年第 6 期。

其他经济组织，这一买卖关系就是国际商事关系。

所谓"商事性"，是指平等的商事主体之间进行的以营利为目的的经济交往关系。需要注意的是，营利性指的是主体的动机，至于其是否真正盈利则并不影响该关系的商业性质。不过，如何确定商事关系的类型和范围，各国国内法的规定不尽相同，有关国际立法也语焉不详。例如，《国际商事合同通则》对"商事"合同并没有给予任何明确的定义，只是假定对"商事"合同这一概念应在尽可能宽泛的意义上来理解，以使它不仅包括提供或交换商品或服务的一般贸易交易，还可包括其他类型的经济交易，如投资和/或特许协议、专业服务合同等。① 联合国国际贸易法委员会《国际商事仲裁示范法》则认为对"商事"一词应作广义解释，使其包括不论是契约性或非契约性的一切商事性质的关系所引起的事项，应包括但不限于下列交易：供应或交换货物或服务的任何贸易交易；销售协议；商事代表或代理；保理；租赁；建造工厂；咨询；工程；使用许可；投资；筹资；银行；保险；开发协议或特许；合营和其他形式的工业或商业合作；空中、海上、铁路或公路的客货载运。② 我国立法对此也没有明确规定，不过依据我国在加入《承认及执行外国仲裁裁决公约》（即1958年《纽约公约》）时所作的"商事保留"声明以及最高人民法院1987年4月10日发布的《关于执行我国加入的〈承认及执行外国仲裁裁决公约〉的通知》，所谓"契约性和非契约性商事法律关系"，具体是指由于合同、侵权或者根据有关法律规定而产生的经济上的权利义务关系，例如货物买卖，财产租赁，工程承包，加工承揽，技术转让，合资经营，合作经营勘探开发自然资源，保险，信贷，劳务，代理，咨询服务和海上、民用航空、铁路、公路的客货运输以及产品责任，环境污染，海上事故和所有权争议等，但不包括外国投资者与东道国政府之间的争端。这一态度已为我国理论界和司法界所普遍认可，本书同样采用这一观点。

由此可见，国际货物买卖、运输、保险、支付，国际服务与技术贸易，国际直接投资，国际产品责任及其他货物与运输事故责任均属于国际商法的调整范畴。不过，限于篇幅，本书将不探讨国际直接投资的有关问题。

三、国际商法的地位及其与其他法律部门的关系

法律通常有公法与私法、国内法与国际法之分。我国目前主流观点认为国

① 参见《国际商事合同通则》序言。
② 参见《国际商事仲裁示范法》第1条注解2。

际法包括国际公法、国际私法和国际经济法三个部分，而国际商法则被包含在国际经济法或者国际私法中，没有独立的地位。

不过，尽管国际商法与国际经济法都调整跨国间的经济活动，但二者仍存在着明显的区别。首先，国际经济法是调整国家、国际组织以及不同国家的自然人与法人间的国际经济关系的规范的总和，其主要应包括国家、国际组织之间以公法性法律为主的法律规范；而国际商法仅调整不同国家的自然人和法人之间的国际商事交易关系，属于私法性法律规范的范畴，因此二者在概念和内涵、调整的主体范围、法律规范的性质等方面均有所不同。其次，两者有不同的历史发展轨迹。通常认为，国际经济法作为一个新兴部门是在第二次世界大战之后逐渐形成的，"二战"结束前后所缔结的《国际货币基金协定》、《国际复兴开发银行协定》和《关税及贸易总协定》标志着国际经济法的产生，而WTO 的诞生和发展则意味着国际经济法进入了一个新的发展阶段。但国际商法最早渊源于古代和中世纪商人习惯法，后随着各国国内商法的发展而逐渐壮大，并在 20 世纪后重新步入国际统一化发展的道路。此外，二者调整方法不同。国际经济法所调整的法律关系多为国家、国际组织间的关系以及一国的内部监管关系，所以国家的介入较为直接，多通过直接调整和干预的方式来确定国家、国际组织乃至个人的权利义务关系。而国际商法调整的法律关系多为平行的、横向的，当事人之间的权利义务关系多由其自行确定，所以国家的介入多是间接的，是救济性的。据此，有学者建议国际商法应当脱离国际经济法的范畴并成为一门独立的法律部门，而国际商法学也应成为一门独立的学科。①

就国际商法与国际私法而言，虽然二者都调整平等主体之间的法律关系，但同样存在根本不同。国际私法虽以涉外民商事关系为调整对象，但其调整的目的是为具有涉外因素的民商事案件确定适用的准据法，其通常并不直接调整国际民商事主体间的权利义务关系。而国际商法主要是实体法，它直接规定国际商事主体在国际商事关系中的权利义务关系。因此，国际商法也不应隶属于国际私法。

不过，国际商法与国内商法间的关系要复杂一些。各国的商法通常属于国内法和私法的范畴，但它同时又是国际商法的法律渊源之一；而国际商事条约的日渐增多，又对各国的商事立法不断产生影响并使其逐渐趋同和统一。当

---

① 参见左海聪：《国际商法是独立的法律部门——兼谈国际商法学是独立的法学部门》，载《法商研究》2005 年第 2 期；姜世波：《国际商法学科的独立性刍议》，载《山东大学学报》2004 年第 4 期。

然，二者的区别也是明显的，国内商法是由一国的立法机关制定并在一国主权范围内实施的，而国际商法还包括国家与国家之间以及国际组织所制定或签订的条约和公约等；国际商法调整的是国际性或涉外性的商事交易关系，但是国内商法通常主要适用于国内的商事交易关系。由此可见，二者既相互区别又密切相关。

第二节　国际商法的历史发展

当人类进入到 20 世纪，尤其是随着 20 世纪末期开始出现的经济全球化的不断深入，国际商事交易活动已经成为人类赖以生存和发展的重要方式，成为各国经济发展和社会进步的重要支柱。与此相对，国际商法也经历了一个产生、发展并逐步壮大的过程。

不过，国际商法究竟何时产生，目前尚无定论。著名的国际贸易法专家施米托夫教授认为国际商法的发展分为三个阶段，即中世纪商人法时期（11—17 世纪）；商人法被纳入国内法时期（18—19 世纪）以及新商人法时期（当代）。① 但是，国际商法也可以追溯到更远的年代。早在远古时代，人类的祖先就已经开始了贸易和航海活动，并逐渐产生了某些习惯和规则。公元前 9 世纪前后，希腊南部罗得岛逐渐成为地中海沿岸贸易与航海的中心，许多海事案件都在此裁断和解决，这样经过几个世纪的汇集后，逐渐形成了一部航海习惯法"罗得海法"（Lex Rhodia）。《查士丁尼学说汇编》中就记载了"罗得海法"中有关抛货的共同海损的规定。这一时期可以称为国际商法的萌芽阶段。

到了中世纪，欧洲大陆和地中海沿岸的贸易和航海活动更加频繁，商人阶层也逐渐壮大。商人（包括商人自治组织）在商业实践中逐渐形成了一些习惯性规则或做法，这被称为商人自治法。中世纪的商人自治法已经包含诸如货物买卖合同的标准条款、两合公司、海上运输及保险、汇票、破产程序等方面的习惯性规则，成为当时调整各国（地）间商事交易关系的交易基础和行为规范。例如，在地中海、大西洋沿岸相继形成了三大海法，即"奥列隆惯例集"（Lex Oleron）、"海事裁判例"（又称康索拉度海法，Lex Consolato）以及"维斯比海法"（Laws of Wisby），这三大海法被认为是中世纪海商法的三大基石，并成为日后各国海商法及相关国际立法的立法基础。中世纪商人法是自发

---

① 参见［英］施米托夫：《国际贸易法文选》，赵秀文译，中国大百科全书出版社 1993 年版，第 4~24 页。

形成的，是一种商人自治法，而且它还具有一定的普遍适用性（跨国性或国际性），因此这一时期通常被认为是国际商法的产生阶段。

自 16 世纪起，随着欧洲民族国家的产生，各新兴资本主义国家开始干预本国涉外商事交往，采取不同的方式将商人法纳入本国的国内法体系。① 中世纪商人自治法也被这些国家的国内商法所继承并得以不断发展。这一时期国际商法主要是以各国国内商法的面目出现的，与此同时，中世纪所自然形成的国际商事法的统一状态也被打破。一些国家如法国、德国、日本等制定了独立的商法典，另一些国家则制定了大量的单行商事立法和法规，用来调整越来越庞杂的商事交易关系。

各国商事立法的不统一，给国际商事交易带来诸多不便。因此，19 世纪末以来，要求各国商事法律统一的呼声日趋强烈。各国、国际组织以及民间组织纷纷投入到国际商法规范的制定和创立之中，直接规定国际商事交易当事人权利义务的条约和习惯便应运而生并逐渐发展。国际商事统一公约首先在知识产权领域产生，具体成果为 1883 年的《保护工业产权巴黎公约》和 1886 年的《保护文学艺术作品伯尔尼公约》。1896 年国际海事委员会成立，以致力于海事私法的统一。1919 年国际商会成立，由国际商业组织和企业组成，主要从事贸易与银行惯例的编纂和研究工作，这被认为是商人们国际意识复归和商人们要求制定国际商事统一法的集中体现。进入 20 世纪，国际商事实体法获得了巨大的发展，以国际商事公约、国际商事惯例、普遍性格式合同为渊源的国际商事实体法已形成体系，涵盖了国际商事交易的许多重要领域。国际统一私法协会、国际贸易法委员会和国际海事委员会制定了关于国际代理、国际货物买卖、国际货物运输、国际支付、国际融资租赁的一系列公约。国际商会和其他机构制定了多种国际惯例，涵盖贸易术语、托收、信用证、国际商事合同的一般规则、海上保险条款、国际保理、国际特许经营等领域。在 21 世纪，随着科技与生活的不断前进，相信国际商法也将会有更大的发展。②

第三节　国际商法的法律渊源

国际商法的法律渊源，主要是指国际商法产生的依据及其表现形式，它主

① 参见任先行、周林彬：《比较商法导论》，北京大学出版社 2000 年版，第 210 页。
② 参见左海聪：《国际商法的产生、发展和未来》，载曾令良、肖永平主编：《武大国际法讲演集》第一卷，武汉大学出版社 2006 年版，第 153 页。

要包括双边或多边国际商事条约、各国国内的商事立法、国际商事惯例。

一、国际商事条约

各国缔结的有关国际经济活动的国际条约或公约历来被普遍认为是国际商事法的重要渊源。但一般说来，条约只对缔约国具有拘束力，而对非缔约国并无拘束力。

条约又分双边条约和多边条约（公约）。商事性的双边条约主要有友好通商航海条约、贸易协定、贸易议定书、相互保护和促进投资协定等方式。不过在国际贸易中，多边贸易条约（国际商事性公约）起着更加重要的作用，这主要包括调整国际货物买卖的《联合国国际货物销售合同公约》；调整国际海上货物运输的《海牙规则》、《海牙—维斯比规则》、《汉堡规则》、《鹿特丹规则》（目前尚未生效）；调整国际航空运输的《华沙公约》、《蒙特利尔公约》；调整国际票据法律关系的《关于本票、汇票的日内瓦公约》、《关于支票的日内瓦公约》；关于知识产权的《保护工业产权巴黎公约》、《商标注册马德里协定》、《伯尔尼公约》、《日内瓦公约》、《世界版权公约》；关于国际仲裁的《承认及执行外国仲裁裁决公约》（《纽约公约》）等。

基于"条约必须信守"的原则，缔约国及其国内涉外贸易当事人必须遵守条约的规定。不过，由于国际商事法所具有的私法特性，因而并非所有的国际条约都具有绝对强制执行力。有的国际条约允许当事人约定适用或不适用，或者进行更改，例如，《联合国国际货物销售合同公约》第 6 条规定，双方当事人可以减少该公约的任何规定或改变其效力。这也是私法领域内当事人"意思自治"原则的体现。

二、各国国内商事立法

国际贸易本质上是国与国之间的贸易，因而国际商事活动必然会受到各国国内立法的调整和约束。由于现有的国际公约和惯例还不可能满足实践中的需求，而且人们在从事超越国境的经贸和商事活动时，也可能选择某国的国内法为准则，因此国内法在国际商法中仍占有重要地位。当然，这里的国内法应当是广义上的法律，既包括由立法机关制定的法律，也包括其他具有法律效力的条例、法规、指令、判例以及其他规范性文件；既包括相关实体法、程序法，也包括有关的国内商事冲突法等。

就全世界范围来看，各国国内法基本上分属于大陆法系和普通法法系两大阵营。相对而言，英美法在国际贸易和海商海事等方面有着广泛的影响力，尤其是在国际商事海事活动中约定适用英格兰法律的做法也比较普遍。在英国，规范商事交易的立法主要有 1979 年《货物买卖法》（*Sale of Goods Act*，1979）、1994 年《货物销售和提供法》（*Sale and Supply of Goods Act*，1994）、1893 年《代理人法》（*Factors Act*，1889）、1882 年《票据法》、1906 年《海上保险法》、1992 年《海上货物运输法》（*Carriage of Goods by Sea Act*，1992）等。但是，英国没有加入《联合国国际货物销售合同公约》。在美国，规范商事交易的立法主要有《美国统一商法典》、1936 年《海上货物运输法》及美国《提单法》（*Pomerene Bills of Lading Act*，1916）等。《美国统一商法典》包括总则，买卖，商业票据，银行存款和收款，信用证，大宗转让，仓单、提单和其他所有权凭证，投资证券以及担保交易等内容，是从商业实践需要出发形成的独具一格的法典体系，具有重要影响。当然，判例也是英美法国家的一项重要法律渊源。

大陆法系方面，关于商事立法的规定多集中于各国的商法典和单行商事立法中。在法国，1807 年《法国商法典》曾经是最重要的商事立法渊源，包括商事总论、海商、破产和倒闭、商事裁判等内容，但现在除关于商事主体以及被整体性纳入其中的 1966 年《商事公司法》的条款外，许多内容已经被废除或被单行法所替代。有关海商、破产、银行、有价证券及其交易、商业租约、营业资产等方面的法律均由单行法规范，包括 1930 年的《保险合同法》、1935 年的《票据统一令及支票统一令》以及 1966 年的《关于租船合同和海运合同的法国法》等。在德国，规范商事活动的法律主要有《德国商法典》及其他商事单行法。作为商法基本法的《德国商法典》于 1897 年 4 月 7 日通过，1900 年 1 月 1 日起生效实施，包括商人的身份、公司和隐名合伙、商业账簿、商行为和海商等内容，其核心部分一直适用到今天，不过也有许多领域从商法典中脱离出去，并制定了单行法规，这包括 1933 年《德国票据法》、1965 年《德国股份公司法》、2008 年《保险合同法》等。在中国，规范商事活动的立法主要有《合同法》、《公司法》、《保险法》、《海商法》、《票据法》以及《破产法》等单行立法。

三、国际商事惯例

国际商事惯例，是指从事国际商事活动的商人在贸易实践中逐渐形成并得到广泛接受和经常遵守的商事行为准则。《联合国国际货物销售合同公约》第 9 条对国际贸易惯例的解释为："在国际贸易上已为有关特定贸易所涉同类合同的当事人所广泛知道并为他们所经常遵守。"因此，构成一项国际商事惯例须具备以下要件：一是为相关国际贸易当事人所广泛知晓和接受；二是为相关国际贸易当事人所经常遵守和执行；三是相关国际贸易当事人认可其约束力，即认可其效力和责任。

国际商事惯例在国际贸易活动中占有重要地位，它已成为国际贸易正常进行的重要支柱。目前在国际贸易中影响最大的商事惯例是国际商会制定的《国际贸易术语解释通则》和《商业跟单信用证统一惯例》。这两套国际贸易惯例在世界上已经得到绝大多数国家和地区的承认，而且在实践中起着举足轻重的作用。

国际商事惯例不同于国际条约和国内立法。国际条约和国内立法是主权国家的意志体现，是由法定机关或组织通过法定程序制定出来的立法形式，通常在缔约国或当事国管辖范围内具有普遍的约束力。但是，国际商事惯例是商人在贸易实践中逐渐形成的。而且，从理论上来说，国际商事惯例也不具有普遍约束力，仅在当事人约定适用时方对其具有约束力。当然这并不是绝对的，有些国家的国内法规定，国际惯例的适用无须当事人明示表示同意，《联合国国际货物销售合同公约》对此也持同一态度。因此，除非当事人另有约定，或者有关国际条约、国内立法有相反的强制性规定，否则《联合国国际货物销售合同公约》框架下国际商事惯例是无须当事人的同意即可对其产生约束力的。

国际商事惯例也不同于商业习惯。在国际商事活动中当事人之间还经常有一些习惯做法，例如双方习惯上采取货款预付的方式，或者习惯上采取自行提货的方式等。按照《联合国国际货物销售合同公约》第 9 条的规定，国际贸易当事人之间确立的任何习惯做法，对双方当事人均有约束力。不过，与国际商事惯例不同的是，这些商业习惯仅是特定贸易当事人之间建立的习惯做法，还没有上升为特定贸易领域所广泛知晓且经常遵守的程度，因而其只能约束特定的当事人，但对其他人不具有约束力。当然，有些商业习惯也可能逐步上升为国际商事惯例。

国际商事惯例还不同于国际贸易中的标准（格式）条款。在国际贸易中，存在着大量的标准（格式）条款（合同），例如国际谷物和饲料贸易中的 GAFTA（the Grain and Feed Trade Association）合同、国际工程施工中的 FIDIC 条款、海上租船中的金康（GENKON）格式等。这些标准条款有的是由贸易当事人制定的，也有的是由第三方的国际组织或民间组织制定的。它们不仅为国际贸易当事人订立、履行合同以及解决争议提供了很大便利，而且在国际贸易实践中实际上被反复适用。① 不过，这些标准条款及其实践还没达到为特定贸易领域所广泛接受和经常遵守的程度，因而它们还不属于国际商事惯例的范畴，仅对采用标准条款的当事人具有约束力。

除条约、国内法、国际商事惯例之外，一些权威学说、法理也可以成为国际商事活动及其争议解决的法律渊源。对于上述法律渊源之间的效力，各国规定不尽一致。一般来说，国际条约和国内立法的效力要高于国际惯例。我国《民法通则》第 142 条规定，中华人民共和国缔结或者参加的国际条约同中华人民共和国的民事法律有不同规定的，适用国际条约的规定，但中华人民共和国声明保留的条款除外；中华人民共和国法律和中华人民共和国缔结或者参加的国际条约没有规定的，可以适用国际惯例。

第四节　两大法系及中国的法律制度

虽然各国国内立法构成了国际商法的重要渊源，但要对每一国家的国内商事立法都予以介绍或进行研究几乎是一项难以完成的任务，毕竟各国之间的国内立法存在重要区别。不过，按各国法律的历史传统、源流关系和特征可以将各国法律制度划分为大陆法系和英美法系两大阵营，这对于我们从宏观上理解和学习各国法律具有一定的帮助作用。

一、两大法系简介

大陆法系又称罗马法系、民法法系、法典法系、日耳曼法系等，起源于罗马法，以法、德两国为其代表，欧洲大陆、拉美、亚洲等多数国家属于大陆法系范围。大陆法系的主要特点是以成文法或制定法为主，通常不承认判例法的地位；其通常具有悠久的法典编纂的传统，有民法典、商法典等法典；在司法审判中传统上要求法官严格按照法条审判，以三段论为最重要的推理模式。大陆法系各国的法院组织虽然各有特点，但都有一些共同之处，主要表现在各国除普通法院以外，都有一些专门法院与普通法院同时并存。例如，对于商事审判来说，在有的国家由专门的商事法院来审理，比如法国；在有的国家则由普通法院中的商事法庭来审理；而在我国，商事案件由普通法院来审理，但是海事案件则由海事法院专门审理。

普通法法系又称英美法系或海洋法系，起源于英国，包括英国、美国等广

---

① 参见陈宪民：《国际贸易法专论》，北京大学出版社 2007 年版，第 12 页。

大的英语国家等。与大陆法系相比，英美法系多采不成文法，尤其是判例法，强调"遵循先例"原则；审判中采取当事人主义和陪审团制度，对于司法程序比较重视，法官实质上通过判例起到了立法的效果。在判例法形式下，上级法院尤其是最高法院的判决和判决理由，对作出判例的法院本身以及下级法院日后处理同类案件，均具有约束力。这样，法院和法官不仅是法律的执行者，而且在事实上扮演着法律创制者的重要角色。另外还要注意的是，美国的法律分为联邦法和州法两大部分，各州的立法权力很大；凡是宪法未授权联邦立法或宪法未禁止各州立法的，其立法权均属于各州，而联邦只有在例外情况下才行使立法权，但联邦法的效力高于州法，两者发生抵触时应适用联邦法。与此相对应，美国除了联邦司法体系，每个州也各有不同的司法体系。美国联邦司法体系分为三级即联邦地方法院、联邦上诉法院（巡回法院）和联邦最高法院；涉及联邦法律或国际条约的商事案件，公海上或国境内供对外贸易和州际贸易之用的通航水域案件，不同州之间、不同州的公民之间的商事争议等均属于联邦法院的管辖范围。州的司法体系同联邦司法体系大致相同，但不尽一致，一州内的商事争议应通过该州司法体系予以解决。

虽然两大法系存在重大区别，但自19世纪末以来，随着社会经济政治条件的变化，两大法系也开始出现一些相互融合、相互接近的趋势。首先，大陆法系也开始承认判例的效力。大陆法系国家在传统上只承认成文法而不认可判例法，但是有的国家（德国、瑞士、法国等）已在某些领域内开始承认判例的约束力，尤其是最高法院的判决对下级法院的拘束力，用于弥补成文法典的不足。其次，英美法系中成文法的数量迅速增加，且地位和作用不断上升。这种情况在美国最为突出，例如《美国统一商法典》、《美国示范公司法》等已被绝大多数的州所采纳，美国证券法、保险法等商事法也多采用成文法的立法方式等。由此可见，随着成文法数量的大增，成文法已成为英美法系的一个重要渊源。此外，有的国家更是采取了兼容并蓄的立法方法，如日本"二战"前基本参照法、德构建了自己的民商法律体系，但在"二战"后的商事立法却大量参照、引进美国的商事立法内容。而许多重要的国际商事公约、条约，例如《联合国国际货物销售合同公约》等也是通过借鉴甚至吸收两大法系的一些法律原则和规范才得以形成的。①

此外，必须注意的是，两大法系只是一种学理上的分类，是理论上的概括比较，并非同一法系的不同国家在立法上就是一模一样的。实际上，即使同一

① 参见论卫星主编：《国际商法》，浙江大学出版社2008年版，第13页。

法系的不同国家之间在具体立法上也会有很大的差异。因此，那种简单以属于哪个法系为基础来确定某个国家的具体立法和规定的做法将是十分危险的。

二、中国的法律制度简介

中国的法律制度可以追溯到夏商时期，其后经过两千多年的发展，逐渐形成了独具中华文化特色的法律体系，被西方学者称为"中华法系"。

我国自改革开放以来，开始大规模借鉴和学习大陆法系、英美法系的先进立法和制度，并逐步形成了门类齐全、较为完备的一套法律体系。

民商事立法方面，中国目前采用民商合一的立法模式，商法是依附于民法，或者是作为民法的特别法出现的。因此，单纯的商事立法如《公司法》、《票据法》、《海商法》、《保险法》等还要受到民事普通法如《合同法》、《担保法》、《物权法》、《侵权责任法》、《民法通则》等的影响和制约。

中国现行民商事立法也是由宪法、法律、法规、规章和规范性文件等不同的法律渊源构成的。首先，宪法作为母法，原则规定了民商事立法的指导原则和基本制度。其次，民商事法律，构成了民商事立法的中流砥柱。这其中，既包括《合同法》、《担保法》、《物权法》、《侵权责任法》、《民法通则》等民事立法，也包括《公司法》、《票据法》、《海商法》、《保险法》、《证券法》、《合伙企业法》、《个人独资企业法》以及《企业破产法》等商事立法，还包括具有涉外性质的《中外合资企业法》、《中外合作企业法》和《外资企业法》等。上述民商事立法在适用顺序上，一般遵循特别法优于一般法、新法优于旧法等原则。再次，法规又可分为行政法规和地方性法规等，例如国务院颁布的《公司登记管理条例》、《国际海运条例》，深圳市人民代表大会常务委员会颁布的《深圳经济特区商事条例》等。最后，部门规章或地方政府规章，如交通运输部的《国际海运条例实施细则》、保监会颁布的《外资保险公司管理条例实施细则》等。必须注意的是，在法律效力上，宪法的位阶最高，其次是法律，然后是法规，最后是规章、规范性文件等；后一位阶的立法与上位法相抵触的，应归于无效或不被适用。

除了成文立法外，法律解释也是现行民商事活动的法律渊源。法律解释通常包括立法解释、行政解释和司法解释等。司法解释是由最高人民法院和最高人民检察院分别对法院审判工作和检察院检察工作中具体应用法律的问题进行的解释，这些解释对其下级法院和检察院的审判、检察工作均具有约束力。最高人民法院发布了一系列的关于民商法的司法解释，如最高人民法院《关于适用〈中华人民共和国合同法〉若干问题的解释》、最高人民法院《关于适用

〈中华人民共和国公司法〉若干问题的规定》、最高人民法院《关于适用〈中华人民共和国保险法〉若干问题的解释》等，其对民商事法律适用起着举足轻重的作用。除此之外，最高人民法院对地方人民法院关于疑难案件请示的批复以及《最高人民法院公报》公布的典型案件判决，对同类案件也具有一定的约束力和指导意义。但是，判例在现行的中国法律制度中仍无法构成一项法律渊源。

目前中国的民事审判制度可以概括为四级两审终审制。现行审判体系由作为国家最高审判机关的最高人民法院和地方各级人民法院组成，其中地方各级人民法院分为基层人民法院、中级人民法院和高级人民法院。民商事纠纷通常由基层人民法院一审，中级人民法院二审。但是，标的较大的，疑难的或涉外、涉港澳台的民商事案件的一审通常由中级人民法院甚至高级人民法院进行。除普通法院外，我国还设有军事法院、海事法院等专门人民法院，其中，海商海事案件由海事法院专门管辖。

第二章　国际商事主体与代理法

要点提示：本章是国际商法有关商事主体及其代理行为部分。本章重点讲授有关国际商事主体特征、种类、立法体制，以及有关代理制度的法律规定。学生应重点掌握国际商事主体的特征、种类，公司、跨国公司及国际商事代理的主要制度。

第一节　概　述

任何法律关系从其构成要素分析，均包括主体、客体和内容。可以说法律主体是我们研究所有法律关系的基础及归宿。国际商事主体是整个国际商事法律制度得以存在的基础，也是后面学习国际商法上贸易、票据、保险等法律制度的前提。关于国际商事主体的概念，由于目前国际上并无统一的商事主体方面的立法，因而有关国际商事主体的规定大多表现在各国的民商事立法中。

一、商事主体的概念及其种类

（一）商事主体的概念

在传统商法上，商事主体也叫商人。大陆法系，在采用民商分立制的国家，如法国、德国、韩国等国基本采取双标准制，一是行为标准，即商人必须是实施商行为的人；二是职业标准，即从事商行为在时间上要有连续性，并以之为业。例如《法国商法典》第1条规定："从事商活动并以其作为经常性职业者，为商人。"《德国商法典》第1条规定："本法典所称商人是指经营、营业的人。营业指任何营利事业，除非该企业在种类和规模上，不需要以商人方式为业务经管。"《韩国商法典》第4条规定："商人，是指以自己的名义从事商行为的人。"日本则对商人认定采取三标准制，除上述两者外，还有名义标准，即需要以自己的名义实施商行为。这是一条权责标准，用于商人和商业辅助人①的区分。另外，日本特别注重职业标准，并将职业概念扩大到一切以营利为目的的社会组织，《日本商法典》第 4 条规定："本法所谓商人，指以自己名义，以实施商行为为业者。"

在采取民商合一制的国家，商人并非立法上的概念，而是学理上的概念，其商事主体为民事主体所包含。如被公认为开民商合一先河的《瑞士民法典》中没有商主体或商人的概念，而是通过统一的民事主体——自然人与法人来规范民商分立国家的商人的。但在被认为属于商法内容的《瑞士民法典》第 5 编"债务法"中，第 59 条第 2 款规定，"以经济为目的的法人，适用有关合伙及合作社的规定"。因而"以经济为目的的法人"就成为瑞士有关商人的规定。

美国采取四标准制，《美国统一商法典》第 2-104 条规定："商人是指经营实物货物买卖的人；或主体者在其他方面因职业而对交易实践或货物具有特殊知识或技能的人；或者那些由于雇用代理人、经纪人或居间人——这些人因其职业是具有这种特殊知识或技能的——而可以得到这种特殊知识或技能的人。"特别强调知识标准，这是美国认定商人的核心标准，也是美国商法的特点之一。所谓专门知识和技能，就是对交易对象有较丰富的知识，即使在事实上没有，在法律上也应推定有。② 另外，有些人并不以买卖为业，但他对所买卖的标的物可能具有丰富的专门知识，也熟悉这种商品买卖的专门规则，应视为商人。③

考察各国商事立法，虽然有关商主体的具体构成差异很大，但对商主体的定义大多是从商人身份或商人行为来界定的。通常情况下，商主体应具备以下条件：首先，商主体法定。商主体必须以相应的法律规定为前提，不同的国家有不同种类的商主体。如有的国家规定商主体既可以是法人，也可以是非法人；而有的国家规定公司只能是法人。其次，商主体必须具有经营性。即必须

---

① 商业辅助人是指通过聘请和雇佣关系，从属于特定营业主或法定代表人，在企业组织内部服从营业主和法定代表人的指挥和命令，在外部商事业务上以代理人身份辅助其与第三人进行交易的人。按照国际通例，公司中的一般从业人员（经理、高级雇员、一般经营管理人员、其他雇佣人员）都不是商人，而是商业辅助人员，其与公司的关系用民法或劳动法调整；商业辅助人包括有代理权和无代理权人，前者包括经理人员、其他高级雇员、一般经营管理人员，有权对外行为，结果归于营业主或公司；后者指商事企业中的勤杂人员，无代理权，更不是商人。

② 参见任荣明、侯兴政：《国际商法》，清华大学出版社 2004 年版，第 158 页。

③ 参见徐炳：《买卖法》，经济日报出版社 1991 年版，第 42 页。

实施商行为。商人的商行为必须是"营利"的，且"营利"必须是其持续的、稳定的和经常的职业。最后，商主体必须以自己的名义实施商行为，即名义、名誉独立并区别于其成员。

（二）商事主体的种类

在当代各国商法中，商事主体的表现形式多种多样。依据不同的立法模式、不同的法学理论以及不同的标准可以将商事主体划分为不同的种类。如《法国商法典》中规定的商主体有公司、商品交易所、证券经纪人、居间商和行纪商等形式；《德国商法典》中规定的有必然商人（免于登记的商人）、应登记商人、自由登记商人、形式商人和其他商人等形式；《日本商法典》规定有固定商人、形式商人、拟制商人、小商人和其他商人；《韩国商法典》规定有法定商人、拟制商人和小商人等。概括而言，主要有以下几种分类：

1. 依照商事主体的组织结构形态或特征，分为商个人、商法人、商合伙。

（1）商个人，是指按照法定的构成要件和程序取得特定的商主体资格，独立从事商行为，依法承担法律上的权利和义务的个体。在传统商法中也被称为"商个体"、"商自然人"、"个体商人"、"个人商号"。在表现形式上，既可以表现为一个自然人，也可以表现为一户（家庭），还可以表现为自然人投资设立的独资企业。但商个人不同于民法上的自然人。自然人要获得商个人的资格，通常需要具备完全的行为能力和责任能力，并进行法定的登记程序和从事营利性的商行为等。

（2）商法人，是指按照法定构成要件和程序设立的，拥有法人人格，从事商事行为，依法独立享有权利和承担义务的组织。商法人是法人的一种，具备法人的基本特征，并符合法人的一般要求，如独立的财产、独立的名义、独立的责任，并严格依照法律的规定而设立等。但商法人作为商主体，是以从事商行为为业，且在法定授权范围内从事商行为的一类主体。有关商法人的规定，在各国的立法中表现各异。法国的商法人在立法中表现为商事公司。1994年修订的属于《法国商法典》组成部分的《商事公司法》第1条第2款规定，商事公司包括合股公司、简单两合公司、有限责任公司与股份公司；第5条规定，"商事公司自在商业和公司注册簿登记之日起即享有法人资格"。德国商法中并未直接将公司规定为法人。在德国，公司是个极为宽泛的概念。《德国商法典》规定有无限公司、两合公司与隐名公司，《德国股份公司法》规定有股份公司与股份两合公司，《德国有限责任公司法》则单独规定了有限责任公司。此外，《德国合作社法》规定的注册合作社，《德国民法典》中规定的民事合伙也视为公司形态。① 但并非所有这些公司都具备法人资格，只有被法律明确认可的具有法律人格的才是法人。因此合伙性质的公司并非法人。但现代德国商法的发展，已使合伙性质的公司成为事实上的商法上的法律人格者。英美国家没有制定如大陆法系国家的统一的民法典和商法典，因而也无关于一般法人之统一规定，更不存在法人形态之划分。但不管怎样，公司与合伙均能成为民商事主体，即具有民商事法律人格。

（3）商合伙，是指两个或两个以上的合伙人按照法律或合伙协议的规定共同出资、共同经营、共享收益、共担风险，合伙人对合伙经营所产生的债务承担无限连带责任的商事组织。商合伙也是一个法律拟制主体，它以自己的名义实施商行为。许多国家的法律都规定，商合伙的设立必须履行登记程序，对于商合伙的商事行为能力，受到登记时所确立的经营范围的限制。如上所述，在一些国家立法中，商合伙是以公司的形态出现的。

2. 依照法律授权或以获取商事主体资格是否登记为标准，分为法定商人、注册商人、任意商人。

（1）法定商人，是指以法律规定的特定商行为为营业内容而无须履行商事登记手续的商人。法定商人的概念实际存在于德国、日本和韩国等国家，也称为必然商人和免登记商人。法定商人的营业权限是实施法律明确规定的特定商行为，在此权限范围内，法定商人无须登记即可自动取得商人资格。如修改之前的《德国商法典》第 1 条第 2 款规定，行为人只有在实施"货物或有价证券的购置与销售；为他人进行货物的加工和制作，但这种加工和制作不能是纯手工经营；为获得保险费而从事保险经营；银行或货币的兑换业务；运输业务；行纪、运输行纪和仓储业务；代理和居间业务；出版业以及书籍或艺术品交易业务；印刷业务，但这种业务必须不是手工经营"这九种法定行为之任一行为时，才能无须登记即可获得必然商人的资格。② 因此，不免除行为人在进行非商事意义行为的登记义务。

（2）注册商人，也称应登记商人，是指不以法律规定的绝对商行为为营

---

① 参见范健：《德国商法：传统框架与新规则》，法律出版社 2003 年版，第 134~158 页。

② 《德国商法典》在 1998 年进行了修改，涉及的主体制度有：（1）不再对基本商事经营进行划分，将法定商人和注册商人合并，设立企业主概念；（2）取消小商人的规定，并入任意注册商人之中；（3）改变登记注册制度，使其只具有公示效力。参见范健：《德国商法：传统框架与新规则》，法律出版社 2003 年版，第 101~106 页。

业内容，而经一般商事登记程序而设立的商事主体。其营业内容主要是手工业、贩卖业、服务业等营利事业。商事注册登记对于注册商人而言具有创设效力，只有其选择了商事登记，自愿接受商法的调整，法律才将其作为商事主体对待。

（3）任意商人，也可以称为自由登记商人，登记与否可以自由选择，如果登记就必须按照注册商人规定的标准执行。主要从事农业、林业及其他从属行业的经营，如耕作业、酿造业等。

3. 按照经营者的法律状态和事实状态，可分为固定商人和拟制商人。

（1）固定商人，是指以营利为目的，有计划地、反复地、持续地从事一种或者多种商法所列举的经营行为并以此为业者。此概念是日本商法学者根据本国商法规定提出的，类似于法定商人。

（2）拟制商人，是指不以商行为为职业，但商法着眼于主体的经营方式和企业形态，仍将其视为商人的一种商事主体。此概念也为日本商法学者提出。《日本商法典》第4条第2款规定："依店铺或其他类似设施，以出卖物品为业，或经营矿业者，虽不以实施商行为为业，也视为商人。"《韩国商法》第5条第1款也有类似规定。

4. 依照经营者的经营规模，分为大商人、小商人。

（1）大商人，又称完全商人，是指以法律规定的商行为为营业范围，符合商事登记的营业条件而成立的商事主体。大商人的概念在学理上是相对于小商人的概念而存在的。

（2）小商人，又称不完全商人，是指从事商法规定的某些商行为的当事人，依商事登记法特别规定而设立的商人。采用此概念的国家有德国、日本、意大利、韩国等国家，现德、意均已废止该概念。①

二、我国关于商事主体的立法规定

我国是民商合一的国家，没有制定商法典，也没有统一规定商事主体的概念、设立条件及程序。现今我国各类民商事主体的法律人格及其设立条件程序规定在不同的法律、法规之中，主要有《民法通则》、《个人独资企业法》、《全民所有制工业企业法》、《城镇集体所有制企业条例》、《乡村集体所有制企业条例》、《中外合资经营企业法》、《中外合作经营企业法》、《外资企业法》、

---

① 参见范健、王建文：《商法基础理论专题研究》，高等教育出版社2005年版，第142~147页。

《合伙企业法》以及《公司法》等法律。

1.《民法通则》的规定。

《民法通则》以民事立法的方式规定了个体工商户、农村承包经营户、个人合伙、企业法人等主体的民商事法律资格。如《民法通则》第 26 条规定："公民在法律允许的范围内,依法经核准登记,从事工商业经营的,为个体工商户。个体工商户可以起字号。"第 27 条规定："农村集体经济组织的成员,在法律允许的范围内,按照承包合同规定从事商品经营的,为农村承包经营户。"第 30 条规定："个人合伙是指两个以上公民按照协议,各自提供资金、实物、技术等,合伙经营、共同劳动。"第 33 条规定："个人合伙可以起字号,依法经核准登记,在核准登记的经营范围内从事经营。"第 42 条规定:"企业法人应当在核准登记的经营范围内从事经营。"

2.《个人独资企业法》的规定。

《个人独资企业法》第 2 条规定："本法所称个人独资企业,是指依照本法在中国境内设立,由一个自然人投资,财产为投资人个人所有,投资人以其个人财产对企业债务承担无限责任的经营实体。"

3.《全民所有制工业企业法》的规定。

《全民所有制工业企业法》第 2 条第 1 款规定："全民所有制工业企业(以下简称企业)是依法自主经营、自负盈亏、独立核算的社会主义商品生产和经营单位。"第 16 条规定:"设立企业,必须依照法律和国务院规定,报请政府或者政府主管部门审核批准。经工商行政管理部门核准登记、发给营业执照,企业取得法人资格。企业应当在核准登记的经营范围内从事生产经营活动。"

4.《城镇集体所有制企业条例》和《乡村集体所有制企业条例》的规定。

《城镇集体所有制企业条例》第 6 条第 1 款规定："集体企业依法取得法人资格,以其全部财产独立承担民事责任。"第 14 条规定:"设立集体企业应经省、自治区、直辖市人民政府规定的审批部门批准,并依法经工商行政管理机关核准登记,领取《企业法人营业执照》,取得法人资格后,方得开始生产经营活动。设立集体企业的审批部门,法律、法规有专门规定的,从其规定。集体企业应当在核准登记的经营范围内从事生产经营活动。"《乡村集体所有制企业条例》第 10 条规定:"乡村集体所有制企业经依法审查,具备法人条件的,登记后取得法人资格,厂长(经理)为企业的法定代表人。"第 14 条规定:"设立企业必须依照法律、法规,经乡级人民政府审核后,报请县级人民政府乡镇企业主管部门以及法律、法规规定的有关部门批准，持有关批准文件向企业所在地工商行政管理机关办理登记，经核准领取《企业法人营业执照》或者《营业执照》后始得营业，并向税务机关办理税务登记。企业应当在核准登记的经营范围内从事生产经营活动。"

5."三资"企业法的规定。

《中外合资经营企业法》第3条规定："合营各方签订的合营协议、合同、章程，应报国家对外经济贸易主管部门（以下称审查批准机关）审查批准。审查批准机关应在3个月内决定批准或不批准。合营企业经批准后，向国家工商行政管理主管部门登记，领取营业执照，开始营业。"第4条第1款规定："合营企业的形式为有限责任公司。"《中外合作经营企业法》第5条规定："申请设立合作企业，应当将中外合作者签订的协议、合同、章程等文件报国务院对外经济贸易主管部门或者国务院授权的部门和地方政府（以下简称审查批准机关）审查批准。审查批准机关应当自接到申请之日起45天内决定批准或者不批准。"第6条第1款规定："设立合作企业的申请经批准后，应当自接到批准证书之日起30天内向工商行政管理机关申请登记，领取营业执照。合作企业的营业执照签发日期，为该企业的成立日期。"《外资企业法》第6条规定："设立外资企业的申请，由国务院对外经济贸易主管部门或者国务院授权的机关审查批准。审查批准机关应当在接到申请之日起90天内决定批准或者不批准。"第7条规定："设立外资企业的申请经批准后，外国投资者应当在接到批准证书之日起30天内向工商行政管理机关申请登记，领取营业执照。外资企业的营业执照签发日期，为该企业成立日期。"第8条规定："外资企业符合中国法律关于法人条件的规定的，依法取得中国法人资格。"

6.《合伙企业法》的规定。

《合伙企业法》第2条规定："本法所称合伙企业，是指自然人、法人和其他组织依照本法在中国境内设立的普通合伙企业和有限合伙企业。普通合伙企业由普通合伙人组成，合伙人对合伙企业债务承担无限连带责任。本法对普通合伙人承担责任的形式有特别规定的，从其规定。有限合伙企业由普通合伙人和有限合伙人组成，普通合伙人对合伙企业债务承担无限连带责任，有限合伙人以其认缴的出资额为限对合伙企业债务承担责任。"第9条规定："申请设立合伙企业，应当向企业登记机关提交登记申请书、合伙协议书、合伙人身份证明等文件。合伙企业的经营范围中有属于法律、行政法规规定在登记前须经批准的项目的，该项经营业务应当依法经过批准，并在登记时提交批准文件。"第 11 条第 1 款规定:"合伙企业的营业执照签发日期,为合伙企业成立日期。"

7. 《公司法》的规定。

《公司法》第 2 条规定:"本法所称公司是指依照本法在中国境内设立的有限责任公司和股份有限公司。"第 3 条规定:"公司是企业法人,有独立的法人财产,享有法人财产权。公司以其全部财产对公司的债务承担责任。有限责任公司的股东以其认缴的出资额为限对公司承担责任;股份有限公司的股东以其认购的股份为限对公司承担责任。"第 6 条第 1 款规定:"设立公司,应当依法向公司登记机关申请设立登记。符合本法规定的设立条件的,由公司登记机关分别登记为有限责任公司或者股份有限公司;不符合本法规定的设立条件的,不得登记为有限责任公司或者股份有限公司。"第 7 条规定:"依法设立的公司,由公司登记机关发给公司营业执照。公司营业执照签发日期为公司成立日期。公司营业执照应当载明公司的名称、住所、注册资本、实收资本、经营范围、法定代表人姓名等事项。公司营业执照记载的事项发生变更的,公司应当依法办理变更登记,由公司登记机关换发营业执照。"第 58 条规定:"一人有限责任公司的设立和组织机构,适用本节规定;本节没有规定的,适用本章第一节、第二节的规定。本法所称一人有限责任公司,是指只有一个自然人股东或者一个法人股东的有限责任公司。"第 60 条规定:"一人有限责任公司应当在公司登记中注明自然人独资或者法人独资,并在公司营业执照中载明。"第 65 条规定:"国有独资公司的设立和组织机构,适用本节规定;本节没有规定的,适用本章第一节、第二节的规定。本法所称国有独资公司,是指国家单独出资、由国务院或者地方人民政府授权本级人民政府国有资产监督管理机构履行出资人职责的有限责任公司。"第 192 条规定:"本法所称外国公司是指依照外国法律在中国境外设立的公司。"第 193 条规定:"外国公司在中国境内设立分支机构,必须向中国主管机关提出申请,并提交其公司章程、所属国的公司登记证书等有关文件,经批准后,向公司登记机关依法办理登记,领取营业执照。外国公司分支机构的审批办法由国务院另行规定。"第 196 条规定:"外国公司在中国境内设立的分支机构不具有中国法人资格。外国公司对其分支机构在中国境内进行经营活动承担民事责任。"

通过以上规定可见,我国商事主体的种类依据不同的标准可作不同的分类,例如,依是否具有独立人格,分为法人企业和非法人企业。但我国商事主体的设立均须登记注册,也即我国的商事主体是以企业的形态出现的。以企业财产责任承担形式不同而进行划分，我国现有商事主体可分为个体企业、合伙企业和法人企业。① 个体企业又包括个体工商户、农村承包经营户、个人独资企业；合伙企业主要指《合伙企业法》规定的合伙企业及经登记注册的民事合伙；法人企业是指具有法人性质的有限责任公司和股份有限公司，包括符合《公司法》规定的国有企业和中外合资企业、中外合作经营企业和外商独资企业。

第二节　国际商事组织法

一、概述

商事组织，又称商事企业，是指能够以自己的名义从事营利性活动，并具有一定规模的经济组织。不同国家的商事立法所规定的商事组织的种类、性质、法律地位、设立条件和程序、投资者的法律地位和责任、组织管理形式等有很大差异。根据多数国家的商事立法规定，商事组织的形式主要有个人企业、合伙企业和公司。

个人企业（Individual Proprietorship），也叫个人独资企业，是由一名出资者单独出资并从事经营管理的企业。个人企业不是法人，不具有独立的法律人格，它的财产与出资人的个人财产没有任何区别，出资人就是企业的所有人，他以个人的全部财产对企业的债务负责。出资者对企业的经营管理拥有绝对的控制权和指挥权，出资人有权决定企业的停业、关闭等事项。个人独资企业是最早产生也是最简单的企业组织形式，这类企业往往规模较小，在小型加工、零售商业、服务业等领域较为活跃。在现代经济社会中，由于个人企业具有组织规模小、经营灵活、设立门槛低等优势，仍是世界上数量最多的企业。

合伙（Partnership），是两个或两个以上的合伙人为经营共同的事业，共同投资、共享利润而组成的企业。合伙企业是一种人的组合，合伙人与合伙企业紧密联系，合伙人的死亡、退出或破产等都可能导致合伙的解散。合伙人对合伙企业的债务负无限责任。大多数国家的法律都规定，合伙企业原则上不是法人，不具有独立的法律人格。合伙企业在会计师事务所、律师事务所、零售商店、经纪业等行业中较为常见。合伙企业也是数量较多的企业，但仍以中小

---

① 参见范健、王建文：《商法基础理论专题研究》，高等教育出版社 2005 年版，第158 页。

企业为主。

公司（Company）以其特有的资本筹集模式、责任承担方式以及法人治理结构等优势，后来居上，在短期内迅速地实现了规模经济，对世界经济起着举足轻重的作用。在数量上并不占优势的公司，其经济实力和影响力却是任何其他组织或个人都无法比拟的。如今公司制已成为世界经济结构中的主流制度。在现代市场经济社会里，公司不仅是经济领域中最主要的单元，也是社会生活领域的基本单元之一。公司化的制度和理念在越来越大的程度上影响着国家政治、社会发展、技术进步乃至公民个人生活。鉴于公司的重要性，本节主要介绍公司和跨国公司。

二、公司

（一）公司的概念与特征

1. 公司的概念。

公司是目前世界上普遍存在的一种企业组织形式。但是，在法律上关于"公司"一词的含义，不同国家有不同表述。

在大陆法系国家，公司是指依法定程序设立的，以营利为目的的社团法人。在大陆法系国家，将法人分为公法人和私法人。私法人又分为财团法人和社团法人，其中财团法人以财产的捐助为成立的基础，是财产的组合；社团法人以社员的结合为成立的基础，是人的组合。根据设立社团法人的目的，又将社团法人分为公益社团法人和营利社团法人，前者以公益为目的，后者以营利为目的，公司是营利性的社团法人。

在英美法系国家，公司这一概念并无明确统一的定义，而是一个具有多种多样含义的概念。一般地，凡是数人出于共同目的组合而成，由法律赋予其存在，并与其发起人、董事和股东相分开的法人团体都可称为公司，而不管这种团体是否具有营利性，为何目的而组织和成立。如英国的《伯尔门公司法》一书中说："公司是依公司法的规定而设立的经济组织体。"

英国的公司可以分为单独法人（Corporate Sole）和团体法人（Corporate Aggregate）两大类。单独法人在任何时候都由一人或他的继承人所组成，其成员具有继承的特性，因而该法人是超越其成员的自然人的生命而持续存在的法人，如公共信托人等。团体法人是由多个成员组成、具有联合性的法人，如市政当局、商事公司等。团体法人依其组成方式的不同，又可分为两类：一类是根据皇家宪章（Royal Charter）、由英王特许而成立的法人，英国至今仍存在一些特许公司，如英国联邦特许会计师协会（Chartered Accountants）、一些大学和历史悠久的公立学校以及有些银行等。另一类是根据英国议会的法律而成立的团体法人，这些法人又可以分为三种：一是依据英国议会的特别公共法案（Special Public Act）经批准成立的"公公司"（Public Company），如英国国家煤炭管理局，这种公法人组织不设股东，不发放股利，公司营运由政府委托董事会经营；二是依据英国议会的私用法案（Private Act）经批准而形成的"法定公司"（Statutory Company），如英国的自来水公司；三是根据英国议会 1948 年制定的新公司法而成立的"注册公司"（Registered Company），这种公司才是现代意义上的从事经济活动的"公司"，类似于大陆法系的商事公司。注册公司是英国最重要、最普遍的一种公司类型，它分为无限公司、股份责任有限公司和担保责任有限公司这三种组织形式，商事或营利性公司都按照这种方式组成。

美国没有统一的公司法，各州公司法将公司划分为不同的种类，各类公司依据州法的不同规定而呈现多种形式。纵观美国各州的公司法及学者的论述，美国公司的概念具有以下几方面含义：公司应依法定程序设立；股东负有限责任；公司是法人；公司是股东自愿结合的联合体；公司具有生命的连续性、管理的集中性和权利的可转让性。不过，美国公司的概念并不强调公司的营利性，从各州公司法的规定来看，一般将公司分为以营利为目的的商事公司和不以营利为目的而专为发展慈善、教育、科学、文化、农业等事业而组建的非营利公司。而《美国标准公司法》给公司下的定义则是："公司是指受本法令管辖之营利公司。"

我国《公司法》第 2 条规定，公司是指依照本法在中国境内设立的有限责任公司和股份有限公司；有限责任公司和股份有限公司是企业法人。

2. 法律特征。

通常说来，公司具有以下特征：（1）公司是依照公司法设立的，具有合法性，符合公司法规定的设立程序与条件。首先，只能设立该公司法准许设立的公司；其次，有关公司的一切事项，均须遵守公司法的规定；最后，公司依法登记始为成立。（2）公司是社团法人，具有集合性。公司由法定数量的股东共同出资形成并对公司承担有限责任股权式的联合。各股东以其出资的金额和比例，共同享有利润、承担风险。（3）公司是法人，具有独立性。公司的独立性主要表现为：首先，公司具有独立的财产权；其次，公司独立地享有民事权利和承担民事义务，即公司具有独立的责任。公司责任包括股东的有限责任和公司的独立责任两个方面的含义。股东的有限责任，即股东以其出资额为限对公司承担责任。股东对公司负有如期缴付出资的义务，股东的出资义务完成后，即完成了对公司的全部责任，股东对公司债务不负直接责任，与公司的债权人不发生直接的联系，这是股东有限责任的真实含义。公司的独立责任，即公司以其全部资产对公司的债务承担独立清偿责任。公司的责任独立于股东的个人责任，股东出资后的财产形成公司的财产，公司以其全部财产对其债务承担责任，股东完成其出资义务后即完成了其对公司的全部责任，原则上不对公司的债务负责。公司的责任独立于公司管理人员和工作人员的责任，公司的董事、经理和其他雇员在其职权或授权范围内代表公司对外进行业务活动，其行为所产生的责任由公司承担，而公司的董事、经理和其他雇员对公司的债务不承担责任。（4）公司是企业，具有营利性。严格说来，营利性并不是所有类型公司的共同特征，但是对于从事商事活动的公司来说，营利性则是其显著特征。商事公司以营利为目的，是指设立和经营公司的最终目的是为了获得利润或利益，并将所得利益分配于股东。当然，营利性也是公司法人区别于其他公益性法人及政府机关法人的本质特征。

对于上述特征，独立性是公司最本质也是最容易产生问题的一个特性。英美学者将公司的独立人格和股东的有限责任形象地描绘为罩在公司头上的"面纱"（the Veil of Corporation）。这层"面纱"将公司与其股东隔开，法律不能透过这层面纱要求股东对公司承担责任，保护股东免受公司债权人的追索，从而使公司成为现代市场经济最活跃、最重要的企业形态。因此，公司的独立责任和股东的有限责任被称为公司制度的核心价值，是公司的"传统的奠基石"。这一制度最早在 1897 年英国衡平法院的萨洛蒙诉萨洛蒙有限公司案（Salmon v. Salmon & Co. Ltd.，1897）的司法判例中得以确立。

不过这一制度的缺陷也是明显的，容易产生股东或代表股东利益的董事、监事、经理等高级管理人员滥用公司独立责任和股东有限责任而侵害债权人利益的不良后果。为了保护债权人的利益，现代公司立法或司法实践大多确立了"揭开公司面纱"（Piercing the Veil of Corporation）或"公司人格否认"制度。这样，在公司的法人人格被滥用、公司债权人利益受到侵害的特定情形下，就应否认公司独立的法人地位和股东的有限责任，使不当行为人（包括公司的股东、董事等）对公司的债权人直接承担责任。从各国的司法实践看，公司独立人格否认通常发生在以下几种情形：一是公司与公司成员（股东）的人格混同；二是滥用公司形态以逃避法律或合同义务；三是公司的资本不足；四是股东对公司非法过度控制，这主要表现在母公司与子公司的关系上；五是公司股东人数长期不足法定人数，此时公司实际上等同于自然人企业。

我国新修订的《公司法》也引入了英美法中的"揭开公司面纱"制度。

《公司法》第 20 条规定，公司股东应当遵守法律、行政法规和公司章程，依法行使股东权利，不得滥用股东权利损害公司或者其他股东的利益；不得滥用公司法人独立地位和股东有限责任损害公司债权人的利益。公司股东滥用股东权利给公司或者其他股东造成损失的，应当依法承担赔偿责任。公司股东滥用公司法人独立地位和股东有限责任，逃避债务，严重损害公司债权人利益的，应当对公司债务承担连带责任。

需要指出的是，否认公司的法人人格和股东的有限责任，只是作为公司责任制度的例外加以适用的，并没有构成对公司法人制度和有限责任制度的否定，公司的独立人格以及股东的有限责任仍然是公司法的一般原则。

（二）公司的种类

依据不同标准对公司可进行不同分类，如按股东承担的有限责任限度的不同，有普通有限公司和保证有限公司之分；按公司国籍的不同，有本国公司、外国公司和跨国公司之分；按公司之间关系性质的不同，又可分为母公司和子公司、总公司和分公司等。

1. 依股东所负责任形式的不同，可将公司划分为无限公司、有限公司、股份公司、两合公司、股份两合公司。

（1）无限责任公司，简称无限公司，它是由对公司债务负无限连带清偿责任的股东所组成的公司。当公司的资本不足以清偿债务时，公司的债权人可以通过公司要求公司的全体股东或任何一个股东清偿债务，而股东不论出资多少都对公司债务负无限清偿责任。

（2）有限责任公司，简称有限公司，是指由法律规定的一定人数的股东所组成的，股东以其出资额为限对公司债务承担责任的公司，是现代公司的一种基本形式。其特征有：①股东人数有限制，不同国家规定不同；②禁止向公众招募股本；③股东的股权不得随意转让；④有限公司的组织与管理较股份公司简易等。

（3）股份有限公司，简称股份公司，是指由一定人数以上的股东发起成立的，全部资本被划分为若干均等的股份由股东共同持有，股东均以其所持股份对公司债务承担责任的公司。其特征有：①全部资本分为等额股份；②股份以股票形式公开发行并可以流通；③组织与管理上体现所有权和经营权分离；④公司财务必须公开；⑤股份公司的规模较大。

（4）两合公司，是由承担无限责任的股东和承担有限责任的股东混合组成的公司。这种公司的股东中必须依约至少有一人承担无限责任，同时也必须至少有一人承担有限责任。

(5) 股份两合公司，是由承担无限责任的股东和承担股份有限责任的股东共同组成的公司。它与两合公司的不同之处主要是，股份两合公司中承担有限责任的资本部分被划分成了股份，而且是用发行股票的方式筹集而来的。

2. 按公司之间关系性质的不同，分为母公司和子公司、总公司和分公司。

(1) 母公司和子公司。按照一个公司对另一个公司的控制与依附关系，可以把公司分为母公司和子公司。母公司是一种控制性公司，被母公司控制的公司是子公司。母公司对子公司的控制可以通过不同途径。凡拥有另一家公司的股份已达到一定程度的公司，就是所谓的控股公司（Holding Company）；控股公司同时直接控制或掌握被控股公司的经营管理活动，往往被称为控制公司。母公司或控制公司控制其子公司或附属公司，可以采取独资设立、全资控股、控制多数股份、掌握实际得以控制子公司或附属公司的股份等方法。对于股份公司来说，视其股份的分散程度，通常只要掌握其不到半数、有时甚至只要 5%~10% 的股份即可对其加以控制。母公司控制子公司的另一种方式，是通过合同的安排来实际控制另一家公司的经营管理活动。

母公司与子公司由于股权的持有或者合同的安排使得相互之间有紧密的联系或联合，是一种控制与依附的关系。一般来说，一个母公司控制了三个以上的子公司，就可能形成公司集团（Group of Corporation）或企业集团，因此母、子公司也是实现企业垄断和企业联合的常见方式。不过在法律地位上，母、子公司都是各自独立的法人，依法独立承担民事责任。母、子公司间的法律关系一般适用于股东与公司间关系的法律规定。

与母公司、子公司相类似或有牵连的还有"关联企业"这一概念。同属于一个母公司的各个层次的公司与母公司之间及其相互之间，或者连锁控制的若干公司之间，都属于关联企业的范畴。由于母公司、子公司和关联企业都是法人，为了防止这些公司利用其法人资格，相互勾结从事不当交易、不当经营行为或不当输送利益，损害他人利益及社会经济秩序，法律上须对其相互间的关系加以控制和调整，即形成有关关联企业及关联交易制度。

(2) 总公司和分公司。这是从公司内部组织关系——管辖、隶属关系上进行的划分。"分公司"其实只是公司的分支机构，并非真正意义上的公司。总公司又称本公司，是相对于其分支机构而言的，有权管辖公司的全部内部组织如各个分部门、分公司、科室、工厂等的总机构。分公司也须依法设立及登记，但其作为公司的一种分支机构，不具有法人资格，设立比较方便，程序简单。其特征是：第一，分公司没有独立的名称，须以总公司的名义进行活动；第二，分公司没有自己的章程和独立于总公司的组织机构，它代表或代理总公司在一定的范围内开展活动；第三，分公司没有独立的财产，其从事活动的财产是由总公司拨付的，依法列入总公司的资产负债表；第四，分公司在经营活动中产生的债权债务关系由总公司承担，并由总公司以其全部财产对该债务负清偿责任。分公司的这些特点，使之可以依托总公司的实力和信用进行活动，从而易于获得交易相对人和社会的信任。银行和保险公司等社会对其信用度要求较高的企业，通常即采取设立分公司、而非设立子公司的方式来拓展业务和活动空间。

3. 按公司国籍的不同，分为本国公司、外国公司和跨国公司。

（1）本国公司，是指依本国法律，在本国批准登记设立、在本国从事生产经营活动的公司。本国公司享有本国国籍，在本国的民商事活动，受本国法律保护。

（2）外国公司，是指依照外国法律登记设立的公司。凡外国公司，如果没有经所在国家政府的批准和同意，一般不得在该国从事商业性活动。但对这个问题，各国的规定不尽相同。美国公司法的规定比较严格，如《美国标准公司法》第 106 条规定："外国公司从州务卿处获取授权证书之前，无权在该州进行业务活动。"《美国特拉华州公司法》第 371 条第 2 款也规定："如果一个外国（州）公司不向特拉华州的州务卿递交 50 美元的申请费并在州务卿办公室备案，该公司的任何人和代理人都不得在该州从事任何商业性交易活动。"

关于外国公司国籍的确定，目前国际上通行的做法是依公司的注册登记地确定，这在许多国家的公司法、双边条约中有明确的规定。国际法院在 1970年 2 月 5 日对巴塞洛纳电力有限公司的判决中明确了"公司的国籍一般依其注册所在地而定"的法律原则。外国公司进入所在国进行商业活动，必须满足一定的法律条件，取得营业执照，才能享有与所在国或所在地区同类公司相同的权利和承担相同的义务。但世界各国的法律或政策也都规定了一些领域，如军工、国防及一些特殊类别的服务行业，是禁止或限制外国公司进入的。

（3）跨国公司，又称"多国公司"、"国际性公司"、"全球性公司"等，是指以一个或几个国家为基地或母国，制订并服从统一的经营方针或战略，在两个或两个以上的国家设有分支机构、子公司或附属公司的企业或企业集团。

4. 人合公司、资合公司、人合兼资合公司。

（1）人合公司，是指以股东的能力、财力、声望和信誉等作为公司信用基础的公司。人合公司在市场交往中，不以资本为信用的基础，法律上也不强调公司的最低资本额。在公司内部，股东加入公司，可以用劳务、信用和其他权利入股，企业的所有权和经营权一般也不分离。所以，他人与人合公司交往，必然依赖于股东个人的信用。人合公司的人格与其股东的人格没有完全分离，其典型形式为无限公司。

（2）资合公司，是指以资本的结合作为公司信用基础的公司。这种公司在市场交往中，是以资本的实力取信于人，使他人相信其具有足够的交易能力和偿债能力，而愿意与之发生经济往来；至于股东个人是否有能力或信誉，他人可以不必过问。因此，资合公司通常具有比较健全的制度，依赖制度化的管理，有较强的独立性，其经营和公司的存续与个别股东没有直接联系，因而也是现代典型的公司法人形式。资合公司以制度化的股份公司为典型，有限公司也在一定程度上具有资合公司的特点。在我国《公司法》中，对股份公司和有限公司均有最低注册资本、设立时验资和法定公积金等一系列规定，目的就是为了维持其资信基础。

（3）人合兼资合公司，是指同时以公司资本和股东个人信用作为公司信用基础的公司，其典型形式为两合公司和股份两合公司。在这两种公司中，有限责任股东的出资或股本为公司提供了较稳定的资本，无限责任股东则以其能力和信用从事经营活动，从而将资本信用和人的信用结合在一起。一般认为，现代的有限公司作为法人，应属于资合公司的范畴，而这种公司，尤其是家族性或规模较小的有限公司，也兼有人合甚至完全属于人合的性质。一般而言，除了股东可以依法承担有限责任外，有限公司与合伙和无限公司很相像。

5. 国有公司、私营公司、外商投资公司。

（1）国有公司，是指由国家授权投资的机构或部门、国有企业等单独或联合投资的公司，其中国有资产或股份的管理和经营，既要适用公司法，又要遵守有关国有资产管理的法规。一个财政主体设立的国有独资公司和几个财政主体联合投资的有限责任公司，当然是国有公司。在国际上，国家与私人或民间共同投资经营的公司，被称为国家参股公司、公私合营公司、混合公司等，但从法律上讲，国家在公司中的股份和表决权超过50%的，就是国有公司，德国、韩国的法律对此均有规定。另外，国家参股未达50%，但实际上由国家控制的公司，也属于国有公司。例如，德国把政府参股达25%以上，其他股东均为小股东的大企业，视为国有；日本国有企业中的特殊公司，如日本电信电话株式会社、日本航空公司等，即使政府投资未达半数，也都由国家予以控制。依国际惯例，所谓"国家所有"，仅指中央或联邦所有，地方所有如州有、省有、市有、镇有等，则只能称为"地方公有"或"公有"，而不能称为国有。所以，在日本，有"公营事业"和"公营公司"的概念。从理论上说，公营事业和公营公司应包括国有事业和国有公司在内，而实际上，所谓"公营事业"和"公营公司"，仅指地方政府投资或控制的公司或企业、以及地方与中央合营的公司或企业。

（2）私营公司，是指由私人或私营部门投资或控制的公司。在我国，"私营"的概念是在私有制的意义上使用的；"民营"的概念则是指非由国家机关、国有或集体所有制企事业单位主导的经营或企业，包括由自然人主导的个人经营、合作经营或集体经营，不排除企业仍为国有，如联想集团被认为是企业国有民营的典范。依我国《公司法》，自然人可以设立私营或民营的有限责任公司，私营或民营的法人也可设立有限责任公司；该法也不禁止自然人和私营、民营的法人作发起人设立股份有限公司或由其控制股份公司。在私有制国家，私营和民营属于同等概念，非国有和非公营的公司都是私营或民营公司；合作和集体所有性质的公司也被归入私营或民营部门，此时的"私营"不具有所有制的意义。

（3）外商投资公司，在我国是指依《中外合资企业法》、《中外合作企业法》和《外资企业法》三个外商投资企业法设立的公司，也包括外商投资在其中达到一定比例、被对外经贸合作主管部门列为外商投资企业、依《公司法》设立的股份有限公司。从外商投资的方式看，外商投资公司可以分为中外合资经营公司、中外合作经营公司和外资公司；从公司的法律形式看，则有有限责任公司和股份有限公司两种。外商投资公司是依中国法律在中国境内设立的中国公司，而非外国公司。

（三）公司的设立

公司的设立，是指公司的设立人为组建公司，按照法定条件和程序取得法人资格所必须采取和完成的一系列行为的总称。各国对公司设立的具体要求不尽相同，但关于公司设立的核心要件却大体一致，例如要有法定数额的设立人；凑足法定要求的注册资本金并被具体的股东所认购；有公司的章程等。满足这些条件后，经申请并经主管当局核准登记，领取营业执照，公司即告成立。

1. 公司的设立人。

公司的设立人，又称公司的发起人、创办人，是指发起创立公司者，公司的初始章程签名者，在英文中叫 Incorporator, Founder, Sponsor。各国一般规定有行为能力的自然人和法人皆可充当任何合法公司的设立人。关于设立人的人数，多数国家曾有最低数额的要求，但随着经济的发展，越来越多的国家修改了公司法这方面的规定，只对股份公司的设立人作出最低数额的要求。如英国的公司法曾规定，股份有限公司的设立人数最少为 7 人，封闭公司和无限责任公司的设立人至少为 2 人；而 1985 年的公司法修改为所有公司的设立人数只要够 2 人即可；1992 年 6 月 15 日实施的《单一成员私人有限公司条例》还规定了一人公司。美国多数州立法对设立人数不作限制性规定，一人或数人皆可。我国新修订的《公司法》第 24 条规定：有限责任公司由 50 个以下股东出资设立，并承认了一人有限责任公司，取代了以前股东人数下限为 2 人的规定。同时对股份有限公司的最低人数要求由以前的 5 人降为 2 人。

对于设立人的国籍和居所地的问题，西方国家公司法一般都没有公司设立人必须具有所在国国籍的规定，对本国国民与外国人都是一视同仁的。而且，公司设立人不一定是自然人，法人（如公司）也可以充当发起人。但也有个别国家作了一些限制性的规定。如意大利公司法规定，公司设立人不一定是具有意大利国籍的公民，但外国人占据意大利公司 30% 以上股份时得经意大利财政部同意批准。挪威公司法规定，股份有限公司的设立人中至少有一半人数是在挪威居住 2 年以上的。

设立人的任务是负责公司的筹备工作，包括决定公司的名称、宗旨、资本、每个股东的责任范围、注册地址；起草公司的初始章程和内部细则；认购必要的股本；提出董事、审计员、律师、往来银行的名单并任命公司秘书；在募集设立的情况下，拟制招股说明书；申请注册等。

有关设立人的责任问题，各国公司法通常从以下几方面规制：首先，是设立人之间的相互责任。在公司成立之前，他们之间的关系是一种类似合伙的关系，设立人彼此之间的权利义务通过协议的方式确定，对设立公司的全部费用和债务负连带责任。公司成立后，他们之间的合伙关系即转变为股东间的合作关系。其次，是设立人对公司的责任。这些责任主要包括对公司忠诚、无欺诈、办事公正、本人在公司中的全部利益必须公开等。最后，设立人对股东和债权人的责任。设立人除对公司负有责任外，还直接对公司股东和债权人负责。如果股东和债权人受到公司设立人欺骗，而这种欺骗是由于公司发起人的失职或其没有公开全部事实材料而造成的，则股东和债权人可以在法院直接向发起人提起诉讼，而不必通过公司。

2. 公司资本。

公司资本也叫公司的注册资本，是指公司成立时，由全体发起人或股东认缴的股本总额。公司资本一般由现金、实物和无形财产构成。无限公司的股东还可以信用和劳务出资。公司资本，从经济上来说，是公司开展业务的物质基础；从法律上来说，是公司对第三人承担法律责任的最低财产担保。因此，为了保护股东、公司债权人的利益和维护交易的安全，各国公司法对公司资本都作了具体规定，主要有：

（1）公司的最低资本额。为了使公司能正常运营，并保障债权人的利益，绝大多数国家的公司法都规定了公司的最低资本额。但各国的规定差异很大。大陆法系国家大多采取法定资本制，一般对公司的最低资本额有明确的规定。英美法系国家对公司的最低资本额要求不严。如美国不少州规定，公司的资本额只要达到 1000 美元即可。我国新《公司法》则规定，有限责任公司的最低注册资本额为人民币 3 万元，一人有限责任公司的最低注册资本额为人民币 10 万元，股份有限责任公司的最低注册资本额为人民币 500 万元，而且还可以分期缴纳。

（2）公司资本的构成。公司资本主要由现金、实物、知识产权、土地使用权信用与劳务等构成。现金，即货币资本。任何公司都离不开现金出资，为了保证公司资本中有足够的现金，多数国家的公司法都规定了现金占公司资本的比例。如我国《公司法》规定，全体股东的货币出资额不得低于注册资本的 30%。实物，主要包括厂房、机器设备、原材料等有形财产。知识产权包括专利权、商标权、著作权、专有技术和商誉等。股东以实物、知识产权和土地使用权出资的，通常需要评估作价、核实财产等。

此外，一些大陆法系国家允许无限责任公司股东以信用和劳务作价出资。所谓信用出资，是指股东将其个人的信用，由公司进行营利性的使用，并以此抵做出资；所谓劳务出资，是指股东以精神上、身体上的劳务抵充出资。由于信用和劳务出资在转让上的人身依附性和作价上的难以确定性，因此有限责任公司和股份有限责任公司的股东都不得以信用和劳务出资。我国《公司法》没有规定股东可以信用和劳务出资。

（3）公司资本三原则。为了保护债权人的合法权益，维护交易安全，公司法确立了公司资本的三大原则，即资本确定原则、资本维持原则和资本不变原则。

资本确定原则，是要求公司设立时应在其章程中载明资本总额，并由发起人及股东认足或者缴足，否则，公司不能成立。该原则的确定，旨在强调公司资本的确定性、真实性与可靠性，进而表彰公司设立条件的合法性，防止滥设公司及设立公司中的欺诈与投机。因此，该原则也称资本法定原则。该原则首先为法国、德国公司法所确认。资本确定原则在不同国家的公司立法中又有不同含义。有些国家实行"严格法定资本制"（又称"实缴资本制"）。这些国家规定，公司在设立时，必须在公司章程中明确记载公司的资本总额，并须由股东全部认足，否则公司不能成立。公司成立后，要增减资本，必须经股东大会作出决议，变更公司章程确定的资本额并办理变更登记手续。我国实行的即为法定资本制。有些国家则实行"非严格法定资本制"，即"授权资本制"，这是指公司在设立时虽将公司资本总额记载于公司章程，但并不要求股东全部认足，公司即可成立，未认购部分，由董事会在公司成立后根据实际需要随时发行新股进行募集的一种公司资本制度。授权资本制起源于英美法系。另外，还有些国家实行"折中资本制"。所谓折中资本制，是指公司设立时，不必将全部资本认足，可以授权董事会随时或于公司成立后一定年限内，在授权时公司资本额之一定比例范围内，发行新股，增加资本，而无须经股东会特别决议批准。折中资本制介于法定资本制和授权资本制之间，是对两种资本制的折中。如《日本商法》第 166 条第 3 项规定，公司设立之际发行的股份总额不得低于公司股份总数的 1/4。《德国股份法》第 202 条至第 206 条即规定公司章程可以授权董事会于公司成立后 5 年内，在授权时公司资本额之半数范围内，只须经监事会同意，即可发行新股，增加资本。

资本维持原则，又称资本充实原则，是要求公司在存续期间，应经常保持注册资本的充实并应保障注册资本的安全。实行资本维持原则，保有充实、有效的注册资本，是保障公司发展、保持公司信用，维护债权人利益、实现交易安全的第二道屏障。公司必须经常维持与公司资本额相当的实际财产，以维持债权人利益和公司的正常经营，即资本维持原状。为此，各国公司法通常要求：亏损必须先予弥补；不得以公司的资本进行分红；股票发行价格不得低于股票的面值等。

资本不变原则，是要求公司存续期间，应保持注册资本的相对稳定，非经法定程序不得增加或者减少。这里所说的不变并非绝对的一成不变，而只是要求公司不得擅自改变已经确定的注册资本额；公司确实需要变更注册资本数额的，依法也可进行整体增资或者整体减资，但必须经过严格的法定程序。该原则的确立，旨在强调公司增减资本的严肃性和有序性，杜绝随意性和无序性，防止公司因人为变更使其注册资本不得维持而给债权人及股东造成损害（如为补亏而增发新股，欺骗投资者），特别是防止一些公司在风险发生之前恶意减资而损害公司债权人的利益。

（4）公司的股份和股票。股份是股份有限公司资本构成的最小单位，它是股份有限公司资本构成的专称。股份有限公司的资本分为均等的股份，股份是对资本的等额划分，也是股东权的基础。每一股份代表一份股东权，股东权利义务的大小取决于股份数额的多少。股份在法律上表现为股票，股票是股份有限公司公开发行的证明股东在公司中拥有权益的一种有价证券。股票的特征是每股代表的金额都是相等的，这样便于公司在股东之间分配公司的权益。因此，同次发行的股票的价格和条件应相同。从这一意义上说，股票也是确定股东与公司之间权利和义务关系的一种凭证。

股份依股东承担之风险和享有之权益的大小为标准，可分为普通股和优先股。普通股（Common Share），是指对公司财产权利都平等的股份，是公司资本构成中最基本的股份，也是公司中风险最大的股份。普通股是公司财务的基础，其期限与公司相始终。优先股（Preferred Share），又称特别股，是指对公司资产、利润享有更优越或更特殊的权利的股份。西方国家公司法一般都规定，优先股具有以下三项特别权利：首先，优先获得股息权，而且其股息往往是固定的。其次，优先获得分配公司资产权。当公司因破产或结业而被清算时，优先股将比普通股优先以票面值参加分配公司的剩余资产。最后，优先股往往是无表决权的。但如果公司连续若干年（各国规定不一，一般为3~4年）不支付优先股的股息，这无表决权的优先股也可获得一股一票的权利。

股票依有无记名为标准，可分为记名股和无记名股。记名股是指将股东的姓名或名称记载于股票的股份。记名股的权利只能由股东本人享有，股权的转让必须将受让人的姓名或名称记载于公司股票之上，否则不产生转让的效力。无记名股是指股票上不记载股东姓名或名称的股份。凡持有者，即为公司的股东，享有股权。转让时，只要将股票交给受让人，即产生转让的效力。

3. 公司章程。

公司章程，在美国称为"Articles of Corporation"，在英国习惯称为"Memorandum of Association and Articles of Association"，在欧洲国家通常称为"Status"。公司章程既是公司设立的必要条件，又是公司正常运作的法律依据。公司章程是组建公司的必备的和核心的文件，通常须提交政府的登记部门核准并备案。

（1）公司章程的概念及特征。公司章程，是指规范公司的宗旨、名称、业务范围、资本状况、组织管理以及公司内外部关系的基本规则的法律文件。公司章程是以书面形式固定下来的全体股东共同一致的意思表示，是规范公司经营活动的根本性大法。其具有鲜明的法律特征：

第一，法定性。章程的法定性表现在：一是章程的不可或缺性，章程的本质是投资者与经营者之间在法律约束下的"契约",如果不赋予公司章程以特殊的法律地位,投资者与经营者不可能成为合作伙伴,现代企业制度不可能产生;二是章程的确定性,其内容设置十分严格和规范,各国在章程订立形式上都采取法定主义,从草案到生效途径都是由法律直接加以规定的;三是章程的固定性,是指章程一经依法制定,非经法定程度不得随意变更。

第二,真实性。它是指章程所记载的内容必须是客观存在的、与实际相符的事实。为此,公司法对章程进行虚假记载的法律后果作出规定。从各国立法来看,大体有以下三种处理方式:一是拒绝登记;二是承担责任;三是罚款处罚。

第三,公开性。它的公开性不仅表现在对投资者公开,而且还包括向债权人在内的所有公众公开。应该说,公司章程是公司据以内部运作和对外经营的基本原则,它是公司存在的基石,也是政府依法管理公司的基本依据,更是外界了解公司的主要途径。

(2)公司章程的内容。公司章程是公司发起人或股东在管理公司问题上共同的意思表示,尽管意思表示是出于他们的自愿而且是自由表达的,但是它们必须合法,即必须符合公司法的要求。各国的公司法对公司章程的内容都有具体的规定。但是,大陆法系与英美法系对章程内容的规定方式是不同的。

大陆法系国家,如德国、法国及意大利等国的公司法都明确地以条款形式列举公司章程必须包括的内容。比如德国公司法就规定了作为有限责任公司的章程中必须包括:①公司名称;②法定地址;③公司经营范围;④股本数额;⑤各位股东的出资额;⑥公司是否有存续时限及公司股东是否有股金以外的另外责任;⑦公司股东与管理层的关系以及会计规则。此外,德国公司法还对股份有限公司的公司章程的内容也作出了强制性的规定,即作为股份有限公司的公司章程,除了有限责任公司的章程必须包括的上述七项内容外,还必须包括其他有关该类公司发行股票所必需的五项内容。同样,法国公司法要求其境内公司的章程必须声明七项内容,对于股份公司的章程,则必须另加四项有关发行股票所要求的内容。当然大陆法系国家并没有排斥在章程中根据需要另外加入内容。

作为英美法系的主要国家,美国和英国的公司法对公司章程的规定,都是采取强制性和灵活性相结合的方式,主要采取下述三种方式:一种是强制性的方式,即必须要规定的内容;二是在此基础上,规定章程可以选择与公司法不相冲突的内容;三是在公司法上明确规定了章程不需要规定的内容。

我国《公司法》第 22 条对有限责任公司章程的内容作了规定，即公司章程应当载明公司名称、住所、经营范围、注册资本、法定代表人、公司的解散以及股东认为需要规定的其他事项等共 11 项内容。《公司法》第 79 条则规定了股份有限公司章程应当载明的 13 项内容。从《公司法》对公司章程内容的规定上看，我国的做法更接近于大陆法系国家公司法的通常规定。

（3）公司的内部细则。公司内部细则又称公司章程细则（在美国称为 By-laws，英国称为 Articles of Association），是在章程大纲的基础上订立的，由公司制定的用以规定和调整公司业务活动以及公司的股东、董事、管理人员及雇员的权利和义务关系等内部关系的基本文件。一般主要包括公司的办事处所、股款的付足、资本的增减；董事的资格、人数、任期、权限与报酬；职员的选任、头衔、职责、权限及薪金；股息的分配和储备；账目记录与审核等涉及公司本身事务的专门性问题。内部细则的内容不得与公司法及章程大纲相冲突，也不能对抗善意第三人，一般由董事会负责制定和修改或者废除。特殊情况下也可由股东大会制订、修改或者废除。

（四）公司的组织机构

公司是一种企业组织，各国公司法都详细规定了公司应设的组织机构、各组织机构之间的关系以及各机构的职权和职责，基本上形成了一个有利于公司经营管理和相互协调、相互制约的组织网络。这些组织机构主要有股东会、董事会、监事会和经理等。

1. 股东大会。

（1）股东大会的性质。股东大会是由全体股东组成的，是表现股东意志、利益和意愿的组织。关于股东大会的权限，各国公司法的规定不完全相同。传统上，股东大会是公司的最高权力机构，但现代各国的公司法对股东大会的权限都在不同程度上加以限制，股东大会的地位和作用日益下降。一些国家的公司法以不同的方式把公司的经营管理权交给董事会或执行会处理，而对股东大会干预公司经营管理的权力加以限制。如《德国股份有限公司法》规定，董事会在业务管理方面享有"专属权限"。这种权限原则上是不受限制的，股东大会对有关业务执行问题所作出的决议，不能限制董事会的权限。

股东大会通常具有以下权力：选任和解任董事；决定红利的分派；讨论、决定并宣布股息；审查批准公司的年度报告、资产负债表和损益表、会计报表与审计员的报告；审查批准或追认公司某些交易；变更公司的章程及公司章程细则；增加或减少公司的资本；决定公司的合并或解散等。需要指出的是，大陆法系的德国和法国在选任董事与解任董事方面的权力已不属于股东大会，而是属于监察大会。

我国仍将股东会视为公司的权力机构。根据我国公司法的规定,除一人有限责任公司和国有独资公司以及外商投资企业可以不设股东会外,其他公司应设立股东会。股东会对公司拥有领导权和管理权,但股东会对外不代表公司,对内也不直接对公司业务进行经营管理,而是由它选举和控制董事会,通过董事会来间接地行使领导权和管理权。

(2) 股东大会的种类。各国一般将股东大会分成年会和特别会议两种。股东年会,是公司每年召开一次的会议,一般由董事会召集。某些情况下,也可由拥有一定股权(通常为 5%~10%)的股东请求法院责令召集。股东年会的职权是就公司重大问题听取报告和作出决议;为保证股东年会及其通过决议的有效性,各国大多规定公司必须在股东年会召开前的法定期限内将会议的议程通知有权出席此次年会的股东,并且要求出席年会的股东达到法定人数。通知的期限,各国规定不同。如美国州法规定为 10~50 天不等;大陆法系国家规定为 14~30 天;我国公司法规定,召开股东会会议,应当于会议召开 15 日以前通知全体股东。对于出席年会的股东人数,各国一般允许公司自主地在其公司章程和内部细则中加以规定。除公司法和公司章程另有规定的,股东年会上的议案一般经符合法定人数的出席年会的股东的简单多数通过即对全体股东有效,重大事项须经绝对多数通过方能有效。我国《公司法》规定股东大会作出决议,必须经出席会议的股东所持表决权过半数通过。但是,股东大会作出修改公司章程、增加或者减少注册资本的决议,以及公司合并、分立、解散或者变更公司形式的决议,必须经出席的股东所持表决权的 2/3 以上通过。

股东特别会议,又称股东临时会议,指在法定年会之外为处理公司特别重要紧急事项而召开的股东会议,如临时任命或撤换董事或审计员、变更公司章程等。临时会议由董事会或公司内部细则授权的人员召集,也可由达到法定股权数的股东要求召开。

(3) 股东大会决议的表决。股东表决的基础,就是所谓按资分配,即按出资比例分配表决权。其前提是所有普通股的股票一律平等,即每股一票,一股一权,一律平等。但是随着公司规模的扩大,为防止大股东操纵股东会的表决权,损害小股东的利益,有些国家的公司法规定,在一股一权的基础上,公司可以章程设计其他的表决方式以限制大股东的表决权。如美国公司法规定,股东大会的表决方式主要有直接投票(Straight Voting)、累积投票(Accumulative Voting)、分类投票(Class Voting)、偶尔投票(Contigent Voting)、不按比例的投票（Disproportional Voting）五种。究竟各个公司在何种情况下应用何种表决方式，除了公司法有所限制外，一般都由公司章程予以规定。有关表决权的行使方式，各国一般规定，股东的表决权可以自己行使，也可委托代理人行使。

2. 董事会。

董事会是由股东会选举产生的董事组成的，行使经营决策权和管理权的公司组织机关。根据各国公司法的规定，董事会是公司的常设机关，对内管理公司事务，对外代表公司行使职权。董事会既是股东会的执行机关，又是公司的经营决策和领导机关，它有独立的责任和权限。为了使公司适应市场经济的需要，提高公司经营决策的能力和管理的效率，现今各国公司法都在缩小股东会的权限，加强董事会的地位。

（1）董事会的组成。董事会由董事组成，董事是拥有实际权力、能代表公司进行管理的人，其名称可以是总裁、经理或理事等。多数国家规定，董事由股东会选任。德国公司法规定，董事还可由监事会选任。英美法系国家规定，占据董事职位的人可以是自然人，也可以是法人，法人担任公司董事的，必须指定一名有行为能力的自然人作为代理人。

关于董事会的成员人数，各国规定不一，有些国家的法律允许公司在其内部细则中加以规定，也有一些国家的公司法对董事会成员人数有上下限的要求。我国《公司法》规定，有限责任公司董事会，其成员为 3 人至 13 人，股份有限公司董事会，其成员为 5 人至 19 人，但股东人数较少或者规模较小的有限责任公司，可以设 1 名执行董事，不设董事会。

关于董事的任期，多数国家规定由公司章程决定，但每届不得超过 3 年，可以连选连任。

（2）董事的资格。为了确保董事能够胜任工作，维护公司利益，恪尽职守，各国公司法大多从身份、年龄、国籍、品行等方面对董事资格作了一定的限制。

关于董事是否必须为股东，各国规定不一。有的国家明文规定，董事必须是拥有一定数额股份的股东。如法国公司法规定董事必须拥有一定的股份。英国公司法规定，董事应持有一定数额的资格股，未具备此资格者，应于选任 2 个月内获得，否则其职务自然解除。有的国家公司法对此未作限制，如美国、日本、德国等。此外，有的国家还特别规定，具有特殊身份的人员，如政府官员、公务员、公证人等不能担任公司董事。

关于年龄的要求，各国通常规定董事必须是具有完全行为能力的自然人，未成年人不得担任董事。关于董事的国籍条件，多数国家未作限制，但也有一些国家要求董事须是本国（州）公民。如美国南达科他州要求至少有一个董事为本州定居者。我国公司法对此未作限制。

关于董事的品行条件，许多国家规定犯过某些罪的人在一定期限内不得担任公司董事。如德国规定，犯有诈骗、贪污罪的人在5年之内不得担任公司董事或参加公司管理。我国《公司法》第147条规定："有下列情形之一的，不得担任公司的董事、监事、高级管理人员：（一）无民事行为能力或者限制民事行为能力；（二）因贪污、贿赂、侵占财产、挪用财产或者破坏社会主义市场经济秩序，被判处刑罚，执行期满未逾5年，或者因犯罪被剥夺政治权利，执行期满未逾5年；（三）担任破产清算的公司、企业的董事或者厂长、经理，对该公司、企业的破产负有个人责任的，自该公司、企业破产清算完结之日起未逾3年；（四）担任因违法被吊销营业执照、责令关闭的公司、企业的法定代表人，并负有个人责任的，自该公司、企业被吊销营业执照之日起未逾3年；（五）个人所负数额较大的债务到期未清偿。公司违反前款规定选举、委派董事、监事或者聘任高级管理人员的，该选举、委派或者聘任无效。董事、监事、高级管理人员在任职期间出现本条第一款所列情形的，公司应当解除其职务。"

（3）董事的责任。大陆法系国家认为，董事对公司负有善良管理人的义务，如不履行此义务，致使公司利益受损的，应付赔偿责任。英美法系国家认为，董事具有公司代理人和财产受托人的双重身份，因此，对公司承担一种信托责任。尽管两大法系对董事责任的规定有差异，但都要求董事对公司忠诚，不得从事有损公司利益、违背董事职责的活动，对公司负有注意与勤勉义务。具体包括：①自我交易之禁止；②严格保守公司的商业秘密；③篡夺公司机会之禁止（本属于公司的商业机会）；④滥用公司财产之禁止；⑤不得收受贿赂；⑥不得从事与公司营业范围相同以及与公司竞争的商业活动，即竞业禁止的义务。董事违反其职责而给公司造成损害的，应对公司负赔偿责任；在执行职务的范围内，违反法律，致使第三人受到损害的，对第三人应与公司负连带赔偿责任。董事承担责任的主要方式是赔偿损失。除此之外还有罚款、承担刑事责任。

我国《公司法》第148条规定："董事、监事、高级管理人员应当遵守法律、行政法规和公司章程，对公司负有忠实义务和勤勉义务。董事、监事、高级管理人员不得利用职权收受贿赂或者其他非法收入，不得侵占公司的财产。"《公司法》第149条规定："董事、高级管理人员不得有下列行为：（一）挪用公司资金；（二）将公司资金以其个人名义或者以其他个人名义开立账户存储；（三）违反公司章程的规定，未经股东会、股东大会或者董事会同意，将公司资金借贷给他人或者以公司财产为他人提供担保；（四）违反公司章程的规定或者未经股东会、股东大会同意，与本公司订立合同或者进行交易；（五）未经股东会或者股东大会同意，利用职务便利为自己或者他人谋取属于公司的商业机会，自营或者为他人经营与所任职公司同类的业务；（六）接受他人与公司交易的佣金归为己有；（七）擅自披露公司秘密；（八）违反对公司忠实义务的其他行为。董事、高级管理人员违反前款规定所得的收入应当归公司所有。"

（4）董事会的决议。董事会由董事长负责召集并主持，董事长因特殊原因不能履行职务时，由其指定副董事长或者其他董事召集和主持。董事会议的决议分为普通决议和特别决议。对于普通决议，只须过半数的出席董事的简单多数通过即可；特别决议，则需要有2/3以上的董事出席会议并由出席会议的董事的过半数同意，才能通过。

3. 监事会。

（1）监事会的性质与组成。监事会是公司的内部监督机构，对监事会的称谓各国也有所不同，法国称为监察会，日本称为监察人。监事会的职责是对公司的经营管理包括董事会的业务活动进行检查和监督，防止董事会滥用权力。有些国家的公司内部监督不采用监事会形式，如美国公司监督主要由股票与交易委员会从外部监督。英国主要由审计人员负责稽核公司财务；大陆法系国家大多实行监事会制度。

我国规定公司一般均应设立监事会，且由不少于3名的监事（也称监察员）组成，并在其中推选1名召集人；股东人数较少和规模较小的有限责任公司，可以设1~2名监事而不设监事会。监事会成员由股东代表和适当比例的公司职工代表组成，具体比例由公司章程规定。股东代表由股东会选举产生，职工代表由公司职工民主选举产生，但公司的董事、经理及财务负责人不得兼任监事。

（2）监事会的任期与职权。监事的任期每届为3年，任期届满的，连选可以连任。

监事会或者监事依法行使下列职权：①检查公司财务；②对董事、经理执行公司职务时违反法律、法规或者公司章程的行为进行监督；③当董事和经理的行为损害公司的利益时，要求董事和经理予以纠正；④提议召开临时股东会；⑤公司章程规定的其他职权。另外，监事可以列席董事会会议。

4. 经理。

（1）经理的含义与职权。经理是指为董事会聘任的，辅助董事会管理公司事务的公司行政负责人。经理一般由公司章程任意设定，设置后即成为公司常设的辅助业务执行机关。在实行所有权与经营权、决策权与管理权相分离的股份有限公司与有限责任公司中，经理常常成为必不可少的常设机关。

经理的职权来自董事会的授权。根据各国公司法的规定，经理的权限，在其营业范围内，原则上不受限制。如公司以章程加以限制，也不得以此对抗善意第三人。经理的职权主要有：执行董事会确定的经营方针，任免公司的职员，对外代表公司签订合同，负责管理公司的日常事务等。

（2）经理的资格与责任。各国公司法对经理的资格作了一些限制性的规定，例如某些有犯罪前科及经营不善的人，不能担任公司的经理。此外，公司监察人不得兼任经理等。

经理的义务主要有以下几项：对公司诚信勤勉；不得从事与本公司有竞争或损害公司利益的活动；严格遵守公司股东会和董事会的决议等。经理违反法律规定或章程约定的义务，致使公司受到损害时，负有民事赔偿责任。

（五）公司的合并、分立、解散与清算

1. 公司的合并。

公司的合并又称为并购，是公司法的一个重要组成部分。公司合并可以带来资本和生产的扩张或集中，从而形成规模经济或范围经济，提高经济效率和公司竞争力。一般来说，公司合并可分为新设合并、吸收合并和收购。

（1）新设合并。新设合并是指两个或两个以上的公司合并成一个新公司的商业交易。新设合并又称联合。新设合并具有如下特征：①在新设合并中，参与合并的公司全部消失，因而称消失公司，新设公司（New Corporation）获得消失公司（Disappearing Corporation）的全部财产并承担它们的全部债务及其他责任。②在新设合并中，每个消失公司的股票（股份）都转化成新设公司的股票（股份）、债务或其他证券，或全部或部分地转换成现金或其他财产。③新设合并的条件是参与合并的公司的董事会必须制定合并计划（该计划需经股东批准），并由新设公司报政府工商管理部门存档。④在新设合并中，合并章程将成为新设公司的设立章程。⑤如果公司的股东有权对合并提出反对，则新设公司有义务向持异议的股东支付现金。①

（2）吸收合并。吸收合并又叫兼并（Merger），是指一个或几个公司并入另一个存续公司的商业交易。因此，吸收合并也可称为存续合并。如1999年沃尔玛吸收合并ASDA集团。存续合并具有如下特点：①在存续合并中，存续公司获得消失公司的全部业务和资产，同时承担各个消失公司的全部债务和责任。②在存续合并中，消失公司的股份得转换成存续公司或其他公司的股份、债务或其他有价证券，或者全部或部分地转换成现金或其他财产。③存续合并的条件是实施合并公司的董事会制定有效的合并计划，根据原先的规定经股东的批准并由存续公司将合并章程呈递有关政府工商部门。④如果规定公司合并必须经过股东大会批准，但少数股东不同意合并，则公司有责任以现金支付上述不同意合并股东的股份。

（3）收购。收购是指由收购公司通过其高级管理人员发出收购要约，购买某个目标公司的部分或全部股票（股份），以便控制该公司的法律行为。收购目标公司的对价，可以是现金、收购公司或其他公司的有价证券，但通常是现金。在现金收购中，目标公司的收购价格往往要高出其市场价格的25%～50%。在收购中，如果目标公司无力顶住收购者对其股票出价的诱惑，只能把自己的股票出售给收购公司，从而实现收购公司兼并目标公司的目的。

2. 公司的分立。

公司的分立是指一个公司依法分为两个或两个以上的公司。公司为了突出主营业务，方便专业化经营和管理；或者为了调整产业、产品结构和地区布局；或者为了剥离不良资产，进行公司重组，降低母公司对子公司的投资风险；或者为了对外合作、合资；或者为了调解股东之间的矛盾等，都可能采取收缩性的分立方式。有时，政府出于反对垄断、促进竞争的目的，也可能强制将垄断性的大公司分拆为几家独立的公司，如中国1999年、2002年和2008年对中国电信的分拆，促成了新电信、新联通、新移动三巨头并立的竞争格局。

---

① 如美国惠普、康柏的公司合并。2001年9月4日，美国惠普、康柏公司对外宣布合并计划；11月，两家公司分别向美国证券交易委员会提交了合并计划书；因为两家公司合并涉嫌垄断，还必须得到有关部门的批准，2002年2月，欧盟同意康柏和惠普总值236亿美元的合并计划；3月，美国联邦贸易委员会也批准合并计划；3月，惠普、康柏分别宣布股东会均以过半数投票同意公司合并；5月，正式投票结果表明合并案通过；5月7日，新公司以HPQ的新代码在纽约证券交易所挂牌交易。

公司分立的形式一般也有两种：（1）新设分立又称解散分立，是指一个公司将其全部财产分割，分别归入两个或两个以上新设立的公司的法律行为。在新设分立中，原公司解散、法人资格消灭是新公司设立的前提条件，原公司的财产和业务按照新设立公司的性质、宗旨、业务范围等进行重新分配组合，同时债权债务由新设公司分别承受。（2）派生分立又称存续分立，是指一个公司分出一部分财产而另成立一个或一个以上公司，原公司继续存在的法律行为。在派生分立中，原公司在减少注册资本、变更登记后依然存续，新公司依法取得法人资格，原公司的债权债务可以由原公司和新设公司分别承受，也可以按照协议归原公司独立承受。

3. 公司的解散与清算。

在公司法上公司的解散就是指公司法人资格的消失。随着公司的解散，公司就丧失了进行业务活动的能力，故公司解散时应终止一切业务经营活动。但公司法人资格的消失不能被理解为公司已经解散，而只有在公司终止了业务活动，结束了对内对外的法律关系，清算了其全部资产以后，才能真正地解散。公司只有经过清算这一法律程序，才能解散。公司在清算的过程中，不能视为解散。公司的解散涉及多方面的问题，比如清理债权债务，变买公司资产，支付各类费用，纳清税款，满足债权人的要求以及分配剩余资产，等等。因此，公司的解散也是较为复杂的过程，而且是与清算密不可分的。

公司的清算就是指公司在解散过程中了结公司债务，并在股东间分配公司剩余资产，最终结束公司的所有法律关系的一种法律行为。清算的一般做法是，首先确定清算人，由其负责清理公司的债权债务，然后根据债权人的先后次序偿还债务，最后，再在优先股和普通股之间根据发行时各类别股票所规定的条件，分配剩余资产。

三、跨国公司

（一）跨国公司概述

1. 跨国公司的概念。

跨国公司（Transnational Corporation），又称多国公司（Multinational Corporation），多国企业（Multinational Enterprise），全球公司（Global Corporation）或国际公司（International Corporation），原本是经济学上的名词，在国际经济高速发展的时代，跨国公司已经成为各个领域普遍接受的概念，但是目前仍没有在法律上形成一个广为接受的概念。最初经济学家们在提出跨国公司的名称时，主要是关注到资本的跨国化经营以及由此而导致的管理上的全球化策略而对跨国公司的相关经济管理问题作出论述。

在法律界首先对跨国公司进行界定的是蒂姆伯格（S. Timberg），他在1947年《国际联合企业和国家主权》一文中提到"多国公司"，其把多国公司作为国际联合企业的同义词来使用，并认为这类商业组织的特点是：（1）在两个或两个以上国家从事商业经营活动；（2）有统一的最高管理机构；（3）法律性质不同，但经济上相依的各商业单位受该统一管理机构支配。① 这是关于跨国公司的最早的论述。但对跨国公司的定义，由于各国的政治、经济、文化、法律等背景的不同，世界各国对跨国公司含义的理解和认识不同，对其定义众说纷纭，莫衷一是。联合国经社理事会1986年《跨国公司行动守则》（草案）对跨国公司的定义是："本守则使用跨国公司一词，是指这样的一种企业：该企业由分设在两个或两个以上国家的实体组成，而不论这些实体的法律形式和活动范围为何；这些企业的业务是通过一个或多个决策中心，根据一定的决策体制经营的，可以具有一贯的政策和共同的战略；企业的各个实体由于所有权或其他的因素，使得其中一个或一个以上的实体能对其他实体的活动施加重要影响，尤其是在分享知识、资源和分担责任方面。"

我国学者对跨国公司的定义基本上沿袭了《跨国公司行动守则》（草案）中的定义，但在实际的论述中又各有不同。如有学者认为跨国公司作为一个经济组织，在法律性质上与具有法人资格的一般商业公司没有什么不同，但由于其本身的特点，产生了一些特殊的法律问题。但同时又认为跨国公司内部各实体间在法律上往往是相互独立的实体，而在经济上又是在母公司控制下所形成的一个整体。从跨国公司具有共同的商业目的、中央控制和内部一体化的活动等方面看，可以说，跨国公司具有企业的特征，是一个经济实体，但它不是一个法律实体。② 有的学者认为典型的跨国公司一般是由设立于不同国家的母公司、子公司和分公司三类实体组成的。③ 也有的学者认为跨国公司是一个集合体，它是由两个或两个以上的成员集合而成的，这些成员分别依两个或两个以上的国家的法律组建而成，或者在两个以上的国家有法定住所。④

结合上述定义，跨国公司的基本要素可概括为：首先，跨国公司是由分属在不同国家的两个或两个以上的实体组成的，实际上这种实体都是依据东道国

---

① 转引自余劲松：《国际经济法问题专论》，武汉大学出版社2003年版，第26页。

② 参见余劲松：《国际经济法问题专论》，武汉大学出版社2003年版，第32页。

③ 参见曾华群：《国际经济法导论》，法律出版社1997年版，第76页。

④ 参见李金泽：《跨国公司与法律冲突》，武汉大学出版社2001年版，第14页。

的法律组成的法人或其他法律主体。由于跨国公司内的这些实体具有不同的国籍或住所，而使得其区别于一般的国内公司，因为后者通常是在一个国家领土范围内从事商业活动的。其次，这些实体联系起来的原因是由于所有权或者其他的因素，如合同关系或者是知识产权上的联系等，在多数情况下是由于所有权（股权）关系。再次，这些实体在经营管理上和经营战略上是由诸多的实体中的某一个公司（即母公司）所控制的，因此，在经营管理上和其他的商业活动上母公司对其他的实体有向心力的作用，使得跨国公司各组成部分可以共同分享产品、技术和资源等，并共担风险责任。①

2. 跨国公司的特征。

跨国公司是在当今科学技术发展和国际分工深化的条件下，利用其资金、技术、管理和组织等方面的优势，通过对外直接投资，在国外设立分支机构和被控制的子公司，形成生产、销售、研究与发展和经营的世界网络，实行全球战略，从事国际生产和其他经营的国际企业组织。跨国公司绝大部分是由一国企业所建立，极少数是由两个或更多的国家的企业联合建立。它有着区别于国内企业的显著特征：

（1）跨国性。跨国公司一般都由母公司（亦称总公司）和分布在各国的一定数量的子公司组成。跨国公司的来源国称母国，子公司所在国一般称为东道国。母公司是在本国政府登记的法律团体，子公司是在东道国政府法律下登记的法人团体。因此，通常所说的某国的跨国公司是指其母公司或总公司位于某国，而在其他国家设有各种实体从事跨国经营活动的公司集团。

（2）战略的全球性和管理的集中性。对于由母公司及一定数量的子公司组成的跨国公司来说，其子公司要受母公司领导，子公司的所有权由母公司掌握，并服从于母公司的全球战略。子公司的高级官员由母公司任命，一般的管理人员由子公司自行配备，子公司的管理机构要向母公司报告子公司的计划完成和经营活动情况，母公司与子公司之间保持着非常密切的联系。跨国公司的全球战略是由母公司制定的。母公司的决策中心对整个公司集团各实体拥有高度集中的管理权。如有的跨国公司在几个国家经营，但管理权牢牢掌握在总公司手中。跨国公司的许多实体虽然在法律上是各自独立的，但是在决定其市场行为时，并不享有真正的独立自主权，这就是因为跨国公司实行的是以母公司为中心的控制体系。

---

① 参见余劲松：《跨国公司法律问题研究》，中国政法大学出版社 1989 年版，第 4~14 页。

（3）公司内部的相互关联性。跨国公司是由它分布在各国的诸实体所组成的企业，其内部各实体之间，特别是母公司和子公司之间存在着密切联系，从而使母公司或公司内的某些实体，能与其他实体分享知识、资源和分担责任。因此，有人认为，跨国公司的主要法律形式，是根据各种法律制度成立的多个公司的聚集，但受母公司的集中控制，因而构成一个单一经济体，也就是说，跨国公司内部各实体间在法律上往往是相互独立的实体，而在经济上则是在母公司控制下所形成的一个整体。从跨国公司具有共同的商业目的、中央控制和内部一体化的活动等方面看，可以说，跨国公司具有企业的特征，是一个经济实体。但它并不是一个法律实体。①

（二）跨国公司的经营与组织结构

跨国公司为了发展跨国生产和经营，实现全球战略，通过对外直接投资，在国外建立大量的分支机和子公司，来达到对海外企业进行全部或部分控制，直接参与企业的生产和经营管理活动。跨国公司的对外直接投资的基本类型有两种，即创建国外企业和并购东道国企业。从投资发展的过程来看，这两种方式也可以看做国际直接投资的两个阶段：初级阶段为绿地投资，一般发生在发展中国家；第二阶段则是企业并购的方式，通常发生在发达国家，或具有较先进的工业部门和较发达的资本市场的发展中国家。跨国并购可以说是国际直接投资和东道国经济发展到一定水平的必然结果或国际直接投资的第二阶段。

1. 创建国外企业。

创建国外企业，又称绿地投资或新建投资，是指跨国公司等投资主体在东道国境内依照东道国的法律设置的部分或全部资产所有权归外国投资者所有的企业。早期跨国公司的海外拓展业务基本上都是采用这种方式。创建国外企业有两种形式：一是建立国际独资企业，其形式有国外分公司、国外子公司和国外避税地公司；二是建立国际合资企业，其形式有股权式合资企业和契约式合资企业。

（1）国际独资企业。国际独资企业是指外国的投资者依据东道国的法律，经东道国政府有关机构的批准，在东道国境内设立的全部资本为外国投资者一人所有的企业。国际独资企业的最大特征是所有权、经营管理权都由外国投资者独自享有，同时也由该投资者独自承担责任和风险。国际独资企业有如下几个特点：首先，外商投资者独立出资，拥有绝对的经营决策权；其次，便于投

---

①　参见余劲松、吴志攀：《国际经济法》，北京大学出版社、高等教育出版社2002年版，第34页。

资者保守技术诀窍与商业秘密；再次，对于东道国而言，既利用了外资，自己不承担风险，而且还可以通过各种税收、土地使用费、公共基础设施管理费，从而增加了净收入；最后，国际独资经营企业往往能引进比较先进的技术和管理经验，东道国通过"示范作用"，提高国内技术水平和管理水平。国际独资企业的形式有国外分公司、国外子公司、国际避税地公司等。

国外分公司是总公司在国外设立的分支机构、办事机构或营业机构等。这种机构没有独立的法律地位，不具有独立的法律人格，只是总公司的增设部分，总公司对分公司的行为直接负责。设立分公司的创建手续简单、快捷，一般只须履行申请、审批、登记手续，交纳少许登记费即可领取营业执照。在税收负担上，分公司的收入必须与总公司收入合并课税。因此，国外分公司如亏损，可抵减总公司的课税所得，由于分公司所得是总公司所得的一部分，在东道国不分配利润，所以不需要缴纳利润所得税。而且，由于分公司不是一个独立的法律实体，仅是母公司的一个部分，不具有东道国的"国籍"，在东道国当地被视为外国公司，因此往往无法享受东道国给予的税收减免等优惠待遇。此外，由于分公司发生的所有债权与债务都归属于母国的总公司，如一旦发生法律纠纷，必须由国内的总公司来起诉、应诉和承担责任。在业务经营上，对分公司的限制也比子公司多，诸如不准外国公司从事生产制造业，对分公司的金融管制较严，有些国家甚至不允许外国分公司的业务盈余汇出东道国，只能转为营运资金，扩大营业规模。

国外子公司是指跨国公司在东道国通过独立投资或入股所控制的生产和经济实体。一般认为母公司拥有子公司95%以上股权，即被看成是独资公司。子公司虽为母公司控制，但子公司却是依据东道国法律，在当地注册登记，是独立的法律实体，具有东道国的"国籍"，因此东道国对其既有属地管辖权，又有属人管辖权。子公司必须遵守东道国的法律，并受其法律的保护；子公司在撤离时，可采取多种形式出让其股票，与其他公司合并或变卖其资产；子公司在避税方面、业务开展方面有更大的灵活性，可以享受当地政府给予的税收减免或捐税缓缴等优惠待遇，并且因为子公司财务独立、自负盈亏，可以不将利润汇回母公司，而汇到避税地公司，能享受合法避税的利益。但设立子公司也有劣势，如办理手续比较麻烦；在税收负担上须在东道国当地纳税，其经营所得不得并入总公司的所得中合并课税，子公司除了缴纳公司所得税外，还必须缴纳利润汇出税；在费用分摊上，子公司是独立法人实体，虽受母公司的管理与控制，但无法分摊母公司发生的管理费用，因子公司被视为东道国当地企业，不受母国外交法的保护，有时容易与东道国利益发生矛盾。

国际避税地公司又称为纸上公司或皮包公司，是指跨国公司利用某些国家或地区对境内的公司所实行的免税或低税的优惠政策，在那里设立公司，通过操纵公司转移价格使货物或劳务的法律所有权归之于避税地公司，而不进行实质性生产经营活动。实际上这些货物或劳务不进入避税地公司，这样将部分利润从应征高税的国家转移到避税地国家，从而达到避税目的。目前世界上有数十个国家和地区对设在其境内的公司所得实行免税或低税政策，为跨国公司进行财务调度和实现利润提供了条件和方便，成为良好的避税地。如百慕大群岛、巴哈马群岛、开曼群岛、瑞士等。

（2）国际合资企业。国际合资企业是指跨国公司与东道国企业依照当地法律，经东道国政府批准，在其境内设立的共同投资、共同经营、共同管理、共享收益、共担风险的企业。其常见形式有股权式合资经营企业和契约式合资企业两种。

股权式合资经营（Epuity Joint Venture）通常是指由两个或两个以上不同国家的法人和自然人，依照所在国的法律联合起来，由各方共同提供资金、设备、厂房、原材料、商标权和技术知识等，共同经营、共担风险、共负盈亏和按股分享收益的常见的直接投资方式。股权式合资企业是遵照东道国法律设立的经济实体，具有法人资格，包括有限责任公司或股份有限公司。按股权形态不同，可将股权式合资经营企业分为多数股权（占51%以上）、对等股权（各占50%）和少数股权（占49%以下）。股权式合资企业要求投资各方以股权方式共同投资设立，公司的全部资本划分为若干等额股份，并在市场公开发行和自由转让；公司以其全部资产对公司债务负责，股东则以其出资额为限承担责任；股权式合资经营股东则只能从企业净利润中以红利的方式回收投资；在纳税上，股权式合资企业的所得税必须统一纳税，在方法上，对股权式合资企业常实行比例税制，常能享受东道国的减免待遇。

契约式合资企业（Contractual Joint Venture），又称为合作经营企业，它是由跨国公司和东道国投资者根据东道国的有关法律以各自的法人身份共同签订合作经营合同，在合同中对合作各方的投资条件、经营方式、收益分配、责任风险作出明确的规定的企业。它的基本形式有"法人式"合作经营企业和"非法人式"合作经营企业。前者是指合作各方依据合同组建经济实体，经东道国批准注册，该企业具有东道国法人资格，受东道国法律的管辖和保护；后者是指合作各方通过合同组建一个松散的合作经营联合体，不具有东道国的法人资格，也没有独立的财产所有权和经营权，资产所有权仍然归合作方各自所有。这种投资方式的基本特征是，合作各方权利和义务的基础是合同，而不是股权。合营各方的投资和服务等不计算股份或股权，权利与义务由合同规定，不按投资比例分配，而是按契约规定的投资方式和分配比例进行收益分配或承担风险。合作经营企业的合作期限一般较短，方式灵活多样，表现为：出资方式和比例灵活，特别是"非法人式"，没有企业注册资本，也不安排股权比例，东道国对投资比例也没有什么限制，双方权责通过合同规定，合同完成，双方关系即告终止；组织管理形式不拘一格，经营管理多样化。通常没有统一的组织管理机构，可以成立联合管理委员会，各派代表定期讨论管理问题，也可以成立对等的代表机构，还可以委托其中一方或第三方管理；收益分配和资本回收方式多种多样，通过合同规定，可从经营收入中收回投资，也可以提取折旧费回收投资，或者从利润中提取一定比例回收投资；契约式合资企业由投资各方按不同税法分别纳税，对契约式合资企业多实行累进比例税制，常不能享受减免税待遇。

此外，跨国公司还会通过签订协议的方式实施非股权参与式国际直接投资。非股权参与式国际直接投资，又称非股权安排（Non-equity Arrangement），是指跨国公司未在东道国企业中参与股份，而是通过与东道国企业签订有关技术、管理、销售、工程承包等方面的合约，取得对该东道国企业的某种管理控制权。这种投资方式正成为当代国际资本流动的一个主要形式。其特点是没有货币资本注入，是一种合约投资，但又有一定的控制权，富有技术含量，但风险较小。非股权安排具体又包括：许可证合同；管理合约；交钥匙工程承包合同；销售协议；技术援助或技术咨询合约等方式。

2. 并购东道国企业。

跨国并购是国际直接投资的一种方式，其基本含义是：跨国公司基于某种目的，通过一定渠道和支付手段，取得另一国企业的一部分，甚至全部股份或资产，从而对后者的经营管理实施实际的或完全的控制并从中获利的行为。按照其内容的不同，包括兼并和收购。兼并（Merge）指公司的吸收合并，是指外国投资者为了生产经营的需要，通过协商一致，吸收合并东道国某一公司，东道国公司的全部权利义务归于外国投资者承受从而丧失法人资格的法律行为。① 企业兼并可分为两类，即吸收兼并和创立兼并。收购（Acquisition）意为获取，是指外国投资者在证券市场用现金、债券或股票购买东道国某家公司的股票或资产，以获得对该公司的控制权，东道国公司仍然存在的法律行为。

① 参见王海英、密启娜：《企业跨国并购对我国的影响及对策》，载《法学论坛》2002年第1期，第80页。

收购可分为资产收购和股份收购两类。

从经济学角度而言，企业兼并和收购的经济意义是一致的，即都使市场力量、市场份额和市场竞争结构发生了变化，对经济发展也产生相同的效益，因为企业产权的经营管理权最终都控制在一个法人手中。正是在这个意义上，西方国家通常把 Mergers 和 Acquisition 连在一起，统称 M&A。我国企业兼并的含义与 M&A 相似，兼指吸收合并与收购，1996 年 8 月 20 日财政部发布的《企业兼并有关财务问题的暂行规定》第 2 条规定："本规定所称兼并指一个企业通过购买等有偿方式取得其他企业的产权，使其失去法人资格或虽保留法人资格但改变投资主体的一种行为。"可见在我国，我们通常把企业并购称为企业兼并。

（1）跨国并购的类型及其垄断性。以并购双方的行为和产业关系的联系为标准，跨国并购通常可以分为横向并购、纵向并购和混合并购三种形式。横向并购是指生产相同或者相近似产品的企业之间的合并，目的在于扩大生产规模，增强产品在同行业中的竞争能力，控制和影响市场，减少竞争对手，实现规模经济，形成行业垄断。纵向并购是指生产相同产品，但处于不同生产阶段的企业之间的合并，其目的在于控制某行业、某部门的生产经营的全过程，获得一体化的利益和效益。混合并购是指来自不同市场、生产不同产品的企业之间的合并，又称集团扩张，目的是为了进入更具增长潜力或利润较高的领域，实现投资多元化和经营多元化，通过先进的财务管理和集中的行政管理来获得规模经济。

这三种形式的并购均可导致垄断，分别体现在：横向合并的结果将直接减少甚至完全消灭市场中的其他竞争者，从而导致市场上竞争者数目过少，集中度过高，最终形成独占，从而使市场的有效竞争受到威胁。纵向合并的垄断性表现在合并发生后，没有参与合并的企业减少了交易的机会，而合并企业增加了对其他竞争者的不公平竞争优势。混合合并情况下，一些大企业可能通过实施低价倾销的市场策略，将竞争对手逐出市场，同时使潜在的竞争者不敢进入市场参与竞争。根据世界各国规制垄断行为的立法，跨国并购的过程实际上是跨国公司运用市场机制，通过全球市场上资金和信息的流动，实现资本的有效配置的过程，对东道国的经济发展是有好处的。但任何企业行为都具有外部性，跨国并购也不例外。如果没有配套的、完善的法律制度和成熟的市场经济和实力比较强大的内资企业，跨国并购可能排挤民族产业，造成金融风险，威胁东道国的国家经济安全，最终危及整个国民经济的健康运行。因而，基于跨国并购所导致的垄断性，各国以全球竞争和国家利益为基本出发点，为了保护市场的有效竞争性和消费者的利益均制定了相应的反垄断法规。

（2）欧美国家对跨国并购的反垄断立法规制。美国可以说是反垄断法的起源地，国内反垄断立法十分完备。美国并购反垄断规制的法律体系由三部反垄断法，即《谢尔曼法》、《联邦贸易委员会法》和《克莱顿法》，法院积累而成的判例法以及司法部和联邦贸易委员会颁布的《企业并购指南》（1968 年/1982 年/1988 年/1992 年指南）构成。《谢尔曼法》是反垄断的基本法，其对垄断的判断依据，一是按区域和产品划分的市场份额，一般为某个企业的产品市场占有率为 80%～90%；二是当事企业采取了某些掠夺性定价或者排他性行动。《克莱顿法》还限制削弱企业间竞争和形成垄断的产权交易，对从事交易活动或者对交易活动有影响的任何企业以直接或间接的形式获得其竞争对手的部分或全部权益或资产的行为进行规制，其处罚条款也极其严厉。美国司法部和联邦贸易委员会颁布了《合并准则》，对横向、纵向和混合合并进行规制，1992 年又推出了新的《横向合并准则》。新准则在判断有无横向合并时，要求分析如下因素：合并是否明显导致市场集中；是否产生潜在的反竞争效果；是否影响充分的市场进入；能否获得合理的效益，而且该效益是当事人能通过合并获得的；是否为可免使当事人破产或被挤出市场的唯一途径。纵向合并主要考虑生产商的市场份额，销售商的市场份额，当前进入市场的条件等因素。混合合并主要考虑被兼并企业所占的市场份额及该企业是否为同类市场中最大的厂商之一等因素。美国法院判例法理论主要考察潜在的竞争、构筑防御措施、互惠交易等。总体而言，美国对垄断的控制方式逐渐从严格的结构主义模式转向温和的行为主义模式。

欧共体（欧盟）国家的反垄断法有两个层次。一是由欧共体委员会制定的条约，主要是促进竞争的法规，例如《罗马条约》第 85 条禁止共谋，第 86 条禁止具有支配市场地位的企业滥用其支配力。另外，各国又有自己的反垄断法规。欧共体条约对合并问题没有具体规制，1989 年欧共体部长理事会制定了《欧共体企业合并控制条例》，根据该条例，如果合并被视为对共同体或对共同体的一个重大部分具有影响，应当由欧共体委员会作出决定，是否批准合并。委员会是否批准合并，决定性因素是这个合并是否与共同体市场相协调。根据《欧共体企业合并控制条例》第 2 条第 3 款的规定，一个合并如果可能产生或者加强市场支配地位，从而使共同体或者一个重大部分的有效竞争严重受到阻碍，该合并得被视为与共同体市场不协调。在欧共体委员会的实践中，要认定一个合并是否与共同体相协调，委员会首先要界定与合并相关的市场，然后判断合并后企业的市场地位。合并控制条例没有相关市场的概念，但委员会在其发布的 1994 年第 3394 号条例之附录中，对市场作了详细规定，规定合并后企业的市场势力应当从相关产品和相关地域市场两个方面来确定。对于合并后的企业是否由于合并能够在该市场上产生或者加强市场支配地位，委员会考虑的最重要的因素是参与合并的企业在相关市场上的市场份额。此外，合并后企业能否将多数竞争者排挤出市场，能否具有涨价能力，能否构成市场进入障碍等也是应该考虑的其他因素。在欧共体（欧盟）法律没有规定或者没有涉及的情况下，成员国的国内反垄断法将发挥作用。一般来说成员国的法律都比欧共体（欧盟）的法律更严格。

（3）我国的反垄断立法。我国加入 WTO 后，市场经济环境的改善以及利用外资渠道的拓宽为外商的跨国并购提供了更多的发展机会。跨国并购在促进国内产业发展的同时，也带来一些负面影响，如垄断。2007 年 8 月 30 日，我国第十届全国人民代表大会常务委员会第二十九次会议通过了《中华人民共和国反垄断法》，该法自 2008 年 8 月 1 日起施行。

《中华人民共和国反垄断法》以保护市场公平竞争，提高经济运行效率，维护消费者利益和社会公共利益，促进社会主义市场经济健康发展为目的，从垄断协议、滥用市场支配地位、经营者集中、滥用行政权力排除、限制竞争等几个方面规定了垄断行为。

（三）跨国公司的法律责任与法律管制

跨国公司在国际经济关系和世界经济发展中发挥着日益重要的影响和作用。随着当今世界跨国公司的数量和规模的迅速扩大，跨国公司在国际社会经济交流中的地位大大提高，同时跨国公司的规模化、全球化发展向诸多传统制度、传统观念提出了挑战，引起了国际社会的广泛关注。

1. 跨国公司与有关国家的矛盾。

跨国公司的强大经济实力和其在世界范围内追逐高额利润的全球战略，这极易导致跨国公司与东道国间、跨国公司与母国间、东道国与母国间产生尖锐的矛盾。其中，跨国公司与东道国的矛盾最为引人注目。

（1）跨国公司与东道国之间的矛盾。例如跨国公司与东道国发展目标和计划可能存在冲突；跨国公司可能采取转移定价逃避东道国的税收，逃避东道国的外汇管理措施；跨国公司可能在东道国采取限制性商业惯例，限制竞争，垄断市场；跨国公司可能在技术转让中，通过各种限制性条款，阻碍技术性交流，阻碍东道国的技术发展，或可能会抬高技术转让费以牟取暴利；跨国公司可能为了避免汇兑风险或进行货币投机等目的，大量转移资金，给东道国的国际收支带来重大影响；跨国公司可能会将有严重污染和公害的工厂开设在东道国，给东道国的环境质量造成重大损害；跨国公司可能不注意产品对消费者的健康损害和安全问题；跨国公司可能会采取各种手段，无视或违反东道国的法律，逃避东道国的管辖，阻碍或破坏东道国的发展目标和政策，掠夺东道国的自然资源等。

（2）跨国公司与母国的矛盾。例如跨国公司资本的大量输出，造成国内投资减少，产业空心化；跨国公司在海外投资办厂，减少了国内的就业机会；跨国公司在海外就地生产，就地销售，减少了母国的出口；跨国公司利用海外的子公司逃避国内税收；跨国公司的技术转让导致母国的技术外流等。

（3）东道国与母国的矛盾。跨国公司母国与东道国从各自的角度出发，对跨国公司行为所作的反应又常常导致这些国家的矛盾，譬如，东道国实施财产国有化、母国行使外交保护、母国法律的域外适用以及税收管辖权的行使等，造成了东道国与母国间的种种冲突。

2. 跨国公司的法律责任。

由设立在不同国家的母公司、子公司、分公司等实体而组成的跨国公司，是一个经济实体，而不是一个法律实体。跨国公司的母公司通过股权或协议等方式控制子公司和分公司的经营决策、组织管理、财务、技术等，使其形成一个内部关系复杂的经济实体，根据全球战略安排整个跨国公司各实体在全球的生产经营活动，局部服从全局。对子公司工作业绩的标准，不一定看赚取利润的多少，而看对整个公司经营计划所作的贡献。但跨国公司的母、子公司又分别是独立的法律实体，具有独立的法律人格。在法律上，它们只对各自的公司行为承担独立的法律责任，这种子公司外表上的人格独立和受控于母公司的现实之间的矛盾使得跨国公司在推行全球整体战略过程中的行为虽然极易侵害东道国子公司的股东及其债权人甚至东道国国家的利益，但却可以轻易地利用子公司的独立法律人格来规避其应承担的法律责任。

采取何种机制来追究跨国公司母公司对其子公司的法律责任，才能做到既有利于保护东道国子公司股东及其债权人的利益，又不至于影响其吸引外资的总体政策，这成为了学界不得不面对的一个重大课题。对于跨国公司母公司对子公司的法律责任，各国做法不一，大致可归纳为以下三类：

（1）有限责任说。这种观点认为，母公司与子公司是各自独立的法律实体，根据有限责任原则，股东仅以出资额为限，而公司则以全部资产承担责任。公司的责任与股东的责任相区别，一个法人的义务也不能转移给其他法人。换言之，母公司不应对子公司的债务承担责任。有限责任原则可以降低投资风险，促进跨国公司进行国外投资，从而使资本全球化流动，但同时有限责任也已成为跨国公司的保护罩，使其对完全由其控制的子公司的债务不负任何责任。其不公平性是显而易见的。有限责任原则已经成为跨国公司规避法律责任的主要工具，一味地坚持有限责任原则，必然有害于经济的发展。

（2）整体责任说。整体责任说是把跨国公司母子公司视为企业实体来承担责任，认为应把跨国公司看做一个统一的实体，该实体中任一组成部分所造成的损害均可归咎于该实体的整体。母公司将子公司作为一种工具通过中央统一管理和调配，使这个工具满足其实现全局战略的部署，以达到利益的最大化，即在任何情况下母公司都应对其子公司的债务承担责任。该理论突出了跨国公司母、子公司的经济联系，而忽视了其法律形式。整体责任说加重了跨国公司的责任，从而间接地限制了经济的全球化发展，妨碍资本的国际化流动。这一理论在世界各国实践中也很少被采用。

（3）直接责任说。直接责任是在坚持有限责任的基础上，在特殊情况下母公司对子公司的债务承担法律责任，也即"揭开公司面纱"（Piercing the Corporate Veil）理论。这种观点承认母公司与子公司是两个独立的法律实体，在例外情况下，如果子公司受母公司的支配和控制，已不具有独立性时，法院可以认为子公司仅仅是母公司的"化身"，从而适用揭开公司面纱理论，否定公司人格独立，由母公司对子公司的债务承担责任。特殊情况一般包括：第一，母、子公司人格混同，即母公司滥用对子公司的控制权，造成子公司徒有其表，没有自己独立的意志和利益；第二，子公司资本不足，即子公司的资产总额与其所经营的性质及隐含的风险明显不对称或不成比例；第三，母公司操纵子公司实施有损子公司利益的行为。如果跨国公司存在上述情况，一旦子公司的债务超过其本身的清偿能力，必定会使其债权难以实现，母公司就应该对子公司的债务承担连带责任。

综合上述几种观点，直接责任说最为可行。针对跨国公司存在的种种问题，如果片面强调公司的人格独立，实行有限责任原则，那么必定使债权人或社会公共利益得不到保护。因此，在肯定公司独立人格的同时，在特定情况下"揭开公司面纱"，让母公司对子公司的债务承担直接责任是非常必要的，因为：第一，跨国公司对公司独立人格的滥用，已背离了公司制度的社会、经济目的，背离了公司制度所承载的社会价值，在特定情况下揭开公司独立人格的面纱，有利于矫正被扰乱的经济秩序，还原公司制度应有的社会价值。第二，跨国公司应承担与其在现实经济生活中的实力、地位和影响相适应的社会责任。随着经济全球化的发展，跨国公司日益强大，在国际经济中占有举足轻重的地位，深深地影响着社会经济生活。跨国公司在追求利润最大化、维护股东利益的同时，必须对其他利益群体和社会公共利益承担相应的社会责任，如跨国公司通过子公司从事高度危险或污染严重的生产经营，致使他人受到严重损害，或者利用子公司非法谋取利益，损害债权人和其他人的合法利益，通常子公司的财产又无法承担全部责任，如果采用绝对的有限责任制度，则使母公司逃脱了本应承担的社会责任。第三，仅由子公司承担责任，有时会对债权人显失公平。当子公司完全按母公司的意思表示行为，而且债权人也相信母公司和子公司是统一的实体，但由于母公司的原因造成子公司负有超过子公司本身所能承受的债务时，母公司如果借口仅以其出资额为限承担有限责任来逃避其责任，则显然有悖于社会公平和实质正义，使债权人的债权不获清偿，从而损害债权人利益及社会交易安全。第四，在特定情况下，对跨国公司的子公司独立人格予以否定，符合民商法的诚实信用、公共利益、禁止权利滥用等原则，从而最大限度地实现公平、正义，维护公共利益，保护公司债权人及其他股东的合法利益，以弥补传统公司法人制度的不足。

我国《公司法》也采纳了直接责任说，该法第20条规定，公司股东滥用公司法人独立地位和股东有限责任，逃避债务，严重损害公司债权人利益的，应当对公司债务承担连带责任。

3. 对跨国公司的法律管制。

由于跨国公司可能会给有关国家，乃至国际社会带来不利影响，因而有必要对其活动予以法律管制。这种管制，分为国家管制、区域管制、国际管制三个层面。

（1）国家管制。为了充分发挥和利用跨国公司的优势，预防和限制其不利影响，各国都相继制定了一些法律、法规来规范和约束跨国公司的行为。这些法律、法规涉及跨国公司经营活动的各个领域，包括公司法、外商投资法、合资企业法、反垄断法、涉外经济合同法、涉外税法、外汇管制法、涉外劳工法、破产法以及产品责任法等。我们称这种管制为国家管制，这是目前对跨国公司法律管制的一个主要方面。但由于各个国家的政治经济发展的不平衡，国情差异较大，使得各国对跨国公司的法律管制差别很大，其中尤以发达国家和发展中国家之间的差别更为显著。

发达国家既是跨国公司的母国，又是跨国公司的东道国。这种双重的身份及其经济实力地位决定了发达国家对跨国公司总体上采取相对开放的政策。但基于本国利益的考虑，发达国家普遍反对外国公司接管本国企业，并将重要的经济部门的经营权只交给本国企业经营。

作为跨国公司的母国，发达国家对本国跨国公司的法律规范，既有积极支持和鼓励的一面，又有对跨国公司国外业务活动加强监督管理的一面。支持和鼓励本国跨国公司的主要措施包括利用反托拉斯法刺激私人资本向国外流动；对国外投资提供保护；建立国外投资担保制度；提供必要的投资情报与信息；税制的奖励与优惠等。加强监督管理的措施主要有加强对外资本和技术的审查；防止输出就业，影响本国就业；防止避税和逃税；加强联合审计工作等。

发展中国家基本上是东道国，发展中国家对跨国公司所采取的政策经历了一个探索与认识的过程，即从最初的采取谨慎态度，到 20 世纪 60 年代简单地对跨国公司加以严格限制，再到 70 年代中期采取限制与鼓励相结合的政策。因此，当今发展中国家对跨国公司的法律管制主要分为限制和鼓励两个方面。限制措施主要有：限制跨国公司投资的部门，在将外资引向发展民族经济的重点建设部门，增加本地附加值，扩大出口比重，及时转让先进技术的同时，限制或禁止外资进入战略性或敏感性的部门；限制跨国公司的参股比例，以此来保证本国资本的控制权和决策权，防止外资控制本国经济；对跨国公司的外资实施"渐退政策"，即发展中国家逐步收回或减少外资在合营企业中的股权比重，并转给本国人经营和拥有；对产品、股金、利润的汇出的限制政策；加强对跨国公司技术转让的管理；完善对跨国公司投资的监督和管理等。鼓励性的政策有减少和限制简单的国有化政策；给予一定的财政和税收优惠政策；适当放宽外汇管制；给予外资企业国民待遇等。

但由于组成跨国公司的各个实体位于不同的国家，而各国的法律规定并不一致，使得国家管制往往不能起到很好的效果。对跨国公司进行整体的规范，不是某一个国家能够单独做到的，需要国际社会对整个跨国公司的活动进行规范和协调。

（2）区域管制。区域性国际组织对外国投资的法律管制，在一定条件下可能比各国的有关法律管制更为有效。跨国公司可以放弃一国市场，却难以放弃整个区域的市场，因此，在一定区域对外资实行共同的法律管制，可能比单一国家的法律管制更为有效。在区域性法律管制中，最具成效的是安第斯集团、欧盟和经济合作与发展组织。

安第斯集团又称"安第斯条约组织"，于 1970 年 12 月 31 日通过了《安第斯共同市场外国投资规则》，试图通过区域性国家组织的集体力量和协调的市场来增强对外国投资的管制，其主要内容包括禁止外国投资的领域、限制外资比例、外资登记和批评条件、外资原有资本和利润的汇出限制及外资投资期限的限制等。

欧盟作为世界上最大也是一体化程度最高的区域经济组织，从一开始就以成员国间人员、货物、劳务和资本的自由流动为目标。1973 年 11 月 8 日，欧共体委员会提出"关于跨国公司责任与共同体规则"的通讯，明确以下原则：平等待遇原则、对跨国公司的一般规则、资料和税收方面的国际合作。欧共体主要在以下几个方面对跨国公司实行法律管制：关于公司资料公开、反托拉斯政策、劳动利益保护以及其他一些正在审议中的提案等。

经济合作与发展组织于 1976 年 6 月 21 日签署了《经合组织关于国际投资与跨国公司宣言》。该宣言在确认国际投资活动对促进世界经济发展以及跨国公司在发展国际投资活动中所能产生的重大作用的基础上，旨在通过制定一些相互关联的文件，使各国就国际投资和跨国公司的管理经营等事项加强协商和合作，从而促进投资环境的改善，有利于推动社会经济进步。该宣言涉及关于跨国公司规则的适用问题、待遇问题、关于投资的鼓励与限制及其他内容。

区域法律管制为区域内成员国投资的跨国流动提供了有利的法律环境，但由于成员国之间的目标及法律规则难以协调统一，所制定的共同规则限制性越强，越难维持区域性国家组织的统一，成员国政治、经济的重大变化也会影响到区域性投资规则的适用。

（3）国际管制。跨国公司跨国性生产、经营的特点，决定了对跨国公司管制的国家或区域管制力度的薄弱。20 世纪 70 年代以来国际社会十分重视对跨国公司实行国际管制，而且这也是广大发展中国家建立国际经济新秩序的根本要求所在。对跨国公司的国际管制，主要由国际条约或国际会议所通过的具有法律约束力的文件以及国际习惯规则所构成。1965 年在世界银行倡导下制定的《华盛顿公约》，1974 年联合国大会上通过的《关于建立新的国际经济秩序宣言》和行动纲领以及《各国经济权利与义务宪章》，1982 年联合国经社理事会拟定的《跨国公司行动守则》（草案），1985 年的《汉城公约》，1994 年的《与贸易有关的投资措施协议》等就属于国际管制的法律。这些都是将跨国公司纳入新的国际经济秩序的轨道，对跨国公司进行国际管制的基本法律依据。其中以《跨国公司行动守则》（草案）较有代表性，下面就《跨国公司行动守则》（草案）作简要说明。

1974 年 12 月联合国经社理事会成立了跨国公司委员会，并设立跨国公司中心作为其业务执行机构。1975 年该委员会建立了政府间行动守则工作组，于 1977 年开始负责拟订《跨国公司行动守则》（草案），1982 年提交了最后报告。从 1993 年起，关于跨国公司的事项移交给了联合国贸发会议。《跨国公司行动守则》（草案）主要有六部分：第一部分，序言和目标；第二部分，定义和适用范围；第三部分，活动与行为；第四部分，待遇；第五部分，政府间合作；第六部分，守则的实施。其中的主要内容如下：

第三部分"活动与行动"。此部分包括三方面内容：①一般性和政治性问题。该部分旨在满足发展中国家所表示的关于需要以国际准则支配跨国公司的行为，和主张东道国管制跨国公司的活动的权利方面的愿望；规定了关于国家行使主权，依其国内目标和优先次序调整其域内经济活动的权利的基本规则。所涉及的具体问题有：尊重国家主权和遵守国内法律、条例和行政管理办法，遵从所在国的经济和发展目标、政策和优先事项，合同的审查和重新谈判，遵从社会文化目标和价值观；尊重人权和基本自由；不干涉内部政治事务；不干涉政府间关系；不行贿。对这些问题的分歧体现在"国家永久主权"和"不干涉东道国内部事务"上。②经济、财务和社会问题。该部分包括：投资的所有权和控制权，国际收支和金融财务，转移定价，税收，竞争，限制性商业惯例，技术转让，消费者保护，环境保护等问题。③资料公开。该部分的规定已全部达成一致。"资料公开"的基本要求是：跨国公司在其所在国应向公众公开关于整个跨国公司的结构、政策、活动的清晰且易懂的资料，这些资料包括财务和非财务资料，通常为每年定期提出，适当时应公布半年财务资料摘要。

第四部分"跨国公司的待遇"。此部分有四个方面的内容：①一般待遇。守则规定：跨国公司在所在国应获得公平和公正待遇。②国有化和补偿。发达国家与发展中国家对此达成的共识基于两点：一是国家对其领域内的跨国公司的财产有实行国有化或征用的权利；二是国家对这种国有化有补偿的相应义务。③国际法与国际义务。④管辖权。该部分主要包括：国家对跨国公司活动的管辖权、管辖冲突、法律选择、争议解决的方法。这些问题大多存有争议。

第五部分"政府间合作"。此部分内容具体包括：交换为实施守则采取的措施的资料和交流实施守则的经验，在双边或多边的基础上就守则及其适用的有关各种问题进行协商，在进行涉及跨国公司的双边或多边协议的谈判时要考虑到守则，反对以跨国公司作为干涉其他国家内部事务的工具，并应在其管辖范围内采取适当措施以防止跨国公司的这种干涉活动，一国政府为在另一国营业的跨国公司采取行动，应遵循用尽当地救济原则以及所同意的涉及国际法律求偿的程序等。

《跨国公司行动准则》（草案）于1977年由联合国跨国公司专门委员会拟定，1982年提交了有关草案的最后报告，但此后为修订守则草案进行了为期十年的谈判。由于发达国家和发展中国家对守则的内容、法律地位、国有化和补偿、国民待遇、国际法的适用等问题存在严重分歧，谈判没有取得实质性的进展。从 1993 年起，有关跨国公司的事项移交给联合国贸发会议处理，至今悬而未决。由此我们可以看出对跨国公司的国际管制，从理论上讲的是最为有效的，但在实践上却任重道远。尽管该守则最终是以联大决议的形式作为自愿性文件通过的，但其为东道国管辖跨国公司的活动提供了一套基本准则，并有助于协调某些领域中的国内法，为制定新的国际法规奠定了一定基础。

第三节　国际商事代理法

一、国际商事代理概述

代理（Agency），是指代理人（Agent）按照被代理人（Principal）的授权，代表被代理人同第三人订立合同或作其他的法律行为，由此产生的权利与义务直接对被代理人发生效力。在代理法律关系中涉及三方当事人，即代理人、被代理人和第三人。在代理制度中，以他人名义或自己名义为他人实施民事行为的人，称为代理人。由他人代为实施民事行为的人，称为被代理人，也称本人。与代理人实施民事行为的人，称为第三人。代理作为一种扩张当事人能力的制度，是两大法系共有的一项法律制度，但各个国家因法律文化等因素的不同对它的具体制度设计却不一样。

现今的国际贸易中，大量的商事行为都是依靠代理完成的。商事行为可由本人实施，也可通过代理人实施。商事代理人制度可以扩张商事主体的商事能力，扩大其经营活动的半径，对促进专业化分工、节约交易成本具有重要作用，对商事法律制度有重大意义。现今的商事代理业务范围极广，种类繁多。就其范围而言，既发生于国内贸易之中，更活跃于国际贸易领域；既可以有形商品为客体，又可以无形商品为对象。就其种类而言，依是否享有独占权，可分为独家代理与非独家代理；依是否享有订约权，可分为缔约代理与媒介代理；依权利来源，可分为一级代理与次级代理；依业务内容，可分为销售代理、采购代理、运输代理、广告代理、保险代理、出口代理、进口代理、证券代理、投标代理、旅行代理、保付代理等。这些代理构成了国际贸易实践中重要的环节。

（一）国际商事代理的概念与特征

所谓国际商事代理，是指在国际商事活动中作为代理人的商人为取得佣金，而依被代理人（另一商人）的授权，为被代理人的利益与第三人为商行为，其中一个或多个环节发生在国外，由此而发生在被代理人、代理人及第三人之间的一种特殊的法律关系。这种国际或涉外因素的基本构成情况是：代理人和本人或者代理人和第三人具有不同国籍，或者住所在不同国家；代理人以本人的身份与第三人建立涉外民事法律关系；代理人根据本人的委托，代理人本人在另一国家实施代理行为。① 与一般代理相比，国际商事代理具有以下特征：

1. 国际商事代理具有跨国性或涉外性。

国际商事代理中的主体、代理行为或者结果中至少有一项在国外，即具有涉外因素，这是国际商事代理的显著特征，也是它与国内商事代理最根本的区别。而且，国际商事代理的代理人应该是商人，包括商法人和个体商人。

2. 国际商事代理具有营利性。

一般民事代理中，有的是有偿的，也有的是无偿的。在国际商事代理中，被代理的行为通常为商行为，一般是在国外实施的或者结果及于国外的与财产有关的经营行为，因此一般体现了营利性特征。一方面，所为代理行为是营利性的经营行为，被代理人通过商事代理人的行为而获取利益；另一方面，商事代理人作为一个独立的经济实体，以其代理行为取得佣金。

3. 国际商事代理权的产生是以授权委托为前提的。

一般民事代理包括法定代理、委托代理和指定代理，代理人代理权的产生分别是因法律规定、当事人委托和有关机关指定。而国际商事代理均为委托代理，其代理权产生的原因只有一个，即当事人的授权委托。

4. 国际商事代理具有一定的隐名性。

在以谁的名义进行活动的问题上，一般民事代理采取"显名主义"原则，即通常必须以被代理人的名义才能从事代理活动。而按照间接代理的理论和实践，特别是在外贸代理等领域中，商事代理人可以被代理人的名义，也可以自己的名义从事代理活动。因此，在国际商事代理中，隐名代理或间接代理的情形较多。不过无论如何，在代理权限的范围内，代理人无论是以本人的名义还是以他自己的名义与第三方订立合同，也不论他在订立合同时是否公开本人的存在，只要代理人的行为是在其代理权限内进行的，其后果最终都应及于本人，本人对此承担责任。

5. 国际商事代理人在承担责任方面具有特殊性。

一般民事代理中，代理人通常不向第三人承担责任，只在有过错的情况下，向第三人或被代理人承担责任。而商事代理中，由于代理人是一类独立的

---

① 参见杨晓丹：《国际商事代理法律制度研究》，厦门大学 2001 年硕士学位论文，第 5 页。

商人，从事专门的营利活动，所以在与第三人发生的民事法律关系中，应承担比一般民事代理人更大的风险和责任，即使他没有过错，也可能承担某些特殊责任。而且随着国际商事代理人逐步涉足当事人业务，在这种情况下往往会因为其当事人的身份和行为而承担超出代理人的责任。

6. 国际商事代理的法律适用具有特殊性。

由于国际商事代理具有涉外因素，因此发生争议时，在法律适用上会因各国有关商事代理的规定不同而产生法律适用上的冲突。在这种情况下，就要运用各国的国际私法关于法院地冲突规则的指引，对案件争议的事实进行识别，找出应予遵循的冲突规则，确定解决案件争议的法律。

（二）国际商事代理法的统一

世界各国都有自己的代理法或代理制度的规定，但由于各国法律传统、发展程度、观念等方面的原因，致使各国的代理制度有很大差异，阻碍了国际经济的交往。因此，各国一方面通过修改或调整国内代理法，尽可能减少两大法系之间在代理制度上的冲突和对立；另一方面，国际社会致力于统一各国代理法，制定了一些国际商事代理的公约，主要有：国际统一私法协会于1961年制定的《国际私法关系中的代理统一法公约》、《国际货物买卖代理合同统一法公约》两个公约草案，1967年提出的《国际货物运输代理人代理合同公约》，1983年通过的《国际货物销售代理公约》等。其中最为重要的是《国际货物销售代理公约》。

由于《国际私法关系中的代理统一法公约》、《国际货物买卖代理合同统一法公约》的制定是以大陆法系的直接代理和间接代理的区别为基础的，因而无法消除大陆法系和英美法系在代理问题上固有的分歧，遭到了英美法国家的反对，未起到统一代理法的目的。于是，1981年国际统一私法协会起草了《国际货物销售代理公约》，1983年2月15日正式通过文本，目前已有智利、摩洛哥、瑞士、意大利和法国等六国签署了公约，意大利和法国核准，南非和摩洛哥加入了公约，我国曾派代表参加了该公约会议。该公约目前仍未生效。但是该公约是迄今为止最为成功的统一国际代理方面的公约。

《国际货物销售代理公约》巧妙调和了两大法系的差异，在本人及代理人对第三人的外部关系上，未采用大陆法系非经合同转让本人不能与第三人直接发生权利义务关系的做法，变通采用普通法系本人可与第三人直接发生权利义务关系的规定。

公约适用于代理的外部关系即仅适用于本人与第三人在不同的缔约国之间的货物销售代理，其调整范围既包括直接代理，也包括间接代理，《国际货物销售代理公约》第 1 条第 4 款规定，"无论代理人以他自己的名义或以本人的名义实施行为，均适用本公约"。该公约肯定了两大法系在代理权的设定和范围、直接代理和无权代理方面的相同点，对间接代理作了协调规定。《国际货物销售代理公约》第 13 条规定，如果间接代理人在其授权范围内行为，其行为将只约束代理人和第三人。但当代理人因第三人不履行义务或其他原因而未履行其对本人的义务时，本人可对第三人行使代理人代理本人所取得的权利；或者当代理人未履行其对第三人的义务时，第三人可对本人行使该第三人对代理人所有的权利。上述各项权利只有在意欲行使这些权利的通知视情况送达代理人与第三人或本人时才可行使。一旦第三人或本人收到通知，就不得再与代理人交涉而解除自己的义务。代理人负有在出现上述两种违约时向本人或第三人通知对方名称的义务。可见，公约折中了两大法系的规定，间接代理中本人与第三人可直接发生权利义务关系，但只在代理人与第三人合同未能履行时，且第三人无选择权，避免了普通法中本人介入但第三人选择代理人使本人与第三人仍不能直接产生权利义务关系的情况。公约的规定比较合理，符合间接代理的实践。举例说明：假设甲乙二人，乙逛商场，甲委托乙在某商场购买一台电脑，乙并不公开自己的代理人身份，而是以自己的名义替甲购回了一台电脑，交给甲使用。乙与某商场有买卖合同关系，甲并无必要介入，否则也失去了最初乙代理的意义。但若甲发现电脑有质量问题，按公约甲可直接向商场提出请求；而按大陆法系的观点，甲是无权直接向商场提出请求的，只有在乙出具了权利转移的证据后，甲才可向商场提出请求；按普通法系的观点，甲可直接向商场提出请求，但第三人有选择权，若选择乙作合同当事人，则甲仍无直接请求权。公约的规定有利于保护甲的利益。

二、国际商事代理的产生与终止

（一）国际商事代理的产生

商事代理源于本人的授权，即代理权，正是由于代理权的存在，代理人取得了以被代理人的名义实施法律行为的资格和权限。关于代理权的产生，两大法系有不同的规定。

1. 大陆法系的规定。

根据大陆法系国家法律的规定，代理权产生有两种方式：一是代理人根据被代理人的授权而获得代理权，称为委托代理；二是代理人根据法律的规定直接获得代理权，称为法定代理。

（1）委托代理，又称意定代理（Statutory），是基于被代理人的意思表示而产生的代理。其特点是代理权的授予、内容及范围等都由被代理人的意思表示来决定。这种意思表示可以采用书面形式，也可以采用口头方式或其他形式；可以向代理人表示，也可以向与代理人行为的第三人表示。商事代理大多是委托代理。

（2）法定代理（Voluntary），是指代理权的取得无须被代理人作任何意思表示，而是直接基于法律的规定赋予代理权的代理。享有此种代理权的人称为法定代理人。法定代理权的产生有的是基于特定的身份关系，如父母对于未成年的子女有代理权；有的是根据法院的选任而取得代理权，例如法院指定的法人清算人；还有的是因私人的选任而取得代理权，例如亲属所选任的监护人及遗产管理人，公司董事会选举的法定代表人等。

2. 英美法系的规定。

英美法系国家中，代理人与委托人之间的代理权可以基于明示协议、行为推定和紧急必要的情况而产生。

（1）明示授权的代理（Express Authority），所谓明示授权的代理是指被代理人以明示的方式指定某人为代理人的代理。明示授权的代理中的代理权是被代理人以口头或书面形式明确授予代理人的，有的代理权限作了明确的表述，也有的对代理权限大小没有作具体规定，只泛泛指出一个合理的范围。

（2）默示授权的代理（Implied Authority），根据英美法系国家的判例原则，如果某一人的行为和语言中包含有他默许另一人代表其订立合同的意图，那么应推定他与后者之间存在有效的代理关系。默示授权的代理还可以根据当事人之间的身份关系或合作行为而推定产生。如 A 与 B 是夫妻关系，B 在外面用 A 的信用卡买东西，A 就应付款，除非 A 告诉店主不要以信用卡形式卖东西给 B。

（3）客观必要的代理（Agency of Necessity），客观必要的代理是在一个人受委托照管、托运另一个人的财产，为了保存这种财产而必须采取某种行动时产生的，在这种情况下，虽然受委托管理托运财产的人并没有得到采取这一行动的明示授权，但由于客观情况的需要必须视其具有某种授权。例如承运人在遇到紧急情况时有权采取保护财产的必要行动，如出售易于腐烂的或有灭失可能的货物。但取得这种代理权是很困难的，根据英美法判例，行使这种代理权必须具备以下三个条件：第一，行使这种代理权是实际上或商业上必须的；第二，代理人在行使这种权利前无法与委托人取得联系得到委托人的明示；第三，代理人所采取的措施必须是善意的并且必须考虑到所有有关当事人的利益。

（4）追认的代理（Agency by Ratification），如果代理未经授权或超出了授权范围而以被代理人的名义同第三人订立了合同，这个合同对被代理人是没有约束力的，但是被代理人可以在事后批准或承认这个合同，这种行为就叫做追认。追认必须具备以下几个条件：第一，代理人在与第三人订立合同时，必须声明他是以被代理人的名义订立合同；第二，合同只能由订立该合同时已经指明姓名的被代理人或可以确定姓名的被代理人来追认；第三，追认合同的被代理人必须是在代理人订立合同时已经取得法律人格的人，这项条件主要针对法人而言，即该法人必须在订立合同时已合法成立了；第四，被代理人在追认该合同时必须了解其主要内容。

（二）国际商事代理的终止

国际商事代理的终止，即当事人之间的代理关系归于消灭，主要有两种情况。

1. 根据当事人的行为终止代理关系。

这主要包括以下情形：（1）因代理期限届满或代理事务完成而终止。（2）因当事人协议而终止。双方当事人通过达成口头或书面协议而解除代理关系。（3）因被代理人撤回代理权而终止。一些大陆法系国家为了保护商业代理人的利益规定被代理人终止代理合同时必须在一定的时间以前通知代理人。英美法系国家对被代理人单方面撤回代理权也有一定的限制，根据英美法的判例，如果代理权的授予是与代理人的利益结合在一起的，本人就不能单方面撤回代理权，例如甲向乙借了一笔钱，并指定乙为代理人代其收房租，以清偿借款，在这种情况下，代理权的授予就同代理人的利益结合在一起，在其借款清偿完毕之前，不能单方面撤回对乙的代理权。（4）因代理人辞去代理权而终止。

2. 根据法律终止代理关系。

各国法律一般规定，在下列情况下，代理关系即告终止：（1）被代理人死亡、破产或丧失行为能力。但是，根据某些大陆法系国家的规定，上述情况只适用于民法上的代理权，至于商法上的代理权，不因被代理人的死亡或丧失行为能力而消灭。（2）代理人死亡、破产或丧失行为能力。根据各国法律的规定，代理人死亡、破产或丧失行为能力，不论其民事上的代理权还是商事上的代理权均终止。

3. 代理关系终止的效果。

这主要包括以下情形：（1）当事人之间的效果。代理关系终止之后，代理人就没有代理权，如该代理人仍继续从事代理活动，即属于无权代理。（2）对第三人的效果。当被代理人撤回代理权或终止代理合同时，对第三人是否有效，主要取决于第三人是否知情，根据各国的法律，当代理关系终止时，必须通知第三人才能对第三人发生效力，如果本人在终止代理合同时，没有通知第三人，后者由于不知道这种情况而与代理人订立了合同，则该合同对本人仍有约束力，本人对此仍须负责，但本人有权要求代理人赔偿其损失。

三、国际商事代理法律关系

代理关系实际上是一种合同关系，在代理合同中的三方当事人形成了三种复杂的法律关系，即本人与代理人之间的关系、代理人与第三人之间的关系以及本人与第三人之间的关系。其中，本人与代理人之间的关系属于代理的内部关系，两大法系都对双方之间的内部权利义务作了调整和规范。而代理人与第三人及本人与第三人的关系属于代理的外部关系，其权利义务关系较为复杂，不同的法系有不同的规定。

（一）本人与代理人之间的关系

本人与代理人之间的关系，一般是合同关系，是属于本人与代理人之间的内部关系。在通常情况下，本人与代理人都是通过订立代理合同或代理协议来建立他们之间的代理关系，并据以确定他们之间的权利义务，以及代理人的权限范围及报酬的。关于本人与代理人的权利义务，在大陆法系国家主要是在民商事法典中规定的，在英美法系国家则主要由判例法确定。但各国对于本人与代理人的权利义务的法例，基本上是一致的。

1. 代理人的义务。

代理人的义务有：（1）合理注意义务，代理人应该对被代理人委托的财产和事务给予合理注意，应勤勉地履行其代理职责。（2）服从的义务，即代理人应服从被代理人的合法的指令。（3）忠实的义务，即代理人应对被代理人忠实，主要包括不与被代理人竞争，不密谋私利，不泄露商业机密等。（4）申报账目的义务，代理人有义务对一切代理交易保持正确的账目；并应根据代理合同的规定或在本人提出要求时向本人申报账目。代理人为本人收取的一切款项须全部交给本人。但是，如果本人欠付代理人的佣金或其他费用时，代理人对于本人交给他占有的货物得享有留置权，或以在他手中掌握的属于本人所有的金钱，抵消本人欠他的款项。（5）通知的义务，即代理人应把代理过程中的一切真实、重要的事实通知被代理人，以使被代理人作出进一步判断。

2. 本人的义务。

本人的义务主要包括：（1）支付佣金。本人必须按照代理合同的规定付给代理人佣金或其他约定的报酬，这是本人的一项最主要的义务。（2）偿还代理人因履行代理义务而产生的费用。一般地说，除合同规定外，代理人履行代理业务时所开支的费用是不能向本人要求偿还的，因为这是属于代理人的正常业务支出。但是，如果他因执行本人指示的任务而支出了费用或遭到损失时，则有权要求本人予以赔偿。例如，代理人根据本人的指示在当地法院对违约的客户进行诉讼所遭受的损失或支出的费用，本人必须负责予以补偿。（3）本人有义务让代理人检查核对其账册。这主要是大陆法系国家的规定。有些大陆法系国家在法律中明确规定，代理人有权查对本人的账目，以便核对本人付给他的佣金是否准确无误，这是一项强制性的法律，双方当事人不得在代理合同中作出相反的规定。

（二）本人、代理人同第三人的关系

本人、代理人与第三人的关系是代理的外部关系。依据代理制度的一般原则，代理人是代替本人同第三人订立合同或作其他法律行为的，合同一经订立，其权利义务就归属于本人，应由本人直接对第三人承担责任，代理人对此一般不承担责任。但是实际情况并非如此简单，特别是在"代理人以谁的名义订立了合同"、"代理效力的认定"及"代理后果的承担"等问题上，各国的处理原则差异很大，大陆法系与英美法系有不同的规定。

1. 大陆法系的规定。

建立在区别论基础上的大陆法系的代理制度，在确定第三人究竟是同代理人还是同本人订立了合同的问题时，大陆法系国家所依据的是身份标准，即看代理人是以代理人的身份同第三人订立合同，还是以他自己个人的身份同第三人订立合同，将代理分为直接代理和间接代理。

（1）直接代理，是指代理人在代理权限内以被代理人名义同第三人订立合同，合同效力直接归于被代理人。在这种情况下，代理人可以指明本人的姓名，也可以不指出本人的姓名，而仅仅声明他是受他人委托进行交易的。直接代理中，代理人对第三人既不承担责任，也不享有权利。

（2）间接代理，是指代理人为了本人的利益，以自己的名义与第三人订立合同，合同效力间接归属于被代理人。在这种情况下，本人与第三人之间没有直接的合同关系，不能对第三人直接主张权利，只有当代理人将其在合同中的权利义务转让给本人后，本人才能对第三人主张权利。在转让之前，合同后果必须先由代理人承受。在大陆法系，间接代理人又称为行纪人（Commissioner），行纪人业务仅以从事动产或有价证券的买卖为限。

2. 英美法系的规定。

英美法的代理制度建立在等同论基础上，没有大陆法系的直接代理与间接代理的概念。在确定第三人究竟是同代理人还是同本人订立合同的问题上，英美法采取的是义务标准，即谁应当对第三人承担义务的标准。英美法在回答这个问题时，区分三种不同的情况：第一，代理人在同第三人订约时具体指出本人的姓名；第二，代理人表示出自己的代理身份，但不指出本人的姓名；第三，代理人事实上有代理权，但他在订约时不披露代理关系的存在。据此，英美法将代理分为显名代理、隐名代理和不公开本人身份的代理。

（1）显名代理，是指代理人在同第三人订约时已指出本人的姓名代理。如果代理人在同第三人订约时已经表明他是代表指名的本人订约的，在这种情况下，这个合同就是本人与第三人之间的合同，本人应对合同负责，代理人不承担个人责任。代理人在订立合同后，即退居合同之外，他既不能从合同中取得权利，也不对该合同承担义务。但有下列情况者除外：第一，如代理人以他自己的名字在签字蜡封式的合同上签了名，他就要对此负责。第二，如代理人以他自己的名字在汇票上签了名，他就要对该汇票负责。第三，如按行业惯例认为代理人应承担责任者，代理人亦须负责，例如，按运输行业的惯例，运输代理人替本人预订舱位时须对轮船公司负责交纳运费及空舱费。

（2）隐名代理，是指代理人在订约时表示有代理关系存在，但没有指出本人的姓名的代理。隐名代理中，本人对合同负责，代理人对该合同不承担个人责任。按照英国的判例，代理人在同第三人订立合同时，如仅在信封抬头或在签名之后加列"经纪人"（Broker）或"经理人"（Manager）的字样是不足以排除其个人责任的，而必须以清楚的方式表明他是代理人，如写明"买方代理人"（As Agent for Buyer）或"卖方代理人"等。至于他所代理的买方或卖方的姓名或公司的名称则可不在合同中载明。

（3）不公开本人身份的代理，是指代理人在订约时根本不披露有代理关系的存在。如果代理人虽然得到本人的授权，但他在同第三人订立合同时根本不披露有代理关系一事，即既不披露有本人的存在，更不指出本人是谁。在这种情况下，首先，代理人应对合同承担法律责任，因为他在同第三人订约时根本没有披露有代理关系的存在，这样他实际上就是把自己置于本人的地位同第三人订立合同，所以他应当对合同承担法律上的责任。其次，英美法认为，未被披露的本人原则上可以通过以下两种方式直接取得这个合同的权利并承担其义务。其一，未被披露的本人有权介入合同并直接对第三人行使请求权，或在必要时对第三人起诉。如果本人行使了介入权，他就必须对第三人承担合同义务。其二，第三人在发现了本人之后，享有选择权。第三人可以选择本人或代理人承担合同义务，也可以向本人或代理人起诉。但第三人一旦选定了要求本人或代理人承担义务之后，他就不能改变主意对他们当中的另一个人起诉。

按照英国的法律，未被披露的本人在行使介入权时有两项限制：第一，如果未被披露的本人行使介入权会与合同的明示或默示的条款相抵触，则不能介入合同；第二，如果第三人是基于信赖代理人的才能或清偿能力而与其订立合同，则未被披露的本人也不能介入该合同。

总之，上述英美法系规定的情况同大陆法系规定相比较，既有相同之处，也有不同的地方。具体而言：上述第一种情况和第二种情况，即代理人在订约时指明本人的姓名或表示自己的代理身份但不指明本人姓名的情况，同大陆法系国家的直接代理是相同的，但英美法中的第三种情况，即代理人不披露本人的存在的情况，虽然在表面上与大陆法系规定的间接代理有相似之处，但在英美法中未被披露的本人的法律地位同大陆法系规定的间接代理的本人的法律地位是截然不同的。按照大陆法系的规定，间接代理关系中的本人不能直接凭代理人与第三人订立的合同而对第三人主张权利，而必须由代理人同他在订立合同时把前一个合同的权利移转给他，他才能对第三人主张权利，即需要经过两个合同关系，才能使间接代理关系中的本人同第三人发生直接的法律关系。但按照英美法，未被披露的本人有介入权，他无须经过代理人把权利移转给他，就可以直接对第三人主张权利，而第三人一经发现了未被披露的本人，也可以直接同第三人发生法律关系，不需要再订立另一个合同。这也是英美代理制度的一个主要特点。

与英美法系相比，大陆法系更加强调代理关系对外的一面。因此，第三人有权信赖代理的表象，尽管第三人知道、或者有理由知道代理人事实上没有得到授权、或者被代理人限制了代理人的代理权限，被代理人也不得通过对代理人授权的限制来减轻自己的责任。

四、国际商事代理中的特殊事项

（一）承担特别责任的代理

在通常情况下，代理人在授权范围内在同第三人订立合同之后，即退居合同之外，他对第三人不负个人责任；如果第三人不履行合同，代理人对本人也不承担个人责任，这是各国代理制度的一般原则。但除此以外，在国际商事交易中，各国法律或商业习惯也承认某些代理人在一定的条件下须对本人或对第三人承担个人责任，这种代理人叫做承担特别责任的代理人。这种承担特别责任的代理人有信用担保代理人、保付代理人、保兑银行、运输代理人、保险代理人等。

1. 信用担保代理人。

信用担保代理人，是指对本人承担由他所接受的买方（即第三人）不付货款时，赔偿本人因此而遭受的损失的责任的代理人。即在被代理人和代理人之间不仅存在代理合同，而且还同时存在就第三人履行合同义务对本人承担担保责任的担保合同。这种制度产生于中世纪的意大利，在过去资本主义国家的出口贸易中曾起过一定的作用，但随着出口信贷保险机构的出现，信用担保代理人制度已逐步被淘汰。

2. 保付代理人。

保付代理人（Confirming Agent），是指代表本人（即国外的买方）向第三人（即本国的卖方）订货，并在本人的签单上加上保付代理人自己的保证，由他担保本人将履行合同，如果本人不履行合同或拒绝付款，负责向第三人支付货款的代理人。

保付代理人对第三人承担支付货款的特别责任。如果在合同履行前，本人无正当理由取消订单，保付代理人仍须对第三人支付货款，但在其付清货款后，有权向本人追偿。保付代理人的作用在于减少本国卖方在国际贸易中可能遭遇的风险，使本国卖方不必顾虑国外买方的资信能力而接受订货单。保付代理在英美国家较为普遍。

保付商行同上面介绍过的信用担保代理人，既有相同之处也有不同的地方。相同之处是，在两种情况下，代理人都要承担个人责任；不同之处在于保付商行是对第三人承担责任，而信用担保代理人则对本人承担责任。

3. 保兑银行。

保兑银行（Confirming Bank），是指应开证行的请求，对开证行开出的不可撤销信用证加以保兑的银行。在国际贸易中，普遍使用商业跟单信用证（Letter of Credit）的方式支付货款。在采用这种支付方式时，卖方为了保证收款安全，往往要求买方通过银行对他开出保兑的、不可撤销的信用证。

根据国际商会《跟单信用证统一惯例》第10条的规定，当开证银行授权另一银行对其开出的不可撤销信用证加以保兑，而后者根据开证银行的授权予以保兑时，此项保兑就构成保兑银行的一项确定的担保，即他对该信用证的受益人承担按信用证规定的条件付款或承兑信用证项下的汇票并于到期时付款的义务。在这种法律关系中，开证银行是委托人（本人），保兑银行是代理人，卖方是受益人（第三人），由于作为代理人的保兑银行在开证银行的不可撤销信用证上加上了他自己的保证，他就必须据此对第三人承担责任。但如果他没有加上自己的保兑，而仅仅是把开证银行开出的不可撤销的信用证通知他所在地的受益人（第三人），他对该受益人就不承担按信用证规定的条件付款的义务。

4. 运输代理人。

运输代理人（Forwarding Agent），是指接受货主或承运人的委托，在授权范围内办理货物运输业务的人。

根据有些国家的运输行业惯例，货运代理业中的运输代理人受客户（本人）的委托，向轮船公司预定舱位，由运输代理人对轮船公司（第三人）承担责任。如果客户没有按约定装运货物，而轮船空舱航行，代理人须向第三人支付空舱费。代理人在支付费用后，可以向客户追偿，如果客户不支付或延迟支付代理人的费用或报酬，代理人对其占有的货物具有留置权，直到客户付清各项费用为止。

5. 保险代理人。

保险代理人（Insurance Broker），也称保险经纪人，是指接受保险人的委托办理保险手续或接受投保人的委托与保险人订立保险合同的代理人。

依据保险行业的惯例，在国际贸易中，进口人或出口人在投保货物运输保险时，一般不能直接同保险人（如保险公司）订立保险合同，而必须委托保险经纪人代为办理。如英国1906年《海上保险法》规定，凡海上保险合同由经纪人替被保险人（即本人）签订时，经纪人须对保险人（第三人）就保险费直接负责；保险人则对被保险人就保险金额直接负责。根据这一规定，如果被保险人不交纳保险费，经纪人须直接负责对保险人交纳保险费。如果保险标的物因承保范围内的风险发生损失，则由保险人直接赔付被保险人。但保险业有一个特点，在保险行业中，经纪人的佣金是由保险人（第三人）支付的，而在其他行业中，代理人或经纪人的佣金或报酬通常都是由他们的委托人（即本人）支付的。

上述几种承担特别责任的代理人，只有信用担保代理人是对本人承担特别责任的代理人，其他四种均是对第三人承担特别责任的代理人，但不管是哪种情况，这些承担特别责任的代理人突破了传统代理人原则上不对第三人承担个人责任的规制，是代理制度适应现代经济生活发展的结果。

（二）无权代理

无权代理是指欠缺代理权的人所作的代理行为。无权代理包括根本未经授权的代理、授权无效的代理、超越代理权的代理、代理权已终止后的代理等情形。无权代理包括狭义的无权代理和表见代理。无权代理能够产生两种法律后果。

1. 发生与有权代理同样的法律效果，这里又包含两种情形。

（1）被代理人行使追认权。通过被代理人行使追认权，可使无权代理行为中所欠缺的代理权得到补足，转化为有权代理，发生与有权代理同样的法律效果。被代理人追认权的行使，有明示和默示两种方式。所谓明示的方式，指被代理人以明确的意思表示对无权代理行为予以承认。所谓默示的方式，是指被代理人虽没有明确表示承认无权代理行为对自己的效力，但以特定的行为，如以履行义务的行为对无权代理行为予以承认；或是被代理人明知他人以自己名义实施民事法律行为，但不作否认表示。追认无权代理行为有效的权利，是被代理人基于意思自治原则所享有的权利，其法律性质为形成权。被代理人追认权的行使，可以向交易相对人作出，也可以向无权代理人作出。一经作出追认，无权代理行为即获得如同有权代理行为同样的法律效力，因为追认的表示具有溯及力，无权代理行为自始有效，被代理人应接受因无权代理行为发生的法律效果。被代理人追认权的行使，受到了交易相对人催告权的限制。所谓交易相对人的催告权，是指交易相对人在被代理人行使追认权之前，得向被代理人发出催告，要求其在相当期限内作出是否追认表示的权利。交易相对人催告被代理人在一定期间内行使追认权的，被代理人应及时行使，不及时行使的，视为拒绝追认。

（2）构成表见代理。表见代理为无权代理的一种，属广义的无权代理，它是指行为人没有代理权，但交易相对人有理由相信行为人有代理权的无权代理。此种场合下，该种无权代理可发生与有权代理同样的法律效果。如果善意的交易相对人不愿该无权代理发生与有权代理同样的法律效果，也可经由撤销权的行使，使其归于无效。我国《合同法》第49条明确承认了表见代理制度，以保护动态的交易安全。表见代理制度的构成要件为：第一，交易相对人有理由相信行为人拥有代理权，即交易相对人为善意。此时，交易相对人应就其善意负担举证责任。第二，无权代理人与第三人所为的民事行为，合于法律行为的一般有效要件和代理行为的表面特征。表见代理的发生原因主要包括：第一，被代理人以书面或口头形式直接或间接地向第三人表示以他人为自己的代理人，而事实上他并未对该他人进行授权，第三人信赖被代理人的表示而与该他人为交易。第二，被代理人与代理人之间的委托合同不成立、无效或被撤销，但尚未收回代理证书，交易相对人基于对代理证书的信赖，与行为人进行交易。第三，代理关系终止后被代理人未采取必要措施，公示代理关系终止的事实并收回代理人持有的代理证书，造成第三人不知代理关系终止而仍与代理人为交易。

2. 不发生与有权代理同样的法律效果。

（1）交易相对人行使撤销权。为平衡当事人之间的利益，与被代理人享有追认权相对应，与无权代理人进行民事行为时，不知也不应知其为无权代理的善意交易相对人享有撤销权。交易相对人经由撤销权的行使，将确定基于无权代理所为的民事行为为不生效的行为。交易相对人撤销权的行使，应注意：第一，应于被代理人行使追认权之前行使。第二，被撤销的无权代理行为，被代理人不得再为追认。第三，第三人关于撤销的意思表示，一般应向被代理人作出。

（2）被代理人拒绝行使追认权。无权代理行为发生后，被代理人享有追认或拒绝追认的选择权，代理行为处于效力未定状态。若被代理人明确表示拒绝追认或在交易相对人确定的催告期内不作出追认的表示，代理行为即不生效力。无权代理不发生与有权代理同样的法律效果，并非不发生任何法律效果。此时，无权代理人应对交易相对人和被代理人承担相应的民事责任。无权代理人对交易相对人所承担的民事责任，如以合同交易为背景，应为缔约上的过失责任；无权代理人对于被代理人所承担的民事责任，其类型应依据无权代理的发生原因确定，可为违约责任，也可为侵权责任。

五、我国的代理法与外贸代理制度

（一）我国有关代理的一般规定

我国没有专门的代理法，关于"代理"的法律规定散见于《民法通则》、《合同法》、《对外贸易法》、《关于对外贸易代理制的暂行规定》等一些部门法或规章中。

1. 代理的概念。

《民法通则》第四章第二节对代理制度作了规定。按照《民法通则》第63条的规定："公民、法人都可以通过代理人实施民事法律行为。代理人在代理权限内，以被代理人的名义实施民事法律行为。被代理人对代理人的代理行为，承担民事责任。"这是我国有关代理的立法上的概念。从法理上讲，这种代理制度属于直接代理，其特点是代理人必须以被代理人的名义行事，才能使代理行为所产生的效力直接归属于被代理人。

2. 代理的种类。

我国《民法通则》第64条规定："代理包括委托代理、法定代理和指定代理。"

（1）委托代理，是指基于被代理人的委托授权而产生的代理。被代理人的授权是委托代理的前提条件，因此，委托代理又称"意定代理"。委托代理是实践中应用最为广泛的一种代理形式。民事法律行为的委托代理，可以用书面形式，也可以用口头形式。法律规定用书面形式的，应当用书面形式。

（2）法定代理，是指非依本人的意思而是依照法律规定直接产生的代理。无民事行为能力人、限制民事行为能力人的监护人是他的法定代理人，法定代理人依照法律的规定行使代理权。

（3）指定代理，是指依照法律规定，由有关单位或者由人民法院指定而产生的代理。

3. 无权代理、表见代理与间接代理。

关于无权代理，《民法通则》第 66 条规定，没有代理权、超越代理权或者代理权终止后的行为，只有经过被代理人的追认，被代理人才承担民事责任；未经追认的行为，由行为人承担民事责任。本人知道他人以本人名义实施民事行为而不作否认表示的，视为同意。

作为对无权代理制度的完善和补充，《合同法》第 49 条规定了表见代理制度。按照该规定，行为人没有代理权、超越代理权或者代理权终止后以被代理人名义订立合同，相对人有理由相信行为人有代理权的，该代理行为有效。

此外，《合同法》还确认了间接代理制度。按照《合同法》第 402～403 条的规定，受托人以自己的名义，在委托人的授权范围内与第三人订立合同，第三人在订立合同时知道受托人与委托人之间的代理关系的，该合同直接约束委托人和第三人，但有确切证据证明该合同只约束受托人和第三人的除外。受托人以自己的名义与第三人订立合同时，第三人不知道受托人与委托人之间的代理关系的，受托人因第三人的原因对委托人不履行义务，受托人应当向委托人披露第三人，委托人因此可以行使受托人对第三人的权利，但第三人与受托人订立合同时如果知道该委托人就不会订立合同的除外。受托人因委托人的原因对第三人不履行义务，受托人应当向第三人披露委托人，第三人因此可以选择受托人或委托人作为其相对人主张权利，但第三人不得变更选定的相对人。委托人行使受托人对第三人的权利的，第三人可以向委托人主张其对受托人的抗辩。第三人选定委托人作为其相对人的，委托人可以向第三人主张其对受托人的抗辩及受托人对第三人的抗辩。

可见，《合同法》突破了《民法通则》关于代理只能是直接代理的限制，确认了间接代理制度，并采纳了英美法代理制度中本人的介入权和第三人的选择权的有关规定。《合同法》的规定，是对我国代理制度的一大发展。

（二）我国的外贸代理制度

外贸代理，是商事代理的一种形式。在国际经济贸易活动中代理人已经成为不可或缺的重要角色。例如在日本，有 7000 多家代理机构，外贸代理额占其进出口总额的 80% 左右。

我国外贸公司在进出口业务中可以采取收购制，也可以采取外贸代理制。所谓收购制，即当从事进口业务时，由外贸公司用自有资金向国内供货部门收购出口商品，然后由外贸公司以自己的名义自营出口，自负盈亏。从事进口业务时则相反。过去，我国外贸公司在进出口方面一直采取收购制，收购制曾对出口贸易的发展起到过重要作用，但随着外贸体制改革的深入，这种做法的缺陷日益突出，表现为产销脱节，技工贸脱节，市场信息传递受阻，生产企业不了解国际市场，外贸企业不了解生产，企业适应市场能力差，资源不能优化配置等，这些弊端阻碍了进出口贸易的发展和国际市场的开拓，削弱了企业在国际市场上的竞争力。因而，我国从 20 世纪 80 年代中期起，开始把"推行外贸代理制"作为外贸体制改革的重要内容之一确定下来。所谓外贸代理制，是由我国的外贸公司充当国内用户和供货部门的代理人，代其签订进出口合同，收取一定的佣金或手续费。

1. 外贸代理制的发展过程。

改革开放以来，随着经济建设发展的需要，外贸企业进行了一系列有益的改革和尝试，逐步放开了对外贸易经营管理权，实行对外贸易有限度的准入制度，使外贸经营主体向多元化格局转变，外贸代理也应运而生。

从 1980 年起，外贸总公司逐步开始开展代理业务。1984 年，国务院在体制改革方案中首次提出了外贸代理的概念，同年，国务院《批转外经贸部〈关于外贸体制改革意见的报告〉的通知》指出，进口经营原则上全部实行代理制，出口经营基本上实行代理制，但要根据产品情况分别确定。1985 年，国务院批转《关于扩大机电产品出口的报告》指出，为充分调动生产企业和外贸企业的积极性，应逐步从收购制为主过渡到代理制为主，加强工贸结合。1988 年 2 月，为具体推行代理制，国务院发布了《关于加快和深化对外贸易体制改革若干问题的决定》，对代理制所适用的进出口商品和代理商的主体资格作了原则性规定。至此，经过近 10 年的改革和探索，我国的外贸代理制基本确立。

1991 年，对外经济贸易部发布了《关于对外贸易代理制的暂行规定》，以部门规章的形式对外贸代理的含义、类型、当事人间的权利义务、争议的解决等问题作出了规定。1994 年，《中华人民共和国对外贸易法》颁布，规定没有对外贸易经营许可的组织或个人，可以在国内委托对外贸易经营者在其经营范围内代为办理对外贸易业务，第一次以立法形式确立了外贸代理制，承认了对外贸易中的委托经营方式。加入 WTO 后，为了履行入世承诺以及更好地运用WTO 规则维护我国利益，第十届全国人民代表大会常务委员会在 2004 年 4 月6 日表决通过了修订后的《对外贸易法》。这是我国对外贸易领域的一个重大历史事件。新修订的《对外贸易法》第 12 条规定：“对外贸易经营者可以接受他人的委托，在经营范围内代为办理对外贸易业务。”

2. 外贸代理制的法律问题。

通过上面的分析，可见，我国的外贸代理制度主要规定在《关于对外贸易代理制的暂行规定》和《对外贸易法》中，但基于 2004 年的《对外贸易法》取消了外贸经营权的限制，这就使得建立在外贸经营权许可制基础上的《关于对外贸易代理制的暂行规定》形同虚设。因而，在中国现行的法律体系下，与对外贸易代理制有关的法律，除了《对外贸易法》，就是《民法通则》和《合同法》中有关代理的规定了。

但正如前面所分析的，《民法通则》有关代理的规定不能完全适用于外贸代理。《民法通则》所规定的代理，基本上属于直接代理，即这项规定只适用于外贸公司接受其他有外贸经营权的企业或外商投资企业的委托，以这些被代理人的名义与外商签订的进出口合同，但不适用于目前在外贸代理业务中存在的、由外贸公司接受无外贸经营权的企业的委托，以外贸公司自身的名义作为买卖合同的一方当事人同外商签订的进出口合同。

《合同法》虽弥补了《民法通则》的不足，确认了间接代理制度，并借鉴英美法系的规定，规定了本人的介入权和第三人的选择权，但《合同法》的规定与《对外贸易法》仍有矛盾。新《对外贸易法》虽然取消了外贸经营权的限制，使得自然人、法人、合伙企业等都有平等的从事外贸经营的权利。但是，《对外贸易法》第 11 条第 1 款规定：“国家可以对部分货物的进出口实行国营贸易管理。实行国营贸易管理货物的进出口业务只能由经授权的企业经营；但是，国家允许部分数量的国营贸易管理货物的进出口业务由非授权企业经营的除外。实行国营贸易管理的货物和经授权经营企业的目录，由国务院对外贸易主管部门会同国务院其他有关部门确定、调整并公布。”依据该条规定，我国针对部分货物实行国营贸易管理，即国家通过授权对外贸易经营者在特定贸易领域从事贸易的专营权或特许权的方式，对特定产品的进出口实施的管理。可见国营贸易管理的实质，就是针对部分货物授权特定的企业从事进出口专营，未被授权的企业一般不得从事此类货物的进出口业务。也即，对部分货物只有国营贸易企业才有外贸经营权。但依照《合同法》第 402 条的规定，非国营贸易企业甲完全可以通过委托国营贸易企业乙，以乙的名义同外商丙签订买卖合同，如果丙在订立合同时知道甲乙之间的代理关系的，该合同直接约束甲和丙，甲就可以依据这一合同向丙主张权利或对丙履行义务，也即甲通过这一条款的规定，就避开了《对外贸易法》第 11 条的规定，直接享有了只有国营贸易企业才能享有的外贸经营权。同样，依据《合同法》第 403 条的规定，无论是委托人甲行使介入权，还是第三人丙行使选择权，其结果均会导致委托人甲进入合同，由甲行使其本来没有的外贸经营权。①

可见，依据我国《合同法》的上述规定，不具有国营贸易经营权的委托人通过委托代理也拥有了相应的资格，从而在实质上导致国营贸易经营权的泛化。也即，一方面国家实行部分货物的国营贸易管理，另一方面又允许通过《合同法》第 402 条和第 403 条的规定对这一限制打开缺口，这在法律逻辑上是矛盾的。由此可见，《合同法》第 402～403 条在实践中有可能与《对外贸易法》发生冲突，其冲突的结果是规避了《对外贸易法》第 11 条规定的适用。因而，如何协调《合同法》与《对外贸易法》有关外贸代理制度的规定，仍是我国对外贸易法需解决的问题。

---

① 参见沈四宝、汪渊智：《我国外贸代理制度的法律冲突及其消解》，载《暨南学报（哲学社会科学版）》2007 年第 6 期，第 11～12 页。

第三章 国际商事合同法

要点提示：在现代社会，合同是人们从事一切商事交易的基础性工具，而合同法则是调整所有这些商事交易关系的最基本的法律规范。合同及其合同法在商品社会中的作用，决定了合同法在国际商法体系中处于十分重要的地位。本章在合同法逻辑架构的基础上，重点介绍了合同的概念与合同法的立法体例，合同的订立，合同的效力，合同的履行，合同的变更、转让与终止以及合同的违约与救济六大问题。本章在内容安排上，侧重于对两大法系的比较和涉外适用，兼顾中国法、《国际商事合同通则》(2004)、《联合国国际货物销售合同公约》以及《欧洲合同法原则》等的规定。

第一节 概 述

一、合同的概念

在有商品生产和商品交换的社会里，合同是人们从事一切商事活动的基础性工具，是商品经济赖以进行的法律基石。合同概念是合同法理论体系的基础，由于各种合同法学说和立法体例对这一概念有不同的见解，当前国际上对合同并无一致的定义。

在罗马法上，contractus 即合同，由 con 和 tractus 二字组合而成。Con 由 cum 转化而来，有"共"的意思，tractus 有"交易"的意思，中文译为合同或者契约。按照罗马法，合同本质上是双方当事人的合意，是指双方当事人以发生、变更、担保或者消灭某种法律关系为目的的协议。罗马法将协议（Conventio）分为国际协议、公法协议和私法协议，在私法中，凡能发生私法效力的一切当事人的协议都是合同。

在大陆法系，合同的概念从罗马法发展而来。《法国民法典》第 1101 条规定："合同是一人或数人对另一人给付某物、作或不作某事的义务的一种合意。"所谓"合意"，是指当事人之间的意思表示一致，即只有当事人之间的意思表示一致，合同才能有效成立。《德国民法典》采用"法律行为"这一概念，将合同纳入法律行为的范围。《德国民法典》第 305 条规定："依法律行为设定债务关系或变更法律关系的内容者，除法律另有规定外，应依当事人之间的合同。"在德国法中，同时存在法律行为、债和合同三个概念，合同是债的种概念，合同又是一种法律行为，包含了当事人间一致的意思表示，在当事人间发生相当于法律的效力。

英美法强调合同的实质在于当事人所作的一种"许诺"或"允诺"（Promise），而不仅仅是达成协议的事实。英国《不列颠百科全书》给合同下的定义是："合同是可以依法执行的允诺。这个允诺可以是作为，也可以是不作为。"《美国合同法重述》对合同所作的定义是："合同是一个许诺或一系列的许诺，对于违反这种许诺，法律给予救济，或者法律以某种方式承认履行这种许诺乃是一项义务。"在英美法上，合同是一种许诺或允诺，该允诺受法律调整；允诺是单方面的意思表示，另一方的允诺只是允诺生效的条件，不影响允诺的构成；合同的效果不是一种债，法律上没有债的概念。

由此看来，尽管两大法系对合同的概念在理论上存在比较大的分歧，但是，他们都把双方当事人的意思表示一致作为合同成立的要件。《中华人民共和国合同法》（以下简称为《合同法》）所规范的合同为债权合同，即平等主体之间设立、变更、终止民事权利义务关系的协议。至于"婚姻、收养、监护等有关身份关系的协议，适用其他法律的规定"。

综上，合同具有如下法律特征：第一，合同是一种民事法律行为。合同以意思表示为要素，并且按意思表示的内容赋予法律效力，故它是一种民事法律行为。第二，合同是两个以上当事人的意思表示一致的民事法律行为，不是单方的法律行为。第三，合同是以设立、变更、终止民事权利义务关系为目的的民事法律行为。第四，合同是当事人在平等、自愿的基础上产生的民事法律行为。

二、合同法及其立法体例

合同法是调整平等主体之间的交易关系的法律，是有关合同的法律规范的总称。在大陆法系，合同法的上位概念是债法，债法的上位概念是民法，故合同法为民法的组成部分，被放置于民法典的债编之中。在英美法系，合同制度散见于各专门立法和判例之中，不存在系统的、成文的合同法典。在中国，合同法也归属于民法，在中国尚未有民法典的情形下，《合同法》以单行法的形式存在，不是一个独立的法律部门。由于受法律传统和国家政治与经济的影响，世界主要国家在合同法的形式、编制体例以及一些具体的法律原则方面也存在很大差异。

（一）大陆法系的合同法

在大陆法系国家，合同法是以成文法的形式出现的，一般包含在民法典或者债法典中。大陆法系国家的民法理论将债分为合同之债和非合同之债，如侵权行为、不当得利与无因管理等法律规范并列在一起，作为民法的一编，称为债务关系法或债编。例如，《法国民法典》第三卷第三编规定了合同法的一般原则，其标题就是"合同或合意之债的一般规定"，其内容包括合同有效成立的条件、债的效果、债的种类与债的消灭等。该卷在其后各编中分别对各种合同作了具体规定，这些合同包括买卖、互易、合伙、借贷、委任、保证与和解等合同。《德国民法典》在"总则"一编使用"法律行为"这一概念，对有关合同成立的一般性问题作了规定。《德国民法典》第二编就是"债务关系法"，对因合同而产生的债的关系、债的消灭、债权让与、债务承担、多数债务人与多数债权人以及各种债务关系等作出了规定。"各种债务关系"一章实际上是合同法的分别论述，对买卖、互易、赠与、使用租赁、使用借贷、消费借贷、雇佣、承揽、居间、委任、寄托、旅店寄托、合伙、终身定期金、赌戏与赌博、保证与和解18种合同作出了具体的规定。

（二）英美法系的合同法

在英美法系国家，合同法实质上是几个世纪以来由法院以判例形式发展而成的判例法，主要包含在普通法中。英美等国虽然也制定了一些成文法形式的合同法，但是，它们只对货物买卖合同及其他一些商事交易合同作出了具体的规定，至于合同法的许多基本原则，仍然必须根据判例法所确定的规则处理。

英国1893年《货物买卖法》（Sale of Goods Act, 1893）是英国在总结法院数百年来就有关货物买卖案件所作判决的基础上制定的买卖法。该法于1979年进行过修订，现在有效的是1979年的修订本（以下称《英国货物买卖法》）。

美国1906年《统一买卖法》（Uniform Sale of Goods Act, 1906）是以《英国货物买卖法》为蓝本制定的，该法曾被美国36个州所采用。美国统一州法委员会和美国法学会从1942年起开始起草《美国统一商法典》（Uniform Commercial Code, UCC），于1952年公布，供各州自由决定是否选择采用。该法典已经作过多次修订，现在使用的是1998年修订本。至1990年，美国各州都通过立法程序采用了《美国统一商法典》，但有的州如路易斯安纳州，并不是全部采用，而只是部分采用。自《美国统一商法典》施行后，1906年《统一买卖法》即被废止。

（三）中国的合同法

中国现行适用的是 1999 年 10 月 1 日实施的《合同法》，该法计 23 章，共
428 条，总则部分分 8 章，规定了合同法的基本制度；分则部分分 15 章，对
15 种有名合同作了明确规定。这部《合同法》大量吸收了大陆法系和英美法
系的一些合同法制度，充分借鉴了《国际商事合同通则》、《欧洲合同法原
则》、《联合国国际货物销售合同公约》等采用的规则，促使中国的合同法制
度进一步与国际合同规则接轨。

（四）国际统一合同法的尝试

各国合同法的不统一阻碍了国际贸易的发展，从 20 世纪开始，有关国际
组织和一些专家学者一直从事和推动统一各国合同法的工作，并且取得了一些
成果。其中影响比较大的有：

（1）《联合国国际货物销售合同公约》（*United Nations Convention on Contracts
for the International Sale of Goods*，CISG），本章下文简称《公约》。《公约》由
联合国国际贸易法委员会于 1980 年 4 月 11 日在维也纳通过，以取代由国际统
一私法协会制定的两个国际销售公约，即《国际货物销售合同统一法公约》
和《国际货物销售统一法公约》，目的是吸引更多的国家加入统一的国际销售
合同规则。《公约》于 1988 年 1 月 1 日对 11 个创始缔约国生效，此后不断有
国家加入。

（2）《国际商事合同通则》（*Principles of International Commercial Contracts*，
PICC），本章下文简称《通则》。《通则》由国际统一私法协会于 1994 年编
撰，2004 年作了较大的扩展，这是国际统一合同法领域继 1980 年《公约》以
来又一重要成果，并在很大程度上弥补了《公约》的不足，作为国际私法统
一化运动的一项重要成果，对于国际商事合同法律制度的统一与协调将产生重
要的影响。不过，《国际商事合同通则》并不是国际公约，也不具有强制约束
力，它仅起着类似于示范法的作用。

（3）《欧洲合同法原则》（*Principles of European Contract Law*），本章下文简
称《原则》。"二战"后，欧洲各国有感于建立统一欧洲的必要，对区域内法
律冲突的调和受到学者们的重视，1978 年，在哥本哈根欧洲合同法委员会成
立，委员会致力于欧洲合同法原则方面的研究和起草工作。1996 年 6 月欧洲
合同法委员会第八次会议在斯德哥尔摩通过了该《原则》。该原则不是法律，
只是对私法条款和原则的收集和总结，供成员国法学研究和判例使用。

为了比较和叙述的方便，本章下文在介绍上述几个国际性的合同法文件

时，均采用"国际统一性合同法"的称谓。

三、合同法的基本原则

合同法的基本原则，是制定和执行合同法的总的指导思想，是区别于其他法律的标志。

（一）平等和自由原则

平等原则是指订约当事人的民事法律地位平等，任何一方不得将自己的意志强加给另一方。平等原则是民事法律的基本原则，是区别于行政法律、刑事法律的重要特征，也是合同法其他原则赖以存在的基础。自由原则是指缔约自由、选择相对人自由、决定合同内容自由、变更或解除合同自由、选择合同形式自由等几个方面，自由原则是合同法中最重要、最基本、最核心的原则，其中核心内容为"约定优先原则"。但合同法的自由是相对的，合同自由不能超越法律规定的范围。

（二）诚实信用和公平交易原则

诚实信用主要包括三层含义：一是要诚实，不能有欺诈；二是要守信，要言行一致；三是要恪守商业道德，履行相互协助、通知、保密等义务。诚实信用的核心是诚实与善意。诚实信用原则是合同法甚至整个民法的一项极为重要的原则。在大陆法系，它常常被称为债法中的最高指导原则或"帝王规则"。公平交易既表现在订立合同时要凸显公平，也表现在发生合同纠纷时应当公平处理；既要切实保护守约方的合法利益，也不能使违约方因较小的过失承担过重的责任；还表现在因履行合同时的客观情势发生重大变化，履行合同如使当事人之间的利益发生重大失衡，应当公平地调整当事人之间的权利与义务。

（三）合法和维护公共利益原则

合法就是要遵守法律的强制性规定，法律的强制性规定是国家通过强制手段来保障实施的规定。维护公共利益（Public Interest）、公共政策（Public Policy）或公共秩序（Public Order）就是要求当事人订立的合同不得损害一定范围内不特定多数人的共同利益。

（四）合同约束性原则

合同约束性原则有三层含义：一是对当事人而言，依法成立的合同对当事人具有法律约束力。当事人应当按照约定履行自己的义务，如果违反约定，就应当承担违约责任。二是对行政机关而言，行政机关不得干涉当事人依法订立的合同。三是对裁决机关而言，要求裁决机关在裁决当事人之间的合同纠纷时，应当像遵守法律一样尊重当事人依法订立的合同。

（五）情势变更原则

情势变更原则是指合同有效成立以后，因当事人不可预见的事情发生，导致合同的基础动摇或丧失，若继续维持合同原有效力有悖于诚实信用原则（显失公平）时，应允许变更合同内容或者解除合同。情势变更原则已成为当今世界上多数国家处理情势变更问题的重要原则。

第二节　合同的订立

合同是订立合同的当事人相互间意思表示一致的结果，意思表示可以采用口头的、书面的或行为方式作出，法律上将当事人之间就订立合同所作出的意思表示称为要约与承诺。一方当事人向另一方当事人提出的愿意与其订立合同的意思表示称为要约；而另一方当事人同意与其订立合同的意思表示称为承诺。承诺生效时即在订约当事人之间达成了一项具有法律约束力的合同。

一、要约

（一）要约的定义

要约（Offer）是一方向另一方提出的，愿意与对方订立合同，并且表明一旦对方同意时即受其约束的意思表示。根据《通则》第2.2的规定，要约是指"一项订立合同的建议，如果十分确定，并表明要约人在得到承诺时受其约束的意旨，即构成要约"。发出要约的一方为要约人（Offeror），收到该要约的一方为受要约人（Offeree）。一般来讲，一项要约有效必须符合三个条件：

1. 要约必须载明要约人愿意按照要约的内容与对方订立合同，一经受要约人接受，要约人即受其约束的意思。

在法律上应区分要约与要约引诱（Invitation for Offer）。要约引诱又称邀请要约或要约邀请，是指一方为了邀请另一方向自己发要约而向另一方作出的意思表示。在商业交往中，一些企业通常向交易对方寄送如报价单（Quotation）、价目表（Price List）、商品目录（Catalogue）等，这些都不是要约，而是要约邀请，其目的就是为了吸引对方向自己提出要约。要约与要约邀请的主要区别在于：要约一经受要约人承诺，合同即告成立，要约人必须受其约束。但是，收到要约邀请的一方即使完全同意或接受该要约邀请提出的条件，发出该项要约邀请的一方仍不受其约束，除非他对此项接受表示承诺或确认。

在现实生活，关于广告到底是要约还是要约邀请的问题，往往容易产生争议。广告是否构成要约应根据广告的性质和内容确定。就悬赏广告而言，悬赏广告是指广告人以广告的形式声明对完成广告中规定的特定行为的任何人，支付广告中承诺的报酬的意思表示。各国法律一般都认为悬赏广告是要约，一旦有人完成了广告指定的事项，即构成承诺，合同即成立。关于商业广告，商业广告是指商品经营者或者服务提供者承担费用、通过一定的媒介和形式直接或间接地介绍自己所推销的商品或者所提供的服务的广告。一般认为商业广告是要约邀请，但如果商业广告的内容明确、语气肯定，足以构成一项许诺亦可视为要约。

与广告性质相类似的还有拍卖和招投标。拍卖（Auction）是一种特殊的交易方式，拍卖广告是要约邀请，拍卖过程中竞买人的每次竞价均为要约，拍卖师击锤表示成交则为承诺。招标与投标也是常见的交易方式，招标是要约邀请，投标则是要约，投标一旦被接受，即中标，合同即成立。

2. 要约的内容必须具体确定。

要约的内容应当具体确定，并不是要求要约人在要约中详细载明合同的全部内容，只要达到足以确定合同内容的程度即可。至于某些条件，可以留待日后确定。例如，甲已连续多年续展与乙的合同，由乙为甲的计算机提供技术服务。甲又设立了一间办公室，用的是同一型号的计算机，甲要求乙为其新计算机也提供同样的服务，乙承诺了。尽管甲的要求没有包括合同的全部条款，但因为空缺的条款可以从该当事人之间的习惯做法或者先前的合同条款中援用，因此该要约的内容具体明确，该合同成立。

3. 要约必须送达到受要约人才能生效。

根据大多数国家的法律规定，只有受要约人在收到该要约并得知要约的内容后，才可能决定是否予以承诺。一方在没有收到另一方向自己发出要约的情况下，就向对方作出同意接受要约的意思表示，则只能视为是一项"交叉要约"（Cross-offers）。所谓"交叉要约"，又称为"交错要约"，通常是指当事人采取非对话方式，几乎同时相互间向对方提出两个独立且内容相同的要约的现象。比如，甲向乙提出愿意以 800 元购买乙的单车，同时，乙也向甲表示愿意以 800 元将其单车出售给甲。交叉要约虽然也可以达成合同，但是它已经突破了法律对要约与承诺形式的限制。

（二）要约的约束力

要约的约束力是指要约对要约人和受要约人在法律上的效力，要约对两者的约束力是不相同的。

一般而言，要约对受要约人是没有约束力的。受要约人接到要约仅仅表明其在法律上取得了对该要约作出承诺的权利，但并不因此必须承担对该要约作出承诺或答复的义务。但在商业交易中，也存在某些例外的情形。一种例外情形是，基于双方的交易习惯，商人对于平日经常来往的客户，在其营业范围内，在接到要约时应立即发出承诺与否的通知，如果怠于通知，则视为承诺。德国商法典与日本商法典均有此规定。另一种例外情形是，如果双方事先约定一方在收到另一方发出的要约后应当及时作答，不在约定的时间内作出否定性的意思表示则视为承诺，此时，沉默就是承诺。

关于要约对要约人是否构成约束力的问题，各国的规定差异较大。所谓要约对要约人的约束力，是指要约人发出要约之后在受要约人作出承诺之前是否能撤回要约（Withdrawal of Offer）或撤销要约（Revocation of Offer）的问题。按照要约到达生效的原则，撤回要约是指在要约生效前收回要约的行为；撤销要约是指在要约生效后，受要约人承诺前收回要约的行为。根据西方各国的法律规定，只要撤回要约的通知在要约到达受要约人之前或者与要约同时到达受要约人，撤回要约是允许的。至于要约人是否可以撤销要约，西方国家的法律规定则不尽相同。

1. 大陆法系的规定。

许多大陆法系国家的法律都认为，要约一旦达到受要约人，即对要约人产生拘束力，要约人不得随意撤销其要约，除非要约人在要约中声明不受要约的约束。

《德国民法典》第 145 条规定："向另一方要约订立合同的人，因要约而受约束，但事先排除约束的除外。"除此外，按照德国法，如果在要约中规定了有效期，则在有效期内不得撤销或更改其要约；如果在要约中没有规定有效期，则依通常情形在可望得到答复之前，不得撤销或更改其要约。《日本民法典》第 521 条第 1 款规定："定有承诺期间而进行的契约要约，不得撤销。"第 524 条规定："未定承诺期间而向隔地人进行的要约，要约人于接受承诺通知的相当期间内，不得撤销其要约。"在奥地利、瑞士、希腊、巴西、葡萄牙等国的法律中，也有类似的规定。

法国合同法的传统理论不承认要约当然地具有约束力，因而认为要约是可以撤销的，但法国的审判实践基于对交易安全的考虑，原则上认为，要约人应在预定期间内承担义务，受其要约的约束。当要约未明确或者暗示性规定期限时，法庭一般根据要约人发出要约的具体情况区别对待。如果要约是向不特定人发出的，法庭一般允许要约人自由地撤销；如果要约是向特定人发出的，法庭则会根据具体情况、合同性质及交易习惯，参照承诺人作出承诺所需的合理时间，自行为之日起确定一个期限。当要约人过早撤销其未明确规定期限的要约而受要约人作出承诺时，法庭一般采取责令要约人向对方赔偿损失的方法予以处理，而不是确认合同已经成立。

《意大利民法典》规定，凡要约人在要约中规定有承诺期限者，在该期限届满以前，不得撤销要约；如在要约中没有规定期限，那么在受要约人承诺以前可以撤销；如果受要约人善意信赖要约，并为履行作了某种准备，那么要约人对此造成的损失就应承担赔偿责任。

2. 英美法系的规定。

英美法国家崇尚合同自由（Freedom of Contract）原则，认为当事人可以自由地提出或收回其意思表示。因此，在英美法上，要约是可以撤销的。英美普通法撤销要约的基本规则是：在要约被接受或得到承诺之前，要约人有权随时撤销要约；撤销要约必须送达受要约人才能有效，但不必要求要约人亲自送达。

对于规定了承诺期限的要约，要约人能否在有限期内撤销的问题，英美普通法认为，由于许诺是单方面的，是不能强制实施的，因此，在承诺期限内的要约是可以撤销的。除非：（A）受要约人在接到撤销要约的通知之前已经作出了有效的承诺，使合同已经成立，但要约人尚未收到承诺通知；或者（B）受要约人已经支付了一定对价作为支持；或者（C）受要约人与要约人另外订立一份具有约束力的签字蜡封的合同，这种合同无须对价即可成立。在美国，除了上述三种情况外，如果受要约人已经信赖该要约行事，该要约就是不可撤销的。《美国第二次合同法重述》（下称《重述》）第87条规定："如果要约人应当合理地预见到其要约会使受要约人在承诺之前采取具有某种实质性质的行为或不行为，并且，该要约的确导致了这样的行为或不行为，该要约便同选择权合同一样，在为避免不公正而必须的范围内具有约束力。"英国合同法对单方合同采用了例外规则，单方合同的要约人，只要采取了与发出要约具有同样公开性的方式撤销要约，就被认为是有效的。但是，如果受要约人已经根据要约的内容开始采取了行动，要约人就不能自由地撤销要约了。《美国统一商法典》第2-205条对货物买卖合同的要约是否可以撤销作了规定。该条规定："如果商人在签名的书面函件中提出出售或买进货物的要约，且函件保证该要约将保持有效，则即使无对价，在要约规定的有效时间内，或如果未规定时间，在合理时间内，要约不可撤销。在任何情况下，此种要约不可撤销的时间都不超过3个月。而且，如果此种保证条款载于受要约人所提供的表格上，则该条款必须由要约人另加签名。"

关于受要约人以行为方式表示承诺时，要约是否可以撤销的问题，早期的判例规则是，如果受要约人的履行已经完成，要约就不可撤销；如果还没有完成，要约仍然可以撤销。但是，现在美国多数州的法院判决已经认为，一旦受要约人的履行已经开始，要约人便不能再撤销要约。如《重述》第45条就规定："（1）当要约人请求受要约人通过以某一履行作为承诺，而没有请受要约人以诺言行为承诺时，如果受要约人作出了或开始了要约人请求的履行或者使该履行有了一个开端，一个选择权合同便成立了；（2）要约人依如此成立的选择权合同负有的履行义务，以受要约人依要约的条件完成或提供所请求的履行为条件。"

从上可以看出，英美法虽然在原则上确认了要约无拘束力，可以随时撤销的规则，但是基于平衡双方当事人之间的利益关系，保障交易安全和维护交易秩序的考虑，现代英美合同法，对要约原则上可以被撤销的规则施加了很多限制，已在逐步接近大陆法系的规定。

3. 中国的法律规定。

关于要约是否可以撤回和撤销的问题，中国《合同法》对此均作了明文规定。该法第17条规定："要约可以撤回。撤回要约的通知应当在要约到达受要约人之前或者与要约同时到达受要约人。"第18条规定："要约可以撤销。撤销要约的通知应当在受要约人发出承诺通知之前到达受要约人。"第19条规定："有下列情形之一的，要约不得撤销：（一）要约人确定了承诺期限或者以其他形式明示要约不可撤销；（二）受要约人有理由认为要约是不可撤销的，并且已经为履行合同作了准备工作。"中国法的规定借鉴了大陆法系和英美法系的规定，与《通则》的规定一致。

4. 国际统一性合同法。

《公约》第15条第2款规定，一项发价，即使是不可撤销的，得予撤回，如果撤回通知于发价送达被发价人之前或同时，送达被发价人。其第16条又规定：（1）在未订立合同之前，发价得予撤销，如果撤销通知于被发价人发出接受通知之前送达被发价人。（2）但在下列情况下，发价不得撤销：①发价写明接受发价的期限或以其他方式表示发价是不可撤销的；或②被发价人有理由信赖该项发价是不可撤销的，而且被发价人已本着对该项发价的信赖行事。

《通则》也有类似的规定。《国际商事合同通则》第2.1.4条对要约的撤销作了规定：（1）在合同订立之前，要约得予撤销，如果撤销通知在受要约人发出承诺之前送达受要约人。（2）但是，在下列情况下，要约不得撤销：（a）要约写明承诺的期限，或以其他方式表明要约是不可撤销的；或（b）受要约人有理由信赖该项要约是不可撤销的，且受要约人已依赖该要约行事。

《原则》第2：202条规定：（1）要约可得撤销，只要撤销通知在受要约人发出其承诺之前，或者在以行为表示承诺之场合，在依第2：205条第2款或第3款形成合同之前到达受要约人。（2）向公众发出的要约可以用与发出该要约时采用的相同的方式撤销。（3）但如果存在下列情况，对要约的撤销就是无效的：①要约已表明了它是不可撤销的；或②要约已确定了承诺的时间；或③受要约人合理地信赖该要约为不可撤销的并已基于对要约的信赖作出了行为。

综上所述，在要约的撤回和撤销问题上，英美法系限制较少，而大陆法系一般不允许撤销要约。《公约》、《通则》和《原则》对大陆法系和英美法系的法律规则进行了调和和折中，他们都规定了要约可以撤销，倾向于英美法；又规定了不可撤销的情形，对撤销进行了严格限制，则更接近于大陆法系。我国《合同法》的规定与《公约》、《通则》和《原则》的规定一致，反映了国际上合同法发展的最新趋势。

（三）要约的消灭

要约的消灭是指要约失去效力。导致要约失效的原因主要有：

（1）受要约人拒绝要约。对要约意在表示承诺但载有添加、限制或其他变更的答复，实质性地改变要约的条件，即视为对要约的拒绝（Rejection of Offer）并构成反要约（Counter -offer）。反要约是一项新的要约，使原要约失效。

（2）要约人撤回或撤销要约。要约被撤回阻止了要约到达受要约人，要约当然未生效。被撤销的要约虽然已经到达生效，但由于已被要约人收回，当然也已失效。

（3）受要约人未在承诺期限内承诺。如果要约人规定了承诺期限，而受要约人未在承诺期限内作出承诺的，要约自行失效。

（4）发生了法定事由。如果要约发出后，出现要约人或受要约人死亡、丧失民事行为能力、破产、标的物灭失或不合法等情形，则要约均自行失效。

二、承诺

（一）承诺的定义

承诺（Accept）是指受要约人对要约的内容表示同意（Assent to An Offer）的一种意思表示。要约一经承诺，合同即告成立。一项承诺有效必须具备以下四个条件：

1. 承诺必须由受要约人本人或者其代理人作出。

除此之外的任何第三人，即使知道要约的内容并对此作出同意的意思表示，该同意也不是承诺，合同不能成立。

2. 承诺必须在承诺期限内作出。

要约必须在要约人规定的时间内承诺；或者如果未规定时间，应在考虑了交易的具体情况，包括要约人所使用的通信方法的快捷程度的一段合理的时间内作出承诺。对口头要约必须立即作出承诺，除非情况有相反的表示。逾期承诺（Late Acceptance）不具有承诺的效力，除非要约人在收到承诺后毫不迟延地告知受要约人该承诺具有效力或就此向受要约人发出通知。但传递迟延（Delay in Transmission）则是有效的承诺，即如果载有逾期承诺的信息表明，它是在如果传递正常即能及时被送达要约人的情况下发出的，则该逾期的承诺仍具有承诺的效力，除非要约人毫不迟延地通知受要约人此要约已失效。

3. 承诺必须与要约的实质性条件相一致。

承诺并非应当与要约的内容完全一致，承诺可以载有添加或变更条件，只要添加或变更的条件没有实质性地改变要约的内容，承诺即为有效。除非要约人毫不迟延地表示拒绝接受这些不符。在这个问题上，国际统一合同法和主要国家的国内法均有很大的相似之处。

中国《合同法》与《公约》的规定一样，都将承诺对要约内容的变更区分为实质性变更和非实质性变更。非实质性变更的承诺一经送达，合同即告成立；实质性变更的承诺则被视为是一项新的要约，必须得到原要约人对此实质性变更接受时，合同才成立。《合同法》第30条规定，承诺的内容应当与要约的内容一致。受要约人对要约的内容作出实质性变更的，为新要约。有关合同的标的、数量、质量、价款或者报酬、履行期限、履行地点和方式、违约责任和争议解决方法等的变更，是对要约内容的实质性变更。第31条规定，承诺对要约的内容作出非实质性变更的，除要约人及时表示反对或者要约表明承诺不得对要约的内容作出任何变更的以外，该承诺有效，合同的内容以承诺的内容为准。

《公约》第19条规定：（1）对发价表示接受但添加了附加条件、限制，或对发价条件加以更改，应被视为对原发价的拒绝并构成还价。（2）但是，一个旨在对发价表示接受但载有附加条件或不同条款的答复，若未根本性更改发价的条款，应被视为接受，除非发价人在没有无故延迟的情况下，对分歧表示口头拒绝或发送具有同等效果的拒绝通知。如发价人未作出拒绝表示，更改过的发价即构成合同的条款。（3）附加或不同条款中若与下列情形有关，则被视为根本性改变发价的条款：价格、付款、货物的质量和数量、交付的地点和时间的变更、一方当事人对另一方的责任范围以及争端的解决。

《通则》第2.1.11条规定：（1）对要约意在表示承诺但载有添加、限制或其他变更的答复，即为对要约的拒绝，并构成反要约。（2）但是，对要约意在表示承诺但载有添加或不同条件的答复，如果所载的添加或不同条件没有实质性地改变要约的条件，那么，除非要约人毫不迟延地表示拒绝这些不符，则此答复仍构成承诺。如果要约人不作出拒绝，则合同的条款应以该项要约的条款以及承诺通知中所载的变更为准。

英美法也认为，承诺应像镜像（Mirror-image）一样，反照出要约的内容，否则就不是承诺而是反要约。《美国统一商法典》第二篇第2-207条规定，在商人之间，如果受要约人在承诺中附加了某些条款，承诺仍然有效，这些附加条款必须视为合同的一个组成部分，除非：要约中已明确地规定承诺时不得附加任何条件；这些附加条款对要约作了重大的修改；要约人在接到承诺后已在合理的时限内作出拒绝这些附加条件的通知。

4. 承诺的传递方式必须符合要约的要求。

要约人可以在要约中指定承诺的传递方式，受要约人必须按照要约指定的传递方式行事，如果擅自采用非指定的方式传递，承诺就不能成立。如果要约没有指定承诺的传递方式，那么受要约人在传递承诺时，一般应采用与要约人相同的方式或者比要约人更快捷的方式传递承诺，要约人不能对此予以拒绝。

（二）承诺生效的时间

承诺生效的时间就是合同成立的时间。关于承诺生效的时间，国际上主要有两种不同的主张。

1. 投邮主义。

英美法认为，在以书信或电报作出承诺时，承诺一经投邮，承诺立即生效，合同即告成立。英美法的对价原则认为，要约人可以不受要约的约束，在要约被承诺以前，随时都可以把要约撤销。即使要约规定了承诺期限，也可以在该期限届满之前将其撤销。这项原则本来就对受要约人不利，如果在承诺时不采取"投邮主义"（Mail-box Rule），而采取"到达主义"，这就意味着要约人从发出要约时起至收到承诺时止的这一段时间内，随时都可以撤销要约，无疑这将对受要约人更加不利。因此，为了调和要约人与受要约人之间的利益冲突，英美法对要约与撤回要约采取到达主义，而对承诺则采取投邮主义。

《法国民法典》对承诺何时生效没有作出具体的规定。但是法院往往推定适用"投邮主义"，即根据事实情况推定承诺于发出承诺通知时起生效，合同亦在此时成立。

2. 到达主义。

在以书信或电报作出承诺时，只有载有承诺的书信或电报被送达到要约人时，承诺才生效。如德国、中国以及《通则》、《公约》和《原则》等均采用到达主义（Received the Letter of Acceptance）。

如《德国民法典》第 130 条规定："对于相对人以非对话方式所作的意思表示，于意思表示到达于相对人时发生效力。"中国《合同法》第 26 条第 1 款规定："承诺通知到达要约人时生效。承诺不需要通知的，根据交易习惯或者要约的要求作出承诺的行为时生效。"

《公约》第 18 条规定："（1）被发价人的声明或其他表示接受发价的行为表明对发价的接受。沉默或不为本身不等于接受。（2）接受发价于被发价人表示同意的通知送达发价人时开始生效。"

《通则》第 2.1.6 条规定："（1）受要约人作出的声明或表示同意一项要约的其他行为构成承诺。缄默或不行为本身不构成承诺。（2）对一项要约的承诺于同意的表示送达要约人时生效。（3）但是，如果根据要约本身，或依照当事人之间建立的习惯做法或依照惯例，受要约人可以通过作出某行为来表示同意，而无须向要约人发出通知，则承诺于作出该行为时生效。"

《原则》第 205 条规定："（1）如果被要约人发出承诺通知，则此项接受要约的声明或者通知到达要约人时合同视为成立。（2）在以行为作出承诺的情况下，为此项行为的通知送达要约人时视为合同成立。（3）如根据要约本身，或依照当事人业已存在的惯例或习惯性做法，被要约人可以通过作出某种行为来表示同意，而无须向要约人发出通知，则合同于该行为作出时成立。"

（三）承诺的撤回

撤回承诺是承诺人阻止承诺发生效力的一种意思表示。一般来讲，撤回承诺的通知必须同时或者先于载有承诺的通知到达要约人，否则，承诺一旦到达要约人，合同即告成立，承诺人就不得撤回其承诺。

关于受要约人能否撤回承诺的问题，西方国家在法律上也有不同的规定。

根据英美法的有关判例，载有承诺的函电一经投邮就立即生效，因此，受要约人在发出承诺通知后就不能撤回其承诺。德国法规定，受要约人在发出承诺通知后，原则上仍然可以撤回承诺。但是，撤回承诺的通知必须与载有承诺的通知同时或提前到达要约人。中国《合同法》第 27 条也规定："承诺可以撤回。撤回承诺的通知应当在承诺通知到达要约人之前或者与承诺通知同时到达要约人。"《通则》第 2.1.10 条规定："承诺可以撤回，只要撤回通知在承诺本应生效之前或同时送达要约人。"《公约》第 22 条规定："如撤回接受的通知在表示接受的通知到达发价人之前或与之同时到达发价人，该接受可以撤回。"

综上可以看出，如对承诺生效的时间采用投邮主义，则其法律都规定受要约人在发出承诺通知后就不能撤回其承诺；而如对承诺生效的时间采用到达主义，则其法律都规定承诺可以撤回，只要撤回通知在承诺本应生效之前或同时送达要约人即可。

第三节 合同的效力

所谓合同的效力，是指合同对当事人产生的法律上的约束力。各国合同法都对合同的成立和合同的生效规定了相应的要件，同时，当事人也可以约定合同生效的特殊要件，只有符合法定条件或约定条件的合同才具有法律效力，否则，就不具有法律效力，合同的效力问题是合同法中的核心问题。综合西方国家的合同法和国际统一性合同法的有关规定来看，一般都要求合同生效必须满足以下四个条件：即当事人应当具有缔约能力；合同内容必须合法；订约形式符合要求；意思表示应当真实。

一、当事人应当具有缔约能力

在国际商事交易中，选择商业伙伴需要审查对方的资格和资信。当事人的资格，是指他的缔约能力，即是指当事人的民事权利能力和民事行为能力，这是个法律问题。当事人的资信，是指他的商业形象和商业信誉，这是个道德问题。虽然在商事交易中，审查当事人的资格和资信都非常重要，但是，审查当事人是否具有缔约资格，即是否具有缔约能力或意思表示的能力，却是个最基础的法律问题。无论是自然人、法人或者其他经济组织，这种意思表示的能力都要求他们在作出意思表示时，应当具有相应的民事权利能力和民事行为能力。否则，他们便不能以自己的名义参与民事活动，不能以自己的名义享受权利和承担义务。不同的合同当事人，法律对他们订立合同时的民事权利能力和民事行为能力的要求是不同的。

（一）自然人的缔约能力

自然人的缔约能力是由自然人的民事权利能力和民事行为能力决定的。自然人的民事权利能力是自然人享受民事权利、承担民事义务的资格。自然人从出生时起到死亡时止，都具有民事权利能力。从理论上讲，由于不同国家对自然人的出生和死亡采用不同的认定标准，因此，不同国籍的自然人，他们的民事权利能力应当有所不同，但这种认定标准上的差异对不同国籍的自然人相互间在订立合同时的民事权利能力的影响微乎其微。从本质上讲，同一国籍的自然人，其订立合同的民事权利能力是平等的，影响自然人缔约能力的根本因素是自然人自身的民事行为能力。自然人的民事行为能力是指自然人能够通过自己的行为取得民事权利和承担民事义务的能力。不同的自然人，因受自身年龄大小、智力水平和精神状况等因素的影响，其民事行为能力不一定相同。

1. 大陆法系的规定。

德国法将自然人的行为能力分为无行为能力与限制行为能力。德国法规定，凡有下列情况之一者，即属于无行为能力的人：（1）未满七岁的儿童；（2）处于精神错乱状态，不能自由决定意志，而且按其性质此种状态并非暂时者；（3）因患精神病被宣告为禁治产者。所谓"禁治产"，指的是因精神病或因有酒癖不能处理自己的事务，或因浪费成性有败家之虞者，经其亲属向法院提出请求，由法院宣告禁止其治理财产。上述无行为能力人所订立的合同不具有法律效力。年满七岁的未成年人是限制行为能力人，这类未成年人所作的意思表示，必须取得其法定代理人的同意，否则，他们所订立的合同一律无效，经法定代理人追认后有效。

根据《法国民法典》第1124条的规定，无订立合同能力的人包括：未解除亲权的未成年人；受法律保护的成年人，包括官能衰退者和因挥霍浪费、游手好闲以致陷入贫困者。这两类人订立的合同必须取得其监护人或管理人的同意，否则无效。不过，必须经法院宣告后才无效。根据法国法，未解除亲权的未成年人、受法律保护的成年人对于其订立的合同，得依法以无订约能力为理由提出抗辩。反之，有订立合同能力的人则不得以与其订立合同的对方无行为能力为由而主张合同无效。

2. 英美法系的规定。

根据英美法，未成年人、精神病者、智力不全者和酗酒者，都属于缺乏缔约能力的人，他们所订立的合同视情况不同，效力也可能不一样。

原则上，未成年人没有订立合同的能力。未成年人对其订立的合同，在其成年之后，可以予以追认，也可以要求撤销，但未成年人订立的属于购买必需品的合同除外。不过，撤销权只属于未成年人，与未成年人订立合同的成年人无权撤销合同。美国大多数州规定，未满18周岁的人为未成年人，缺乏订立合同的能力，但是为了便于未成年人获得生活必需品，法律承认未成年人有订立生活必需品合同的资格。

精神病人（Insane Persons）和智力不健全者（Incompetent Persons）订立合同的有效性取决于合同订立的时间和订立合同时该人的精神状态。经法院宣告为精神病人和智力不健全者所订立的合同完全无效，而且该人恢复正常后也不能追认；如果未经宣告但在订立合同时该人患精神病或智力不健全，该合同是可撤销的，即该人在精神恢复后既可追认该合同，也可撤销该合同。

至于酒醉人（Intoxicated Persons）订立合同的效力问题，依照美国的判例，原则上，酗酒者订立的合同应有强制执行力，但如酗酒者在订立合同时，由于醉酒而失去行为能力，则可要求撤销合同。

3. 中国法律的规定。

中国的《民法通则》将自然人与公民的概念等同使用。中国法规定，公民从出生时起到死亡时止，具有民事权利能力，依法享有民事权利，承担民事义务。公民的民事权利能力一律平等。该法将公民的民事行为能力根据年龄、智力和精神状况分为完全民事行为能力、限制民事行为能力和无民事行为能力三类。

（1）完全民事行为能力人。十八周岁以上的公民是成年人，具有完全民事行为能力，可以独立进行民事活动，是完全民事行为能力人。十六周岁以上不满十八周岁的公民，以自己的劳动收入为主要生活来源的，视为完全民事行为能力人。

（2）限制民事行为能力人。十周岁以上的未成年人是限制民事行为能力人，可以进行与他的年龄、智力相适应的民事活动；不能完全辨认自己行为的精神病人是限制民事行为能力人，可以进行与他的精神健康状况相适应的民事活动，其他民事活动由他的法定代理人代理，或者征得他的法定代理人的同意。

（3）无民事行为能力人。不满十周岁的未成年人是无民事行为能力人；不能辨认自己行为的精神病人是无民事行为能力人，由他的法定代理人代理民事活动。

根据《民法通则》的规定，完全民事行为能力人具有完全民事行为能力，当然依法具有订立合同的资格；无民事行为能力人完全没有民事行为能力，当然也就没有订立合同的资格。后颁布的中国《合同法》在此基础上，对限制民事行为能力人订立合同的效力进行了细化规定。《合同法》第47条规定，限制民事行为能力人订立的合同，经法定代理人追认后，该合同有效，但纯获利益的合同或者与其年龄、智力、精神健康状况相适应而订立的合同，不必经法定代理人追认。相对人可以催告法定代理人在一个月内予以追认。法定代理人未作表示的，视为拒绝追认。合同被追认之前，善意相对人有撤销的权利。撤销应当以通知的方式作出。

（二）法人的缔约能力

法人是依照法定程序成立的，拥有独立的财产，能够以自己的名义享受民事权利和承担民事义务的组织。法人的法律形态包括国家机关、企业、事业单位、社会团体或基金组织等。法人的民事权利能力和民事行为能力从法人成立时产生，到法人终止时消灭。同一法人的民事权利能力和民事行为能力是相同的，法人的民事行为能力由其民事权利能力决定。不同法人的民事权利能力可能不同，相应地，它的民事行为能力也不同。因此，审查法人缔约能力的着眼点与自然人有所不同，审查自然人的缔约能力主要是着眼于自然人的民事行为能力，而对法人而言，审查它的民事权利能力即可。鉴于公司是国际商事交易中最重要的主体，下面以公司法人为例展开论述。

一般来讲，决定公司法人缔约能力的因素主要有三个：一是法律的许可，即公司法人的缔约能力取决于该法人所在国法律的许可。二是公司章程的规定，即公司法人的缔约能力受制于公司股东制定的公司章程的规定。三是公司营业执照的核准，即公司法人的缔约能力范围受制于该公司营业执照上核准的经营范围或者特别经营许可。一般而言，营业执照上载明了被登记公司的经营范围，该公司被许可经营的范围就是该公司的民事权利能力的范围。

二、合同内容必须合法

契约自由作为近代私法三大基本原则之一，是私法自治或者意思自治的必然结果，又是其核心部分。按照资本主义国家意思自治的理论，人的意志可以依其自身的法则去创设自己的权利义务，当事人的意志不仅是权利义务的渊源，而且是其发生的根据。这一原则在私法领域普遍适用，体现在契约法上就是契约自由原则。契约自由包括是否缔结契约、选择缔约相对人、决定契约形式、确立契约内容、变更契约和终结契约等方面的自由。但与此同时，西方国家都对契约自由加以种种限制，几乎所有西方国家的法律都要求当事人所订立的合同必须合法，并规定凡是违反法律、善良风俗与公共秩序的合同一律无效。

（一）大陆法系的规定

大陆法系各国都在民法典中对合同违反法律、善良风俗与公共秩序及其法律后果作出明确的规定。

《法国民法典》在总则中规定，任何个人都不得以特别约定违反有关公共秩序与善良风俗的法律。并将违反法律、善良风俗和公共秩序的问题与合同的约因与标的联系在一起作出规定。《法国民法典》第1128条规定，得为合同标的之物件以许可交易者为限。其第1131条规定，基于错误约因或不法约因的债，不发生任何效力。其第1133条规定，如约因为法律所禁止，或约因违反善良风俗或公共秩序时，此种约因为不法的约因。据此，根据法国法，构成合同非法主要有两种情形：一是交易的标的物为法律所禁止，例如，贩卖毒品与其他违禁物品等；二是合同的约因不合法，例如走私合同等。

德国法没有直接规定合同的标的或者约因违法将导致合同无效，而是规定法律行为的合法性及其对该法律行为（包括合同）效力的影响。《德国民法典》在总则篇第二章"法律行为"中规定，"法律行为违反法律上的禁止者，无效"，并规定违反善良风俗的法律行为亦无效。

（二）英美法系的规定

英美法认为，一项有效的合同必须具有合法的目标或目的。凡是没有合法目标的合同就是非法的（Illegal），因而是无效的。在英美法中，违法的合同有两种：一是成文法所禁止的合同；二是违反普通法的合同。根据英美法有关法律的规定和判例法所确立的原则，以下三种合同属非法合同：

1. 违反公共政策的合同。

所谓违反公共政策（Contrary to Public Policy）的合同，是指损害公众利益，违背某些成文法规定的政策或目标，或旨在妨碍公众健康、安全、道德和一般社会福利的合同。例如，限制贸易的合同、限制竞争的合同、限制价格的合同、冒充公职与妨碍司法的合同等。

2. 不道德的合同。

所谓不道德的合同（Immoral Contract），是指违反社会公认的道德标准，如果法院予以承认将会引起正常和有理性之人的愤慨的合同。比如，对婚姻家庭生活造成不良影响或导致人们忽视夫妻义务的合同。英国判例认为，允诺以支付生活费为条件换取妻子同意离婚的合同是不道德的合同。

3. 违法的合同。

所谓违法的合同（Illegal Contract），是指违反法律规定的合同。例如，雇佣他人犯罪的合同、以诈骗为目的的合同、与敌贸易的合同和赌博合同等。此外，凡是法律要求必须有执照才能开业的专业人员如医师、律师、药剂师和设计师等，如果没有执照就擅自与他人订立执业合同，从事业务活动，这种合同也属于违法合同。

（三）中国法律的规定

根据中国的法律，合同应当满足哪些条件才符合合法性的要求，应当结合《民法通则》和《合同法》以及与它们相配套的司法解释的有关规定进行理解。

《民法通则》第 55 条和第 58 条分别规定了民事法律行为应当具备的条件，以及违反法定条件将产生的法律后果。第 55 条规定："民事法律行为应当具备下列条件：……（三）不违反法律或者社会公共利益。"第 58 条规定："下列民事行为无效：……（五）违反法律或者社会公共利益的。"

《合同法》对合同的合法性要求又作了进一步的拓宽和明确。《合同法》第 7 条规定："当事人订立、履行合同，应当遵守法律、行政法规，尊重社会公德，不得扰乱社会经济秩序，损害社会公共利益。"并且对《民法通则》规定的原属于无效合同、可变更可撤销合同的范围作了重大调整。关于无效合同，中国《合同法》第 52 条规定："有下列情形之一的，合同无效：（一）一方以欺诈、胁迫的手段订立合同，损害国家利益；（二）恶意串通，损害国家、集体或者第三人利益；（三）以合法形式掩盖非法目的；（四）损害社会公共利益；（五）违反法律、行政法规的强制性规定。"

三、合同形式符合要求

合同形式的实质，是指合同当事人在作出意思表示时采用何种方式、遵循何种程序或者定式的问题。总的来说，关于订立合同采用何种形式的要求是处在不断的变化和发展之中的。在古罗马时代，订立合同要按照固定的形式进行，要讲一定的套语，并配合完成一定的动作，才能使合同产生法律效力，否则，合同不受法律保护。随着罗马法的发展，后来出现了诺成合同。诺成合同仅基于当事人的意思表示而成立，无特定形式或仪式要求。罗马法关于合同形式的规则对后来的大陆法系和英美法系产生了极大影响。

（一）大陆法系的规定

1. 法国法。

法国法把要式合同分为两种情况：一是以法定的形式作为合同有效成立的要件；二是以某种法定形式作为证据，用以证明合同的存在及其内容。

在法国法中，以法定的形式作为合同有效要件的情形并不多。这类合同从法定形式要求上可以分为两类：一类是以公证书作为法定的形式要求。包括遗嘱、放弃继承等单方法律行为和一些具有财产内容的合同，这类合同主要有：《法国民法典》第 931 条规定的赠与合同；第 1394 条和第 1397 条规定的夫妻财产合同；第 1250 条规定的债务人与第三人约定代位清偿债务的合同；第 2127 条规定的设定协议抵押权的合同；《法国普通税法》第 1804-A 条规定的出售不动产的单方面许诺；《法国建筑与居住法》L. 261-11 条规定的有关出售尚在建筑中的住宅或营业性房屋的合同；1984 年 7 月 12 日法令第 4 条规定的有关不动产所有权的租赁—转让合同。另一类是法律规定的不具备一般书面形式即无效的合同，包括《法国劳动法》L. 132 条第 2 款规定的集体订立的劳动合同；《海上劳动法》第 4 条规定的海上劳动合同；1935 年 6 月 29 日法律第 12 条规定的营业资产买卖合同；1977 年 7 月 16 日第 71-579 号法律第 34 条规定的房屋推销合同（涉及用于居住或居住及营业两用的房屋）；1968 年 1 月 2 日第 68-1 号法律第 43 条规定的发明专利的许可或转让合同；《法国建筑及居住法》L. 231-1 条规定的私人住宅建筑合同等。①

2. 德国法。

根据德国法，缺少法定形式的合同将导致合同无效，即使当事人能够证明承诺确实存在，或者当事人对争议的合同形成了合意。《德国民法典》总则第 125 条规定，一项法律行为如果没有采取规定的形式原则上是无效的；第 126 条至第 129 条具体规定了法律行为应当采用的形式要件；第 144 条第 2 款、第 167 条第 2 款和第 182 条第 2 款等都对形式要件进行了限制性规定。《德国民法典》分则对合同形式作出了更加明确的要求，第 313 条规定的有关土地让与的合同；第 518 条规定的赠与合同；第 566 条规定的土地租赁合同；第 766 条规定的保证合同；第 925 条规定的取得土地所有权的合同等。在债权合同和涉及动产物权的合同中，德国法关于合同应当具备法定形式才有效的规定较少。在涉及不动产物权的合同中，《德国民法典》第 925 条对不动产所有权转移的合同，以及第 1154 条对某种特定类型的抵押权让与的合同，规定了必须具备法定形式。根据德国《土地登记簿条例》第 29 条的规定，同意登记以及其他为登记所必需的意思表示，都应当以特定的形式作成。在涉及亲属法和继承法的身份合同中，德国法也有普通的形式上的要求。不过，不具备法定形式的合同将导致合同无效的规定也存在一些例外：《德国民法典》第 313 条第 2 款、第 581 条第 2 款和第 766 条第 2 款规定，形式上具有瑕疵的行为因履行行为而成为有效。德国《消费者信贷法》第 6 条第 2 款和第 3 款规定，即使欠缺

---

① 参见尹田：《法国现代合同法》，法律出版社 1995 年版，第 184~186 页。

某些法律规定的形式上的事项，信贷合同也可以因履行而生效。①

（二）英美法系的规定

英美法把合同分为签字蜡封合同（Contract under Seal）和简式合同（Simple Contract）。签字蜡封合同是必须以特定的形式订立且无须对价支持的要式合同；简式合同是必须有对价支持的合同。

1. 签字蜡封合同。

按照英国法，订立签字蜡封合同有特定的形式和程序要求：一是双方应就合同的条款达成一致；二是双方应在无利害关系的证人面前签字；三是合同应密封并在其上加盖火漆印记；四是一方应亲自将合同文本交付对方，或者手按封印宣誓：我把这份具有约束力的契据递交给你。由于此类合同形式繁琐，在英国，现在已经废除了签字蜡封合同的形式，而代之以契据，它是由当事人签名的一种书面形式，当事人如果想使合同成为"契据"，当事人签名后由证人证明和签名即可。② 根据英国法，必须采取契据形式订立的合同有：注册公司章程；转让英国船舶或其份额的合同；转让土地的合同以及土地权益在三年以上的土地租借合同；无偿的许诺或赠与。美国绝大多数州已经通过立法废除了签字蜡封的合同形式，这就使得没有对价的允诺只要采取契据的形式作出，仍然无效。

2. 简式合同。

简式合同是必须有对价支持的合同，但简式合同并不等于不要式合同，按照英国的法律，有些简式合同必须以书面形式作成，否则合同就无效或者不能申请强制执行。依照英国法，有些合同必须采用特定形式订立，否则合同无效。比如汇票、本票、海上保险合同、债务承认合同和卖方占有的动产权益转让合同。有些合同虽然没有采用特定形式订立，但并非当然无效，而只是不能以口头证据来证明合同的存在及其内容，因而不能强制执行，如果双方当事人自愿执行，合同仍然有效。比如英国1677年《防止欺诈法》规定，在下列情形下，关于协议的书面记录或备忘录，必须由负担义务者签名，否则不能强制执行：①死者遗产的执行人或管理人作出的自己对死者的债务负责的允诺；②允诺对另一个人的债务负责；③未来婚姻的允诺；④转移土地财产或转移包含在其中的物权的合同；⑤在订立后一年或一年以上始履行的合同；⑥价格超过

---

① 参见［德］迪特尔·梅迪库斯：《德国民法总论》，邵建东译，法律出版社2000年版，第460~470页。

② See *Law Reform*（Miscellaneous Provisions）*ACT 1989.*

十英镑的买卖合同，除非买方已经接受了货物或货物的一部分，或者买方自己已经通过交付定金或交付部分货款履行。《美国统一商法典》第 2-201 条第 1 款也规定："除本条另有规定外，价款达到或超过 500 美元的货物买卖合同，如果缺乏充足的书面材料表明当事人已达成买卖合同，且合同已由被要求强制执行的当事人或其授权代理人或经纪人签名，则合同不得通过诉讼或抗辩强制执行。一份书面材料，即使疏漏或错误书写一项业已商定的合同条款，也不因此失去证明效力，但合同只能在不超出此种书面材料所标明之货物数量的范围内强制执行。"

（三）中国法律的规定

关于订立合同的形式，中国《合同法》与原来的几个合同法相比，在态度上作了很大的调整，其原则性的规定已与国际接轨。原《经济合同法》承认口头合同，规定即时清结的合同可以采取口头形式，不是即时清结的采取书面形式；而《技术合同法》和《涉外经济合同法》严格要求必须采用书面形式。而《合同法》对此作了统一规定，其第 10 条规定，当事人订立合同，有书面形式、口头形式和其他形式。法律、行政法规规定采用书面形式的，应当采用书面形式。当事人约定采用书面形式的，应当采用书面形式。该规定表明，合同形式属于当事人意思自治的范畴，当事人可以根据自己的意愿选择所需要的形式，这只是原则。但是，在法律对合同的形式另有规定或当事人对合同形式另有约定的情况下，应采取法律规定的形式或者合同当事人所约定的形式。

综上可以看出，各国合同立法在合同形式上以不要式主义为一般原则，而以要式合同为例外。在法律规定要求有特定形式时，要求合同具有特定的形式。特定形式的作用，一是作为合同的有效条件，二是作为证据上的要求。规定要式合同的目的主要是为了保护当事人的利益，以实现社会公正和保证交易秩序和安全。从各国合同立法的情况来看，现代的合同形式已大大超过了原有的状况，表现为多种形式并存，各种形式相互渗透、相互结合的格局。即合同的口头形式与书面形式、纸质形式与电子形式、格式形式与非格式形式、法定形式与约定形式等相互交织，并存并立。

（四）国际统一性合同法

关于合同的形式，几个国际性的合同法文件都持开明的和一致的观点。《公约》第 11 条规定："销售合同无须以书面订立或书面证明，在形式方面也不受任何其他条件的限制。销售合同可以用包括人证在内的任何方法证明。"《通则》第 1.2 条也规定："通则不要求合同必须以书面形式订立或由书面文件证明。合同可通过包括证人在内的任何形式证明。"《原则》第2：101条第2款则规定："合同无须最终形成书面的形式，或以书面的形式证明，或是符合其他的形式要件。合同可采用任何方式加以证明，包括证人。"

上述三个国际性合同法文件在合同形式上已经达成高度的一致和统一，即对合同的形式已无任何特殊要求，完全由当事人自由选择。这种不受形式要求约束的规定，不仅适用于合同的订立，同时还适用于合同的修改或终止。现代许多国际商事合同都是以现代化通信方式订立的，很多交易都是非常迅速地、无纸化地进行的，上述规则满足和适应了当代国际商事交易的特点。

四、意思表示必须真实

意思是指表意人内心的思想或想法，表示亦即表意人内心思想、想法的外化。意思表示不真实，是指行为人外化的意思与其内心的真实想法不一致，即行为人表示要追求的某种民事后果并非其内心真实希望出现的后果。从意思和表示不一致的原因上看，大致有三类：（1）因表意人故意而为，如伪装、虚构的意思表示。（2）因表意人被迫所为，如在胁迫、危难时的意思表示。（3）因表意人认识错误所为，如因重大误解或误传而为的意思表示。至于意思表示不真实的效力，各国立法和学说大致有三种观点：（1）意思主义。即以表意人的内在意思为准，如意思和表示不一致，外部表示无效。（2）表示主义。即以表意人外部表示为准，当表示与意思不一致，应以表示行为为有效。（3）折中主义。根据具体情况，兼顾表示人和相对人的利益，分别对待。或以意思主义为原则，以表示主义为例外；或以表示主义为原则，以意思主义为例外。

（一）错误

各国法律都一致认为，并不是任何意思表示的错误，都足以使表意人主张合同无效或撤销合同。但在某些情况下，也允许作出错误的意思表示的一方主张合同无效或要求撤销合同。

1. 大陆法系的规定。

《法国民法典》第1110条规定："错误只有在涉及合同标的物的本质时，才构成无效的原因。如果错误仅涉及当事人一方愿意与之订约的另一方当事人时，不能成为无效的原因；但是另一方当事人本身就被认为是订立合同的主要原因者，不在此限。"《德国民法典》第119条规定："表意人所作的意思表示的内容有误时，或表意人根本无意为此种内容的意思表示者，如果可以认为，表意人若知其情事并合理地考虑其情况而不会作此项意思表示时，表意人得撤销其意思表示。"德国法不像法国法那样区别合同的标的物、标的物的性质的错误以及认定合同当事人的错误。德国法强调的是意思表示"内容"的错误，而不管该内容是涉及合同的标的物的本质、合同的对方当事人还是意思表示的动机。《德国民法典》第 119 条第 2 款还规定："关于人的资格或物的性质的错误，如交易上认为重要者，视为意思表示内容的错误。"

2. 英美法系的规定。

英国普通法认为，订约当事人一方的错误，原则上不能影响合同的有效性。只有当该项错误导致当事人之间根本没有达成真正的协议，或者虽然已经达成协议，但是双方当事人在合同的某些重大事项上（Vital Matters）都存在同样的错误时，才能使合同无效。根据普通法，错误会导致合同自始无效；而根据衡平法，错误通常只是导致一方撤销合同。根据英国判例法，错误分为单方错误与双方错误，其后果往往是不同的。

下列单方错误都不能使合同无效：（1）一方当事人意思表示的错误。例如，一方当事人在计算价格时发生错误。（2）一方在判断上发生差错。例如，某人认为某物能值 1 万英镑，但是实际上只值 5000 英镑。（3）一方当事人对自身的履约能力估计错误。例如，建筑商甲同意为乙建造厂房，合同约定于 7 月 1 日竣工，实际上延期至 9 月 1 日才完工。（4）在凭说明的买卖中，对说明的含义的理解发生错误。但是，如果某项错误导致双方当事人之间根本没有达成真正的协议，则可以使合同无效，这主要包括：（1）在合同性质上发生错误。例如，把借贷误当做捐赠。（2）在认定当事人上发生错误，但是当事人必须是订立合同的要件，而且对方也明知有此种误会时，才可以使合同无效。（3）在认定合同的标的物时，双方当事人都存在错误。例如，甲打算购买的是黑色汽车，而乙打算出售的是白色汽车。（4）在合同的标的物存在与否或在合同的重大问题上，双方当事人发生共同的错误。例如，在订立合同时，双方当事人都以为合同标的物是存在的，但实际上已经灭失，此时，合同不能成立。（5）允诺一方已经知道了对方有所误会，在这种情况下，对方可以主张合同无效。

美国法同样认为，单方面的错误原则上不能要求撤销合同，至于双方当事人都有错误时，亦仅在错误涉及合同的重要条款、认定合同当事人或合同标的物的存在、性质、数量或有关交易的其他重大事项时，才可以主张合同无效或者要求撤销合同。美国法院在审理涉及错误的案件时，往往考虑各方面的情况。如果法院认为，对方由于信赖合同已有效成立而积极准备履约，以致难以恢复原状或不可能恢复原状时，有错误的一方就不能撤销合同。美国法院的态度是，宁愿让有错误的一方蒙受因自身错误所造成的后果，而不把损失转嫁给对方。①

3. 中国法律的规定。

中国法律仅对因重大误解所订立的合同及其效力作了规定。我国《民法通则》第 59 条规定，行为人对行为内容有重大误解的，一方有权请求人民法院或者仲裁机关予以变更或者撤销。《合同法》第 54 条也规定："下列合同，当事人一方有权请求人民法院或者仲裁机构变更或者撤销：（一）因重大误解订立的……"何为"重大误解"，最高人民法院《关于贯彻执行〈中华人民共和国民法通则〉若干问题的意见（试行）》第 71 条对此有专门解释，该条规定："行为人因对行为的性质、对方当事人、标的物的品种、质量、规格和数量等的错误认识，使行为的后果与自己的意思相悖，并造成较大损失的，可以认定为重大误解。"对于转达错误的问题，最高人民法院《关于贯彻执行〈中华人民共和国民法通则〉若干问题的意见（试行）》第 77 条规定："意思表示由第三人义务转达，而第三人由于过失转达错误或者没有转达，使他人造成损失的，一般可由意思表示人负赔偿责任。但法律另有规定或双方另有约定的除外。"

4. 国际统一性合同法。

《通则》第 3.4 条对意思表示的错误下了定义，该条规定："错误是指对合同订立时已经存在的事实或法律所做的不正确的假设。"《通则》将错误分为相关错误（Relevant Mistake）和表述或者转达错误（Error in Expression or Transmission）。

关于相关错误，《通则》第 3.5 条规定：（1）一方当事人可因错误而宣告合同无效，此错误在订立合同时如此之重大，以至于一个通情达理的人处在与犯错误之当事人的相同情况之下，如果知道事实真相，就会按实质不同的条款订立合同，或根本不会订立合同，并且（a）另一方当事人犯了相同的错误，或造成如此错误，或者另一方当事人知道或理应知道该错误，但却有悖于公平交易的合理商业标准，使错误方一直处于错误状态之中；或者（b）在宣告合同无效时，另一方当事人尚未依其对合同的信赖而行事。（2）但是，一方当事人不能宣告合同无效，如果（a）该当事人由于重大疏忽而犯此错误；或者（b）错误与某事实相关联，而对于该事实发生错误的风险已被设想到，或者考虑到相关情况，该错误的风险应当由错误方承担。

关于表述或转达中的错误，《通则》第 3.6 条规定："在表述或传达一项

---

① 参见宋军：《美国合同法》，中国政法大学出版社 1996 年版，第 120 页。

声明过程中发生的错误应视为作出该声明之人的错误。"

（二）欺诈

欺诈是指一方告知对方虚假信息，或者故意隐瞒真实信息，诱使对方作出错误意思表示的故意行为。综观各国法律，一般认为，凡因受欺诈订立的合同，受欺诈的一方可以要求撤销合同或主张合同无效。

1. 大陆法系的规定。

《法国民法典》第 1116 第 1 款规定："如当事人一方不实施欺诈，他方当事人决不缔结契约者，此种欺诈构成契约无效的原因。"《法国民法典》第 1117 条规定："因错误、胁迫、欺诈而缔结的契约并非依法当然无效，仅以本章第五节第七目规定的情形和方式，发生请求宣告契约无效或取消契约的诉权。"可以看出，《法国民法典》规定的因欺诈而缔结的契约并不是绝对无效，而是相对无效，即可撤销。

《德国民法典》第 123 条规定，因受旨在欺骗他人的欺诈或受非法的胁迫而作意思表示的人，得撤销其意思表示。如欺诈系由第三人所为，对于相对人所为的意思表示，以相对人明知欺诈的事实或可得而知的为限，始得撤销。如意思表示的相对人以外的人因意思表示而直接取得权利，以该权利取得人明知欺诈的事实或可得而知者，始得对于该权利取得人撤销意思表示。按照该规定，受到欺诈的当事人可以自行决定是否撤销契约。如果未行使撤销权，或者通过确认契约放弃了撤销权，其意思表示即为有效；一旦表意人行使撤销权，有瑕疵的法律行为自始无效，撤销溯及既往。撤销通过向契约相对人或意思表示的初始相对人为单方表示而发生效力，撤销宣告不得撤回，且不得附加任何条件。当欺诈人为第三人，《德国民法典》将与欺诈受害方订约的相对方知道欺诈及其疏忽和不谨慎而不知道欺诈视同他自己为欺诈，由受害方行使撤销权。《德国民法典》还规定，撤销因受欺诈而订立的合同，不得对抗善意的第三人。

2. 英美法系的规定。

英美法把欺诈称为 "欺诈性的不正确说明"（Fraudulent Misrepresentation）。1976 年《英国不正确说明法》把不正确说明分为两种：一种称为 "非故意的不正确说明"（Innocent Misrepresentation）；另一种称为 "欺诈性的不正确说明"。所谓 "不正确说明"（Misrepresentation），是指一方在订立合同前，为了吸引对方订立合同而对重要事实所作的一种虚假的说明。它既不同于一般商业上的吹嘘（Puffing），也不同于普通的表示意见或看法（Opinion）。根据英国法的解释，如果作出不正确说明的人是出于诚实地相信有其事而作出的，就属于非故意的不正确说明；如果作出不正确说明的人并非出于诚实地相信有其事而作出的，则属于欺骗性的不正确说明。根据英美法的规定，对于因欺诈性的不正确说明而订立的合同，受害人有三种处理方式：一是确认该契约有效。二是撤销契约。撤销契约是衡平法上的救济方法，通常如双方当事人所订契约不涉及金钱和财产转移时，无辜的一方向对方声明，便可以撤销契约。如果当事人间已有金钱或财物的转移，须由法院判决撤销。但按照英美法的规定，受害人在四种情形下丧失撤销权：（1）确认契约，确认契约导致撤销权消灭，嗣后不能再要求行使撤销权；（2）时效期间已过，在英美法中，期间已过不能使契约效力自动确定，但是可以被看成是原告确认契约的证据；（3）恢复原状不可能，受害人只能以请求损害赔偿来代替；（4）倘若第三人善意取得了契约上有关利益，受害人便无权撤销契约。三是受害人如果有损失，可以侵权行为为理由要求损害赔偿。

3. 中国法律的规定。

中国法律关于当事人因受欺诈而订立合同的效力在《合同法》颁布前后作了较大的调整。《民法通则》采用无效主义，将以欺诈手段而实施的民事行为一概规定为无效。《民法通则》第 58 条规定：“下列民事行为无效：……（三）一方以欺诈、胁迫的手段或者乘人之危，使对方在违背真实意思的情况下所为的……无效的民事行为，从行为开始起就没有法律约束力。”我国原《经济合同法》第 7 条和《涉外经济合同法》第 10 条都规定，采取欺诈、胁迫手段订立的合同无效。

《合同法》将当事人以欺诈手段订立的合同的效力作了区别处理。将以欺诈手段订立、并且损害的是国家利益的合同规定为无效合同；而将以欺诈手段订立，但损害的是除国家以外的其他合同主体利益的合同规定为可变更或者可撤销的合同。《合同法》第 52 条规定：“有下列情形之一的，合同无效：（一）一方以欺诈、胁迫的手段订立合同，损害国家利益……”第 54 条规定：“下列合同，当事人一方有权请求人民法院或者仲裁机构变更或者撤销：……一方以欺诈、胁迫的手段或者乘人之危，使对方在违背真实意思的情况下订立的合同，受损害方有权请求人民法院或者仲裁机构变更或者撤销。当事人请求变更的，人民法院或者仲裁机构不得撤销。”

4. 国际统一性合同法。

《通则》和《原则》都一致规定，因欺诈而订立合同的受害人可以宣告合同无效。《通则》第 3.8 条规定：“一方当事人可宣告合同无效，如果其订立合同是基于另一方当事人的欺诈性陈述，包括欺诈性的语言或做法，或按照公平交易的合理商业标准，该另一方当事人对应予披露的情况欺诈性地未予披露。"《原则》第4：107条规定："（1）一方当事人可宣告合同无效，如果该合同的订立基于对方欺诈性的陈述，包括欺诈性的语言或做法，或者根据诚实信用和公平交易的合理标准，该方当事人应当披露而欺诈性地未予披露的情况。（2）如果一方当事人的陈述或不予披露旨在有意欺骗的，即为欺诈。（3）在决定要求对方披露的特定事实是否合理的标准时，应当考虑下述所有的情况：①该方当事人是否有专门的知识；②获得有关信息的费用；③对方当事人是否可以自行获得此项信息；及④该事实对另一方当事人的重要性。《通则》没有对欺诈进行定义，而《原则》既对欺诈进行了定义，又对认定欺诈的标准作了细分。

（三）胁迫

胁迫是指采用某种方法造成他人精神上的巨大压力（比如以给公民及其亲友的生命健康、荣誉、名誉、财产等造成损害或者以给法人的荣誉、名誉、财产等造成损害为要挟）或直接使用暴力或者以暴力手段相威胁，造成他人恐怖，迫使他人作出违背真实意思表示的故意行为。各国法律都一致认为，凡在胁迫之下订立的合同，受胁迫的一方可以主张合同无效或撤销合同。

1. 大陆法系的规定。

德国法区别胁迫与乘人之危等情况。《德国民法典》第138条规定，因被胁迫而为意思表示者，表意人得撤销其意思表示；但是如果法律行为系乘他人穷困、无经验、缺乏判断能力或意志薄弱，使其为对自己或第三人的给付作财产上的利益的约定或担保，而此种财产上的利益比之于给付，显然为不相称者，则该法律行为无效。《法国民法典》第1111条则明确地规定，对订立合同承担义务的人进行胁迫，构成无效的原因。

关于第三人实施的胁迫行为对合同效力的影响。德国法认为，如果胁迫是由第三人所为，即使合同的相对人不知情，那么，受胁迫的一方也有权撤销合同。法国、意大利与西班牙等国家的法律也有类似的规定。

2. 英美法系的规定。

英美法认为，胁迫是指对人身施加威吓或施加暴力或监禁。英美法除普通法上的胁迫外，还有衡平法的所谓"不正当影响"（Undue Influence）的概念。现在，这两个概念已经合二为一了。"不正当影响"主要适用于滥用特殊关系以订立合同为手段从中谋取利益的情形，例如，父母与子女、律师与当事人、受信托人与受益人、监护人与未成年人，以及医生与患者之间所订立的合同。如果这类合同有不公正的地方，就可以推定为有"不正当影响"，蒙受不利的一方可以撤销合同。根据英美法，受胁迫者不仅包括订约当事人本人，而且还包括该当事人的丈夫、妻子或近亲；如果对后者施加威胁，迫使当事人不得不同意订立合同，则也构成胁迫，当事人可以撤销合同。

关于第三人实施的胁迫行为对合同效力的影响，英美法将第三人所作的胁迫与第三人所作的欺诈同样看待，对于来自第三人的胁迫，只有合同的相对人知道有胁迫情事时，受胁迫的一方才能撤销合同。

3. 中国法律的规定。

中国《合同法》将以胁迫手段订立的合同的效力作了与欺诈相同的处理，并且在立法技术上没有进行分离，而是并行立法。简单地说，将以胁迫手段订立、并且损害的是国家利益的合同规定为无效合同；而将以胁迫手段订立，但是损害的是除国家以外的其他合同主体利益的合同规定为可变更或者可撤销的合同。

4. 国际统一性合同法。

关于当事人受胁迫订立的合同的效力，《通则》和《原则》都规定，因胁迫而订立的合同无效。

《通则》第3.9条规定："一方当事人可宣告合同无效，如果其合同的订立是因另一方当事人的不正当之胁迫，而且考虑到在各种情况下，该胁迫如此急迫、严重到足以使第一方当事人无其他合理选择。尤其是当使一方当事人受到胁迫的作为或不作为本身属非法，或者以其作为手段来获取合同的订立属非法时，均为不正当的胁迫。"

《原则》第4：108条则规定，一方当事人可宣告合同无效，如果该合同的订立由于对方当事人所为的胁迫、严重威胁的行为或不行为所致，且这些行为本身是错误的，或者所使用的订立合同的方式是错误的，除非宣告合同无效的当事人在当时的情况下有合理的选择。

（四）显失公平

显失公平合同制度是合同法的一项重要制度，其功能在于矫正合同自由原则所形成的不公正现象，以维护合同正义，保证交易的公正性，保护交易中弱者尤其是消费者的合法权益。显失公平的合同思想萌芽于古罗马的"非常损失规则"。根据这一规则，如果合同标的物过分偏离其真实价值，当事人可以以此拒绝履行合同，"非常损失规则"是罗马合同法的一项独立制度。后来英美法的"显失公平制度"、法国法的"合同损害制度"、德国法和瑞士法的"暴利制度"等都发端于这一规则。

1. 英美法系的规定。

在英美法国家，显失公平制度发源于衡平法上的良心与正义，其根本目的是为了矫正合同自由所带来的负面作用，以维护合同公正。衡平法规定，如果一个合同不公平，以致于"触动法院的良知"，该合同不能依法得到强制执行，但其适用范围极为狭窄。1984年《美国统一商法典》第2-302条正式创制了现代意义上的显失公平制度。该条规定，如果法院从法律上认定合同或者合同条款在订立之时是显失公平的，法院不可以强制执行，或只执行没有显失公平的条款。而且，显失公平分为实质上的显失公平和程序上的显失公平。前者是指与市场价格根本不相称的价格或违约责任过于不当，后者是指因为一方由于不能归咎于他自己的原因未能理解合同的内容或其所处的地位完全没有同对方讨价还价的余地而在订立合同时未能做到公平。从其司法实践来看，实质上的显失公平大致上有五个不同的标准：（1）卖方所得利润过大；（2）买方取得的差价过大；（3）合同价格过分高于市价；（4）约定的违约责任过于苛刻；（5）过于失当的违约责任是卖方在合同中明确排除自己的责任，特别是排除产品质量保障责任。

2. 大陆法系的规定。

法国法中没有使用"显失公平"这一概念，而使用了"合同损害"或"合同受损"这一用语，但内容基本上是相同的。"合同损害"是指合同当事人在相互所获利益上严重不等价，从而使一方当事人遭受损失。

与法国法不同的是，德国法采用了"暴利"一词，确立了暴利规则。《德国民法典》第138条第2款规定，法律行为因暴利而无效。根据法律规定，是否因为法律行为存在暴利而被认定为无效，应当满足两个条件：第一，客观上应当存在所谓"暴利"；第二，主观上应当具备当事人一方利用对方的劣势地位。瑞士债务法也规定了暴利行为制度。德国法和瑞士债务法规定这种暴利行为制度，兼顾了民法中公平和自由两大价值目标，在确定暴利或非常损失本身不是法律行为可撤销或无效的原因这一基本原则的基础上，于意思表示瑕疵制度之外建立了原因（即利用对方的劣势地位）和结果（即对待给付的不平衡）相结合的规则。

3. 中国法律的规定。

中国《民法通则》第59条规定显失公平的民事行为可以变更或撤销，但并未对显失公平作进一步的规定。根据最高人民法院《关于贯彻执行〈中华人民共和国民法通则〉若干问题的意见（试行）》第72条的解释，显失公平是指一方当事人利用优势或者利用对方没有经验，致使双方的权利和义务明显违反公平等价原则。《合同法》第 54 条也规定，订立合同时显失公平的当事人一方有权请求人民法院或仲裁机构变更或撤销合同。

4. 国际统一性合同法。

《通则》和《原则》都对显失公平的合同作了类似的规定，但二者采用了不同的法律术语。《通则》采用了重大失衡（Gross Disparity）这一术语，并对构成"重大失衡"的条件、效力和救济方式都作了明确的规定。《通则》第3.10 条规定："（1）在订立合同时，合同或其个别条款不合理地对另一方当事人过分有利，则一方当事人可宣告该合同或该个别条款无效。除其他因素外，尚应考虑下列各项：（a）该另一方当事人不公平地利用了对方当事人的依赖、经济困境或紧急需要，或不正当地利用了对方当事人的缺乏远见、无知、无经验或缺乏谈判技巧的事实，以及（b）合同的性质和目的。（2）依有权宣告合同无效的一方当事人的请求，法院可以修改该合同或其条款，以使其符合公平交易的合理的商业标准。（3）依收到宣告合同无效通知的一方当事人的请求，法院亦可修改合同或其条款，只要该方当事人在收到此项通知后，且在对方当事人依据该项通知行事前，立即将其请求告知对方当事人。本章第3.13 条第（2）款的规定此时应予适用。"《原则》则采用了"过度的利益"或"不公平的好处"术语，也对构成"过度的利益"或"不公平的好处"的条件、效力和救济方式作了明确的规定。不同于《通则》的是，《原则》还就"未经专门谈判而形成的合同不公平条款"的效力作了专门规定。

（五）对价与约因

1. 对价。

在英美法中，一份在法律上具有约束力的合同，除了当事人之间意思表示一致外，还必须具有对价。对价（Consideration）是英美普通法中特有的概念，对价一词有时也译为"约因"（Cause）或者"代价"。一般认为，对价是一方为换取另一方做某事的承诺而向另一方支付的金钱代价或得到该种承诺的承诺。简单地讲，对价是指当事人一方在获得某种利益时，必须给付对方相应的代价。根据英美法，一项有效的对价应当符合以下要件：

（1）对价必须合法。即合同一方或双方的对价如果是非法或违反公共秩序的，将导致整个合同无效。比如买卖的标的物不能是法律上禁止流通的走私物品。

（2）对价必须来自受允诺人。即只有对某项允诺付出了对价的人，才能要求强制执行此项允诺。比如 A 向 B 许诺，如果 B 为他完成某项工作，他将付给 C 一笔钱。事后 B 完成了该项工作，但 A 拒绝向 C 付款，则 C 不能向法院起诉，要求法院强制 A 向 C 支付这笔钱的许诺。

（3）对价必须具有某种价值，但无须等价。英国法律遵行"购者自慎"原则，要求有对价但不要求等价，也就是说，对价的价值与对方履行或将要履行的对价是否对等，是否合理适当，是当事人自己的事，法院在一般情况下仅关心对价是否存在。最微不足道的损失或利益也足可构成对价。

（4）对价必须是实在的。对价应当是实际存在的某项东西或权利，而不是空洞诺言（Illusory Promises）或虚幻允诺。比如，甲向乙许诺，如果乙开店，甲就可能向其购物，"可能"二字使甲可不受其约束，因而构成空洞诺言，由于欠缺相互性，导致一方实际上没有对另一方承担任何义务。

（5）对价不能是过去的对价。英美法把对价分为待履行的对价（Executory Consideration）、已履行的对价（Executed Consideration）和过去的对价（Past Consideration）。前面两种对价是有效的，第三种对价则是无效的。过去的对价，是指合同签订前已经履行的对价，这个对价与新的许诺没有关系。

（6）对价不能是法定或约定的职责和义务。

2. 约因。

约因一词在法语中为 causa，原意为事由、原因，国内有学者译为"原因"，也由学者译为"约因"，本书采用"约因"一词。根据法国法，约因是指订约当事人产生债务所追求的最接近和最直接的目的。约因与动机是不同的，例如，在买卖合同中，买方购买的动机可能是各式各样的，但是购买的最直接的目的即约因只有一个，就是取得该物的所有权。《法国民法典》将"债的合法约因"作为合同有效成立的必要条件之一，其第 1131 条规定，无约因的债、基于错误约因或不法约因的债，不发生任何效力。

德国法在合同成立问题上，没有采用约因理论。德国许多学者认为，把约因作为合同成立的要件没有多大价值。他们认为，在双务合同中，双方当事人互为允诺，互为给付，这是双务合同固有的特点，其本身就具备合同成立条件，不必再借助约因作为合同成立的条件；至于无偿合同和赠与合同的成立，许多国家都规定有形式上的要求，如必须在公证人面前订立或依法院的裁判成立等，也无须以约因为要件。所以，1900 年《德国民法典》及承袭它的某些大陆法系国家的法典，如《瑞士债务法典》和《日本民法典》，在有关合同成立的规定上都不再采用约因概念。

德国法上有所谓不当得利（Unjust Enrichment）制度。所谓不当得利是指没有法律上的根据，使他人利益受损而使自己获益的事实。在此情况下，由于缺乏法律上的原因，取得他人财产或其他利益的一方无权保留这种财产或利益，因而必须把它归还给真正的所有人。《德国民法典》第 812 条规定："无法律上的原因而受领他人的给付，或以其他方式由他人负担费用而受到利益者，负有返还该利益于他人的义务。或者虽有法律上的原因，但后来该原因已经消灭，或依法律行为的内容未发生给付目的所预期的结果者，亦有返还已得利益的义务。"可见，德国法虽不把"原因"（即约因）作为合同成立的要件，但实际上约因在德国民法的其他方面仍然发挥作用。德国法上的不当得利，在英美法和法国法上称为准合同（Quasi-contract），美国法有时称为偿还法（Law of Restitution），其名称虽然不同，但法律效果都是一样的，都是由于缺乏法律上的原因或对价，双方当事人不能成立合同关系，受益人必须归还从他人处取得的财产或利益。

第四节 合同的履行

一、合同履行的概念

对于合同履行的概念，大陆法系和英美法系均认为系指当事人完成合同的行为，或当事人实现合同内容的行为。从合同成立的目的来看，任何当事人订立合同，都是为了能够实现合同的内容。而合同内容的实现，有赖于合同义务的履行。当合同约定的义务被履行时，双方当事人也就履行了合同，合同的目的也就得以实现，合同也就因订约目的的实现而消灭。因此，合同的履行是合同目的实现的根本条件，也是合同关系消灭的最正常的原因。由此可见，合同的履行是合同制度的中心内容，是合同法及其他一切制度的最终归宿。

二、合同履行的规则

合同履行的规则是指在合同履行过程中应当遵守的基本原则和具体规范。根据英美法系、大陆法系、《通则》、《原则》以及我国合同立法和司法实践的规定和做法，合同履行应当遵守的基本规则包括但不限于以下八项规则。为了叙述的便利，本章将主要结合中国《合同法》、《通则》和《原则》的有关规定阐述。

（一）诚实信用

所谓诚实信用，是指民事主体在从事民事活动时，应当本着诚实守信的理念，以善意的方式行使权利、履行义务。这一原则源于罗马法的"善意原则"，大陆法系的一些国家的民法中也都有类似的原则或规定，如法国民法中有"善意原则"，德国民法中有"诚实和信用原则"，日本民法中有"信义原则"等。

比如，《法国民法典》第1134条规定："契约应当以善意履行"，此处的"善意"即为"诚实信用"之意。《德国民法典》第157条规定："对合同的解释，应遵守诚实信用原则，并考虑交易上的习惯。"第242条规定："债务人有义务依诚实和信用，并参照交易习惯，履行给付。"《日本民法典》第1条第2款规定："行使权利及履行义务时，应恪守信义，诚实实行。"1907年的《瑞士民法典》第2条规定："任何人都必须诚实信用地行使其权利，并履行其义务。"人们现在已经认为，诚实信用是由道德准则上升为法律的任意性规范，由任意性规范上升至强制性规范再到民法的基本原则，其适用领域已从合同法领域扩展到整个民商法领域，跃然成为民法的"帝王条款"。

英国法虽然没有关于合同法诚实信用原则的一般性规定，但是体现诚实信用原则的规定却散见于关于各种合同义务的具体法律规定以及判例之中。英国的衡平法和判例法很早就确认了诚实信用原则，如欺诈、允诺不得反言、虚假陈述、错误、合同落空等规则的确立。在美国，《美国统一商法典》确立了诚实信用原则，该法典第1-203条规定："本法所涉及的任何合同和义务，在其履行和执行中均负有遵循诚信原则之义务。"该法第2-103（b）条对诚实信用原则又作了具体解释："涉及商人时，善意指事实上的诚实和遵守同行中有关公平交易的合理商业准则。"根据该法典第1-102条的规定，依诚实信用原则产生的义务，属于法定的强制性规范，当事人不得通过协议加以改变。美国法院在审判实践中判断当事人行为是否符合诚实信用原则，是根据特定行业中有关公平交易的合理商业准则，即采用一个通情达理的第三人认为是合理的标准。

中国法律对诚实信用原则也有明文规定。《民法通则》第4条规定："民事活动应当遵循自愿、公平、等价有偿、诚实信用原则。"《合同法》第6条也明确地规定："当事人行使权利，履行义务应当遵循诚实信用原则。"从整部合同法的规定来看，第6条、第42条、第60条、第92条、第125条构成了《合同法》关于诚实信用原则的最基本的规则体系，而且以诚实信用原则为轴心连接了先契约义务、契约义务、附随义务和后契约义务，使这四者在合同法中顺理成章地确立了起来。

《通则》是将诚实信用作为其一项基本原则加以规定的，其第1.7条规定："（1）在国际贸易中，每一方当事人应依据诚实信用和公平交易的原则行事。(2) 当事人不能排除或限制此项义务。" 此外,在《通则》的不同章节或不同的条文中都大量直接或间接地体现了该项原则。《公约》的很多条款也体现了诚实信用原则,如第 7 条第 1 款、第 8 条第 2 款、第 16 条第 2 款 (b) 项等。《原则》第 1∶201 条也规定了诚实信用的一般义务,该条规定:"(一) 各方当事人均须依诚实信用和公平交易而行为。(二) 当事人不得排除或限制此项义务。" 除此以外,《原则》的许多规定也都体现了诚实信用原则,如第 1∶102 条、第 1∶106 条和第 2∶301 条等。

(二) 全面履行

全面履行,又称适当履行或正确履行,它要求当事人按合同约定的标的、质量、数量,以及合同约定的履行时间、地点和方式,全面完成合同义务的履行原则。中国《合同法》第 60 条规定,当事人应当按照约定全面履行自己的义务。

(三) 约定不明时的履行

所谓"约定不明时的履行",是指在合同生效后,当事人就质量、价款或者报酬,履行地点、期限、方式以及履行费用分担等内容没有约定或者约定不明确,又无法通过协商确定,且按照合同有关条款或者交易习惯仍不能确定的情形下,合同如何履行的问题。

以中国《合同法》为例,《合同法》第 62 条规定:(1) 质量要求不明确的,按照国家标准、行业标准履行;没有国家标准、行业标准的,按照通常标准或者符合合同目的的特定标准履行。(2) 价款或者报酬不明确的,按照订立合同时履行地的市场价格履行;依法应当执行政府定价或者政府指导价的,按照规定履行。(3) 履行地点不明确,给付货币的,在接受货币一方所在地履行;交付不动产的,在不动产所在地履行;其他标的,在履行义务一方所在地履行。(4) 履行期限不明确的,债务人可以随时履行,债权人也可以随时要求履行,但应当给对方必要的准备时间。(5) 履行方式不明确的,按照有利于实现合同目的的方式履行。(6) 履行费用的负担不明确的,由履行义务一方负担。

《通则》第 5.1.6 条"履行质量"、第 5.1.7 条"价格确定"、第 5.1.8 条"无固定期限的履行"、第 6.1.1 条"履行时间"、第 6.1.6 条"履行地点"、第 6.1.11 条"履行费用"、第 6.1.9 条"付款货币"和第 6.1.10 条"未规定货币"都是对约定不明时如何履行的具体规定。《原则》第 7∶110 条至第 7∶112 条也对约定不明的履行以及履行的一般规则作了规定。

（四）履行顺序

1. 同时履行及抗辩。

同时履行是指在合同订立后，在合同有效期内，双方当事人不分先后地履行各自的义务。当事人一方在对方当事人未为对待给付前，有权拒绝先为给付。中国《合同法》在第 66 条规定了同时履行的义务以及抗辩权："当事人互负债务，没有先后履行顺序的，应当同时履行。一方在对方履行之前有权拒绝其履行要求。一方在对方履行债务不符合约定时，有权拒绝其相应的履行要求。"

《通则》对此也有相应的规定，第 6.1.4 条规定，在当事人双方可以同时履行的情况下，双方当事人应当同时履行。《通则》第 7.1.3 条还规定了抗辩权，规定当事人各方应同时履行合同义务的，任何一方当事人可在另一方当事人履行前停止履行。

2. 异时履行及抗辩。

异时履行是指在合同订立后，在合同有效期限内，双方当事人应当依照法律规定或者合同约定的先后顺序履行各自的义务。如果应当先履行的一方履行债务不符合约定的，后履行的一方有权拒绝应该先履行一方的履行请求。中国《合同法》第 67 条规定了异时履行义务及其抗辩权："当事人互负债务，有先后履行顺序，先履行一方未履行的，后履行一方有权拒绝其履行要求。先履行一方履行债务不符合约定的，后履行一方有权拒绝其相应的履行要求。"

《通则》第 6.1.4 条也作了类似规定，在仅有一方当事人需要在一段时间内履行的情况下，则该方当事人应先行履行其义务，除非情况有相反的表示。对于违反异时履行规则的抗辩权，《通则》第 7.1.3 条规定，当事人各方应相继履行合同义务的，后履行的一方当事人可在应先予履行的一方当事人完成履行之前停止履行。

3. 先履行及抗辩。

先履行及抗辩，又称不安抗辩权，是大陆法系一项重要的合同法制度，是指在双务合同中，先履行义务的一方在后履行一方当事人的财产状况发生恶化而有难以对待给付之虞时，有权要求对方先为对待履行。对方履行对待给付或提供担保之后，不安抗辩权归于消灭。比如，《法国民法典》第 1613 条规定，如买卖成立之后，买受人由于破产或处于无清偿能力致使出卖人有丧失价金之虞时，即使出卖人曾同意延期支付，出卖人亦不负交付标的物的义务，但买受人提供到期支付的保证者，不在此限。《德国民法典》第 321 条规定，因双务契约负担债务并应向他方先为给付者，如他方的财产于订约后明显减少，有难为对待给付之虞时，在他方未为对待给付或提出担保之前得拒绝自己的给付。二者的规定基本相同，不同的是，《法国民法典》的此项规定只适用于买卖合同，偏重于保护卖方利益，而德国法的此项规定适用于一切双务合同。

在我国《合同法》中，不安抗辩权是指双务合同中应当先履行债务的当事人，有确切证据证明对方有经营状况严重恶化、转移财产、抽逃资金以逃避债务、丧失商业信誉，或者有丧失或可能丧失履行债务能力的其他情形，危及自己债权的实现时，可以中止自己的履行，在合理期限内对方未恢复履行能力且未提供适当担保时，享有解除合同的权利。中国《合同法》第 68 条、第 69 条的立法本意，是赋予当事人依法享有"中止履约权"和"合同解除权"两项不安抗辩权利。

相比较而言，中国《合同法》中的不安抗辩制度既吸纳了大陆法系的不安抗辩权和英美法系的预期违约制度的合理因素，又结合了中国自己的实际情况，建立了具有中国特色的不安抗辩权制度。大陆法系传统的不安抗辩权制度只规定了中止履行权一种救济方式，而中国《合同法》确立的不安抗辩权制度则包含了中止履行权、解除合同权、损害赔偿请求权等救济方式，形成了一个完整的制度体系。

（五）提前履行

提前履行是指债务人在合同履行期限到来之前就开始履行自己的合同义务。中国《合同法》第 71 条规定，债权人可以拒绝债务人提前履行债务，但提前履行不损害债权人利益的除外。债务人提前履行债务给债权人增加的费用，由债务人负担。

关于提前履行，《通则》和《原则》均有类似的规定。《通则》第 6.1.5 条规定：（1）债权人可拒绝接受提前履行，除非债权人这样做无合法利益；（2）一方当事人接受提前履行并不影响其履行自己义务的时间，如果该履行时间已经确定，而不管另一方当事人义务的履行；（3）因提前履行给债权人带来的额外费用应由债务人承担，并且不得损害其他任何救济。《原则》第 7：103 条也规定：（1）当事人一方可拒绝在履行期限到来之前的提前履行，除非接受履行并未不合理地损害了他的利益；（2）当事人一方接受另一方的提前履行并不影响合同规定的他自己履行合同义务的时间。

上述规定表明，对于债务人提前履行债务的行为，有两点规定是相同的：一是债权人享有接受或者拒绝的选择权；二是因提前履行给债权人带来的额外费用应由债务人承担。

（六）部分履行

部分履行是指债务人没有按照合同约定全部履行合同义务而只是履行了一部分合同义务。我国《合同法》第72条规定：债权人可以拒绝债务人部分履行债务，但部分履行不损害债权人利益的除外。债务人部分履行债务给债权人增加的费用，由债务人负担。

《通则》第6.1.3条规定：（1）履行期限到来时，债权人有权拒绝任何部分履行的请求，无论该请求是否附有对未履行部分的担保，除非债权人这样作无合法利益；（2）因部分履行给债权人带来的额外费用应由债务人承担，并且不得损害任何其他救济。

（七）涉他履行

涉他履行因涉他履行合同的成立而出现。所谓涉他合同，是指以第三人为给付或第三人取得给付为标的的合同。按涉他的主体划分，包括向第三人履行和第三人代为履行两种情形。

1. 向第三人履行。

向第三人履行，又称向第三人给付，是指双方当事人在合同中约定，由债务人向合同以外的第三人履行合同规定的义务，该第三人是合同的受益人，他可以自己的名义直接要求债务人履行合同的一种情形。合同当事人约定由债务人向第三人履行义务的合同，被称为"为第三人利益订立的合同"，这类合同是涉他合同的一种。如意外伤害保险合同中的投保人与保险人约定，由第三人（受益人）取得请求保险人给付保险金的权利；运输合同中托运人与承运人约定，由第三人（收货人）取得请求承运人交付托运货物的权利；货物买卖合同中买受人与出卖人约定，由第三人取得向出卖人请求交付出卖物的权利等，都属于此类。

向第三人履行是古罗马法对合同相对论规则的突破和对第三人利益合同理论的确立，这一理论及其规则一直为大陆法系和英美法系两大法系所确认。《法国民法典》有条件地规定了第三人利益合同，该法典第1121条规定，一人为自己与他人订立契约时，或为他人赠与财产时，亦得订定为第三人利益的约款，作为该契约或赠与的条件。如第三人声明有意享受此约款的利益时，为第三人订立契约之人即不得予以取消。《德国民法典》称第三人利益合同为"向第三人履行给付的约定"，其第328条第1款规定，当事人可以合同约定向第三人履行给付，并具有使第三人直接要求给付的权利的效力。

英国普通法不承认第三人利益合同，但是，英国法逐渐采取了一些变通办法，使某些第三人利益合同得以实现。主要的方法有：（1）以成文法的规定来突破普通法中关于只有合同当事人才能对合同提起诉讼的原则。如 1906 年英国《海上保险法》规定，保险合同能使第三人成为受益人，取得保险合同上的利益。（2）通过法院判例确认某些第三人利益的商业惯例具有法律效力。（3）通过衡平法上的信托制度来使第三人取得合同上的利益。即允许信托人把财产交给受托人，而指定一个第三人为其受益人。

美国法与英国法不同，美国法承认第三人利益合同（Third-party Beneficiary Contract），美国的许多州已通过立法确认该制度，美国《第二次合同法重述》全面确立了该制度。①

中国《合同法》第 64 条也有类似规定，该条规定，当事人约定由债务人向第三人履行债务的，债务人未向第三人履行债务或者履行债务不符合约定，应当向债权人承担违约责任。

《通则》在第二节采用"第三方权利"一词，对第三方受益的合同（Contracts in Favour of Third Parties）作了规定。其第 5.2.1 条规定：（1）合同当事人（即允诺人和受诺人）可通过明示或默示协议将权利授予第三方（即受益人）；（2）受益人对允诺人权利的存在以及内容，由当事人之间的协议确定，并受该协议项下的任何条件或其他限制性规定的约束。《原则》使用"有利于第三人的条款"这一术语也对此作了类似规定。

2. 第三人代为履行。

第三人代为履行，是指经合同当事人约定由第三人代替债务人履行债务，第三人并不因履行债务而成为合同当事人。第三人只负担向债权人履行，不承担合同责任。第三人不履行的，债务人可以代第三人履行；债务人不代为履行，应当赔偿损失。第三人瑕疵履行的，瑕疵责任由债务人承担。这种规定了第三人代为履行的合同，被称为第三人代为履行合同，这类合同是涉他合同的第二种形式。

比如，《意大利民法典》第 1268 条规定，如果债务人委任了一名新的债务人，由其向债权人承担债务，原债务人并未被解除债务，除非债权人明确表示解除他的债务。如果接受第三人债务履行的债权人没有要求新债务人履行债务，则不得向原债务人提出请求。《法国民法典》第 1236 条、《德国民法典》第 267 条、《日本民法典》第 267 条均对第三人代为履行作了规定。

美国法也有第三人代为履行制度。如《美国统一商法典》第 2-210 条规定，当事人一方可以委托他人代为履行，除非另有协议，或除非为保证另一方

---

① 参见叶金强：《第三人利益合同研究》，载《比较法研究》2001 年第 4 期。

的根本利益，需要原始许诺人亲自履行或控制合同所规定的行为。当事人即便委托他人代为履行，也不能解除自己的履行义务或违约责任。

中国《合同法》也有此项规定。该法第 65 条规定，当事人约定由第三人向债权人履行债务的，第三人不履行债务或者履行债务不符合约定，债务人应当向债权人承担违约责任。

《通则》和《原则》也都规定了第三人代为履行。《通则》第 9.2.6 条规定：（1）在没有债权人同意的情况下，债务人可以与另一个人约定由该人代替该债务人履行债务，但债务本质上具有人身性质的除外。（2）债权人保留对债务人的请求权。《原则》第 7：106 条规定：（1）除非合同要求本人履行，债权人不得拒绝第三人的履行，但须：①该第三人的履行经过债务人同意；或②第三人在履行中有合法的利益，且债务人未能履行，或者债务人显然在履行期到来时不能履行。（2）第三人按照前款规定的履行得解除债务人的履行义务。

综上所述，第三人履行制度具有以下特点：第三人代为履行并未使该第三人成为合同当事人；第三人代为履行无须债权人同意，只要第三人愿意履行即可；第三人不履行债务或者履行债务不符合约定时，第三人不承担任何责任，债权人不可以直接向第三人请求承担违约责任，而只能向原债务人请求继续履行未履行部分的债务。这也是第三人代为履行与债务转移的本质区别所在。

（八）艰难情形履行

"艰难情形"（Hardship，《通则》采用的一个法律术语）是《通则》确立的一项合同履行规则，也是在国际商事交易中，解决因经济环境异常变动所造成的合同履行困难的一项重要法律制度。它是公平原则和诚实信用原则在合同关系中的具体运用，其目的在于排除因情势变更导致的显失公平结果，平衡和协调双方当事人之间的利益关系，维护社会公平和经济流转秩序。"艰难情形规则"在英美法系被称为"合同落空原则"或"履约受挫原则"（Frustration of Contract）；在大陆法系被称为"情势变更原则"或"情势变迁原则"（clausula rebus sic stantibus）。

1. 情势变更原则。

情势变更原则，是指合同成立后至履行完毕前，合同赖以存在的基础或者情势因不可归责于当事人的原因发生变更，如继续履行合同将显失公平，故允许变更合同或者解除合同的法律原则。情势变更作为一项合同法原则源于罗马法的"情势不变条款"，该条款假定每个合同在成立时均以当时作为合同基础的客观情况的继续存在作为默示条款，一旦这种客观情况不复存在，允许当事人变更或解除合同并免除责任。情势变更原则发展至今，已成为大陆法系合同法上的重要原则之一。通常认为，情事变更应当满足五个条件，即必须有情事变更的存在；情事变更必须发生在法律行为成立后；情事变更必须非为当事人所预料并具有不可预料的性质；情事变更的事由必须不可归责于当事人；如发生当初法律效力会显失公平。

《原则》明确采用"情势变更"这一法律术语，详细规定了情势变更的构成条件和效力。《原则》第6：110条规定："1. 当事人应当履行其合同义务，即便此项履行由于费用的增加或其所得到的履行质量降低而使其履行负担加重。2. 但由于情势变更而使得合同的履行负担过重，当事人应当重新谈判，以便对合同作出调整或终止此项合同，但须满足下列条件：（1）该情势变更是在合同订立后发生的；及（2）当事人在订立合同时对此项变更的可能不能合理地预见到；及（3）该情势变更的风险根据合同规定不应由受到此项风险影响的当事人承担。3. 如果当事人未能在合理的期限内达成一致，法院可以：（1）按法院确定的日期和条件终止合同；或（2）对合同条款作出调整，以便通过合理的方式在当事人之间分配由于该情势变更而产生的得与失；及（3）在上述任何一种情况下，法院得判决违反诚实信用与公平交易原则而拒绝参加或中止谈判的一方当事人为此而给对方当事人造成的损失予以赔偿。"根据该规定，当情势变更发生时，当事人应当通过重新谈判，以决定变更合同内容或者解除合同。如果当事人不能在合理的期限内通过谈判达成一致，可以诉请法院裁决变更合同内容或者解除合同，并判令拒绝参加或中止谈判的一方当事人赔偿由此而给对方当事人造成的损失。

2. 合同落空原则。

英美法系虽然没有情势变更原则这一法律术语，但有与之功能类似的"合同落空原则"。合同落空原则，又称履约受挫原则，是指在合同成立之后，非由于当事人自身的过失，而是由于事后发生的意外情况而使当事人在订约时所谋求的商业目标受到挫折。在这种情况下，对于未履行的合同义务，当事人得予免除责任。按照英国的法律和判例，下列情况往往可以作为合同落空处理：标的物灭失或无法使用；违法；情况发生根本性的变化；合同一方无履约能力；政府实行封锁禁运和进出口许可证制度等。

一项合同按照合同落空原则予以解除后，究竟该如何处理合同当事人的权利与义务，英美两国有所不同。美国法规定，当一个合同因不可能履行或落空而被解除后，双方必须各自退还按合同从对方取得的利益，亦即双方均须退回到缔结合同以前所处的法律地位。英国法对此的处理原则比较复杂。按照英国

1943 年《法律改革（落空的合同）法案》的规定，对于落空的合同应当遵照以下规则处理：（1）合同落空前所支付的所有钱款原则上都应归还；（2）在合同落空前因合同而得到巨大利益的一方应付给另一方法院认为合适的代价。应当指出，该法案不适用于租船合同、保险合同、含有合同落空条款的合同、海上运输合同及特定物在风险转移到买方以前灭失的货物买卖合同。

3. 艰难情形规则。

《通则》采用"艰难情形"这一法律术语，并对艰难情形的构成要件和效力作了与情势变更原则相类似的规定，形成了较完整的艰难情形规则。

《通则》第 6.2.2 条规定，所谓艰难情形，是指发生的事件使得一方当事人履约成本增加或者一方当事人所获履约的价值减少，因而根本改变了合同均衡，并且（1）该事件的发生或处于不利地位的当事人知道事件的发生在合同订立之后；（2）处于不利地位的当事人在订立合同时不能合理地预见事件的发生；（3）事件不能为处于不利地位的当事人所控制；而且（4）事件的风险不由处于不利地位的当事人承担。

关于艰难情形的效力，《通则》第 6.2.3 条规定：（1）若出现艰难情形，处于不利地位的当事人有权要求重新谈判。但是，提出此要求应毫不迟延，并且说明提出该要求的理由。（2）重新谈判的要求本身并不能使处于不利地位的当事人有权停止履约。（3）在合理时间内不能达成协议时，任何一方当事人均可诉诸法院。（4）如果法院认定存在艰难情形，只要合理，法院可以：（a）在确定的日期并按确定的条件终止合同，或者（b）为恢复合同的均衡而修改合同。根据这一规定，艰难情形将产生两个效力：一是重新谈判，变更合同，即指变更合同内容，消除显失公平的结果，使合同在公平基础上得到履行；二是解除合同，即解除（或终止）原合同关系，并免除当事人的法律责任。

4. 不可抗力。

何谓不可抗力，各国法的解释不尽一致。中国《民法通则》第 153 条和《合同法》第 117 条都规定，不可抗力是指不能预见、不能避免并不能克服的客观情况。按《公约》第 79 条的规定，当事人对不履行义务，不负责任，如果他能证明此种不履行义务，是由于某种非他所能控制的障碍，而且对于这种障碍，没有理由预期他在订立合同时能考虑到或能避免或克服它或它的后果。可见，中国法与《公约》对不可抗力下的定义是相同的，都一致认为，不可抗力是指在合同成立以后所发生的，不是由于当事人一方的故意或过失所造成的，对其发生以及造成的后果是当事人不能预见、不能控制、不能避免并不能克服的客观情况或障碍。

一般来讲，引起不可抗力的原因有两种：一是自然原因，如洪水、暴风、地震、干旱、暴风雪等人类无法控制的大自然力量所引起的灾害事故；二是社会原因，如战争、政府禁令、检疫限制等。

关于不可抗力的处理要求，中国法和《公约》均规定，发生不可抗力事故后，遭受不可抗力的一方应当履行及时通知和提交证明的义务，否则，不能免除因不能依约履行合同应当承担的违约责任。中国《合同法》第118条规定，当事人一方因不可抗力不能履行合同的，应当及时通知对方，以减轻可能给对方造成的损失，并应当在合理期限内提供证明。《公约》第79条也规定，不履行义务的一方必须将障碍及其对他履行义务能力的影响通知另一方。如果该项通知在不履行义务的一方已知道或理应知道此一障碍后一段合理时间内仍未为另一方收到，则他对由于另一方未收到通知而造成的损害应负赔偿责任。在实践中，为防止争议发生，可在合同中设立不可抗力条款，明确发出通知和提交证明文件的期限和方式。

不可抗力将导致解除合同或延期履行合同的法律后果，且都可以要求免责。究竟如何处理，应视事故的原因、性质、规模及其对履行合同所产生的实际影响程度而定。我国《民法通则》第107条规定，因不可抗力不能履行合同或者造成他人损害的，不承担民事责任，法律另有规定的除外。我国《合同法》第117条也规定，因不可抗力不能履行合同的，根据不可抗力的影响，部分或者全部免除责任，但法律另有规定的除外。当事人迟延履行后发生不可抗力的，不能免除责任。依《公约》的规定，遭受不可抗力的一方可解除合同或延迟履行而不承担责任。只有在不可抗力与当事人的过失同时存在的情况下，当事人才承担相应的赔偿责任。一般来说，如果不可抗力事故的发生使合同的履行成为不可能，则遭受不可抗力的一方当事人有权要求解除合同。如果不可抗力只是暂时阻碍合同的履行，则遭受不可抗力的一方当事人只能要求延迟履行合同，而不能要求解除合同。例如，地震致使交通中断，交货方有权要求延迟交货，等道路恢复通行后再履行交货义务而不承担延迟交货的违约责任。

《通则》也对不可抗力作了与《公约》相类似的规定，其第7.1.7条规定："（1）若不履行的一方当事人证明，其不履行是由于非他所能控制的障碍所致，而且在合同订立之时该方当事人无法合理地预见，或不能合理地避免或克服该障碍及其后果，则不履行方应予免责。（2）若障碍只是暂时的，则在考虑到这种障碍对合同履行影响的情况下，免责只在一段合理的期间内具有效力。(3) 未能履行义务的一方当事人必须将障碍及对其履约能力的影响通知另一方当事人。若另一方当事人在未履行方知道或应当知道该障碍后的一段合理时间内没有收到通知，则未履行方应对另一方当事人因未收到通知而导致的损害负赔偿责任。(4) 本条并不妨碍一方当事人行使终止合同、停止履行或对到期应付款项要求支付利息的权利。"

综上可以看出，情势变更、合同落空或艰难情形与不可抗力是相近似的概念，它们都是关于在客观情势出现重大变更或变迁时，合同应当如何履行的问题。但它们还是有很大区别的：(1) 原因不同。情势变更、合同落空或艰难情形等主要表现为影响合同履行的社会经济、政治情势的剧变，如国家经济政策的调整导致的市场价格急剧变动，货币贬值，物价上涨等，从而根本上改变了合同的均衡。而不可抗力一般表现为自然灾害和社会因素，但不包括商业风险。(2) 影响不同。情势变更、合同落空或艰难情形等的发生使得一方当事人履约成本增加或者另一方当事人所获履约的价值减少，合同的均衡因此被根本改变。继续履行合同并非绝对不能，只是会严重损害合同双方当事人利益的均衡，从而导致合同的继续履行将会显失公平。不可抗力使合同的履行受挫，导致合同义务根本不能履行或者不能如期履行。(3) 性质不同。情势变更、合同落空或艰难情形等属于合同履行的特殊情形和特殊规则。不可抗力属于不履行合同时的免责事由。(4) 救济不同。在情势变更、合同落空或艰难情形下，处于不利地位的当事人有权要求重新谈判，达成新的协议。如果在合理的时间内不能达成协议，任何一方当事人均可诉诸法院，由法院裁决变更或解除合同。在不可抗力情形下，遭受不可抗力的一方有权要求延迟履行或解除合同，且不承担违约责任。

第五节　合同的变更、转让与终止

在商品经济社会里，合同当事人订立合同的目的，是想通过合同的履行实现各自的商业价值。但是，由于在合同订立后可能发生法定的或者约定的事由，导致需要对原来的法律关系作出相应的调整或合同项下的权利义务关系终止。这些法律现象在合同法领域直接表现为合同的变更、转让和终止。

一、合同的变更

中国民法理论中的合同变更（Modification of Contract）有广义和狭义之分。广义的合同变更，包括合同内容的变更与合同主体的变更。合同内容的变更，是指合同当事人不变，而对合同的内容予以改变。合同主体的变更，是指合同关系保持同一性，而仅改换债权人或债务人。合同主体的变更，不论是变更债权人，还是债务人，都发生合同权利义务的移转，以此分为合同权利的转让、合同义务的转让、合同权利义务的概括转让。狭义的合同变更，是指在合同成立以后至未履行或者未完全履行之前，当事人经过协议对合同的内容进行修改和补充的行为。

大陆法系在民法理论上没有合同变更这个概念，而只有合同的更改。所谓合同的更改，是指消灭旧债，另创新债以代替旧债的行为，其源自于罗马法。在罗马法上，合同的更改包括债权人的更改（即债权让与）、债务人的更改（债务承担）、合同标的的更改（变更给付）、合同性质的更改（如变更租赁为买卖）以及期限和条件的更改。大陆法系的合同更改与中国民法理论上的合同变更的不同之处在于，合同的更改发生旧合同消灭和新合同产生的效果；而合同变更后，合同关系仍然存在。因此，合同更改是债的消灭原因，而合同变更并不导致债的消灭。英美法理论上没有合同变更的概念，也没有合同更改的概念，而是使用债务更新这个概念。

在立法上直接规定合同变更的国家只占少数，其中尤以俄罗斯和意大利的民法典最为典型。1996 年颁布的《俄罗斯民法典》第 450 条和第 451 条规定了合同的变更；① 1942 年修改后的《意大利民法典》第 1447 条和第 1450 条也规定，乘人之危的合同，得根据承担义务一方的请求而废除；而接到废除请求的缔约人得提议修改契约以使之充分恢复公平，从而避免契约的废除。② 《法国民法典》虽然未规定合同变更的一般准则，但是却规定了某些合同在特定情况下可予变更的法定理由。

中国《合同法》规定：经当事人协商一致，可以变更合同。法律、行政法规规定变更合同应当办理批准、登记手续的，依照其规定。一般来讲，当事人变更合同必须满足以下条件：当事人之间存在有效的合同关系；合同的变更应依据法律的规定或者当事人的约定；合同的变更必须遵守法定形式；必须有合同内容的变化。

关于合同的变更，《通则》第 3.10 条规定，对于因错误、欺诈、胁迫以

---

① 参见黄道秀、李永军：《俄罗斯民法典》，鄢一美译，中国大百科全书出版社 1999 年版，第 195~196 页。

② 参见费安玲、丁玫译：《意大利民法典》，中国政法大学出版社 1997 年版，第 381~382 页。

及重大失衡而订立的合同，受害一方当事人可以宣告合同无效。依有权宣告合同无效一方当事人的请求，法庭可以变更该合同或其条款，以使其符合公平交易的、合理的商业标准。依收到宣告合同无效通知的一方当事人的请求，法院亦可修改合同或其条款，只要该方当事人在收到此项通知后，且在对方当事人依据该项通知行事前，立即将其请求告知对方当事人。

综观各国的立法和实务，合同变更的范围大体包括但不限于下列情形：（1）发生了情事变更的合同。（2）存在意思表示瑕疵的合同。比如因错误、欺诈、胁迫、乘人之危所订立的合同。（3）出现重大失衡的合同。比如显失公平的合同。

二、合同的转让

合同的转让（Assignment of Contract），是指合同的主体发生变化，即由新合同的当事人将合同的全部或部分权利义务转让给第三人，但合同的客体，即合同的标的不变。在合同转让的关系中，合同关系的当事人有债权人、债务人和第三人。合同的转让包括：债权让与、债务承担和概括承受。

（一）债权让与

1. 债权让与的定义。

债权让与（Assignment of Rights），又称债权的转让，是指在不改变债的内容的前提下，合同债权人通过协议将其债权全部或部分地转让给第三人的行为，不包括由特别规则调整的商业票据（流通票据、权利凭证等）的转让。债权让与有广义和狭义之分。狭义的债权让与是指在不改变债的内容的前提下，由原债权人（又称让与人）与第三人（又称受让人或新债权人）签订合同而将债权移转于新债权人的行为。广义的债权让与还包括因法律规定和法院或者仲裁机构的裁决而发生的债权移转，债权人可以将合同的权利全部或者部分转让给第三人，这种转让有两种方法：一是合同转让，即依据当事人之间的约定而发生的债权、债务的移转；二是因企业的合并而发生的债权、债务的移转。当事人订立合同后合并的，由合并后的法人或者其他组织享受合同权利，履行合同义务。当事人订立合同后分立的，除债权人和债务人另有约定以外，由分立的法人或者其他组织对合同的权利和义务享有连带债权，承担连带债务。

2. 债权让与的生效条件。

关于债权让与的生效条件，主要有两种做法。

一是自由主义。即债权人转让其债权仅依原债权人与新债权人的合同即可让与，不必征得债务人的同意，也不必通知债务人。《德国民法典》第 398 条规定：债权人可以通过与第三人订立合同，将债权转让与第三人。合同一经订立，新债权人即取代原债权人的地位。法国、美国等也采取该原则。

二是通知主义。即债权人让与其债权时不必征得债务人的同意，但必须将让与的事实及时通知债务人，债务人一旦接到债权让与通知，即受该让与合同约束。当出让人将同一债权转让给两个以上的受让人时，由最先通知债务人的受让人取得合同债权。日本、意大利、葡萄牙、瑞士等多数国家都有类似的规定。

中国早先采用债务人同意原则，中国《民法通则》第 91 条规定，合同一方将合同的权利、义务全部或者部分转让给第三人的，应当取得合同另一方的同意，并不得牟利。依照法律规定应当由国家批准的合同，需经原批准机关批准。但是，法律另有规定或者原合同另有约定的除外。《合同法》放弃了这一原则，改为采用通知主义。《合同法》第 80 条规定，债权人转让权利的，应当通知债务人。未经通知，该转让对债务人不发生效力。债权人转让权利的通知不得撤销，但经受让人同意的除外。

3. 债权让与的范围。

债权转让本质上是一种交易行为，从鼓励交易，减少乃至消除财产流转的障碍，增加社会财富的角度出发，应当允许绝大多数合同债权能够被转让。但问题在于，债权毕竟是特定主体之间发生的法律关系，具有一定的人身信赖色彩，为了尊重这样的社会关系，在现实中，并不是所有的债权都能够转让，债权转让可能会受到一些限制。在债权让与的范围上，各国一般都规定下列两种情形下的债权不得转让，即根据合同性质不得转让的债权和依照法律规定不得转让的债权不可以转让。至于按照当事人约定不得转让的债权转让后是否有效的问题，却有不同的规定。

《德国民法典》规定，如果当事人是在商业交易中达成的协议，则在合同中的禁止让与条款无效。《日本民法典》第 466 条规定，债权人和债务人可以约定债权不得转让，不过这种约定不得对抗善意第三人。

美国法院对于意图限制合同权利转让的合同条款作了严格的解释，同时还存在很多目的在于维护转让自由的成文法规则，例如《美国统一商法典》第 9-318 条就规定，对买卖货款、租赁租金和服务报酬等债权进行转让的任何限制都应是被禁止的。

中国《合同法》允许当事人通过约定限制债权转让，其第 79 条规定，债权人可以将合同的权利全部或者部分转让给第三人，但有下列情形之一的除外：（1）根据合同性质不得转让；（2）按照当事人约定不得转让；（3）依照法律规定不得转让。

4. 债权让与的撤销。

为了保护受让人的权利，各国法律均规定，非经受让人的同意，让与通知不得撤回。目的是为了防止让与人欺骗或与债务人一起恶意串通而损害受让人的利益，从而使受让人的权利落空。《德国民法典》第409条第2项规定，通知仅在得到指名新债权人的同意后，始得撤回。中国《合同法》也作了相同的规定，其第80条第2款规定，债权人转让权利的通知不得撤销。但经受让人同意的除外。

5. 债权让与的抗辩权和抵消权。

债权让与的抗辩权是指债权人行使债权时，债务人根据法定事由，对抗债权人行使请求权的权利。债务人接到债权转让通知后，债务人对让与人的抗辩，可以向受让人主张。债务人接到债权转让通知时，债务人对让与人享有债权，并且债务人的债权先于转让的债权到期或者同时到期的，债务人可以向受让人主张抵消。《通则》规定了这两种权利，其第9.1.13条规定，债务人可以其对抗让与人的所有抗辩权，对抗受让人；债务人在收到转让通知时，可向让与人主张的任何抵消权，都可以向受让人主张。

中国《合同法》也有类似规定。其第82条规定，债务人接到债权转让通知后，债务人对让与人的抗辩，可以向受让人主张。第83条规定，债务人接到债权转让通知时，债务人对让与人享有债权，并且债务人的债权先于转让的债权到期或者同时到期的，债务人可以向受让人主张抵消。最高人民法院《关于适用〈中华人民共和国合同法〉若干问题的解释（一）》第27条还专门就此可能引发的纠纷如何处理进行了规定：债权人转让合同权利后，债务人与受让人之间因履行合同发生纠纷诉至人民法院，债务人对债权人的权利提出抗辩的，可以将债权人列为第三人。

（二）债务承担

1. 债务承担的定义。

债务承担（Transfer of Obligations），又称债务转移，是指在不改变债的内容的前提下，债权人、债务人通过与第三人订立债务转让的协议，将债务的全部或部分移转给第三人承担的法律行为。债务人将合同的义务全部或者部分转移给第三人的，应当经债权人同意。债务人转移义务的，新债务人可以主张原债务人对债权人的抗辩。债务人转移义务的，新债务人应当承担与主债务有关的从债务，但该从债务专属于原债务人自身的除外。

债务承担属债的移转范畴，传统的民法理论将其分为免责的债务承担和并存的债务承担。第三人承担债务人移转的债务，债务人脱离债务关系称为免责的债务承担。免责的债务承担又分为全部债务的免责债务承担和部分债务的免责债务承担。免责的债务承担的效力表现在，原债务人脱离债的关系，不再对所移转的债务承担责任；第三人则成为新的债务人，对所承受的债务负责。与主债务有关的从债务，除专属于原债务人自身的以外，也随主债务移转给新债务人承担。同时，原债务人对债权人享有的抗辩权，新债务人亦可以之对抗债权人。第三人加入到债的关系中，与债务人共同承担债务称为并存的债务承担，亦称债务的加入。并存的债务承担的效力表现在，债务人不脱离债的关系，第三人加入债的关系与债务人共同承担债务。由于原债务人没有脱离债的关系，对债权人的利益不会发生影响，因而原则上无须债权人的同意，只要债务人或第三人通知债权人即可发生效力。

古罗马法认为，债的关系是特定人之间的关系，不能与主体相分离，故债的当事人不可更改，债权不能让与他人，债务也不能由他人承担。为达到债的主体变动，只能依靠债的更改制度。《法国民法典》由于深受古罗马法的影响，并没有设立债务承担制度，而是用债的更新制度（第1271～1281条）来解决主体变动问题。英国法律也没有债务承担制度，而从罗马法引入合同更新的概念，即经双方当事人同意，终止原来的合同，并用另一份合同取而代之，由第三人履行合同义务，并取得合同权利。严格地说这不是一般意义上的债务承担，只是为了达到债务承担的目的所采用的一种变通办法。《德国民法典》、《瑞士民法典》都确立了债务承担制度。

2. 债务承担的构成要件。

（1）须债务人或债权人与第三人之间有移转债务的协议。理论上免责的债务承担有两种方式：债权人与第三人的债务承担协议和债务人与第三人的债务承担协议。

（2）移转的债务须有效成立，并具有可移转性。移转的债务须确定并有效存在，对于无效的债务、因清偿、免除等已消灭的债务，自无移转的必要。对于存在可撤销因素的债务，在没有撤销前可以设立债务承担。已过诉讼时效的债务，虽已不被强制执行，亦可移转于他人。所移转的债务是否具备可移转性及可移转性的判断标准，理论上存在争议。从世界各国的立法例来看，对于债务承担中债务的可让与性鲜有限制。

（3）须经债权人同意。债权人与第三人的债务承担协议自成立时生效，债务人是否同意再所不问。债务人与第三人的债务承担协议，则必须经债权人同意后方才有效。各国立法例关于债务移转须经债权人同意这一要件是通例。中国《合同法》第 84 条规定，债务人将合同的义务全部或者部分转移给第三人的，应当经债权人同意。关于债权人表示同意的时间，《德国民法典》第 415 条第 1 款第 2 项规定，只有债务人或第三人向债权人通知债务承担时，才可以进行承认。中国《合同法》对此没有规定。至于债务人与第三人签订的债务承担协议，债权人明确表示不同意或逾期不表示被视为拒绝时，该协议在债务人与第三人之间是否发生效力的问题，《德国民法典》第 415 条第 3 项对此规定："债权人未予承认的，如无其他规定，承担人对债务人负有及时向债权人清偿的义务。债权人拒绝承认的，适用相同规定。"

3. 债务承担的效力。

债务承担将在三个方面产生效力：

（1）第三人对债权人负有给付义务。免责的债务承担有效成立后，第三人取代原债务人，成为新债务人；原债务人脱离债的关系，由第三人直接向债权人承担债务。嗣后第三人不履行债的义务，债权人不得再请求原债务人承担债务，只能请求第三人承担债务不履行之损害赔偿责任或者诉请法院强制执行，原债务人对第三人的偿还能力并不负担保责任。并存的债务承担有效成立后，第三人加入到债的关系中，成为新债务人，同原债务人一起对债权人连带承担债务，但当事人约定按份承担债务时，依其约定。第三人不履行债务的，债权人可以请求法院强制执行，也可以请求原债务人履行债务。

（2）抗辩权随之移转。因债务承担系第三人承受原债务人的债务，并非设定新的债务，因此原债务人基于所承担的债务本身对债权人享有的抗辩权自然移转于第三人。

（3）从债务一并移转。债务人转移债务的，新债务人应当承担与债务有关的从债务。从债务从属于主债务，如利息、违约金等，主债务发生移转时，从债务亦由第三人承担，但从债务专属于原债务人自身的除外。如保证债务不当然随主债务移转于第三人，除非保证人同意。中国《合同法》第 86 条规定："债务人转移义务的，新债务人应当承担与主债务有关的从债务，但该从债务专属于原债务人自身的除外"。《德国民法典》第 418 条第 1 项也规定：①为债权设定的保证和质权因债务承担而消灭。②为债权设定有抵押权或船舶抵押权，发生与债权人抛弃抵押权或船舶抵押权相同的效果。③保证人或在债务承担时担保标的物为其所有人对此表示同意的，不适用此规定。

（三）概括承受

概括承受（Assignment of Contracts），又称合同权利义务的概括移转或者概括转让，是指合同当事人一方将合同的权利和义务一并移转给第三人，由第三人概括地继受这些权利和义务的法律行为。也就是说，在概括承受的情形下，债权债务的承受人完全取代原合同当事人的法律地位，成为合同关系的新当事人，因此，依附于原当事人的全部权利义务均移转于承受人，包括与原债权人或者原债务人的利益不可分割的权利和义务也一并移转。合同权利义务的概括移转通常有两种情形，它既可以由合同当事人以协议方式达成，即合同承受；也可以由法律加以规定，即企业合并或分立。前者如中国《合同法》第88条规定："当事人一方经对方同意，可以将自己在合同中的权利和义务一并转让给第三人。"后者如中国《合同法》第90条规定："当事人订立合同后合并的，由合并后的法人或者其他组织行使合同权利，履行合同义务。当事人订立合同后分立的，除债权人和债务人另有约定的以外，由分立的法人或者其他组织对合同的权利和义务享有连带债权，承担连带债务。"

由于概括承受同时包含了债权和债务的移转，因此它所涉及的成立要件、法律效力、适用范围、撤销权、抗辩权和抵销权等问题应适用债权让与和债务承担的相关规定。中国《合同法》第89条规定："权利和义务一并转让的，适用本法第七十九条、第八十一条至第八十三条、第八十五条至第八十七条的规定。"

《通则》没有使用"概括承受"的概念，而采用"合同转让"这一术语，在第九章第三节对合同转让作了专门规定。对于合同转让应当遵守的规则，《通则》第9.33~9.37条所体现的规则，与在"权利转让"和"债务转移"两节中的有关规定相同。

三、合同的终止

合同终止（Terminate of Contract），又称合同消灭，是指合同当事人终止合同关系以及合同业已确立的权利和义务。合同终止，主债权消灭，从债权同时消灭。简单地说，就是指合同由于某种原因而不复存在。合同消灭是英美法的概念。大陆法系各国则把合同的消灭包括在债的消灭的范畴内，因此，大陆法系各国民法典或债务法典中仅有关于债的消灭，而没有关于合同消灭的规定。英美法关于合同消灭的规定与大陆法系国家关于债的消灭的规定是不同的。

（一）英美法系的规定

英美法认为，合同消灭有以下几种情形：

（1）合同因双方当事人的协议而消灭。英美法关于以协议方式消灭合同的权利义务的做法有五种，一是废除，即双方当事人同意终止合同义务，任何一方均无须再履行合同。二是替代合同，即以新的合同代替原合同，原来的合同消灭。三是更新合同，与以新合同代替原合同相似，但是不同之处在于，合同更新至少要有一个新的当事人加入，新加入当事人享有原合同权利并承担原合同义务。合同更新后，原合同消灭。四是依照合同约定解除合同。五是弃权，即合同一方当事人自愿放弃依合同所享有的权利，从而解除对方的履约责任。

（2）合同因履行而消灭。即合同因当事人依约履行而自然消灭。

（3）合同因违约而消灭。英美法把违约分为重大违约和轻微违约两种，只有在违反条件或重大违约的情况下，才能使一方获得解除合同的权利，使合同归于消灭。

（4）依法使合同归于消灭。主要包括合并、破产和擅自修改书面合同三种情况。

（5）合同因不能履行而消灭。即合同因不可能履行而消灭。

（二）大陆法系的规定

大陆法系国家关于债的消灭的规定主要有：

（1）清偿。清偿是债务人向债权人履行债的内容。债权人接受债务人的清偿时，债的关系归于消灭。如甲欠乙 3000 英镑，现甲按期偿还了这笔欠款，即为清偿。

（2）提存。提存是指债务人履行债务时，由于债权人受领迟延或不能确定债权人，债务人有权把应给付的金钱或者其他物品寄托于法定的场所，从而使债的关系归于消灭。

（3）抵消。如果两个人彼此互负债务，债务种类相同，且均已届清偿期，因而双方均得以其债务与对方的债务在等额的范围内归于消灭。不过，如果当事人互负债务，标的物种类、品质不相同的，经双方协商一致，也可以抵消。前者为法定抵消，后者为任意抵消。

（4）免除。债权人免除债务人的债务，亦即债权人放弃其债权。

（5）混同。混同是指同一人就同一债具有债权人与债务人的资格时，即一个人既是债权人又是债务人，那么就发生债的混同，债权债务归于消灭。

（6）更新。当债务人与债权人订立新合同，产生了新债务代替原债务，原债务消灭；债权人解除债务人的债务而由新债务人代替，原债务人的债务消灭；由于订立新的合同，新的债权人代替原债权人取得债权，债务人对原债权人的债务消灭。

（三）中国法律的规定

我国合同法并无合同消灭的概念，但是规定了合同权利义务的终止。从规定上看，合同权利义务终止的情形同大陆法系国家法律中债的消灭的情形是基本相同的。因此在我国，可以将合同权利义务的终止看做合同的消灭。中国《合同法》规定了合同权利义务终止的七种情形，该法第91条规定："有下列情形之一的，合同的权利义务终止：（一）债务已经按照约定履行；（二）合同解除；（三）债务相互抵销；（四）债务人依法将标的物提存；（五）债权人免除债务；（六）债权债务同归于一人；（七）法律规定或者当事人约定终止的其他情形。"此外，当事人死亡或者丧失民事行为能力等原因，都可以导致合同的终止。

第六节　合同的违约与救济

违约（Breach of Contract）是合同法的一个专有术语，是指合同当事人的一方或者双方完全不履行或者不完全履行合同内容的行为。各国的法律都认为，合同当事人在订立合同之后，都有履行合同的义务，如果违反应当履行的合同义务，就构成违约，并要根据违约的不同形态，承担相应的法律责任。

一、违约的形态

（一）大陆法系的规定

《法国民法典》将违反债务的行为区分为不履行债务和迟延履行债务两种形态，并规定债务人在这两种情况下都应承担损害赔偿的责任。《法国民法典》第1147条规定，债务人对于其不履行债务或迟延履行债务，应负损害赔偿的责任。但是在承担责任的条件和具体形式上，二者仍然存在较为明显的区分。例如，迟延履行时损害赔偿须于债务人受催告时发生（《法国民法典》第1146条规定），对于金钱债务，损害赔偿仅限于支付法定利息（《法国民法典》第1153条规定），同时还规定了债务人在迟延支付时对标的物危险承担责任（《法国民法典》第1138条规定）。对于双务合同，如果一方当事人不履行其合同的义务，则对方有权解除合同。不过，债权人可以作以下选择：（1）如果合同仍然有可能履行，则他可以要求债务人履行合同；（2）如果合同已经不可能履行，则他可以请求法院解除合同并要求损害赔偿。比如《法国民法典》第1601条规定，在买卖合同中，如果买卖的标的物在出售时已全部灭失，买卖合同即归于无效。但是法国判例对此条的适用作出了若干限制，如果债务人在订立合同时已经知道或应该知道他所作的允诺是不可能履行时，那么，债权人可以侵权为理由请求损害赔偿。

《德国民法典》将违约形态划分为履行不能（Impossibility of Performance）和履行迟延（Delay in Performance）两类，并分别设定了不同的违约责任。履行不能，是指债务人由于种种原因不可能履行其合同义务，而不是指有可能履行合同而不去履行。《德国民法典》把履行不能分为自始不能与嗣后不能两种情形。所谓自始不能，是指在合同成立时该合同就不可能履行；所谓嗣后不能，是指在合同成立时，该合同是有可能履行的，但是在合同成立后，由于出现了阻碍合同履行的情况从而使得合同不能履行。根据《德国民法典》的规定，如果属于自始不能，合同即无效。但如果一方当事人在订约时已经知道或不可能不知道该标的是不可能履行的，则对于信任合同有效而蒙受损害的对方当事人应负赔偿责任。如果属于嗣后不能，则必须区别是否有可以归责于债务人的事由分别处理：（1）如果履行不能不是由于债务人的过失造成的，债务人不承担不履行合同的责任。《德国民法典》第275条规定："在债务关系发生后，非因债务人的过失而引起履行不能者，债务人得免除民法典履行的义务。"（2）如果履行不能是由于债务人的过失造成的，债务人就应当承担损害赔偿责任。《德国民法典》第275条规定："因债务人的过失而引起履行不能者，债务人应对债权人赔偿因不履行所产生的损害。"如果不是全部不能履行，只是部分不能履行，则部分履行对债权人无利益时，债权人也可以拒绝部分履行而请求全部债务不履行的损害赔偿。（3）如果履行不能是由于不可归责于任何一方的原因引起的，债务人可以免责。在此情形下，根据《德国民法典》第323条的规定，双方均可以免除其义务。

关于履行迟延，根据《德国民法典》的规定，凡在履行期届满后，经债权人催告仍不为履行者，债务人自受催告时起应负迟延责任。但是，非由于债务人的过失而未为履行者，债务人不负迟延责任。《德国民法典》还规定，债务人在迟延中，不但要对一切过失承担责任，而且对因不可抗力而发生的履行不能亦应负责，除非债务人能证明即使没有迟延履约，仍不可避免地要发生损害时，他才能免除责任。

（二）英美法系的规定

英国法历来将合同条款分为条件和担保两类，条件是合同中重要的、根本性的条款，担保是合同中次要的和附属性的条款。违反条件和违反担保历来是英国法认可的最重要的两种违约形式。违反条件将构成根本违约，受害人不仅可以诉请赔偿，而且有权要求解除合同。而对于违反担保条款只能诉请赔偿，不能要求解除合同。

到了 20 世纪 60 年代，英国法院对违反"条件"理论进行了重大变革，在契约自由与禁止滥用免责条款之间寻求某种公平的衡平制度。英国法开始以违约后果为根据来区分不同的条款，认为违反某些条款的后果取决于违约所产生的后果，违约违反的是属于条件还是担保条款主要取决于违约事件是否剥夺了无辜当事人在合同正常履行情况下本来应该得到的实质性利益，即出现了所谓的"中间条款"理论，该理论允许法官根据违约造成的客观后果，而不是根据被违反条款的性质，来断定当事人一方是否有权因对方违约而解除合同提供了一个新的标准和思维方法。

预期违约又称先期违约，也是英美法规定的违约形式之一，为英美法所独创，它是为了解决合同生效后至履行期限届满之前，因合同履行发生变化而建立的一项法律制度。预期违约包括明示的和默示的违约，分别是指当事人在合同履行期到来之前无正当理由明确表示将不履行合同，或者以自己的行为表明将不履行合同，即构成预期违约。英美法认为，预期违约行为虽然指向的并非是履行期届满时的现实违约，而是履行期届至前的履行成为不可期待，它所直接侵害的权利不是效力齐备的完全债权，而是请求力不足的不完全债权，是期待的债权。但是，如果侵害期待债权得不到改变，持续到履行期届满时就会变为侵害现实的债权；如果违反不危害给付义务的行为得不到矫正，持续到履行期届满时就会变为违反现实的给付义务。因此，英美法国家十分重视预期违约的法律调整。英国《货物买卖法》第 41 条和第 44 条规定，在买方丧失清偿能力之情形，直至买方支付价金或作价金提供之前，卖方可以对货物行使留置权或者停运权。《美国统一商法典》和《公约》都采用了预期违约制度。《美国统一商法典》第 2-609 条规定：当事人一方有合理理由认为对方不能正常履约时，其可以以书面形式要求对方提供正常履约的充分保证，如果对方没有在最长不超过 30 天的合理时间内按照当时情况提供履约的充分保证，则构成默示违约。《公约》第 72 条也规定：（1）如果在履行合同日期之前，明显看出一方当事人将根本违反合同，另一方当事人可以宣告合同无效；（2）如果时间许可，打算宣告合同无效的一方当事人必须向另一方当事人发出合理的通知，使他可以对履行义务提供充分保证；（3）如果另一方面当事人已声明他将不履行其义务，则上一款的规定不适用。

履行不能也是英美法上的一种违约形式。履行不能有两种情况：一种情况是在订立合同时，该合同就不可能履行；另一种情况是在订立合同之后，发生了使合同不可能履行的情况。前者相当于大陆法系的"自始给付不能"，后者相当于"嗣后给付不能"。对于合同订立时就不可能履行的合同，根据英美法的解释，如果在订立合同时，双方当事人认为合同的标的物是存在的，但实际上该标的物已经灭失，在这种情况下，合同属于无效。英国《货物买卖法》第 6 条规定："在特定货物买卖合同下，合同成立时货物已灭失而卖方不知情者，合同无效。"《美国统一商法典》第 2-613 条也采用同一原则。对于合同成立后不可能履行的合同，根据英国判例的解释，如果在合同成立以后发生了某种意外事故，使合同不能履行，原则上并不因此免除允诺人的履行义务，即使这种意外事故不是由于允诺人的过失造成的，允诺人原则上仍然必须负损害赔偿的责任。以英国判例为例：甲与乙订立租船合同，合同规定，乙运载一批木材到某港口，并在规定的期限内卸载完毕。由于在卸货时遇到大风，船方不能按时完成卸货任务。法院判决，船方乙不能以大风为理由免除不能按期卸货的责任。因为船方在规定的期限内卸货是一项绝对的责任，他应承担由此产生的一切风险。如果他想免除责任，可以在合同中规定相应的免责条款，既然他在合同中对此没有作出规定，他就应当承担责任。由于这项原则过于严厉，后来，英国判例形成了一项所谓默示条款原则（Doctrine of Implied Term）。根据这项原则，英国法院可以通过解释双方当事人的意思，认为在某些情况下他们的履行义务不是绝对的，而是有条件的，即使他们在合同中对此没有明示的规定，但是也可以默示地适用于他们的合同。当这种默示条件成就时，当事人可以免除履行的义务。例如，某甲租用了一个音乐厅准备作为演出之用，但是在演出之前，音乐厅发生火灾被焚毁。某甲向法院起诉，要求赔偿因不能演出而遭受的损失。法院驳回了其请求，其理由是，凡是特定的标的物由于不可归责于当事人的事由灭失，以致履行成为不可能时，当事人应解除履行合同的义务。英国《货物买卖法》采用了这项原则，其第 7 条规定，在出售特定货物的场合，事后非由卖方或买方的过失而货物在风险转移于买方之前灭失者，合同无效。

美国现在已经放弃使用"条件"与"担保"这两个概念，美国法把违约分为轻微违约（Minor Breach）和重大违约（Material Breach）。所谓轻微违约，是指尽管债务人在履约中存在一些缺陷，但是债权人已经从中得到该项交易的主要利益。例如，履行的时间略有延迟，交付的数量与质量略有出入等，都属于轻微违约之例。当一方有轻微违约行为时，遭受违约的一方可以要求赔偿损失，但是不能拒绝履行自己的合同义务。所谓重大违约，是指债务人没有履行合同或履行合同有缺陷，致使债权人不能得到该项交易的主要利益。在重大违约情形下，遭受违约的一方可以解除合同，同时可以要求赔偿损失。美国法对违约方式所作的这种区分，改变了英国法传统上根据当事人违反的合同条款的性质作为标准的分类方法，而采用根据当事人违约造成的后果或者影响程度作为分类标准，这与英国法创设中间性条款的理论相近似。虽然美国法和英国法关于违约形态的划分不同，但是他们产生的实质效果并无实质上的差别，即美国法中的轻微违约相当于英国法中的违反担保，重大违约相当于违反条件。

（三）中国法律的规定

在违约形式方面，中国《合同法》规定了"不履行合同义务"和"履行合同义务不符合约定"两种形式，这一规定承袭了《经济合同法》第 29 条、《涉外经济合同法》第 18 条、《技术合同法》第 17 条的相关规定。《合同法》第 107 条规定，当事人一方不履行合同义务或者履行合同义务不符合约定的，应当承担继续履行、采取补救措施或者赔偿损失等违约责任。与此同时，《合同法》也采用了英美法的预期违约制度，如《合同法》第 108 条规定，当事人一方明确表示或者以自己的行为表明不履行合同义务的，对方可以在履行期限届满之前要求其承担违约责任。

（四）国际性统一合同法

《公约》将违约分为根本违反合同和非根本违反合同。何谓根本违反合同，《公约》第 25 条规定："一方当事人违反合同的结果，如使另一方当事人蒙受损害，致使实际上剥夺了他根据合同规定有权期待得到的东西，即为根本违反合同，除非违反合同一方并不预知会发生这种结果。"《公约》第 49 条、第 64 条分别规定，如果一方构成根本违反合同（Fundamental Breach of Contract），另一方当事人即可解除合同。与此相反，就是非根本违反合同，在非根本违反合同的情形下，遭受违约的一方只能要求损害赔偿，但不能要求解除合同。

《通则》则采用了根本不履行合同和非根本不履行合同的违约分类方式，并对界定根本不履行合同的条件进行了细化，但对应的救济方式还是相同的。《通则》第 7.3.1 条规定："（1）合同一方当事人可终止合同，如另一方当事人未履行其合同义务构成对合同的根本不履行（Fundamental Non-performance）。（2）在确定不履行义务是否构成根本不履行时，应特别考虑到以下情况：（a）不履行是否实质性地剥夺了受损害方当事人根据合同有权期待的利益，除非另一方当事人并未预见也不可能合理地预见到此结果；（b）对未履行义务的严格遵守是否为合同项下的实质内容；（c）不履行是有意所致还是疏忽所致；（d）不履行是否使受损害方当事人有理由相信，他不能信赖另一方当事人的未来履行；（e）若合同终止，不履行方当事人是否将因已准备或已履行而蒙受不相称的损失。"《原则》的规定与《通则》相类似。

二、违约的归责原则

归责原则是确定当事人合同责任的根据和标准，也是贯穿于整个现代合同责任制度并对责任规范起着统驭作用的指导思想。违约责任归责原则在不同的立法体系下有着不同的规定。

大陆法系采取过错责任原则，但在立法技术上采取了举证责任倒置的方法，实际上就是过错推定原则。所谓过错推定原则，是指在行为人不能证明他们没有过错的情况下，推定行为人有过错，应承担赔偿损害的民事责任。在违约的归责方面，它并不是要求受害人举证证明违约人有过错，而是要求违约人举证证明自己没有过错，否则视为有过错而应当承担违约责任。

英美法系以严格责任为原则。所谓严格责任，又称无过错责任，是指违约责任不以违约方有过错为构成要件，只要违反合同，就要承担责任。当事人如能举出约定或者法定的免责事由，仍可以不承担责任。

中国《合同法》以严格责任为原则。《合同法》第107条规定，当事人一方不履行合同义务或者履行合同义务不符合约定的，应当承担继续履行、采取救济措施或者赔偿损失等违约责任。该条将违约责任定性为严格责任。

《公约》第61条也规定，受损害一方援用损害赔偿这一救济方法时，无须证明违约一方有过错。《通则》第7.4.1条和《原则》第101条，都明确排除了法院对违约方过错的考虑和受害人对违约人过错的证明责任，普遍采纳了严格责任原则。

三、违约的救济

违约救济（Remedies for Breach of Contract）是与违约责任相近的概念。违约责任通常又称合同责任，是大陆法系的法律术语，是指合同当事人不履行合同义务时依法应当承担的法律责任。① 英美法系没有采用合同责任这一概念，而使用了"违约救济"或称"违约补救"这一术语。依《美国统一商法典》第1021条第34项对"救济"的解释，所谓"违约救济"，是指合同一方违约后，合同另一方通过法律取得救助的权利。《公约》和《通则》也都采用了"救济"一词。

两大法系采用的法律概念不同，其违约责任或者违约救济的方式当然也有

---

① 参见崔建远：《合同责任研究》，吉林大学出版社1992年版，第6页。

所差异。大陆法系将合同义务不履行划分为各种违约形态，以违约形态为中心，为不同的违约形态设定不同的合同责任。与大陆法系根据债务人的违约形态设定合同责任的做法不同，英美法构建了以违约时如何给予债权人"救济方法"为中心的违约救济体系。在英美法上，当一方违约时，法院首先考虑的不是如何追究违约人的违约责任，而是从保护债权人利益的角度考虑应该赋予债权人哪些救济权利，这些救济权利不因一方违反合同义务的内容不同而受到影响。综合两大法系以及《公约》和《通则》关于违约责任或违约救济方式的有关规定，下面结合《通则》的有关条文进行阐述。

（一）实际履行

实际履行（Specific Performance），也称为具体履行或依约履行，它有两种含义：一是指债权人要求债务人根据合同的约定履行合同；二是指债权人向法院提起实际履行之诉，要求法院判令并强制债务人履行合同约定的义务。英美法系和大陆法系对实际履行的规定存在很大的差异。

在英美法系，实际履行（亦称特定履行）是指法院颁发一道命令，强制要求违约当事人依约履行合同义务。当事人不遵守特定履行令的，即构成藐视法庭罪，可能被判处监禁和罚金。在英美法上，违反合同的主要救济方法是损害赔偿而非实际履行，只有在金钱赔偿不足以弥补受损害方的损失时，衡平法才考虑实际履行，实际履行只是一种例外情况下才采用的辅助性救济方法，而且法院对于是否判令实际履行有自由裁量权。根据英美法的审判实践，在下列情况下，法院一般不作出实际履行的判决：（1）金钱损害赔偿已可以作为充分的救济方法；（2）属于提供个人劳务的合同；（3）法院不能监督其履行的合同，例如，建筑合同、装饰合同等；（4）一方当事人为未成年人的合同；（5）实际履行对被告可能造成过分苛刻的负担。

在大陆法系，实际履行是对不履行的一种主要救济方法，当债务人不履行合同时，债权人都有权要求债务人实际履行其义务。《德国民法典》第241条规定，债权人根据债务关系，有向债务人请求履行债务的权利。实际上，在德国提起实际履行之诉的情况是很少的，只有当债务人所要求的目标不是金钱赔偿所能满足时，债权人才会提出实际履行之诉。当然在理论上，如果履行合同尚属可能，而债权人又有此请求时，德国法院仍然必须判决债务人实际履行。《法国民法典》第1184条也规定，契约双方当事人的一方在不履行其债务时，债权人有选择之权，即或者在合同的履行尚属可能时，请求他方当事人履行合同，或者解除合同并请求损害赔偿。根据法国法，实际履行是一种可供选择的救济方法，即在债务人不履行合同的情况下，债权人可以在请求实际履行或请求解除合同并要求损害赔偿两者之中任择其一。只有在债务人履行合同尚属可能时，债权人才能提起实际履行之诉。法国法将债分为"作为与不作为之债"（Obligation to Do or Not to Do）与"给付财产之债"（Obligation to Give）。对于前者，如果债务人不履行合同，债权人只能请求损害赔偿，而不能请求实际履行。对于后者，如果债务人不交付有关财产，债权人可以请求实际履行。《法国民法典》第1142条规定："凡属作为或不作为的债务，在债务人不履行的情形下，转变为赔偿损害的责任。"法国法认为，强令债务人去做某种行为或不做某种行为，无异于把债务人置于受奴役的地位，但是，如果债务人应当履行的债务可由债权人或第三人代为履行时，法国法也允许由债务人承担费用，由债权人或第三人代替债务人履行债务的做法。《法国民法典》第1143条和第1444条规定，债权人有权要求债务人清除违约而进行的工作，并可以请求由债务人承担费用清除之，如有必要，债权人仍得请求损害赔偿。债权人也可以要求由债务人承担费用，自行完成合同所规定的债务。

《公约》试图把两大法系的差异统一起来，《公约》第45、62条规定，受损害方有对不履行方要求实际履行的权利，除非受损害方已采取了与此一要求相抵触的某种救济方法。《公约》第28条又规定：如果按照本公约的规定，一方当事人有权要求另一方当事人履行某一义务，法院没有义务作出判决，要求具体履行此义务，除非法院依其本身的法律对不属于本公约范围的类似销售合同愿意这样做。也就是说，根据《公约》的规定，实际履行并非强制性的，而是由法院进行判决，法院是否判决实际履行取决于其本国的规定。

与《公约》相比，《通则》的规定更为明确。《通则》将债务分为金钱债务和非金钱债务。对于金钱债务，如果合同义务项下应支付的付款要求没有得到满足，债权人可向法庭提起诉讼来强制履行。《通则》第7.2.1条规定，如果有义务付款的一方当事人未履行其付款义务，则另一方当事人可以要求付款。而对于非金钱债务，债权人也可以要求实际履行，但却规定了很多例外情形。《通则》第7.2.2条规定，如果一方当事人未履行其不属支付金钱的债务，另一方当事人可要求履行，除非：（1）履行在法律上或事实上不可能；（2）履行或相关的执行带来不合理的负担或费用；（3）有权要求履行的一方当事人可以合理地从其他渠道获得履行；（4）履行完全属于人身性质；或者（5）有权要求履行的一方当事人在已经知道或理应知道该不履行后的一段合理时间之内未要求履行。由此可以看出，《通则》规定的是有条件的实际履行原则，这与《公约》的不同之处在于：根据《公约》，实际履行是一种可由法官自由裁量的救济方法；而根据《通则》，法院必须裁定实际履行，除非存在规定的例外情况的一种。这在一定程度上限制了法官的自由裁量，兼顾了英美法系和大陆法系的不同做法。《原则》也将债务分为金钱债务和非金钱债务，其具体规定与《通则》相似。

（二）损害赔偿

各国法律都认为，损害赔偿（Damages）是对违约的一种救济方法。但是，各国法律关于损害赔偿责任的成立、损害赔偿的方法以及损害赔偿的计算的规定不尽相同。

1. 损害赔偿责任的成立。

根据大陆法系法律的规定，债务人承担损害赔偿责任必须具备三个条件：（1）必须有损害的事实。即提出损害赔偿的一方必须举证证明发生损害的事实。（2）必须有可归责于债务人的原因。即债务人仅对因其故意或过失所造成的损失负责。《法国民法典》第 1382 条规定，任何人的行为使他人受损害时，因自己的过失而致行为发生的人，应对他人负赔偿责任。《法国民法典》第 1147 条规定，凡是债务人不能证明其不履行债务是由于不应归其个人负责的外来原因时，即使在其个人方面并无恶意，债务人对于其不履行或延迟履行债务，应支付损害赔偿。（3）发生损害的原因与损害事实之间有因果关系。即债务人仅对是由可归责于自己的原因所造成的损害负责。

关于损害赔偿的成立条件，根据英美法，只要一方当事人违约，另一方就有权提起损害赔偿之诉，而不论违约一方有无过失以及是否发生了实际损害。即使违约没有造成实际损害，债权人虽无权要求实质性的损害赔偿，他也有权请求名义上的损害赔偿，即要求在法律上承认他的合法权利受到了侵害。

2. 损害赔偿的方法。

损害赔偿的方法有恢复原状与金钱赔偿之分。广义的恢复原状是指恢复到权利被侵害前的原有状态。如通过消除影响使被侵害的名誉权得到恢复。狭义的恢复原状是指将受损害的财产修复，即通过修理恢复财产原有的状态。恢复原状的适用以须有修复的可能与必要为前提，如破镜不能重圆。恢复原状在不同的场合适用具有不同的内涵。在合同法上，恢复原状主要适用于合同无效、被撤销或部分解除的场合，通过恢复原状使当事人的权利义务状态达到合同订立前的状态。在物权法上，恢复原状作为物权请求权的一种，意在使权利人恢复对物的原有的支配状态。在侵权法上，通过修理、重作、更换等方式使权利人的损失得以补偿。金钱赔偿是指通过支付金钱弥补对方所受到的损害。各国法律对这两种方法一般都予以考虑，有的以金钱赔偿为原则，以恢复原状为例外；有的则以恢复原状为原则，以金钱赔偿为例外。

德国法对损害赔偿以恢复原状为原则，以金钱赔偿为例外。《德国民法典》第 249 条规定，负损害赔偿的义务者，应恢复负赔偿责任的事故发生前的原状。如因伤害身体、可毁损物件而应为损害赔偿时，债权人得请求必要数额的金钱以代替恢复原状。根据《德国民法典》的规定，债权人仅在下列情况下，才可以要求金钱赔偿：（1）人身伤害或损坏物件；（2）债权人对债务人规定一个相当的时间，令其恢复原状，并声明如逾此时间未能恢复原状，债权人即或于期限届满后请求金钱赔偿；（3）如果所受损害不能恢复原状，或恢复原状不足以赔偿债权人的损害时，债权人可以要求金钱赔偿；（4）如果债务人必须支付过高的费用才能恢复原状时，债务人也可以用金钱赔偿债权人的损失。至于财产损害以外的损害，只有在法律有相应的规定时，才能请求金钱赔偿，其中包括对名誉与道德的损害赔偿。与德国法不同，法国法以金钱赔偿为原则，以恢复原状为例外。根据法国法，在大多数情况下，一方当事人违反合同的义务可以转变为损害赔偿之债，对方可获得适当数额的金钱补偿。

英美法规定对损害赔偿采用金钱赔偿的方法，英美法称之为"金钱上的恢复原状"（Pecuniary Restitution）。英美法认为，损害赔偿的目的，是在金钱可能做到的范围内，使权利受到损害的一方处于该项权利得到遵守时同样的地位。所以，英美法院对损害赔偿之诉一般都判令债务人支付金钱赔偿。

3. 损害赔偿的范围。

损害赔偿的范围是指在违约发生之后请求损害赔偿之时，应如何确定受违约方遭受损害的范围，以及如何计算损害赔偿的金额等问题。从各国法来看，如何确定损害赔偿的范围一般有两种做法：一是由双方当事人自行约定；二是在双方当事人没有约定时按照法律的规定确定。下面主要介绍后者。

在大陆法系，损害赔偿是作为实际履行优先原则适用的补充，损害赔偿不论其范围大小、数额多少，在本质上都具有惩罚性质。关于赔偿范围，《德国民法典》认为，损害赔偿的范围应包括所受损害和所失利益。所受损害指损害事实发生造成财产利益减少；所失利益指本可以获得的利益因损害事实发生而未能取得。关于所失利益的确定，《德国民法典》规定，凡是依事物的通常过程，或依约已进行制造的设备、所做的准备或其他特别情形，可以预期得到的利益，即视为所失利益。比如，某工厂机器损坏，负责修理机器的承揽人没有根据合同的约定及时把机器修复，延期开工的营业损失，即可列入损害赔偿的范围。法国法的规定与德国法类似，根据《法国民法典》第 1149 条的规定，对债权人的损害赔偿，一般应包括债权人所受现实的损害与所失可获得的利益。即损害赔偿的范围应包括现实损害和所失利益两个方面的损失。

与大陆法系不同，损害赔偿制度成为英美法系国家最主要的违约补救方式，英美法损害赔偿的基本原则是恢复原状（Restitution in Integrum or Full Restitution），亦即使遭受违约的一方处于他未受损害或损失时的状况。英美法关于损害赔偿的规则表现在下列方面：（1）应以受害人的损失作为确定损害赔偿数额或考虑的基本点，而不是以违约方因违约的利润或收益为基础确立数额或进行考虑；（2）并不是受害人的全部损失全能得到赔付，须在缔约时各方"可预见"范围内赔付；（3）受害人须积极防止损失扩大，违反此义务则无权就损失的扩大部分请求赔偿；（4）受害方本来就不能履约时，就不能得到法律救济。英美法认为，计算损害的基本原则是使由于债务人违约而蒙受损害的一方，在经济上能处于该合同得到履行时同等的地位。例如，在买卖合同中，如果卖方不能履行交货的义务，其损害赔偿的范围就是合同规定的价格与应交货之日的市场价格之间的差价。英国《货物买卖法》第50条和第51条规定，计算损害赔偿的范围，应根据违约的一般过程，计算直接地、自然地发生的损失。如果货物有行市，计算损害赔偿的范围应当推定为合同价格与应交货之日或应接受货物价格之间的差价。《美国统一商法典》对在买方或卖方发生违约的情况时如何计算损害赔偿作出了具体的规定，认为在损害赔偿中还应包括附带的损失与间接的损失（Incidental and Consequential Damage）。

　　关于损害赔偿的损失和范围，《公约》、《通则》和《原则》都作了规定。关于损害赔偿的损失，《公约》和《原则》仅规定了因违约行为所造成的物质损失可以要求赔偿，《公约》第74条规定，一方当事人违反合同应负的损害赔偿额应与另一方当事人因他违反合同而遭受的包括利润在内的损失额相等。这种损害赔偿不得超过违反合同一方在订立合同时，依照他当时已知道或理应知道的事实和情况，对违反合同预料到或理应预料到的可能损失。《公约》在本条中规定的"损害赔偿"实质上仅指金钱赔偿。《原则》第9：501条第2款则规定，请求损害赔偿的损失包括非金钱损失及未来可能出现的合理的损失。相比之下，《通则》突破了传统的违约损害赔偿的理论，第一次规定将非物质损害的赔偿纳入损害赔偿范围。《通则》第7.4.2条规定："（1）受损害方对由于不履行而遭受的损害有权得到完全赔偿。该损害既包括该方当事人遭受的任何损失，也包括其被剥夺的任何收益，但应当考虑到受损害方因避免发生的成本或损害而得到的任何收益。（2）此损害可以是非金钱性质的，并且包括例如肉体或精神上的痛苦。"《通则》在此处规定的赔偿范围包括了物质损失和精神损失两个方面。不仅如此，《通则》还规定了确定损害赔偿的标准并且赋予法院以自由裁量权。《通则》第7.4.3条规定："（1）赔偿仅适用于根据合理的确定性程度而证实的损害，包括未来损害。（2）对机会损失的赔偿可根据机会发生的可能性程度来确定。（3）凡不能以充分确定性程度来确定损害赔偿的金额，赔偿金额的确定取决于法院的自由裁量权。"三者关于损害赔偿的范围的规定有很多相似之处，都强调损害的可预见性、规定了部分可归咎于受损害方的损害不能得到赔偿、减轻损害的义务以及替代交易或补救交易损失等制度。

（三）解除合同

解除合同（Rescission）是指一方当事人违反合同规定的义务时，另一方当事人依照法律的规定或合同的约定终止合同的效力。解除合同也是两大法系都采用的一种违约补救方法，但二者在观念和制度设计上都有很大的差异。

1. 解除权的发生。

罗马法原则上不承认债权人在债务人不履行合同或不完全履行合同时有权解除合同。但是在买卖法中则允许卖方在买方没有在一定期限内支付价金时可以解除合同。这项原则在16世纪时被法国法接受，并将其作为一项默示条款推广适用于一切双务合同中，即当一方不履行合同时，对方有权要求解除合同。《法国民法典》第1184条规定，双务合同的一方当事人不履行其所订定的债务时，应视为有解除条件的约定。法国法院认为，解除合同的真正依据不在于有一项默示的解除条件，而在于缺乏约因。法国最高法院曾经指出，在双务合同中，一方当事人的义务就是对方的义务的约因，如果一方不履行其义务时，对方的义务就缺乏约因，所以对方有权要求解除合同。德国法也认为，在债务人不履行合同时，债权人有权解除合同。对于拒绝履行或不完全履行的情况，《德国民法典》虽然没有明确规定，但是德国的学者一般认为，在发生这种情形时，对方当事人也有权解除合同。

英国法把违约分为违反条件与违反担保两种不同的情况，只有当一方当事人违反条件时，对方才可以要求解除合同；如果一方当事人仅仅是违反担保，则对方只能请求损害赔偿，而不能要求解除合同。美国法把违约分为重大违约与轻微违约，只有当一方当事人的违约构成重大违约时，对方才可以要求解除合同，如果只是属于轻微的违约行为，就只能请求损害赔偿，不能解除合同。因此，在英美法中，只有在违反条件或重大违约时，才发生解除合同的问题。

中国法规定了约定解除权和法定解除权。关于约定解除权，《合同法》第93条规定，当事人协商一致，可以解除合同。当事人可以约定一方解除合同的条件。解除合同的条件成就时，解除权人可以解除合同。《合同法》第94条规定了法定解除权，该条规定："有下列情形之一的，当事人可以解除合同：（一）因不可抗力致使不能实现合同目的；（二）在履行期限届满之前，当事人一方明确表示或者以自己的行为表明不履行主要债务；（三）当事人一方迟延履行主要债务，经催告后在合理期限内仍未履行；（四）当事人一方迟延履行债务或者有其他违约行为致使不能实现合同目的；（五）法律规定的其他情形。"上述规定借鉴和吸收了两大法系和《公约》的合同法制度。

《公约》没有使用"解除合同"的概念，而选择了"宣告合同无效"（Declare the Contract Avoided）的概念，这主要是考虑到各国国内法对解除合同的理解和解释有很大的差别，避免各国现有的概念可能使人产生误解和混淆。但"宣告合同无效"并不等同于"合同自始没有效力"。《通则》在关于解除合同方面采用了"终止合同"（Terminate the Contract）的概念。而《原则》采用了"终止合同"的概念。

《公约》以构成"根本违反合同"作为解除合同的条件。《公约》第25条规定，一方当事人违反合同的结果，如使另一方当事人蒙受损害，以至于实际上剥夺了他根据合同的规定有权期待得到的东西，即为根本违反合同，除非违反合同一方并不预知，而且一个同等资格、通情达理的人处于相同的情况下也没有理由预知会发生这种结果。该条规定了构成根本违约的两个基本要件：违约后果的严重性和违约人的可预见性。《公约》第49条、第64条分别规定，如果一方构成根本违反合同（Fundamental Breach of Contract），另一方当事人即可解除合同。

与《公约》相比，《通则》的规定更加完善、确切，并较全面地囊括了应当终止合同的各种情况。《通则》第7.3.1条规定：（1）合同一方当事人可终止合同，如另一方当事人未履行其合同义务构成对合同的根本不履行。（2）在确定不履行义务是否构成根本不履行时，应特别考虑到以下情况：（a）不履行是否实质性地剥夺了受损害方当事人根据合同有权期待的利益，除非另一方当事人并未预见也不可能合理地预见到此结果；（b）对未履行义务的严格遵守是否为合同项下的实质内容；（c）不履行是有意所致还是疏忽所致；（d）不履行是否使受损害方当事人有理由相信，他不能信赖另一方当事人的未来履行；（e）若合同终止，不履行方当事人是否将因已准备或已履行而蒙受不相称的损失。以上都是构成根本不履行的重要因素。

《原则》明确规定了当事人行使终止合同权利的几种情形。《原则》第9：301条"根本不履行和迟延履行"规定，一方当事人可在对方根本不履行的情况下宣布终止合同；在迟延履行的情况下，受害方可依据第8：106条（3）款宣布合同终止。《原则》第9：302条"部分履行"规定，如果合同可以部分履行，而就其对应履行的那部分是可以分开的那一部分而言存在有根本不履行，则受害方可以就这一部分依据本节的规定宣布终止合同。只有不履行对于整个合同而言为根本不履行，该方当事人才可终止整个合同。第9：304条"预期违约"规定，一方当事人在履行期到来之前已经明显地有根本不履约，对方当事人可终止合同。

2. 解除权的行使。

根据各国法律的规定，行使解除权的途径主要有两种：一种是由主张解除合同的一方当事人向法院起诉，由法院判决合同解除；另一种是无须经过法院判决，只需向对方表示解除合同的意思即可。当然，如果因单方提出解除合同遭到对方拒绝或者因解除合同发生纠纷时，还是需要通过法院来裁断的。《法国民法典》第1184条规定，债权人解除合同，必须向法院提起。但是，如果双方当事人在合同中订立了明示的解除条款，则无须向法院提出。《德国民法典》第349条规定，解除合同应向对方当事人以意思表示为之。英美法认为，解除合同是一方当事人由于对方的违约行为而产生的一种权利，他可以宣告自己不再受合同的约束，并且认为合同已经终了，无须经过法院的判决。

三个国际性的合同法都认为，合同可以通知方式解除。从《公约》采用"宣告合同无效"一词来看，《公约》规定的是合同以通知方式解除，如第49条规定，买方在以下情况下可以宣告合同无效。《通则》第7.3.2条也规定，一方当事人终止合同的权利通过向另一方当事人发出通知来行使。

3. 解除合同权与损害赔偿请求权之间的关系。

关于在解除合同时是否能同时请求损害赔偿的问题，各国法律的规定有所不同。《法国民法典》第1184条规定，当合同一方当事人不履行债务时，债权人可以解除合同并请求损害赔偿。《日本民法典》第545条规定，解除权的行使，不妨害损害赔偿的请求。英美法也认为，当一方当事人违反条件或构成重大违约时，对方可以解除合同并可以请求损害赔偿。根据这些国家的法律，合同解除权与损害赔偿请求权是可以同时行使的。《德国民法典》的规定则有所不同，根据《德国民法典》第325条与第326条的规定，债权人只能在合同解除权与损害赔偿请求权两者之间选择其一，而不能同时行使这两种权利。

从三个国际性合同法关于损害赔偿的条款内容来看，它们都认为，解除合同并不影响受损害方提出损害赔偿的权利。比如，《公约》第45条规定，买方可能享有的要求损害赔偿的任何权利，不因他行使采取其他补救办法的权利而丧失。《公约》第61条规定，卖方可能享有的要求损害赔偿的任何权利，不因他行使采取其他补救办法的权利而丧失。《通则》第7.4.1条规定，任何不履行均使受损害方取得损害赔偿请求权，该权利既可以单独行使，也可以和任何其他救济手段一并行使，但该不履行根据本通则属可以免责的除外。《原则》采用了"救济累加"一词，对此关系作了明确规定。其第 8：102 条规定，不是相互抵触的补救办法可以累加。特别是一方当事人在行使其请求补救的任何其他方法时，其请求损害赔偿的权利不容剥夺。

4. 解除合同的效力。

合同一经解除，其效力即告消灭。合同消灭的效力有溯及既往和指向将来之分。

法国、德国民法都认为，解除合同将产生溯及既往的效力，即使合同双方当事人的权利义务关系恢复到合同订立前的状态。《法国民法典》第 1183 条规定，当解除条件成就时，使债的关系归于消灭，并使事物恢复至订约以前的状态，就像从来没有订立过合同一样。因此，在解除合同时，各当事人应把从对方取得的东西归还给对方，如果应返还的物品因毁损与消耗而无法返还时，则应偿还其价额。《德国民法典》第 346 条规定，在解除合同时，各方当事人互负返还其受领的给付的义务。如果已履行的给付是劳务的提供或以自己的物品供对方利用者因无法恢复原状，则应补偿其代价。美国法的规定也类似，美国法认为，解除合同应产生恢复原状的效果。各当事人均应把他从对方取得的东西返归给对方，尽可能恢复原来的状态。中国《合同法》的规定与此相同，《合同法》第 97 条规定，合同解除后，尚未履行的，终止履行；已经履行的，根据履行情况和合同性质，当事人可以要求恢复原状、采取其他补救措施，并有权要求赔偿损失。

英国法则不同，英国法认为，由于违约造成的解除合同并不使合同自始无效，而是指向将来，即只是在解除合同时还没有履行的债务不再履行，至于已经履行的债务原则上不产生返还的问题。因此，任何一方当事人原则上都无权要求取回已交给对方的财产或已付给对方的金钱。但是，英国法允许当事人在解除合同时提起"按所交价值偿还"之诉，以便得到他所提供的财物或服务的代价。从其实际效果来看，也有溯及既往的效力。

《公约》基本上采纳了大陆法系的做法，《公约》规定解除合同具有溯及既往的效力，即未履行的债务不再履行，已履行的部分可以要求恢复原状。《公约》第 81 条规定，已全部或局部履行合同的一方，可以要求另一方归还他按照合同供应的货物或支付的价款，如果双方都须归还，他们必须同时这样做。与《公约》相比，《通则》的规定更灵活、更具体。《通则》第 7.3.6 条规定，终止合同时，任何一方当事人可主张返还他所提供的一切，只要该方同时亦返还他所收到的一切。如果实物返还不可能或不适当，只要合理，应以金钱予以补偿。当事人有权主张恢复原状，使终止合同溯及既往；而如果事实上返还不可能或不适当，则以金钱补偿将更加合理。这体现了充分尊重当事人意愿的原则。根据《原则》的规定，合同终止后，当事人未履行的义务不再履行，已经履行的部分不受合同终止的影响。第9：305条第1款规定："合同终止解除双方当事人继续履行合同的义务，但根据第9：305、9：307和9：308条的规定，对合同解除之前各方当事人的各项权利和义务没有影响。"结合具体条款的内容来看，《原则》实际上认为，合同终止将产生溯及既往的法律效果。

（四）违约金

违约金（Liquidated Damages）是合同当事人在合同中预先约定的当一方不履行合同或不完全履行合同时，由违约的一方支付给对方的一定数额的金钱。违约金制度可以追溯到罗马法。在早期罗马法中，当事人为了使自己的合同利益得到保护，即约定一方当事人不按约履行时，要向对方支付一定的款项作为代价。一旦对方当事人违约，按照罗马法协议优先的原则，违约金责任就会得到优先适用。

1. 大陆法系的规定。

《法国民法典》继受了罗马法的违约金制度，受私法自治的影响，法国民法典确立了禁止法院干预约定违约金的原则，并在法典第1226条至第1233条把违约金规定为强制履行的手段和损害赔偿的预定。依法国民法理论，如果约定违约金是为了确保债务的履行，则守约方在请求支付违约金后还可以请求本来债务的履行。但如果约定的违约金是损害赔偿的预定，在债务不履行的场合，守约人只能在请求违约金与请求本来债务之间选择其一。

德国民法深受法国法的影响，在其民法典中也规定违约金具有补偿性和惩罚性双重性质，与法国法稍有不同的是，德国民法并没有坚持违约金不可变更原则。德国民法不仅授予法官减少那些明显过高的违约金的权利，而且法官还可以援引"诚实信用"和"公共政策原则"干预那些明显不公正的违约金条款，体现了其民法理论中以违约补偿为主旨的特点。虽然违约补偿的作用是第一位的，但其惩罚性违约金作为保证合同履行的一种有效制度，在德国合同法实践中还是很普遍的，这是因为其可以增加合同双方当事人履约的可信度。

总体而言，大陆法系都把惩罚性违约金视为固有意义上的违约金，注重违约金的强制履行作用，以违约金来加强合同的效力。由于20世纪民法领域"禁止权利滥用"原则的兴起，使得法、德等传统大陆法系国家改变了忽视对交易中社会效益考量的态度，而规定法官对过高或过低的违约金数额有变更权，这实质上是加强了违约金的预定赔偿属性。

2. 英美法系的规定。

违约金在以损害赔偿为中心救济方式的英美法系国家并没有太大的实质意义，英美法认为违约金是预定的损害赔偿。如果约定的违约金数额过高，违背最基本公平价值，法院会将其认定为罚金（Penalty）而不予准许。英美法系把惩罚性违约救济手段排斥于合法的违约救济之外。美国《合同法重述》第335条对此的态度是，合同救济制度的核心目的是补偿而不是惩罚。对违约者实施惩罚无论从经济上或其他角度都难以证明是正确的，规定惩罚性合同条款是违反公共政策的，因而也是无效的。

3. 中国法律的规定。

我国《合同法》第114条关于违约金的规定基本摒弃了违约金的惩罚性质，而更强调违约金的预定赔偿性质。按照该规定，当事人可以约定一方违约时应当根据违约情况向对方支付一定数额的违约金，也可以约定因违约产生的损失赔偿额的计算方法。约定的违约金低于造成的损失的，当事人可以请求人民法院或者仲裁机构予以增加；约定的违约金过分高于造成的损失的，当事人可以请求人民法院或者仲裁机构予以适当减少。当事人就迟延履行约定违约金的，违约方支付违约金后，还应当履行债务。

综合看来，国际上关于违约金的规定无外乎两类，即惩罚性违约金和赔偿性违约金。当属惩罚性违约金时，债务人违约除须支付违约金外，因债之关系所应负的一切责任均不受影响，债权人除得请求违约金外，尚可请求债务履行或债务不履行的损害赔偿。当属赔偿性违约金时，债权人请求违约金后，便不能再请求履行债务或不履行的损害赔偿。

《公约》未对违约金作出规定。《通则》却对此作出了明确规定，对于在不履行情况下支付一笔特定金额的约定给予广泛意义上的界定，使得受损害方更便于获得损害赔偿金，并且，能够有效地制止不履行。《通则》第7.4.13条规定："（1）如果合同规定不履行方应支付受损害方一笔约定的金额，则受损害方有权获得该笔金额，而不管其实际损害如何。（2）但是，如果约定金额严重超过因不履行以及其他情况导致的损害，则可将该约定金额减少至一个合理的数目，而不考虑任何与此相反的约定。"《通则》的这一条款，一方面限制一方当事人在订立合同时利用优势地位，约定较高的金额；另一方面对于金额的合理减少，更能兼顾双方当事人的利益公平。

《原则》也对违约金作出了类似的规定。其第9：509条规定，如果合同规定，未能履约的一方当事人向由此而受到损害的一方当事人支付特定金额的不履约时应当支付的违约金，则受害方当事人有权得到此项金额的赔偿，而不问其所遭受的实际损失如何。但是，尽管有相反的约定，如果该约定的金额与由于不履约或其他情况而引起的损失相差甚远，此项约定的金额可以减少到合理的金额。

（五）罚金

在中国法中，罚金（Judicial Penalty）是刑罚的附加刑之一，是刑罚处罚的一种方式，属财产刑，其适用对象是触犯刑法的犯罪分子和犯罪法人。但本书在此处探讨的罚金不是刑法意义上的罚金，而是民事诉讼法上的司法罚金。

传统观念认为违约救济是一种民事补偿，其目的并不在于对违约人的直接处罚，而在于补偿受害人因对方违约所遭受的损失，使他能够得到他订立合同所合理期待得到的东西，因此，法官原则上不得判定违约人支付惩罚性损害赔偿。但是，在司法实践中，如果被判应当承担履行义务的被告无视生效判决的存在，或者以各种理由为借口，拖延或拒不执行判决，导致原告原本希望通过法院判决获得救济和补偿的愿望落空，这一结果既损害了司法的权威，又增大了受损害方的经济损失，因此，支付罚金被认为是对受损害方所遭受的、按照损害赔偿一般规则无法计算的损失之赔偿，罚金的判处将更有利于保护受损害方的合法利益，而且有助于法庭判决的迅速执行。法庭判处罚金在英美法系是难以接受的，不过，法国自19世纪以来，就一直执行"不履行判决罚金"制度，即法院在作出实际履行的判决时，命令不执行该判决的债务人每天必须支付一定金额的罚款，以此促使债务人执行法院的判决。

中国《民事诉讼法》也规定了民事罚金制度。其第229条规定，被执行人未按判决、裁定和其他法律文书指定的期间履行给付金钱义务的，应当加倍支付迟延履行期间的债务利息。被执行人未按判决、裁定和其他法律文书指定的期间履行其他义务的，应当支付迟延履行金。这同样也是为了加强法院生效判决对被执行人的威慑，解决执行难的问题。

《公约》和《原则》未规定罚金制度，《通则》对此作了明确规定，并且采用"司法罚金"这一概念。其第7.2.4条第1款规定，当判决一方当事人履行义务时，如果该方当事人不执行此判决，法庭还可责令其支付罚金。

（六）定金

定金是合同当事人一方按约定向另一方预先支付的、以担保合同履行的一定款项或代替物。定金是一种古老的债的担保方式，古罗马法上的定金，为债的一般担保方式，定金被划分为两种形式：一种是解约定金，另一种是证约定金。罗马法的定金制度为大陆法系国家所继受，但各国立法关于定金性质的规定并不完全一致。大致有以下几种做法：

1. 规定定金为解约定金。

即合同双方当事人得以承担定金制裁而解除合同。设立解约定金的合同双方当事人享有以丧失定金或者双倍返还定金为条件单方解除合同的权利。

2. 规定定金为证约定金和违约定金。

所谓证约定金，是指以定金作为合同成立的证明，定金给付足以认定合同成立，得对抗合同双方当事人否认合同成立的主张。所谓违约定金，是指在定金给付后，一方应履行债务而未履行的，应受定金罚则制裁。《德国民法典》规定定金为证约定金和违约定金，除当事人另有约定，定金不作解约定金。《德国民法典》第336条规定，订立契约时，如以少量物件作为定金，此物件视为契约成立的标志。

违约定金是为现行立法所承认而广泛适用的定金形式，但就各国立法例来看，有关违约定金的规定不尽相同。《德国民法典》第337条规定，在发生疑问时，定金不规定为解约定金。明定定金为违约定金，但仅规定履行不能时受定金人有权保留定金，而无受定金人双倍返还定金之规定。

在中国，《民法通则》第89条、《担保法》第六章、《合同法》第115条和第116条、最高人民法院《关于适用〈中华人民共和国担保法〉若干问题的解释》第115条至第120条都对定金规则作出了明确规定。如《担保法》第89条规定，给付定金的一方不履行约定的债务的，无权要求返还定金；收受定金的一方不履行约定的债务的，应当双倍返还定金。《合同法》第115~116条规定，当事人可以依照《担保法》约定一方向对方给付定金作为债权的担保。债务人履行债务后，定金应当抵做价款或者收回。给付定金的一方不履行约定的债务的，无权要求返还定金；收受定金的一方不履行约定的债务的，应当双倍返还定金。当事人既约定违约金，又约定定金的，一方违约时，对方可以选择适用违约金或者定金条款。

（七）禁令

禁令（Injunction）一般是指执法当局责令被申请人停止或者不得为一定行为的命令。作为违约救济方式的一种，禁令是英美法系衡平法上的一种特殊的救济方法。它是指由法院发出禁令，判令被告不许作某种行为。英国和美国法院仅在下列情况下才会给予这种救济：（1）采取一般损害赔偿的救济方法不足以补偿债权人所受的损失；（2）禁令必须符合公平合理的原则。

在涉及提供个人劳务的案件中，当债务人违反合同时，英国和美国法院在某些情况下，可以采用禁令的方式补偿债权人所蒙受的损失。例如，某演员与甲剧院订立了为期一年的合同，答应只在该剧院演出，不在另外的剧院演出。但是在此期间，她又与乙剧院订立了演出合同，在这种情况下，法院根据甲剧院的请求，可以颁发禁令禁止该演员在乙剧院演出。

禁令与实际履行令的主要区别在于，实际履行令适用于积极合同，而禁令则适用于消极合同，即禁止当事人为某一行为，迫使他履行许诺。禁令在20世纪知识产权保护及反垄断领域适用愈来愈多，成为世界瞩目的法律名词。由于其与实际履行令同属令状形式且具有观念同源性，故违反后的法律后果及社会效果均有共通性，并且多为法官自由裁量，可单独应用于诉讼中间程序。

大陆法系与之相类似的补救方式只有"停止侵害"，但在程序上，两者却有很大的不同。停止侵害不能单独应用于诉讼程序中，而只能是法院应受害方请求，经过审理后依法作出的裁决。

第四章　国际货物买卖法

要点提示：本章是国际商法的核心部分，重点讲授有关国际货物买卖的国际公约和国际惯例。学生应重点掌握国际货物买卖的主要公约、惯例规则及其规定，具体包括国际货物买卖合同的订立、双方当事人的义务以及风险转移和违约救济制度。

第一节　概　述

一、国际货物买卖的概念与特征

国际货物买卖是一种具有国际性的货物贸易行为，一般是指在不同国家之间进行的货物的购入和售出。这种贸易关系通常是由买卖双方通过签订国际货物买卖合同的形式确定的。国际货物买卖是历史最为悠久同时也是最重要的国际贸易方式，国际技术贸易和国际服务贸易等国际贸易方式都是在国际货物买卖的基础上产生和发展起来的。

作为买卖的一种类型，国际货物买卖具有买卖的一般特征，即以支付货款为代价从而取得货物的所有权，这也是买卖与易货、承揽等交易方式的区别之处。与此同时，国际货物买卖还有它自己的特征：首先，与国内货物买卖相比，它具有国际性；其次，与其他买卖方式相比，它的标的物是货物而非金钱、证券、不动产等物。

（一）国际性

国际货物买卖与国内货物买卖的主要区别，在于前者具有国际性而后者不具有国际性。所谓国际性，或者涉外性，通常包括三个方面：（1）主体，当事人一方是外国人；（2）客体，买卖的货物位于国外；（3）签约或履约是在国外等。但是，究竟应当采用哪一种标准，或同时兼采哪几种标准，各国国内法以及国际条约的规定并不完全一致。

国内法方面，比较典型的是 1979 年修订的英国《货物买卖法》(*Sale of*

Goods Act, 1979)。按照该法第 62 条的规定，国际货物买卖是指当事人的营业处所（如无营业处所者则为其惯常住所）分处于不同国家的领土之上，并须具有下列条件之一，即（1）一项合同涉及货物买卖，而在缔约时，货物正在或者将要从一国领土运往另一国领土的；或（2）构成要约和承诺的行为是在不同的国家领土完成的；或（3）构成要约和承诺的行为是在一个国家的领土完成，而货物的交付则在另一国的领土内履行。由此可见，它对"国际性"的确定较为严格，并使用了多重标准，只有双方当事人的营业地分处于不同的国家并且符合上列第（1）、（2）、（3）项条件之一的，才认为是国际性的交易。与英国不同，北欧的一些国家如瑞典的《国际货物买卖法》，则适用于至少有一方当事人的营业地点是处在北欧各国之外的货物买卖合同，即采"营业地标准"。

除了国内法对确定"国际性"的标准有不同的规定外，一些国际组织包括联合国国际贸易法委员会（UNCITRAL）和国际统一私法协会（UNIDROIT），对"国际性"的判断标准也曾进行过激烈的争论。国际统一私法协会在其主持制定的 1964 年《国际货物买卖统一法公约》中，对"国际性的买卖"所提出的标准基本上与上述英国法的规定相同，即采用多重标准。但是，联合国国际贸易法委员会在主持制定 1980 年《联合国国际货物销售合同公约》(*Convention on Contracts for the International Sale of Goods*, CISG)① 时经过反复讨论，最后决定采取单一的"营业地标准"来确定货物买卖的国际性。按照《公约》第 1 条的规定，凡是营业地处于不同国家的当事人之间所订立的货物买卖合同，即为具有国际性的货物买卖合同；但如果在合同或从订立合同前任何时候或订立合同时，当事人之间的任何交易或当事人透露的信息均看不出当事人营业地在不同国家的事实的，则不构成"国际性"。据此，只有从合同中或订立合同时透露的情况中，看得出双方当事人的营业地确系分别处于不同国家的事实，他们之间订立的货物买卖合同才具有国际性；而订立合同时，双方当事人的营业地处在不同的国家，但订立合同后，当事人一方营业地有变动，那么仍以订立合同时的营业地为准，不影响货物买卖合同的国际性。②

不过，何为"营业地"，《公约》并没有予以界定，通常认为是指事实上

---

① 在国际上，《联合国国际货物销售合同公约》通常被称为"CISG"，但在本章中，《联合国国际货物销售合同公约》依中文习惯简称为《公约》"。

② 参见钟建华：《国际货物买卖合同中的法律问题》，人民法院出版社 1995 年版。

从事营业活动的地方，这要求有一段持续期间，具有一定的稳定性以及一定程度的自主性。① 而如果当事人有一个以上的营业地，则以与合同及合同的履行关系最密切的营业地为其营业地，不过要考虑到双方当事人在订立合同前任何时候或订立合同时所知道或所设想的情况。如果当事人没有营业地，则以其惯常居住地为准。依据这一标准，当事人的国籍、住所系属何国，合同项下的货物是否要运往或交往另一国家，构成要约与承诺的行为是否完成于不同国家，合同缔结地与履行地是否处于不同的国家等，均不能作为确定买卖合同是否具有国际性的标准。

1980 年《公约》获得通过之后，一些国际公约如《国际货物买卖合同时效公约》和《国际货物买卖合同法律适用公约》等均参照《公约》的规定作了相应的修改。但是，国际统一私法协会制定的《国际商事合同通则》却没有采纳这一标准，而是"设想要对国际合同这一概念给予尽可能的解释，以便最终排除根本不含国际因素的情形，如合同中所有的因素只与一个国家有关"，这样就使得国际性的确定更具灵活性，并有效地扩大了国际合同的范围。

（二）货物

国际货物买卖的标的物是货物，这是毋庸置疑的，但要在法律上给"货物"下一个确切的定义却并非易事。

国内法方面，英国 1979 年《货物买卖法》对"货物"所下的定义是："货物包括除诉权财产和金钱以外的一切动产以及附着于土地或作为土地组成部分但约定在出售之前或依照买卖合同将与土地相分离的物品。"《美国统一商法典》（*Uniform Commercial Code*，UCC）则规定："货物"是指除了作为支付货款的金钱、投资证券和诉权物以外的、在特定于合同项下时能够移动的一切物品（包括特别制造的货物）。"货物"还包括尚未出生的动物幼仔、生长中的农作物，以及有关将与不动产分离之货物的第 2-107 条所规定的其他附着于不动产但已特定化的物品。这就要求货物首先必须是物品，其次必须是可移动的，而且必须是在特定于买卖合同的时候具有可移动性。而在大陆法系国家中，通常是在民法典中规定"买卖"合同的内容，但一般没有对货物进行定义。

国际立法方面，20 世纪 30 年代国际统一私法协会在拟定《国际货物买卖

---

① 参见联合国国际贸易法委员会关于《联合国国际货物销售合同公约》判例法摘要汇编：A/CN. 9/SER. C/DIGEST/CISG/1，pp. 6-7.

统一法》时，曾试图把货物定义为"有形动产"，但在进一步说明其含义时，又遇到了困难。鉴于对"货物"一词很难下一个既具体又精确的定义，同时货物本身又处在不断的发展变化中，联合国国际贸易法委员会在制定《公约》时，放弃了对"货物"下定义的做法，而采取了"排它法"，即把某些商品的买卖排除在该《公约》的适用范围之外。按照《公约》第2条的规定，《公约》不适用于下列买卖：（1）供私人、家属或家庭使用而进行的购买；（2）经由拍卖方式进行的买卖；（3）根据法律执行令状或其他令状进行的买卖；（4）公债、股票、投资证券、流通票据或货币的买卖；（5）船舶、气垫船或飞机的买卖；（6）电力的买卖。这些不属于《公约》适用范围的买卖可分为以下两类。

1. 消费性买卖。

在上述6项不适用《公约》的标的物中，消费品首当其冲，即如果某项销售是有关在订立合同时供私人、家人或家庭使用的货物的，则不属于公约的适用范围，因此买方在订立合同前或订立合同后的目的、意图非常重要，而货物的真正用途则无关紧要。由此，销售以个人使用为目的的汽车不属于公约的适用范围。而如果个人购买货物是出于商业或者职业的目的，则该销售不在公约的适用范围之外。例如，一位专业摄影师为营业目的购买相机，某个企业购买香皂或其他化妆品以供员工个人使用，一位汽车销售商为转售目的购买汽车等，均属于公约的适用范围。① 公约之所以将消费买卖排除在适用范围以外，并不是否认这些消费品属于货物，而是因为其通常属于消费性交易，与公约所指的"国际货物买卖"有所不同。而且，许多国家为了保护消费者的利益，制定了许多保护消费者的强制性法律和规则，这些规则不仅各不相同，而且涉及各国的公共政策，公约不可能对此进行统一。因此，为避免与这类国内法之间产生冲突，减少公约的制定和实施难度，《公约》将之排除在外。其他一些与国际货物买卖有关的国际条约，如《国际货物买卖合同法律适用公约》和《国际货物买卖合同时效公约》，亦采取同样的做法。

2. 其他被排除的买卖。

首先，公债、股票、投资证券、流通票据等被排除在《公约》的适用范围之外。按照许多国家的法律，这些物品属于有价证券或债权证书，应适用证券法或票据法等，而且其交易往往会涉及一些国内和国际的强制性法律和规

---

① 参见联合国国际贸易法委员会关于《联合国国际货物销售合同公约》判例法摘要汇编：A/CN. 9/SER. C/DIGEST/CISG/2，p. 2.

则。但是，单据销售，比如那些代表货物的仓单或提单等的买卖，或者说附有交付货物请求权的文件或者买卖供货合同，则属于货物买卖的范畴。① 其次，经由拍卖方式进行的买卖不属于《公约》的调整范围，这不仅包括依法律授权而进行的拍卖，例如根据司法或行政执行而进行的销售，还包括私人拍卖，但是商品交易所的销售不属于这些类型。再次，船舶、船只、飞机和气垫船的买卖也不在《公约》的适用范围之内。这是因为船舶和飞机在法律上具有类似于不动产的地位，其适用的法律有别于一般的货物买卖，其权利的取得或转让往往要经过登记注册程序，公约对此难以作出统一规定。② 不过，对船舶、船只、飞机和气垫船的部件的买卖则属于《公约》的适用范围，即使是对其比较关键的部件，例如引擎的买卖也是如此，因为对排除于《公约》适用范围的买卖应当进行限制性的解释。最后，电力的销售被排除于《公约》的适用范围，因为它通常不属于有形动产的范畴。但是，天然气的销售可以适用《公约》。

这样，按照排除法的一般规则，除上述买卖之外的其他动产的销售，即应属于《公约》的调整范围，不论其是固体还是其他形态，是旧货还是新货，也不论其是否鲜活的货物。而且，《公约》并不仅限于现货买卖，供应尚待制造或生产的货物的合同应视为销售合同，但是订购货物的当事人负责供应这种制造或生产所需的大部分材料的除外，因为后者属于来料加工合同而不是买卖合同。同样，如果供应货物一方的绝大部分义务在于供应劳力或其他服务的合同，也不属于《公约》的调整范围，因为这属于提供劳务的服务合同的范畴。当然何为"大部分材料"或"绝大部分义务"，需要在个案中予以具体判定。此外，依附于不动产但在交货时可以被剥离的物品仍然属于货物的范畴，但是软件的买卖能否适用《公约》的规定却并不确定。

综上所述，各国国内法以及国际公约对一项买卖是否具备"国际性"以及是否构成"货物"的判断标准并未统一。因此，对于一项买卖行为是否构成国际货物买卖，必须依据该买卖行为所涉及的有关国内法和国际公约的规定，并按照确定的法律适用规则才能得出判断；而且，只有同时具备"国际性"并构成"货物"买卖的行为才构成一项国际货物买卖。

---

① 参见 [德] 彼得·施莱希特里姆：《〈联合国国际货物销售合同公约〉评释》，李慧妮编译，北京大学出版社 2006 年版，第 22 页。

② 参见王京禾：《〈联合国国际货物销售合同公约〉解释》，中国对外经济贸易出版社 1987 年版，第 17 页。

二、国际货物买卖的法律与规则

（一）国际货物买卖法律与规则的嬗变

由于国际货物买卖涉及两个甚至两个以上的国家，因此会不可避免地涉及两个甚至两个以上的国家的法律和规则；而不同国家的法律和规则又有着或大或小的差别，因此又不可避免地给当事人带来缔约、履行以及纠纷处理上的障碍和不便，这样对于国际货物买卖统一法的需求和实践就产生了。因此，各国的国内法、国际公约以及商人们在国际贸易实践中形成的惯例和习惯做法便构成了国际货物买卖的法律和规则体系。

各国货物买卖法通常都是在商人习惯法的基础上进行总结和创造而产生的。在 17—19 世纪期间，中世纪的商人习惯法开始被纳入各国国内法体系，著名的英国 1893 年《货物买卖法》正是在这一期间编纂而成的。1893 年《货物买卖法》在 1979 年进行了修订，成为现行各国货物买卖法中最具影响力的立法之一。此后，英国又通过 1994 年《货物销售和提供法》(*Sale and Supply of Goods Act*, 1994) 对 1979 年《货物买卖法》进行了一些重大修改。除此之外，英国的货物买卖还受到有关判例以及《不公平合同条件法》等的约束和调整。在美国，货物买卖法虽属于州法的范畴，但是由美国统一州法委员会和美国法学会起草的《美国统一商法典》除在路易斯安那州部分适用外，其他 49 个州均已采用，因此《美国统一商法典》已成为美国调整商事交易的最重要的一部法律。在该法典中，与货物买卖有关的事项主要规定在第二篇"买卖"之中，具体包括简称、解释原则和适用范围；合同的形式、订立和修改；当事人的一般义务和合同的解释；所有权，债权人和善意购买人；履约、违约、毁约和免责；救济等，共计 7 章 104 条。"买卖"篇中没有涉及的问题，则需要适用普通法的一般原则。

同样在 17—19 世纪，大陆法系国家也开始了民商事立法进程，法国先是颁布了 1673 年《商事条例》和 1682 年《海事条例》，资产阶级革命胜利后又先后颁布了 1804 年《法国民法典》和 1807 年《法国商法典》；德国分别于 1896 年和 1897 年颁布了《德国民法典》、《德国商法典》。在此基础上，其他国家如意大利、瑞士、日本等国也纷纷颁布了自己的民法典和（或）商法典。在这些国家，"买卖法"一般作为"债编"的组成部分编入《民法典》，如《法国民法典》第三编第二章，《德国民法典》第二编第二章等。这些法典通常没有专门针对货物买卖的法律条款，而把货物买卖作为动产买卖的一种加以规定。在我国，与国际货物买卖有关的国内立法主要包括《民法通则》、《合同法》、《电子签名法》以及《对外贸易法》等法律。

由于各国在货物买卖法律方面存在着不少分歧，给国际贸易造成了很大的障碍。为解决这个问题，早在 20 世纪 30 年代，一些国际组织和国家就开始致力于国际货物买卖法的统一工作。1930 年国际统一私法协会决定制定一项国际货物买卖的统一法，起草工作在 1935 年完成并在 1939 年完成了第二稿。1951 年在荷兰海牙召开了讨论国际销售统一法草案的会议，决定起草并修订原有的统一法草案，这一草案于 1963 年起草完毕。与此同时，国际统一私法协会理事会于 1956 年开始起草一份如何订立合同的公约草案并于 1958 年完成了草案初稿。1964 年 4 月，由西欧、美国等 28 个国家参加的国际会议在荷兰海牙举行，并最后通过了《国际货物买卖统一法公约》和《国际货物买卖合同成立统一法公约》两个公约。这两个公约于 1972 年生效。

不过，上述两个公约并没有达到统一国际货物买卖法的目的。公约的有些概念晦涩难懂，内容也较为繁琐，有些规定不够合理并招致诸多批评；① 而且，公约仅有几个参加国，在国际上的影响力远远不够，难以实现统一国际货物买卖法的预期目标。基于这种状况，联合国国际贸易法委员会（UNCITRAL）决定由其负责继续完成这一任务。于是 1969 年 UNCITRAL 专门成立了一个工作组，着手在上两个公约的基础上制定一项新的国际货物买卖统一法。工作组经过近十年的努力于 1978 年通过了《国际货物买卖合同公约草案》。1980 年 3 月，在 62 个国家代表参加的维也纳外交会议上正式通过了《联合国国际货物销售合同公约》。公约自 1988 年 1 月 1 日起生效，截至目前已有 69 个国家核准和参加了该公约。在此期间，为统一国际销售合同的法律诉讼时效，联合国于 1974 年通过了《国际货物销售时效期限公约》，并在 1980 年对该公约进行了修正，原公约和经议定书修正的公约均于 1988 年 8 月 1 日起生效。这两个公约规定了 4 年的诉讼时效期间，其中许多内容都为《联合国国际货物销售合同公约》所吸收。

《联合国国际货物销售合同公约》兼采大陆法系、英美法系的一些法律原则，照顾到了不同的社会、政治、经济、法律制度下的国家的要求，因此得到了国际社会的广泛接受，极大地促进了货物买卖法的国际统一。

为实现统一国际商事交易规则的目标，国际统一私法协会经过十余年的努力，于 1994 年制定并通过了《国际商事合同通则》，该通则并于 2004 年进行

---

① 参见王贵国：《国际贸易法》，北京大学出版社 2004 年版，第 15 页。冯大同：《国际货物买卖法》，对外贸易教育出版社 1993 年版，第 14 页。

了修订和增补。《国际商事合同通则》详尽地规定了商事合同的诸多法律规则，虽然它不是国际公约，不具有强制性，但它可以由当事人自由选择适用，也可以成为国内或国际立法的示范范本。此外，为适应电子商务发展的需要，UNCITRAL 制定并通过了《联合国国际合同使用电子通信公约》，该公约于2005 年 11 月 23 日通过，但尚未生效。

就在各国和国际组织寻求通过立法统一国际货物买卖规则的同时，从事国际贸易的商人们也在贸易实践中逐渐形成了一些新的贸易惯例和习惯做法，这些惯例和习惯虽然不是法律，不具有强制性，但是如果当事人选择适用，就会对当事人产生约束效力。在这些贸易惯例和习惯做法中，国际贸易术语最为典型，它是用简短的概念或英文缩写字母表示的、以不同的交货地点为标准的术语，利用这些简单的术语就可以明确商品的价格构成、货物的风险划分以及双方的费用负担和责任范围，这样就大大简化了交易程序，缩短了磋商时间，节省了交易成本和费用。因此，国际贸易术语在 18 世纪末 19 世纪初产生后很快就在国际贸易中得到了广泛应用。而为了进一步规范这些术语，国际法协会于1928 年在波兰华沙制定了 CIF 买卖合同的统一规则，被称为《1928 年华沙规则》。该规则在 1930 年纽约会议、1931 年巴黎会议和 1932 年牛津会议上相继被修订，并最终称为《1932 年华沙—牛津规则》(Warsaw-Oxford Rules 1932)。此后，设在法国巴黎的国际商会于 1936 年制定了包括多种贸易术语在内的《国际贸易术语解释通则》(International Rules for the Interpretation of Trade Terms，INCOTERMS)，① 该解释通则分别在 1953 年、1967 年、1976 年、1980 年、1990 年和 2000 年进行了补充和修订。美国也于 1941 年通过了《美国对外贸易定义修订本》(Revised American Trade Definition，1941)，该定义对 Ex Point of Origin、FAS、FOB、C&F、CIF 和 Ex Dock 六种贸易术语作了解释。这三种贸易术语解释中，INCOTERMS 是目前适用范围最广也是最具国际影响力的贸易术语解释规则，它对国际贸易实践的统一具有非比寻常的意义和作用。

(二)《联合国国际货物销售合同公约》

1.《公约》的目的与意义。

《公约》以建立新的国际经济秩序为总的目标；以在平等互利的基础上发展国际贸易，促进各国间的友好关系为己任；并以减少国际贸易的法律障碍，促进国际贸易的发展为立法方向。由此，公约阐明的三项原则，即遵循以建立

---

① 在国际上，《国际贸易术语解释通则》通常被简称为 "INCOTERMS"，在本章中，依中文习惯简称为 "《通则》"。

新的国际经济新秩序为目标的原则，平等互利的原则，以及顾及不同社会、经济、法律制度利益，减少法律障碍的原则就确立下来。

《公约》的这一目标和原则的确立是符合国际社会经济交往的需要的，也代表了广大发展中国家的利益和愿望，因而有着广泛的代表性。公约所确立的目标和规则有利于建立起公平、合理的国际贸易秩序，有利于减少国际货物贸易的障碍，有利于国际经济的交流和发展。可以说，它是一部比较成功的国际立法，它的实践也必将推动国际立法与国际贸易实践的进一步发展。

2. 《公约》的适用范围。

《公约》第一部分规定了其适用的范围，这可以从两个方面理解。

首先，《公约》适用于营业地在不同国家的当事人之间所订立的货物销售合同，这在上文已有提及，此处不再赘述。不过要注意的是，货物买卖合同的民事或商事性质，不影响《公约》的适用。因为大陆法系国家有民商分立与民商合一之分，对于国际货物销售合同，有些国家认为是商事合同，有的则看做是民事合同，但无论如何都不影响《公约》的适用。此外，其他一些特殊类型的合同，如分期分批交货合同、由供应商直接向卖方的顾客交付货物的合同以及更改销售合同的合同也在《公约》实质性适用范围之内，这可以从《公约》第73条、第29条以及国外有关判例中看出。不过，《公约》不适用于分销协议，因为分销协议的目的更多在于"组织经销"而不是转移所有权。特许协议也不在《公约》调整范围内，因为它更多地受到各国国内法尤其是强制性规则的约束。①

其次，《公约》不仅仅适用于发生在缔约国之间的国际货物销售合同。条约仅对缔约国有拘束力，这是国际法上公认的原则，因此通常只有双方的营业地都在缔约国境内的，《公约》才能适用。不过，依据《公约》第1条（b）项的规定，在双方或一方的营业地不在缔约国境内的情形下，如果依据国际私法规则会导致适用某一缔约国的法律，那么《公约》也可以得以适用，这是《公约》为扩大其适用范围所做的例外规定。除此之外，《公约》还可以通过双方当事人的选择而得到适用，不论其实质条件是否符合《公约》的要求。

3. 《公约》的内容体系。

《公约》分四部分，共101条。第一部分是适用范围和总则，阐明了《公约》的宗旨，适用的货物的范围，以及确定国际性的标准；第二部分是合同

---

① 参见联合国国际贸易法委员会关于《联合国国际货物销售合同公约》判例法摘要汇编：A/CN. 9/SER. C/DIGEST/CISG/1，pp. 3-4.

的订立，主要规定要约、承诺规则；第三部分是货物的销售，包括买卖双方的义务，违约补救方法，风险的移转以及免责条款等；第四部分是最后条款。

从内容来看，《公约》仅仅规范了货物买卖合同的部分法律规则和事项，即合同的订立以及当事人因此种合同而产生的权利、义务和责任等内容，因为这是货物买卖法本身的内容，因而为《公约》所规范。而与买卖合同密切相关却又不仅仅属于买卖合同类型的一般性问题，如合同订立的一些问题，如代理、标准合同条款等；合同的效力，或其任何条款的效力，或任何惯例的效力，包括当事人的缔约能力、错误的后果、欺诈和胁迫，合同对第三方的效力，惩罚性条款以及和解协议的效力等；合同的转让、抵消以及债务的承担与确认等；所售货物的所有权的转移问题；当事人是否负连带责任的问题；法院的选择条款的效力；法院是否有管辖权的问题以及诉讼时效等，均不属于《公约》的调整范围。此外，《公约》也不适用于卖方对于货物对任何人所造成的死亡或伤害的责任，这通常属于产品责任法或消费者保护法的范畴。但是，《公约》只是排除了人身伤亡的责任，并没有排除对财产造成损害的责任。

4. 《公约》的效力与保留。

对当事人来说，《公约》并不具有强制性约束力，买卖合同的当事人可以在合同中排除《公约》的适用或者减损、改变《公约》任何条款的效力。这是当事人意思自治原则的体现，当事人既可以约定适用《公约》，也可以约定不适用《公约》。当然，《公约》的任意性有一个例外，即如果国际货物销售合同一方当事人的营业地所在国依照《公约》第96条作出了保留，那么双方当事人不能减损《公约》第12条（关于非书面形式）或者改变其效力。

对缔约国来说，《公约》必须得到信守，作为实体法的《公约》应该在缔约国得以直接适用。但是《公约》也规定，缔约国可以在《公约》明文许可的范围内提出保留，这些保留有：（1）根据《公约》第92条第1款规定对《公约》第二部分或第三部分的保留；（2）根据《公约》第93条规定，缔约国具有两个或两个以上的领土单位的，可以对适用的领土单位提出保留；（3）根据《公约》第95条规定对《公约》第1条第（1）款（b）项的保留，即可以不接受依据国际私法规则适用《公约》的做法；（4）根据《公约》第96条规定对《公约》第12条的保留，即不受可通过非书面形式订立合同等的约束。

我国在核准《公约》时，对《公约》提出了两项保留：（1）根据《公约》第95条规定对《公约》第1条第（1）款（b）项的保留，即我国认为该《公约》的适用范围仅限于营业地处于不同的缔约国当事人之间所订立的货物买卖合同，而不适用于营业地均处于非缔约国的当事人之间或一方的营业地处于缔约国而另一方的营业地处于非缔约国的当事人之间所订立的货物买卖合同。但是，如果双方当事人在合同中明文规定选择该《公约》作为该合同的准据法，则该《公约》仍可适用，因为我国《合同法》允许当事人选择处理合同争议的法律。（2）根据《公约》第 96 条规定对《公约》第 12 条的保留，即认为国际货物买卖合同必须采用书面方式。其理由是当时我国《涉外经济合同法》规定涉外经济合同必须采用书面方式，公约的规定和我国国内法的规定不一致，因此提出保留。不过，随着《合同法》对《涉外经济合同法》的取而代之，书面形式不再成为必须，提出保留的理由已不存在。因此，我们应该放弃对本条的保留，以求鼓励交易、促进国际贸易的发展。

对非缔约国来说，尽管《公约》并不约束非缔约国，但是如果非缔约国国际私法规则指向了缔约国的法律，则《公约》也可以得到适用。

（三）《2000 年国际贸易术语解释通则》

《1999 年国际贸易术语解释通则》曾经基于电子数据交换通信方式以及运输方式等的变革对《国际贸易术语解释通则》作了较大修改。相比较而言，《2000 年国际贸易术语解释通则》对《1999 年国际贸易术语解释通则》的修改并不大，实质性修改仅有两处，一是对 FAS 和 DEQ 两个术语在办理清关手续和缴纳关税方面作了修订，二是对 FCA 术语下装货和卸货的义务作了修改。《2000 年国际贸易术语解释通则》于 2000 年 1 月 1 日起生效，供各国商人采用。由于《国际贸易术语解释通则》有许多个版本，因此确定适用哪一个版本是至关重要的。

1. 《2000 年国际贸易术语解释通则》的效力和范围。

如前所述，《国际贸易术语解释通则》作为国际贸易惯例不具有法律的约束力，只能由当事人选择适用。当事人可以约定适用，也可以约定不适用，还可以减损、改变其内容及效力。不过在当事人选择适用后，《国际贸易术语解释通则》即对当事人产生拘束力，但这种拘束力同法律的强制力是不同的，它只是起到与合同约定同样的效力，而且这种约定的效力还要受到法律的制约。

当然，即使这种约定是合法有效的，也不意味着《国际贸易术语解释通则》能够解决货物买卖合同的所有问题，因为包括《2000 年国际贸易术语解释通则》在内的所有《国际贸易术语解释通则》，对货物买卖的调整范围是有限的。首先，《2000 年国际贸易术语解释通则》仅涉及销售合同中买卖双方的关系，即销售合同。尽管它将不可避免地对其他合同如运输、保险以及融资合同等产生影响，但这是间接的，其直接调整的只是买卖合同当事人间的关系。其次，《2000 年国际贸易术语解释通则》涵盖的范围仅限于销售合同当事人的权利义务中与已售货物（指"有形的"货物，不包括"无形的"货物，如电脑软件等）交货和履行有关的事项。再次，《2000 年国际贸易术语解释通则》仅涉及为当事方设定若干特定义务，而并不是全部义务，其所调整的主要是合同的履行问题，包括货物的交付、进出口手续的办理、风险的转移、费用的划分和部分通知义务的履行等问题。除了这些问题之外，在合同的履行中还有所有权的转移和保留等问题，这是买卖合同中具有核心意义的法律问题。《2000 年国际贸易术语解释通则》对此并没有规定。除此之外，合同的成立与生效、合同的变更、解除与修改、违约责任等问题，《2000 年国际贸易术语解释通则》同样没有规定。①

2. 《2000 年国际贸易术语解释通则》对国际贸易术语的分类。

《2000 年国际贸易术语解释通则》仍然把 13 个国际贸易术语分为 E（Departure，启运）、F（Main Carriage Unpaid，主要运费未付）、C（Main Carriage Paid，主要运费已付）、D（Arrival，到达）四组，并按照卖方责任由小到大的顺序依次进行排列。

E 组。E 组包括一个贸易术语 EXW，全称为 EX Works（…named place），即工厂交货（……指定地点），卖方仅在自己的地点为买方备妥货物。在 EXW 术语中，卖方的责任是：（1）在其所在地（工厂或仓库）把货物交给买方，履行交货义务；（2）承担交货前的风险和费用。买方的责任是：（1）自备运输工具将货物运至预期的目的地；（2）承担卖方交货后的风险和费用；（3）自费办理出口结关手续等。在这一贸易术语中，卖方的责任最小。

F 组。F 组包括三个贸易术语：（1）FAS，全称为 Free Alongside Ship（…named port of shipment），即船边交货（……指定装运港）；（2）FOB，全称为 Free On Board（…named port of shipment），即船上交货（……指定装运港）；（3）FCA，全称为 Free Carrier（…named place），即货交承运人（……指定地点）。F 组术语的特征是卖方需将货物交至买方指定的承运人。在 F 组的贸易术语中，卖方的责任是：（1）卖方在出口国承运人所在地（包括港口）将货物交给承运人履行自己的交货义务；（2）自费办理货物的出口结关手续；（3）

---

① 参见陈晶莹、邓旭：《〈2000 年国际贸易术语解释通则〉释解与应用》，对外经济贸易大学出版社 2000 年版，第 58 页。

自费向买方提交与货物有关的单证或相等的电子单证。买方的责任是：（1）自费办理货物的运输手续并支付费用；（2）自费办理货物的进口和结关手续等。

C组。C组包括四个贸易术语：（1）CFR，全称为 Cost and Freight（…named port of destination），即成本加运费（……指定目的港）；（2）CIF，全称为 Cost, Insurance and Freight（…named port of destination），即成本、保险费加运费（……指定目的港）；（3）CPT，全称为 Carriage Paid To（…named place of destination），即运费付至（……指定目的地）；（4）CIP，全称为 Carriage and Insurance Paid To（…named place of destination），即运费、保险费付至（……指定目的地）。C组术语的特征是，卖方须订立运输合同，但对货物灭失或损坏的风险以及装船和启运后发生意外所产生的额外费用，卖方不承担责任。在C组的贸易术语中，卖方的责任是：（1）自费办理货物的运输手续并交纳运输费用；在 CIF 和 CIP 术语中，卖方还要自费办理投保手续并交纳保险费用；（2）在 CFR 和 CIF 术语中，承担货物在装运港越过船舷以前的风险和费用；在 CPT 和 CIP 术语中，则承担货物提交给承运人以前的风险和费用。（3）自费办理货物出口及结关手续；（4）向买方提交与货物有关的单据或相等的电子单证。买方的责任是：（1）在 CFR 和 CIF 术语中，承担货物在装运港越过船舷以后的风险和费用；在 CPT 和 CIP 术语中，承担货物提交承运人后的风险和费用；（2）自费办理货物进口的结关手续等。

D组。D组包括五个贸易术语：（1）DAF，全称为 Delivered At Frontier（…named place），即边境交货（……指定地点）；（2）DES，全称为 Delivered Ex Ship（…named port of destination），即目的港船上交货（……指定目的港）；（3）DEQ，全称为 Delivered Ex Quay（…named port of destination），即目的港码头交货（……指定目的港）；（4）DDU，全称为 Delivered Duty Unpaid（…named place of destination），即未完税交货（……指定目的地）；（5）DDP，全称为 Delivered Duty Paid（…named place of destination），即完税后交货（……指定目的地）。D组术语的特征是，卖方须承担把货物交至目的地国所需的全部费用和风险。在D组的贸易术语中，卖方的责任是：（1）将货物运至约定的地点或目的地交货。（2）承担货物运至目的地前的全部风险和费用。（3）在 DDP 术语中，卖方不但自费办理货物出口结关手续，还要办理货物进口的海关手续并交纳进口关税及其他税、费。买方的责任是：（1）承担货物在目的地交付后的一切风险和费用；（2）除 DDP 外，自费办理进口结关手续。与E组的 EXW 术语中卖方承担最小责任相反，在 DDP 术语中，卖方承担的责任最大。

3.《2000年国际贸易术语解释通则》中常用的国际贸易术语。

FOB术语。FOB术语是最早出现的国际贸易术语，也是目前国际上普遍应用的贸易术语之一。按照国际商会《2000年国际贸易术语解释通则》的规定，卖方承担如下义务：（1）提供符合合同规定的货物和单证或相等的电子单证；（2）自负费用及风险办理出口许可证及其他货物出口手续，交纳出口捐、税、费；（3）按照约定的时间、地点，依照港口惯例将货物装上买方指定的船舶并给买方以充分的通知；（4）承担在装运港货物越过船舷以前的风险和费用。买方承担如下义务：（1）支付货款并接受卖方提供的交货凭证或相等的电子单证；（2）自负费用及风险取得进口许可证，办理进口手续交纳进口的各种捐、税、费；（3）自费租船并将船名、装货地点、时间给予卖方以充分通知；（4）承担在装运港货物越过船舷以后的风险和费用。

CIF术语。CIF术语是国际贸易中最通用的术语。根据《2000年国际贸易术语解释通则》，卖方承担如下义务：（1）提供符合合同规定的货物和单证或相等的电子单证；（2）自负风险和费用办理出口许可证及其他货物出口手续，并交纳出口捐、税、费；（3）自费订立运输合同并将货物按惯常航线在指定日期装运至指定目的港，并支付运费；（4）自费投保、交纳保险费，如无明示的相反协议，按伦敦保险业协会《货物保险条款》投保海上运输的最低险别；（5）承担在装运港货物越过船舷以前的风险及除运费和保险费以外的费用。买方承担如下义务：（1）支付货款并接受卖方提供的交货凭证或相等的电子单证；（2）自负费用和风险取得进口许可证，办理进口手续、交纳进口的各种捐、税、费；（3）承担在装运港货物越过船舷以后的风险和除运费、保险费以外的费用。

CFR术语。CFR术语与CIF术语的不同之处仅在于价格构成。在按CFR术语成交时，价格构成中不包括保险费，也就是说，买方要自行投保并支付保险费用。其余关于交货地点、买卖双方责任、风险及费用的划分等都与CIF术语相同。

（四）国际货物买卖法律与规则的适用

通过上面的论述可以看出，除当事人之间的合同外，一项国际货物买卖行为可能会受到当事人的习惯做法、当事人约定适用的《国际贸易术语解释通则》等惯例、与国际货物买卖有关的国内法（包括判例）以及《公约》等国际公约的约束，这些规范和法律也正是国际货物买卖法律与规则的组成部分。不过，在这个由各国国内法、国际公约、国际惯例甚至习惯做法组成的国际货物买卖的规则体系中，不同类型规范的地位、效力和作用是不同的，其适用的原则和顺序也是不同的。下面就以一项属于《公约》调整范围的国际货物买卖合同为例进行具体分析。

对于这样一项合同，通常先要看它有无法律选择条款，如果它选择适用某一部法律，如英国 1979 年《货物买卖法》，那么按照意思自治原则其约定适用的法律通常会得到执行。如果它选择适用某一国法律，法院同样应该适用该国的法律，而且如果该国是《公约》缔约国的，《公约》同样应该得到直接适用，除非合同中明确排除了《公约》的适用。如果没有上述法律选择条款并且当事人没有约定排除《公约》的，那么《公约》以及经国际私法规则确定的准据法（国内法）应该得到适用，而且按照国际公约优先的一般原则，《公约》还可以得到优先适用。

对于《公约》的优先适用，要注意以下几点：首先，《公约》不仅优先于国内实体法适用，它也应优先于该国的国际私法规则，因为《公约》作为一部实体法公约，其规则更加具体，并能直接带来实质性的解决办法，故无须通过国际私法规则去间接适用其他的法律来解决问题。① 其次，《公约》的优先适用是有局限性的，因为《公约》仅规定了货物买卖合同的部分法律规则而不是全部。《公约》第 4 条规定，本公约只适用于销售合同的订立和卖方、买方因此种合同而产生的权利和义务。特别是，本公约除非另有明文规定，与以下事项无关：（a）合同的效力，或其任何条款的效力，或任何惯例的效力；（b）合同对所售货物所有权可能产生的影响。从《公约》第二部分"合同的订立"和第三部分"货物销售"的规定来看，也的确是这样。因此，在《公约》规定的内容范围内，它是可以得到优先适用的，但是《公约》没有规定的，如合同的效力、所有权的保留与转移、合同的抵消、债务的转让、连带责任以及诉讼时效等，均应适用国内法来解决。再次，对《公约》的适用不仅意味着对其规则条文的适用，还包括对公约的解释。《公约》第 7 条规定，"在解释本公约时，应考虑到本公约的国际性质和促进其适用的统一以及在国际贸易上遵守诚信的需要；凡本公约未明确解决的属于本公约范围的问题，应按照本公约所依据的一般原则来解决，在没有一般原则的情况下，则应按照国际私法规定适用的法律来解决"。因此，对于属于《公约》范围的问题，即"销售合同的订立和卖方、买方因此种合同而产生的权利和义务"，《公约》有

---

① 参见联合国国际贸易法委员会关于《联合国国际货物销售合同公约》判例法摘要汇编：A/CN. 9/SER. C/DIGEST/CISG/1，p. 1.

明文规定的，应适用其规定；没有明文规定的，应按照《公约》所依据的一般原则来解决；在没有一般原则的情况下，再按照国际私法所指引的国内法来解决。而在解释适用《公约》时，应本着公约作为国际统一法的性质，贯彻促进公约适用统一的原则和诚实信用原则。

如果这项合同涉及当事人的习惯做法或者国际惯例，按照《公约》第9条第（1）款的规定，只要是双方当事人业已同意的惯例和他们之间确立的习惯做法，对双方当事人是有约束力的。不过《公约》并没有对习惯做法作出界定。按照一般理解，习惯做法是指特定当事人之间有规律地形成的、正在被遵守或者曾经被遵守的一些行为方式。习惯做法在当事人之间应具有实质上的经常性、延续性和约束性，要求在当事人之间存在一种包含更多销售合同的长期的合同关系，例如付款时一直使用寄送支票的方式，或者供货时一直允许供货量有所出入等。而对于惯例，无论是地区惯例还是国际惯例，只要是当事人相互同意的，即对当事人产生约束力。而对于那些当事人没有约定适用的惯例，按照《公约》第9条第（2）款的规定，只要是能够为双方当事人所知或理应为他们所知，并且为有关特定贸易所涉同类合同的当事人所广泛知晓并为他们所经常遵守的贸易惯例，除非当事人另有约定，应视为当事人已默示地同意对他们的合同或合同的订立适用这些惯例。对于此类惯例，首先，他们应当是在国际贸易中为有关特定贸易所涉同类合同的当事人所广泛知晓并为他们所经常遵守的；其次，应当是为双方当事人所知或理应为他们所知的惯例；再次，它们还必须被具体当事人所知晓或曾经知晓。仅在一个国家或地区内形成的惯例，或者在跨国贸易中尚未为特定领域的当事人所经常遵循的惯例不属于此类国际商业惯例的范畴。①

虽然《公约》第9条规定习惯做法和惯例可以对当事人产生约束力，但是这并不是对习惯做法和惯例效力的规定，而只是确定了它们的可适用性，因为按照《公约》第4条的规定，公约并不涉及"任何惯例的效力"。因此，如果国内法不认可某些商业惯例的效力的，仍然应该适用国内法来作出判断。而对于"当事人的习惯做法"，虽然《公约》第4条并没有提及，但这并不表示它不受该条的约束，因为它仍然可能属于"合同的效力"的范畴。

如果按照有关的国内法的规定，这样一项合同所适用的惯例（例如《2000年国际贸易术语解释通则》）是合法有效的，那么该惯例即对当事人产

---

① 参见［德］彼得·施莱希特里姆：《〈联合国国际货物销售合同公约〉评释》，李慧妮编译，北京大学出版社2006年版，第52~53页。

生约束力。不过，约定适用惯例并不能产生排除国际公约或者国内立法适用的效力，相反它要受到国际公约或者国内立法的约束，因为它实际上仅仅是当事人合同的组成部分。如果约定适用的惯例、国际惯例与《公约》或者有关国内立法的规定不一致时，只要不违背强行法的规定，惯例应该得到优先适用，这同样是意思自治原则的体现。不过，惯例所调整的范围和事项也是有限的，以《2000 年国际贸易术语解释通则》为例，其仅调整交货等与合同履行有关的事项，因此惯例同样不能解决所有的合同问题，还要以当事人的合同以及习惯做法为基础，并依靠《公约》等国际公约以及有关的国内法来解决问题。而在当事人之间的约定与适用的惯例不一致时，基于意思自治原则，当事人的约定应优先适用，只要当事人的约定按照所适用的国内法的规定是合法有效的。

由此可见，国际货物买卖法律和规则的适用确实异常复杂，必须针对具体案件进行具体分析并综合考虑所涉及的一切立法和规则。从这个意义上来说，只有通过"四库全书"式的编纂体制和规模才能真正阐释国际货物买卖法的全部真义，而在一本教材中对其进行逐一研究则是不现实的，对其进行部分的、简单的罗列更是危险的，因为这可能是片面的、断章取义的描述。有鉴于此，本章主要以《联合国国际货物销售合同公约》和《2000 年国际贸易术语解释通则》为依据进行概括阐述，其他的规则仅在必要时方予以提及。

第二节　国际货物买卖合同的成立

一、国际货物买卖合同的订立

国际货物买卖合同的订立是指营业地在不同国家的当事人就货物买卖达成意思表示一致的过程，它通常是通过要约、承诺的方式达成的。由于各国法律特别是英美法系与大陆法系在要约、承诺的某些法律规则上存在着重大的分歧，《公约》对此采取了一些调和、折中措施，因此使得《公约》的要约、承诺规则具有一定的特殊性。由于《公约》适用的主体范围已在本章第一节"《联合国国际货物销售合同公约》"中得到论述，而当事人的缔约能力等涉及合同效力的事项不在《公约》的调整范围之内，因此下面主要以《公约》关于要约与承诺的规则为主进行论述。

（一）要约

1. 要约的概念与要件。

要约，又称发价、报价或发盘，是指一方以缔约为目的向特定对方所做的

167

意思表示。按照《公约》第 14 条第 1 款的规定，凡向一个或一个以上特定的人（Specific Persons）提出的订立合同的建议，如果十分确定（Sufficiently Definite）并且表明要约人在得到接受时承受约束的意旨，即构成一项要约。按照该规定，要约应具备以下要件：

（1）要约应向一个或一个以上特定的人提出，即受要约人应为特定的人。凡不是向一个或一个以上特定的人提出的订约建议，如向公众发出的普通广告、价目表等，仅应视为要约邀请，而非一项要约。但是，如果此项建议符合作为要约的其他要求，而且提出该建议的人明确表示有相反的意向，如明确表示他所刊载的广告是作为一项要约提出来的，或者表明"款到即付"的等，则这项建议可以构成要约。

（2）要约的内容必须为订立合同的建议并且十分确定。要约为一项订立合同的建议，这是它的本质特征。至于"十分确定"，按照《公约》第 14 条第 1 款的规定，一个建议如果写明货物并且明示或暗示地规定数量和价格或规定如何确定数量和价格，即为十分确定。因此，构成一项"十分确定"的订约建议，首先，必须写明货物，如棉花、石油等，但是货物的质量并不在要约必须明确之列；其次，应明示或暗示地规定货物的数量或规定如何确定数量的方法，如"东北大米 5000 公吨"，或者"拟出售某果园在某段时间内所生产的全部苹果"等；最后，如同数量一样，应明示或默示地规定货物的价格或规定如何确定价格的方法。不过对于要约中价格的确定或者可确定性，可能与《公约》第 55 条的规定存在冲突。《公约》第 55 条规定，"如果合同已有效地订立，但没有明示或暗示地规定价格或规定如何确定价格，在没有任何相反表示的情况下，双方当事人应视为已默示地引用订立合同时此种货物在有关贸易的类似情况下销售的通常价格"，不过多数国家法院的判决在确定合同是否成立时都没有适用《公约》第 55 条的规定。至于其他事项，要约中没有规定的，可以由当事人进一步协商确认或者通过援引《公约》的有关规定来填补，而不致影响合同的成立。

（3）要约必须有表明要约人在要约得到接受时承受要约约束的意思。要约的目的就是为了同对方订立合同，也就是说，要约人愿意在要约得到接受时承受要约的约束从而缔结合同。例如，买方向卖方发出一份订单，说明"我们订货"并且请"立即发货"，这样买方就被认为是表明了其愿受约束的意旨。不过，如果要约人在其要约中附有某种保留条件，表明他的要约即使被接受，他亦不受任何约束，那么这就不是一项真正的法律意义上的要约，而可能只是一种要约邀请。要判定一项要约有无受约束的意思表示，应结合要约的内容和方式，并且依据《公约》关于合同解释的规定进行解释。

2. 要约的生效。

要约于送达被要约人时生效。要约作为一种意思表示，受要约人只能在收到后才能了解其内容并决定是否接受，因此《公约》采取了到达（送达）主义。所谓送达，按照《公约》第24条的规定，是指用口头通知对方或通过任何其他方法送交对方本人，或其营业地或通信地址；如无营业地或通信地址，则送交对方惯常居住地。要约于送达时即生效，至于受要约人是否了解或知晓其内容则不作要求。

要约生效后，要约人即受到要约的约束，非依法不得撤销或进行变更；但是对于受要约人来说，他可以接受也可以不接受，不过如果受要约人接受的，即可以其承诺使合同得以成立。

3. 要约的撤回与撤销。

要约的撤回是指在要约生效前，要约人欲使其丧失法律效力而取消要约的意思表示。《公约》第15条第2款规定，一项要约，即使是不可撤销的，得予撤回，如果撤回通知于要约送达被要约人之前或同时送达被要约人。因此，如果要约人发出一项要约后心生悔意，即可以采用更加迅捷的方式向受要约人表明其撤回要约的意思表示，如果该撤回通知于要约送达被要约人之前或同时送达被要约人，则该要约不发生要约的效力。

要约的撤销是指要约生效后，要约人欲使其丧失法律效力而取消要约的意思表示。各国对要约能否被撤销存在不同的规定，《公约》则采取了兼容并蓄的做法，其第16条第1款规定，在未订立合同之前，要约得予撤销，如果撤销通知于被要约人发出接受通知之前送达被要约人。由此可见，要约的撤销应符合以下要件：首先，要约已经生效；其次，被要约人尚未发出接受通知，合同尚未成立；最后，要约人撤销要约的通知在被要约人发出接受通知之前送达被要约人。但是，按照第16条第2款的规定，如果要约写明接受要约的期限或以其他方式表示要约是不可撤销的；或被要约人有理由信赖该项要约是不可撤销的，而且被要约人已本着对该项要约的信赖行事，那么尽管有上述规定，基于意思自治原则和禁止反言原则，要约仍不得被撤销。

4. 要约的终止。

一项要约被撤回，或者被有效地撤销，或者被拒绝的（即使是不可撤销的），要约终止。要约被撤回或撤销时，撤回或撤销要约的通知送达受要约人时要约终止；要约被拒绝的，于拒绝通知送达要约人时要约终止。此外，一项规定有承诺期限的要约，也可以因期限届满而终止。

（二）承诺

1. 承诺的概念与要件。

承诺，又称接受或接盘，是指受要约人向要约人作出的表示同意要约的内容以缔结合同的意思表示。《公约》第 18 条规定，受要约人以作出声明或以其他行为对某一要约表示同意，即为承诺。依照该规定，承诺应具备以下要件：

（1）承诺须由受要约人向要约人作出。非受要约人向要约人作出的或者受要约人向非要约人作出的接受要约的意思表示不能构成法律意义上的承诺。

（2）承诺须为对要约表示同意的意思表示。首先，承诺应是对要约的明确接受，即明确表示同意要约从而与要约人缔结合同。仅仅表示"了解"或者"愿意考虑"的，通常不能构成一项承诺。其次，承诺应是对要约内容的同意和接受，即接受要约的内容并以此作为合同的条件，但是这并不意味着受要约人必须接受要约的全部内容。按照《公约》第 19 条的规定，只要不是对要约内容的实质性变更，承诺的内容与要约的内容虽有所出入，仍可构成一项承诺从而导致合同的成立。因此，尽管通常情况下，对要约表示接受但载有添加、限制或其他更改的答复的，即为拒绝该项要约并构成反要约（或称还价或还盘），但是如果该类更改不是对要约的实质性变更，那么仍可构成一项承诺。

所谓实质性变更，是指有关货物价格、付款、货物质量和数量、交货地点和时间、一方当事人对另一方当事人的赔偿责任范围或解决争端等的添加或不同条件；除此之外，在要约的接受中对其他合同事项的更改均不属于反要约，而是一项承诺。但是，在非实质性变更的情况下，要约人享有在"不过分迟延的期间内以口头或书面通知反对其间的差异"的权利，即如果要约人在合理期间内以口头或书面通知反对这种更改的，则受要约人的接受仅构成一项反要约而不是承诺。相反，如果要约人不作出这种反对，那么受要约人的接受即构成一项承诺，合同的条件即以该项要约的条件以及接受通知内所载的更改为准。

（3）承诺应在有效期间内送达。依据《公约》第 18 条第 2 款的规定，要约中规定了承诺期限的，承诺应在规定期限内作出或送达。要约中没有规定承诺期限的，如果是以口头（对话）方式作出的，应立即接受，但情况有别者（如当事人另有约定等）除外；如果是以非对话方式作出的，承诺应在合理期限内送达。《公约》还对期限的计算进行了明确规定，按照其第 20 条的规定，要约人在电报或信件内规定的接受期间，从电报交发时刻或信上载明的发信日期起算，如信上未载明发信日期，则从信封上所载日期起算。要约人以电话、电传或其他快速通信方法规定的接受期间，从要约送达被要约人时起算。在计算接受期间时，接受期间内的正式假日或非营业日应计算在内。但是，如果接受通知在接受期间的最后一天未能送到要约人地址，因为那天在要约人营业地是正式假日或非营业日，则接受期间应顺延至下一个营业日。

如果承诺未在规定期限或合理期限内送达要约人的，承诺就成为无效，当然此时还应适当考虑交易的情况，包括要约人所使用的通信方法的迅速程度等。不过，《公约》并没有一概否认逾期承诺的法律效力。依据《公约》第21条第1款的规定，逾期接受仍有接受的效力，如果要约人毫不迟延地用口头或书面将此种意见通知被要约人。与此相反，按照《公约》第21条第2款的规定，如果载有逾期承诺的信件或其他书面文件表明，它是在传递正常、能及时送达要约人的情况下寄发的，则该项逾期承诺具有承诺的效力，除非要约人毫不迟延地口头或书面通知被要约人：他认为他的要约已经失效。

2. 承诺的方式。

按照《公约》第18条的规定，受要约人可以两种方式表示其对要约的承诺：一种是采取向要约人发出声明的方式表示接受该要约，无论口头形式或书面形式均可；另一种则是通过某种行为来表示，例如买方接受货物，第三方收取货物，签发信用证等。

但是，受要约人在收到要约后，仅保持缄默，或者不采取任何行动对要约作出反应，就不能认为是对要约的接受，因为从法律上说，受要约人并没有必须对要约作出答复的义务。当然，这也存在一些例外情况，即如果根据要约或依照当事人之间确立的习惯做法或惯例，被要约人可以作出某种行为，例如与发运货物或支付价款有关的行为来表示同意，而无须向要约人发出通知，则接受于该项行为作出时生效，只要该项行为在有效期间内作出。①

3. 承诺的生效。

《公约》第18条第2款规定，接受要约于表示同意的通知送达要约人时生效，即对承诺的生效仍采到达主义，当然其前提是承诺必须有效。不过，对于口头要约应立即接受，即口头要约以当场作出承诺的方式即可生效，但情况有别者除外。此外，如果根据要约或依照当事人之间确立的习惯做法或惯例，被要约人可以作出某种行为，例如与发运货物或支付价款有关的行为来表示同

---

① 参见联合国国际贸易法委员会关于《联合国国际货物销售合同公约》判例法摘要汇编：A/CN. 9/SER. C/DIGEST/CISG/18, p. 4.

意，而无须向要约人发出通知，则只要该项行为在有效期间内作出，承诺于该项行为作出时即可生效。而承诺生效时，合同就成立了。

4. 承诺的撤回。

撤回承诺是受要约人阻止其承诺发生法律效力的一种意思表示。受要约人在发出接受通知之后，如果发现不妥，可以在该接受通知生效之前，赶紧发出撤回通知，只要撤回通知能在该承诺通知到达之前或与其同时送达对方，即可将该项承诺予以撤回。一旦承诺送达生效，合同即告成立，受要约人就不得予以撤回，否则就等于违约。

二、国际货物买卖合同的形式要求

《公约》对合同的订立没有设置任何形式上的要求。依据《公约》第 11 条的规定，销售合同无须以书面订立或书面证明，在形式方面也不受任何其他条件的限制；销售合同可以用包括人证在内的任何方法证明。该规定被认为确立了一项不做形式要求的原则（或称形式自由原则），双方当事人可以通过任何方式——不论是书面的、口头的还是其他任何方式——自由地订立他们之间的合同，甚至自由地更改或终止他们之间的合同。而且，合同也可以以任何方式加以证明，无论口头的、书面的还是其他的任何方式。当然，当事人也可以约定某种特定的合同形式，例如书面形式或其他形式。而按照公约规定，电报和电传属于书面形式。

不过，如果一方当事人的相关营业地是在作了《公约》第 96 条声明保留的国家，那么不作形式要求的原则本身就不适用。依据《公约》第 12 条的规定，该《公约》第 11 条、第 29 条或第二部分准许销售合同或者任何要约、承诺或其他意旨表示得以书面以外任何形式作出的任何规定不适用，如果任何一方当事人的营业地是在已按照该公约第 96 条作出了声明的一个缔约国内，各当事人不得减损本条或改变其效力。由于许多国家认为合同的订立、变更或者终止应当采用书面的形式，而且许多国家也有这样的立法规定，因此《公约》允许缔约国对此提出保留。而且，与《公约》大部分规定不同，《公约》第 12 条不得被减损或改变。

虽然《公约》第 12 条的规定明确具体，但是对于《公约》第 96 条保留条款的效力问题存在着不同的观点。一种观点认为，一方当事人在一个做了《公约》第 96 条保留的国家有营业地并不一定表示该国的形式要求就会适用，而是还要依照法院所在地的国际私法规则来决定是否需要满足任何形式要求。因此，如果这些规则导致适用做了《公约》第 96 条保留的国家的法律，那么就应该遵守该国对于形式的要求；如果适用的法律是没有作出《公约》第96条保留的缔约国的法律，那么就适用《公约》第11条规定的免于形式要求的原则。不过，另一种相反的观点认为，如果一方当事人在作出《公约》第96条保留的国家有相关的营业地，那么合同就必须以书面形式订立、证明或更改。①

还要注意的是，《公约》第12条的适用仅限于《公约》第11条、第29条和第二部分，所以它的规定并非对《公约》所规定的一切通知或意思表示都适用，而是仅仅适用于与合同订立、更改及协议终止有关的通知或意旨表示。

三、国际货物买卖合同的解释

（一）解释规则

《公约》第8条针对"一方当事人所作的声明和其他行为"的解释进行了专门规定。按照《公约》第8条第1款的规定，对于一方当事人所作的声明和其他行为，应依照他的意旨解释，只要另一方当事人已知道或者不可能不知道这一意旨。按照该规定，对当事人的意思表示或行为，在对方当事人已经知道或不可能不知道的情况下，应按照当事人的真实意思来解释，亦即应采取主观标准，对当事人的主观意思做实质性的探询，即使当事人并未以客观上可以确定的方式表达并记录其真实意思。但是，这种主观解释仅限于已经表达出来的意思表示或者已经作出的行为，并且对方当事人已经知道或不可能不知道，不为人知的意思表示或者行为不能适用这一规定。在这种情况下，主张另一方当事人知道或不可能不知道其意旨的一方当事人，应承担举证责任。②

尽管应该首先探寻当事人的真实意思表示，但是在大多数案例中，很少出现合同双方当事人均认可某一主观意旨的情形。因此，必须通过"较为客观的分析"方法来确定当事人的意思。依据《公约》第8条第2款的规定，在《公约》第8条第1款规定不适用时，当事人所作的声明和其他行为，应按照一个与另一方当事人同等资格、通情达理的人处于相同情况中应有的理解来解

---

① 参见联合国国际贸易法委员会关于《联合国国际货物销售合同公约》判例法摘要汇编：A/CN. 9/SER. C/DIGEST/CISG/12，pp. 2-3.

② 参见联合国国际贸易法委员会关于《联合国国际货物销售合同公约》判例法摘要汇编：A/CN. 9/SER. C/DIGEST/CISG/8，p. 3.

释。也就是说，应按照一个理智的商人在相同情况下应有的理解来解释。所谓同等资格，指与对方当事人在行业或职业知识与技能上基本相同；通情达理，则是指具有通常所具有的理智、谨慎和操守。① 例如，在一个案例中，买方是该方面的专家，知道购买的不是新机器，而是于合同订立前已制造达 14 年之久且不符合最新技术标准的机器，因此卖方认为买方在订立合同之时完全了解有关机器设备在技术方面的局限，法院依据《公约》第 8 条第 2 款规定支持了卖方的理解，认为向买方提供的机器符合合同规定。②

在确定一方当事人的意旨或一个通情达理的人应有的理解时，按照《公约》第 8 条第 3 款的规定，应适当地考虑到与事实有关的一切情况，包括谈判情形、当事人之间确立的任何习惯做法、惯例和当事人其后的任何行为。这是对上述规定的重要补充，引导大家在解释时综合考虑与所要解释的声明或行为有关的事项和因素，以更好地探求当事人的真实、客观的意思表示。

（二）适用范围

值得注意的是，《公约》第 8 条针对的是"一方当事人所作的声明和其他行为"的解释而不是"合同"的解释。因此，对于双方当事人的共同声明、共同行为以及双方的合意等的解释，似乎不属于《公约》第 8 条的适用范围。不过，由于合同通常是依靠一系列的单方当事人的声明和其他行为缔结并履行的，因此对"一方当事人所作的声明和其他行为"的解释仍然属于通常意义上合同解释的重要组成部分。

此外，只要需要解释的声明或行为与《公约》管辖的事项相关，那么《公约》第 8 条规定的解释标准就应当被用来解释这些声明或行为，而不管有关声明或行为是与《公约》第二部分"合同的订立"还是第三部分"双方当事人的权利和义务"有关。因此，包括有关合同订立过程的声明和其他行为，以及与合同的履行及宣告合同无效有关的声明和其他行为均属于《公约》第 8 条的调整范围。而在《公约》第 8 条得以适用的情况下，无须适用有关国内法的解释规则，因为《公约》第 8 条已经详尽地处理了解释的问题。③

---

① 参见左海聪：《国际贸易法》，法律出版社 2004 年版，第 37 页。

② 参见联合国国际贸易法委员会关于《联合国国际货物销售合同公约》判例法摘要汇编：A/CN. 9/SER. C/DIGEST/CISG/8，p. 5.

③ 参见联合国国际贸易法委员会关于《联合国国际货物销售合同公约》判例法摘要汇编：A/CN. 9/SER. C/DIGEST/CISG/8，p. 2.

第三节　国际货物买卖合同的风险转移

在国际货物买卖中，货物可能会发生遗失或毁损灭失等风险，应由谁来承担这些风险造成的损失是一个必须确定的问题，各国国内法以及《公约》、《通则》等也都对此作出了明确规定。由于风险转移与货物所有权的转移并不是一个问题，而且按照《公约》以及《通则》确定的一般原则，风险转移与所有权的转让无须同时发生，更无须顾及是卖方还是买方拥有货物的所有权或者谁负责安排运输或保险等事宜，因此下面仅探讨风险转移的问题。

一、风险转移的时间

（一）涉及货物运输时的风险转移时间

对于销售合同涉及货物运输时的风险转移，按照《公约》第 67 条的规定，可分为两类：一是在卖方没有义务在某一特定地点交付货物的情形下，自货物按照销售合同交付给第一承运人以转交给买方时起，风险就移转到买方承担；二是在卖方有义务在某一特定地点把货物交付给承运人的情形下，在货物于该地点交付给承运人以前，风险不移转到买方承担。但是，在货物以货物上加标记、或以装运单据、或向买方发出通知或其他方式清楚地注明有关合同以前，风险不移转到买方承担。也就是说，只有货物被特定化或者归于某一合同项下后，才能按照上述规则确定风险的转移，这样就可以防止卖方在灾后再标注遗失或损坏的货物，以保护买方的利益。

对"销售合同涉及货物的运输"的理解同《公约》第 31 条（a）项的规定是一致的。不过，在第一种情况下货物交付给第一承运人即可发生风险的转移，但在第二种情况下只要交给特定的承运人即可，不一定是第一个运输者，在此之前的运输也在所不问。此外，货交承运人后卖方受权保留控制货物处置权单据的，并不影响风险的移转，因为风险转移与所有权的转移是分离的。

虽然《公约》对此有明确规定，但如果当事人的合同、习惯做法或惯例有不同规定时，应按照其规定处理。这在当事人采用国际贸易术语进行交易时尤其值得注意，因为《通则》对货物运输及风险转移有详细的规定。《通则》12 个涉及运输的贸易术语中，按照风险转移的不同特点可分为四类：（1）风险在装运港越过船舷时转移：在 FOB、CIF、CFR 三个术语下，卖方均负责在装运港交货，他承担的风险均在货物越过船舷时转移给买方。（2）风险在交至装运港船边时转移：FAS 术语下，卖方在指定的装运港将货物交至船边，货物灭失或损坏的一切风险转移至买方。（3）风险在货交承运人时转移：FCA、CPT、CIP 三个术语中，卖方均负责向承运人交货，其承担的风险均在卖方将货物交给承运人时转移给买方。（4）风险在目的地交给买方时转移：在 D 组术语下，卖方基本上是在目的地的某个地点将货物置于买方的控制之下，卖方即完成交货，风险也自交货之时转移。此外，按照《通则》的一般规定，如果因为买方原因，如未及时通知，或者所指定的船只或承运人未按时到达，或者未能收受货物或者提早停止装货等，从约定的交货日期或交货期限届满之日起，风险转移给买方。

（二）出售在途货物时的风险转移时间

如果销售的是正在运输途中的货物，如何确定货物的风险转移时间是一个棘手的问题。从理论上来说，应以订立合同时作为风险转移的时间点，但是此时货物状况却往往是难以查明的，这在实践中并不可行。而如果认定风险自货物交给承运人时转移，又可能会发生在订立合同时货物已经发生毁损灭失的情形，买方可能会为本已经不存在的货物承担支付价款的义务。《公约》对此达成了妥协，《公约》第 68 条规定，对于在运输途中销售的货物，从订立合同时起，风险就移转到买方承担。但是，如果情况表明有此需要，从货物交付给签发载有运输合同单据的承运人时起，风险就由买方承担。不过，何谓"情况表明有此需要"并不确定，一般认为如果被转售的货物已经投保的，就可以认为风险可自货物交付给签发载有运输合同单据的承运人时起转移。① 当然，如果当事人之间的合同、习惯做法或者惯例有不同规定的，应按照其规定处理。

由此可见，即使货物在合同订立前已经灭失，只要属于"情况表明有此需要"并且已签发运输单据的情形，其后订立的合同仍然可能是有效的，买方由此承担着一项自始不能的履约义务，而买方则是付款义务。当然这一规则保护的是善意卖方，如果卖方在订立合同时已知道或理应知道货物已经遗失或损坏，而他又不将这一事实告知买方，则这种遗失或损坏应由卖方负责。

（三）其他情形下货物的风险转移时间

《公约》第 67~68 条规定的是销售合同涉及货物运输时的风险转移。对于其他情形，主要是指在卖方营业地或者卖方营业地以外的地点接受货物的，则由《公约》第 69 条予以规定。

---

① 参见［德］彼得·施莱希特里姆：《〈联合国国际货物销售合同公约〉评释》，李慧妮编译，北京大学出版社 2006 年版，第 231 页。

对于不涉及运输的买卖，通常由买方承担往取义务，因此风险从买方接收货物时起转移。如果货物在卖方营业地交付，按照《公约》第 69 条第 1 款的规定，从买方接收货物时起，或如果买方不在适当时间内这样做，则从货物交给他处置但他不收取货物从而违反合同时起，风险移转到买方承担。但是，如果买方有义务在卖方营业地以外的某一地点接收货物，按照《公约》第 69 条第 2 款的规定，当交货时间已到而买方知道货物已在该地点交给他处置时，风险方始移转。"在卖方营业地以外的某一地点"主要包括交付储存在仓库中的货物、在卖方或买方营业地以外的某一地点交货以及在买方营业地点交货等情形。对于交给买方处置的理解同《公约》第 31 条规定一致，不过如果合同指的是当时未加识别的货物，则这些货物在未清楚注明有关合同以前，不得视为已交给买方处置。

当事人之间的合同、习惯做法或者惯例可以改变或减损上述规定的效力。例如，如果当事人使用 EXW 术语进行买卖的，卖方在卖方所在地或其他指定的地点（如工场、工厂或仓库）将未置于任何运输车辆上的货物交给买方处置，即完成交货。此时即为货物风险转移的时间点。但是如果买方有权确定在约定的期限内受领货物的具体时间和/或地点时，而买方未能通知卖方的，则自约定的交货日期或交货期限届满之日起风险转移给买方，但以该项货物已正式划归合同项下，即清楚地划出或以其他方式确定为合同项下之货物为限。EXW 术语的这一规定显然要比《公约》第 69 条的规定简单。

二、风险转移的后果

风险的转移，意味着货物的风险由卖方承担转移给买方承担。但何谓货物的风险，《公约》并没有明确界定，只不过从《公约》第 66 条的规定可以看出，货物的风险应包括遗失或损坏，其中货物遗失包括货物找不到、被盗或被转让给另一个人等情形，货物损坏则包括在运输或储存期间货物完全损毁、实际损坏、变质和短缩等情形。① 由此，按照风险转移的规则，对于风险转移前货物遗失或损坏造成的损失应由卖方承担，而风险转移后则由买方承担。

货物的遗失或损坏无疑会对合同的履行产生一定的影响，但这种风险以及风险的转移通常不会改变合同既定的权利和义务关系。由于风险通常于货物交付时发生转移，因此如果未完成交货前货物遗失或损坏的，卖方承担该风险，

---

① 参见联合国国际贸易法委员会关于《联合国国际货物销售合同公约》判例法摘要汇编：A/CN. 9/SER. C/DIGEST/CISG/66，p. 2.

而且这并不解除卖方交付货物的义务；同样，如果完成交货后货物遗失或损坏的，买方承担该风险，而且这并不解除买方交付价款的义务。当然，上述原则的前提是买卖双方对此风险均不负有责任，或者没有相反或不同的约定。而如果货物的遗失或损坏等风险是由于卖方的作为或不作为造成的，也就是说，如果卖方应对货物风险承担责任时，买方支付价款的义务可得以全部或部分免除。

不过，如果卖方已根本违约，即使有上述规定，仍不损害买方因此种违约而可以采取的各种补救办法。在卖方根本违约的情形下，买方可以解除合同并解除支付价款的义务，而货物的风险会随着合同的解除而重新转由卖方承担。不过，买方必须在他已知道或理应知道卖方违反合同后一段合理时间内，宣告合同无效，否则就丧失了宣告合同无效的权利。而在卖方没有根本违约的情况下，买方只能请求损害赔偿等补救方法而不能请求解除合同，这样风险转移后的损失仍应由买方来承担。

第四节　国际货物买卖合同当事人的义务

国际货物买卖合同当事人之间的权利与义务是由当事人首先在合同中确立的，当事人之间的习惯做法、惯例也会为当事人设定权利与义务；在没有相反约定的情形下，国际公约、国内立法规定的权利与义务也会成为约束当事人的依据；当然上述一切还要受到所适用的强行性规则的制约，因此，探讨当事人之间的权利义务关系必须结合上述内容才能真正得以进行。不过受诸多方面的限制，本章仅以《公约》以及《通则》的相关规定为主进行叙述，其前提是，对于《公约》来说，只有在该公约能够适用且当事人没有相反或不同约定时才适用公约关于权利义务的规定；而对于《通则》来说，只有当事人约定适用或者当事人使用相关的国际贸易术语进行交易的，才能依据其所规定的权利义务行事。通常情况下，《通则》有不同于《公约》的规定的，应优先适用其规定。

一、卖方的义务

依据《公约》的规定，国际货物买卖中卖方的义务可以概括为四项：（1）交付货物；（2）移交一切与货物有关的单据；（3）货物必须与合同相符；（4）权利瑕疵担保义务。不过，《通则》针对一些具体事项作出了许多特别规定。

（一）交付货物

所谓交付货物（或称交货，Delivery），是指卖方自愿地移交货物，即将货物交由买方或第三人占有和支配的行为。《公约》详细地规定了交货的时间、地点、方式等事项。

1. 交货时间。

《公约》第33条对如何确定卖方交货时间的问题作了以下几项规定：（1）如果合同中规定了交货的日期，或从合同中可以确定交货的日期，则卖方应在该日期交货；（2）如果合同中规定了一段交货的期间（如1月或3月至5月等），或从合同中可以确定一段时间（如收到信用证后1个月内），则除情况表明买方有权选定一个具体日期外，卖方有权决定在这段期间内的任何一天交货；也就是说，此种情况下卖方有权决定交货日期，但是除非当事人明确约定，买方无权决定交货日期；（3）在其他情况下，卖方应在订立合同后的一段合理的时间内交货，这适用于无论根据合同还是当事人间的任何惯例或习惯做法都无法确定一个明确的交货时间的情形，至于何谓合理时间，应根据交易的具体情况来确定。

2. 交货地点与方式。

《公约》第31条规定了确定交货地点的几个规则：（1）如果买卖合同涉及货物的运输，卖方应把货物移交给第一承运人，以运交给买方。对于涉及货物运输的合同，除非另有约定，通常情况下卖方需承担交付义务，把货物交给承运人；如果有多个运输人的，卖方把货物交给第一承运人就算履行了交货义务。而卖方将货物移交给承运人或第一承运人的地点即为交货地点，但除非另有约定，该地点由卖方决定。此处的承运人应是"独立"的承运人，卖方自行运输货物不是此种意义上的运输，而将货物交给承运人的代理人将产生同货交承运人一样的效果。（2）在不属于上述情形下，如果合同指的是特定货物或从特定存货中提取的或尚待制造或生产的未经特定化的货物，而双方当事人在订立合同时已知道这些货物是在某一特定地点，或将在某一特定地点制造或生产，卖方应在该地点把货物交给买方处置。（3）对于不属于上述第（1）、（2）项的情形，卖方应在他于订立合同时的营业地把货物交给买方处置。对于营业地的确定，应按《公约》第10条予以确定。

当然，上述规则仅在当事人没有明确约定或无法确定交货地点的情形下适用。而如果合同中含有《通则》中的某一种术语，则通常会产生明确规定履行地从而排除《公约》适用的效力：（1）在EXW术语下，卖方在指定地点将未置于任何运输车辆上的货物交给买方处置即完成交货，该地点即为交货地点，一般是卖方所在地或其他指定的地点（如工场、工厂或仓库）。（2）F 组术语中，由卖方在术语规定的"指定地点（或装运港）"将货物交给买方指定的承运人即完成交货，该地点即为交货地点。在 FCA 术语下，该指定地点可以是卖方所在地，也可以是其他任何地点。在 FAS 术语下，卖方必须在买方指定的装运港，在买方指定的装货地点，将货物交至买方指定的船边。在 FOB 术语下，卖方必须在指定的装运港，将货物交至买方指定的船只上。（3）C 组术语中，通常由卖方将货物交给承运人以运往指定目的地（港）。在 CFR、CIF 术语下，卖方必须在装运港将货物交至船上；在 CPT、CIP 术语下，卖方则在特定地点交给承运人即可。上述地点通常由卖方和承运人协商确定，货交承运人的地点即为交货地点。（4）D 组术语中，由买方将货物交至术语规定的"指定地点（或目的港）"。在 DAF 术语下，卖方须在边境指定的交货地点将仍处于运输工具上尚未卸下的货物交给买方处置；在 DES 术语下，卖方须在指定的目的港按照指定的卸货点将货物于船上交给买方处置；在 DEQ 术语下，卖方必须在指定的目的港码头上将货物交给买方处置；在 DDU、DDP 术语下，卖方必须在指定的目的地将在交货的运输工具上尚未卸下的货物交给买方或买方指定的其他人处置。

不过，约定或指定的交货地点（Place）可能是一个很大的区域，如某一城市或港口等，但此时卖方可能需要一个确定的"点"（Point）将货物交给买方处置。虽然《通则》的多数术语均可直接确定具体的交货点，但也有些术语存在确定交货点的困难，因此《通则》进一步规定，在 EXW、FOB 术语下，若在指定的地点内未约定具体交货点，或有若干个交货点可使用，则卖方可在交货地点中选择最适合其目的的交货点。

综上所述，卖方在交货地点将货物交给承运人运输或者将货物交给买方处置即完成交货。而所谓"卖方应将货物交给买方处置"，是指卖方应当根据情况做好一切必要准备以使买方只须在该特定地点接收货物，《公约》和《通则》对此的界定是一致的。不过，值得注意的是，除非另有约定，按照《公约》第 31 条第 1 款的规定，如果卖方按照合同或《公约》的规定将货物交付给承运人，但没有以货物上加标记、或以装运单据或其他方式清楚地注明有关合同，卖方必须向买方发出列明货物的发货通知。因此，如果卖方没有将货物特定化的，就可能不产生交货的效力。

（二）交付单据

在国际货物买卖中，装运单据（Shipping Documents）具有十分重要的作用。它们是买方提取货物、办理报关手续、转售货物以及向承运人或保险公司请求赔偿所必不可少的文件。卖方交付单据的义务通常是在合同中约定的，而当事人的习惯做法以及惯例等也可能为卖方设定此项义务，这在使用国际贸易术语进行的买卖中更是如此。例如，按照《通则》规定，FOB 术语下卖方必须提供商业发票等，而 CIF 术语下卖方要提供通常运输单据等。而当双方约定以信用证方式支付的情况下，所提交的单据还要符合信用证的规定。

从国际贸易实践来看，卖方应交付的与货物有关的单据主要是指那些能授予其持有者以支配权利的单证，例如提单等运输单证（包括可转让的提单、不可转让的海运单或内河运输单据等）、码头收据、仓库收据等，以及商业发票、保险单或保险凭证、原产地证书及其他关于商品数量、质量、价值的证明书（如商品质量检验证书）等。按照《公约》第 34 条的规定，如果卖方有义务移交与货物有关的单据，他必须按照合同所规定的时间、地点和方式移交这些单据。而《通则》则更进一步，除了在 C 组和 D 组术语的 A8 条规定出卖人应当向买受人提供的单据外，还在 F 组术语中规定，如果出卖人向买受人交付的不是运输单据，则出卖人在应买受人的请求下，应当协助买受人取得这些单据。如果卖方违背单证交付义务的，即构成违约并适用一般的损害赔偿法，这可以通过《公约》及有关的国内法予以解决。

此外，按照《公约》第 34 条的规定，如果卖方在约定时间之前已移交这些单据的，他可以在该时间到达前纠正单据中任何不符合合同规定的情形。但卖方在行使这项权利时不得使买方遭受不合理的不便，或承担不合理的开支，而且买方有权保留按照《公约》请求损害赔偿的权利。

（三）货物与合同约定相符

货物相符的义务又被称为品质担保或瑕疵担保义务。按照《公约》第 35 条的规定，卖方交付的货物必须与合同所规定的数量、质量和规格相符，并须按照合同所规定的方式装箱或包装。因此，买方交付的货物必须具备合同规定的数量、质量和规格并按约定装箱或包装，否则即为违约。例如，如果一批塑料中一种特定物质的含量低于合同的明确规定，并且导致用其生产的百叶窗无法有效遮挡阳光，则认为该货物不符合合同规定；如果装运的货物少于合同规定的数量，则该货物与合同规定不符。①

不过，如果卖方在交货日期前交付存在瑕疵的货物，按照《公约》第 37 条的规定，他还可以在交货日期到达前，交付任何缺漏部分或补足所交付货物

---

① 参见联合国国际贸易法委员会关于《联合国国际货物销售合同公约》判例法摘要汇编：A/CN. 9/SER. C/DIGEST/CISG/35，pp. 2-3.

的不足数量，或交付用以替换所交付的不符合合同规定的货物，或对所交付货物中任何不符合合同规定的情形作出补救，但是该权利的行使不得使买方遭受不合理的不便或承担不合理的开支。而且，买方仍享有《公约》所规定的要求损害赔偿的任何权利。

1. 货物是否相符的判断标准。

判定卖方交付的货物是否与合同约定相符，应以买卖双方的合同约定为基础。不过，《公约》第 35 条第 2 款进一步确定了判断货物是否相符的一般规则。按照该规定，除双方当事人另有协议外，货物除非符合以下规定，否则即为与合同不符：（1）货物适用于同一规格货物通常使用的目的；（2）货物适用于订立合同时曾明示或默示地通知卖方的任何特定目的，除非情况表明买方并不依赖卖方的技能和判断力，或者这种依赖对他是不合理的；（3）货物的质量与卖方向买方提供的货物样品或样式相同；（4）货物按照同类货物通用的方式装箱或包装，如果没有此种通用方式，则按照足以保全和保护货物的方式装箱与包装。但是，如果买方知道或不可能不知道货物与合同不符，卖方就无须按上述（1）至（4）项负有此种不符合的责任。

依据上述规定，订购货物时仅提出规格而没有向卖方表示该货物使用的目的的，则卖方提供的货物应满足该规格货物通常使用的所有目的要求。如化肥用于增进作物肥力促进生长，蔬菜、水果用于人类安全食用等。如果购买的越野车不能适应较差路况，矿石不能提炼出可被生产的矿物等即为不符合通用性。至于判断通用性的标准，通常认为应当以卖方所在地标准进行判断，但是卖方知道或应当知道进口国的公共法律标准的，则应以后者为判断标准。同样，如果买方明示或默示地使卖方知道了其所购货物的特定目的，如要购买能钻透碳钢的钻头、粘合金属的粘剂等，卖方必须提交适用于该特定目的的货物。① 而与卖方向买方提供的货物样品或样式不符，或者货物包装不当的，均构成违约。

尽管上述规定不具有强制性，但它被认为是买卖合同的一个组成部分。也就是说，即使双方对此没有肯定协议，这些标准也是约束卖方的默示条款。除非当事人在订立合同时明确排除适用第 35 条第 2 款的标准，否则就要受其约束。

---

① 参见李巍：《〈联合国国际货物销售合同公约〉评释》，法律出版社 2002 年版，第 136~137 页。

2. 货物是否相符的责任期间。

《公约》第 36 条第 1 款规定，卖方应按照合同和《公约》的规定，对风险移转到买方时所存在的任何不符合合同的情形负有责任，即使这种不符情形在该时间后方才明显。因此关键要看货物不符情形出现的时间，而不是不符情形被发现（或理应被发现）的时间。如果货物不符的情形在风险移转到买方时已经存在，那么卖方应当承担责任，不管这种货物不符的情形是在风险移转前还是风险移转后被发现的。

不过，《公约》第 36 条第 2 款规定，即使是风险移转后发生的不符情形，卖方也应负有责任，只要这种不符合情形是由于卖方违反他的某项义务所致，包括违反关于在一段时间内货物将继续适用于其通常使用的目的或某种特定目的，或将保持某种特定质量或性质的任何保证。某一仲裁裁决援用了这一条款，认定卖方对运输过程中由于包装不当而变质的罐装水果的不符情形负有责任，即使在合同规定的 FOB 条件下买方要承担运输风险；与此相反，某法院却认定卖方不对货物损失风险转移到买方后发生的比萨饼盒子的损坏负有责任，因为买方不能证明该损坏是由卖方的任何违约行为造成的。① 因此对《公约》第 36 条第 2 款规定需要依据合同约定并按照《公约》规定进行解释。不过要注意的是，实践中关于"保质期"的约定与此不尽相符，因为在保质期内通常卖方仍然只负责货物在风险转移时具有其应该具备的品质，并使其在一般使用方式下至保质期届满前可以正常使用。因此，保质期的功能在于免除买方对瑕疵在风险转移前已经存在的证明，但卖方没有义务对由于不适当的使用或者外力所致的不适用性予以免费修补。②

3. 货物是否相符的检验。

货物是否相符的判断通常会涉及对货物的检验问题，《公约》第 38 条对此作出了规定，当然这一规定可以为当事人所减损或改变。《公约》第 38 条第 1 款规定，买方必须在按情况实际可行的最短时间内检验货物或由他人检验货物。按照该规定，买方进行检验的时间通常应从货物交付时算起，这与损失风险转移的时间是相符的。买方可以自行检验货物，也可以由他人检验货物。检验的内容不仅包括货物的质量、数量、容量和特性是否符合卖方的义务，还

---

① 参见联合国国际贸易法委员会关于《联合国国际货物销售合同公约》判例法摘要汇编：A/CN. 9/SER. C/DIGEST/CISG/35, pp. 1-2.

② 参见［德］彼得·施莱希特里姆:《〈联合国国际货物销售合同公约〉评释》，李慧妮编译，北京大学出版社 2006 年版，第 147 页。

应当确定货物是否附带合同要求提供的文件资料等事项。至于检验的方法，一般认为应以双方当事人的协议、贸易惯例和习惯做法为准；在缺乏上述方法的情况下，需要进行"全面而合理的专业性"检验，但是"费用高昂的检验则是不合理的"。而如何确定"实际可行的最短时间"则需要结合实际情况作出判断。总的来说，货物的特性尤其是易腐性、货物的复杂性、货物的交付总量、货物是否经过交付前检查、预先交付的货物是否有缺陷以及不符合合同的情形是否明显（或不明显），以及买方的职业特性和（或）专门知识、买方预期使用或转售货物的时间安排和性质、检验期间是否有非营业日、进行检验的困难等均在考虑之列。①

依据上述规定，货物检验的地点通常为交货地点，但如果合同涉及货物的运输，按照《公约》第38条第2款的规定，则检验可推迟到货物到达目的地后进行。因为在此情况下，买方通常不便于甚至也不可能在交货地点检验货物。此外，按照《公约》第38条第3款的规定，如果货物在运输途中改运或买方须再发运货物，没有合理机会加以检验，而卖方在订立合同时已知道或理应知道这种改运或再发运的可能性，检验可推迟到货物到达新目的地后进行。对于该款规定的适用需满足两个前提条件，一是货物在运输途中改运或再发运，而买方没有合理机会加以检验；二是卖方在订立合同时已知道或理应知道这种改运或再发运的可能性。

4. 货物不符的通知。

《公约》第39条第1款规定了买方对于货物不符的通知义务，当然双方当事人可减损或改变该条的效力，而且买方也有接受不符情形并不予通知的权利。依据《公约》的规定，买方对货物不符合合同，必须在发现或理应发现不符情形后一段合理时间内通知卖方，说明不符情形的性质，否则就丧失声称货物不符合合同的权利。

（1）通知的时限与除斥期间。依据《公约》第39条第1款的规定，买方必须在发现或理应发现不符合同情形后一段合理时间内给出通知。发现和理应发现两个时间点不一致的，应以较早发生者为准。而对于货物涉及检验的，如果不符合同情形从买方初次检验货物时就理应合理发现，那么通知的时间从应进行此种检验的时间起算。至于如何确定"合理时间"，仍要结合实际情况作出判断。

---

① 参见联合国国际贸易法委员会关于《联合国国际货物销售合同公约》判例法摘要汇编：A/CN. 9/SER. C/DIGEST/CISG/38，pp. 6-9.

除此之外,《公约》第 39 条第 2 款还规定,无论如何,如果买方不在实际收到货物之日起 2 年内将货物不符合合同的情形通知卖方,他就丧失声称货物不符合合同的权利,除非这一时限与合同规定的保证期限不符。这是一个关于除斥期间的规定,期间届满后,货物与合同不符的主张将在法律上得不到认可。当然,如果当事人约定了一个更长或更短的保证期限的,则可不适用该规定。但值得注意的是,该规定与各国及国际公约中有关诉讼时效的规定之间如何处理和适用并不确定。

(2)通知的对象、内容和形式。对于货物不符的情形,买方应向卖方发出不符通知。向卖方的代理人、卖方的其他授权人发出的通知也可以产生通知的效力,但是向买卖合同的中间人、卖方的非授权雇员发出的通知不一定能产生通知的效力,除非买方能确保并证明卖方已实际接到通知。

买方的通知必须说明与合同不符情形的性质。这一通知应是明确、具体的,仅仅声明货物不符是不够的,还应当说明货物不符的具体情形和性质。例如,仅通知说"鞋的质量不符合要求"是不够的,但通知称"鞋有孔洞,且童鞋的鞋底和鞋跟松脱"则是明确和具体的。①

对于通知的形式,《公约》没有特殊的要求。除非当事人有明确约定或者存在习惯做法或惯例,则任何形式都符合要求。这主要涉及证据证明的问题。

(3)通知迟延或未(正确)通知的后果。如果买方在发现或理应发现与合同不符情形后一段合理时间内,或者在实际收到货物之日起 2 年内未能给出所需的通知,他就丧失声称货物不符的权利。这通常意味着买方丧失任何补救不符合合同情形的权利,例如包括要求卖方修补货物的权利,要求损害赔偿的权利,降低价格的权利和宣告合同无效的权利。

5.《公约》对买方的特殊保护。

基于公平交易的原则,《公约》第 40 条给买方的检验和通知义务加了一条"安全带",规定如果货物不符合同规定指的是卖方已知道或不可能不知道而又没有告知买方的一些事实,则卖方无权援引《公约》第 38 条和第 39 条的规定。也就是说,如果卖方已知道或不可能不知道而又没有告知买方关于货物不符的事实,那么卖方就不能以买方未履行《公约》第 38 条和第 39 条的义务为由提出抗辩。

此外,《公约》第 44 条还规定,尽管有第 39 条第 1 款和第 43 条第 1 款的

---

① 参见联合国国际贸易法委员会关于《联合国国际货物销售合同公约》判例法摘要汇编:A/CN. 9/SER. C/DIGEST/CISG/39,pp. 5-10.

规定，买方如果对他未发出所需的通知具备合理的理由，仍可按照《公约》第 50 条的规定减低价格，或要求利润损失以外的损害赔偿。通常情况下买方应承担举证责任，而且对"合理理由"的确定比较严格并需要依据实际情况进行判断。例如，在启运时经双方指定的专家检验证明合格，但是在运到时发现检验有误且货物不符被认为是"合理理由"；而买方在转售给第三方前未及时检验从而未能及时通知被认为不构成"合理理由"。①

（四）权利担保义务

权利担保又称权利瑕疵担保，与货物的品质担保相对应，它是指卖方应保证其所出售的货物享有合法的权利，没有侵犯任何第三人的权利，并且任何第三人都不会就该项货物向买方主张权利。

虽然《公约》不涉及"合同对所售货物所有权可能产生的影响"，但是从合同的角度来看，向买方提供明确的货物所有权以便买方不受第三方权利或要求的约束仍然是卖方的一项义务。因此《公约》第 41 条规定，卖方所交付的货物必须是第三方不能提出任何权利或要求的货物，除非买方同意在这种权利或要求的条件下收受货物。该条主要适用于出售他人货物、货物已被设定担保以及一物多卖等情形。②

《公约》第 41 条规定针对的仅是一般权利，而对于工业产权或知识产权的瑕疵则在《公约》第 42 条中进行了专门规定。依照该条第 1 款的规定，卖方所交付的货物，必须是第三方不能根据工业产权或其他知识产权主张任何权利或要求的货物，但以卖方在订立合同时已知道或不可能不知道的权利或要求为限，而且这种权利或要求根据以下国家的法律规定是以工业产权或其他知识产权为基础的：（a）如果双方当事人在订立合同时预期货物将在某一国境内转售或做其他使用，则根据货物将在其境内转售或做其他使用的国家的法律；或者（b）在任何其他情况下，根据买方营业地所在国家的法律。按照该规定，卖方的工业产权或其他知识产权担保义务需满足两个条件：一是"卖方在订立合同时已知道或不可能不知道"，从这个意义上讲，卖方的责任是一种过错责任；二是上述权利依据第（a）项或第（b）项确定的国家的法律可得到保护，而双方约定的货物使用或转售地以及买方营业地所在国之外的法律不

---

① 参见联合国国际贸易法委员会关于《联合国国际货物销售合同公约》判例法摘要汇编：A/CN. 9/SER. C/DIGEST/CISG/44, p. 5.

② 参见［德］彼得·施莱希特里姆：《〈联合国国际货物销售合同公约〉评释》，李慧妮编译，北京大学出版社 2006 年版，第 119~120 页。

予考虑。但是，依照该条第 2 款的规定，如果买方在订立合同时已知道或不可能不知道此项权利或要求；或者此项权利或要求的发生，是由于卖方要遵照买方所提供的技术图样、图案、程式或其他规格，则卖方可解除对此项权利或要求的担保义务。值得注意的是，通常认为卖方对一般权利的担保限于货物交付时，而对知识产权的担保则是订立合同时。

《公约》第 43 条进一步对买方就第三方的权利或要求的通知作了规定。依照该规定，买方必须在已知道或理应知道第三方的权利或要求后一段合理的时间内，将此一权利或要求的性质通知卖方，否则就丧失援引《公约》第 41 条或第 42 条规定的权利。但是，卖方如果知道第三方的权利或要求以及该权利或要求的性质，就无权援引上述规定。此外，值得注意的是，《公约》第 39 条第 2 款规定的除斥期间不适用于权利瑕疵担保的情形。

（五）其他手续和费用的承担

1. 货物的运输与保险。

《公约》第 32 条对货物的运输和保险作了原则性的规定。按照该条规定：（1）如果卖方按照合同或《公约》的规定将货物交付给承运人，但货物没有以货物上加标记、或以装运单据或其他方式清楚地注明有关合同，卖方必须向买方发出列明货物的发货通知。（2）如果卖方有义务安排货物的运输，他必须订立必要的合同，以按照通常运输条件，用适合情况的运输工具，把货物运到指定地点；在此情况下卖方只需要按照通常的运输条件、选择合适的运输工具和运输方式即可。（3）如果卖方没有义务对货物的运输办理保险，他必须在买方提出要求时，向买方提供一切现有的必要资料，使他能够办理这种保险。

与《公约》的原则规定不同，《通则》对运输问题进行了专门规定。在《通则》的术语中，C 组和 D 组术语下出卖人承担运输义务。例如在 CIF 术语中，卖方必须自付费用，按照通常条件订立运输合同，经由惯常航线，将货物用通常可供运输合同所指货物类型的海轮（或依情况适合内河运输的船只）装运至指定的目的港。由此可见，买卖双方在选择贸易术语时，要充分考虑运输问题；而一旦选定了某一术语进行交易，那么就应按照该术语的规定履行运输义务。①

此外，由于国际贸易中货物在运输途中（特别是在海运中）的毁损、灭

---

① 参见陈晶莹、邓旭:《〈2000 年国际贸易术语解释通则〉释解与应用》，对外经济贸易大学出版社 2000 年版，第 67 页。

失的风险是非常大的，因此《通则》针对 CIF 和 CIP 两个术语的保险问题作了明确规定。按照该规定，CIF 和 CIP 两个术语中卖方有义务为买方利益办理保险，卖方必须按照合同规定，自付费用取得货物保险，并向买方提供保险单或其他保险证据，以使买方或任何其他对货物具有保险利益的人有权直接向保险人索赔。保险合同应与信誉良好的保险人或保险公司订立，在无相反明确协议时，应按照《协会货物保险条款》(伦敦保险人协会) 或其他类似条款中的最低保险险别投保。保险期限应按照 B5 和 B4 规定。如果能投保的话，最低保险金额应包括合同规定价款另加 10%（即 110%），并应采用合同货币。在其他术语下，则由合同当事人自己决定是否办理以及办理何种保险。

2. 进出口手续。

对于进出口通关手续，《公约》没有规定，而《通则》则在各术语的 A2/B2 条作了较明确的规定。按照《通则》的规定，除 DDP 条件下的进出口通关手续均应由出卖人办理外，在其他贸易术语下，出卖人承担出口通关义务，买受人承担进口通关义务。如 FOB、CIF 术语的 A2/B2 条均规定，卖方必须自担风险和费用，取得任何出口许可证或其他官方许可，并在需要办理海关手续时，办理货物出口所需的一切海关手续。

3. 费用的承担。

买卖双方之间费用的划分是国际货物买卖中必然发生的问题，通常情况下因履行义务而产生的费用应由履行义务的一方自行承担。不过《公约》没有对此问题作出规定，而《通则》作出了相对比较详细的规定，并且按照买卖双方就货物的运输费用（A3/B3）、货物的检验费用（A9/B9）、进出口通关手续所产生的费用（A6/B6）、为取得某些单据而产生的费用（A10/B10）以及其他的一些费用（A6/B6）分别作了规定。

4. 通知的义务。

在国际货物买卖中，为使交易能够顺利地进行，买卖双方通常要互尽通知的义务。《公约》针对某些情形作出了规定，不过《通则》更详细一些，在每个术语的 A7/B7 条以及其他相关条目中作出了许多具体规定。例如，关于出卖人的通知义务，《通则》在 EXW 术语中规定出卖人应通知买受人货物将被交由买受人处置的时间和地点；在 F 组和 C 组术语中，规定出卖人应通知买受货物已经被交付于承运人的时间和地点；在 D 组术语中规定出卖人应通知买受人货物将于何时到达何地以便买受人收货。这就使得卖方的通知义务更加明确具体。

二、买方的义务

依据《公约》的规定，买方的主要义务是按照合同约定和《公约》规定支付货款和收取货物，但如果合同约定以不同于《公约》规定的方式履约，则应以双方达成的协议为准。而且，当事人的合同、惯例以及《公约》等也可以为买方设定其他的一些义务。

（一）支付价款

根据《公约》的规定，买方支付价款的义务包括履行必要的付款手续，在合理的地点、时间付款等。当然，合同条款以及当事人之间的习惯和惯例等可以减损或改变《公约》的这些规定。

1. 价款的确定。

国际货物买卖合同中通常都会有关于合同价款的约定，买方应按照其约定履行支付价款的义务。但如果合同中没有约定价格或规定如何确定价格的，《公约》第 55 条规定了一个确定合同价格的规则。不过，在双方当事人已经确定价格或使之可确定的时候，以及双方当事人已经决定它们的合同以随后的价格协议为准的时候，《公约》第 55 条不能适用。《公约》第 55 条仅适用于合同已有效地订立，但没有明示或暗示地规定价格或规定如何确定价格，而且也没有任何相反表示的情形下，这样《公约》认为双方当事人应视为已默示地引用订立合同时此种货物在有关贸易的类似情况下销售的通常价格。因此，此时应以订立合同时货物的通常价格来计算合同的价款。

此外，按照《公约》第 56 条的规定，如果上述未被确定的价格是按货物的重量来规定的，如有疑问，那么应按照扣除包装重量后余下的重量即净重来确定。当然其前提是，在双方当事人之间没有合同规定、习惯或惯例做法的情况下。

2. 支付价款的预备步骤和手续。

《公约》第 54 条规定，买方支付价款的义务包括采取合同或任何法律、规章所要求的步骤和手续，以便使价格得以支付。这些步骤和手续主要包括：根据买卖合同的规定申请开立信用证或银行保函，为划拨资金获取必要的行政授权，以及在一些实行外汇管制的国家按有关法律或规章的规定申请为付款所必需的外汇等。买方必须依据合同或法律规定办理付款预备手续，而且办理上述手续产生的费用通常由买方负责。买方不办理必需的付款预备手续的，即构成违反合同。

3. 支付价款的地点。

如果买方没有义务在任何其他特定地点支付价款，那么按照《公约》第57条第1款（a）的规定，支付价款的地点应在卖方的营业地，即支付价款的义务是一项送付义务，所以买方要承担相应的费用和风险；不过，如果凭移交货物或单据支付价款的，按照《公约》第57条第1款（b）的规定，则支付地点为移交货物或单据的地点，这也是同时履行义务原则的体现。例如约定将货物移交给买方的下家并同时支付货款的，即应在移交货物的地点支付价款。但是在涉及一些需要运输的货物或者库存货物时，如何确定支付地存在困难，一般认为此时应在卖方的营业地支付价款，因为很难要求买卖双方在非双方所在地的第三个地点碰面并交换履行。①

此外，《公约》第57条第2款还规定，卖方必须承担因其营业地在订立合同后发生变动而增加支付方面的有关费用。也就是说，对于在卖方营业地支付价款的，卖方应承担因营业地变动而增加的支付费用，而买方则要承担在卖方新地址支付价款的义务。因此，卖方理应将变动情况及时通知买方，如果因地址变更通知延误而引起价款支付迟延，根据《公约》第80条的规定，卖方无权声称买方不履行支付义务。此外，在货款债权让与时，《公约》第57条第2款规定仍应适用。②

4. 支付价款的时间。

《公约》第58条第1款规定，如果买方没有义务在任何其他特定时间内支付价款，他必须于卖方按照合同和《公约》规定将货物或控制货物处置权的单据交给买方处置时支付价款。这就确立了货物或控制货物处置权的单据的移交与价款支付同时进行的原则：如果买方当时不支付价款，卖方可拒绝向后者移交货物或控制货物处置权的单据；反过来讲，在货物或控制货物处置权的单据移交前，买方没有义务支付价款。

如果合同涉及货物的运输，依据《公约》第58条第2款的规定，卖方在支付价款后方可把货物或控制货物处置权的单据移交给买方作为发运货物的条件。此外，依据《公约》第58条第3款的规定，买方在未有机会检验货物前，无义务支付价款，除非这种机会与双方当事人议定的交货或支付程序相抵

① 参见［德］彼得·施莱希特里姆：《〈联合国国际货物销售合同公约〉评释》，李慧妮编译，北京大学出版社2006年版，第216页。
② 参见联合国国际贸易法委员会关于《联合国国际货物销售合同公约》判例法摘要汇编：A／CN.9／SER.C／DIGEST／CISG／57，p.5。

触。因此只要不被其他支付方式所排斥，买方依据该条即有机会在检验货物后才支付价款。

一旦价款到期应付，买方即应立即支付，而无须卖方提出任何要求或办理任何手续。《公约》第 59 条关于"买方必须按合同和本公约规定的日期或从合同和本公约可以确定的日期支付价款，而无须卖方提出任何要求或办理任何手续"的规定说明了这一点。

（二）收取货物

依据《公约》第 60 条的规定，买方收取货物的义务如下：（a）采取一切理应采取的行动，以期卖方能交付货物；和（b）接收货物。据此，买方应首先承担合作的职责，即买方必须"采取一切理应采取的行动，以期卖方能交付货物"。例如，办理必需的进口手续；完成买方安装工作所需的先期准备工作；在 FOB 贸易中将船只的名称、装运港和装运日期通知卖方使其能顺利交货等。

买方收取货物义务的第二个部分，即买方在卖方应交货的地点接管货物。例如，当交货义务为在卖方营业地将货物交由买方处置时，买方必须搬走或责成他自己选择的第三方搬走货物。若买方不及时提货，卖方可能要多支付仓储费或向承运人支付滞期费及其他费用，对此应由买方负责承担。

（三）其他手续和费用的承担

1. 货物的运输与保险。

《公约》没有对买方承担货物运输和保险事项作出具体规定。不过按照《通则》的规定，F 组术语下买受人应承担运输义务，例如 FOB 术语中，买方必须自付费用订立从指定的装运港运输货物的合同。因此一旦选定了 F 组术语进行交易，那么买方即应按照该术语的规定履行运输义务。而在 E 组术语中，如果买方需要将货物运至其他地点，同样要自付费用订立运输合同。

2. 进出口手续。

如上所述，《公约》没有规定进出口通关手续事项，而按照《通则》的规定，除 DDP 外的其他贸易术语中出卖人承担出口通关义务，买受人承担进口通关义务。如 FOB、CIF 术语的 A2/B2 条均规定，买方必须自担风险和费用，取得任何进口许可证或其他官方许可，并在需要办理海关手续时，办理货物进口和在必要时从他国过境所需的一切海关手续。

3. 通知的义务。

在此仅介绍《通则》的规定。关于买受人的通知义务，《通则》规定买受人有权在约定期间内确定货物的交付时间和地点的情况下，在 EXW 和 D 组术语下应通知出卖人在何时、何地交付货物；在 F 组术语下应通知出卖人船舶名称、交付时间和装货地点；在 C 组术语下，应通知出卖人发货时间和目的地（或目的港）。

第五节 国际货物买卖合同的违约救济

在国际贸易中，当事人之间的合同、习惯做法、惯例以及各国国内法都会涉及确定违约责任的规则，《公约》同样也对违约责任以及买卖双方的违约补救方法作了详细规定，因此本节仍然以《公约》为基础展开论述。不过，当事人之间的合同、习惯做法、惯例仍然可以改变或减损《公约》的这些规定。

一、违约救济概述

《公约》并没有界定违约的概念，也没有建立起一个违约的类型体系，但是《公约》针对根本违约、预期违约以及分批交货合同的违约作了详细界定，并且针对几种可普遍适用于买卖双方的违约补救方法，例如实际履行、解除合同以及损失补偿（损害赔偿）等进行了集中规定。

（一）违约的类型

1. 根本违约。

《公约》第 25 条规定，一方当事人违反合同的结果，如使另一方当事人蒙受损害，以至于实际上剥夺了他根据合同规定有权期待得到的东西，即为根本违约，除非违反合同一方并不预知而且一个同等资格、通情达理的人处于相同情况中也没有理由预知会发生这种结果。

由此可见，构成根本违约的要件为：首先，必须存在违约的行为和事实，这是构成根本违约的前提条件。其次，违约行为给对方造成了损害，并且这种损害是实质性的，即实际上剥夺了受害方根据合同规定有权期待得到的东西。这里的实际上（或实质上）应理解为"大量的"、"严重的"，即只有严重损失才可能构成根本违约，轻微的损失不能构成根本违约。① 最后，违约的一方在订立合同时预见到或者没有理由不预见到会产生这种严重后果。也就是说，如果违约方在主观上并没有预见到，而且客观上一个同等资格、通情达理的人处于相同情况中也没有理由预见到这种违约后果的，则不构成根本违约；否则，如果违约方在主观上已预见到，或者违约方没有预见到但一个同等资格、

① 参见左海聪：《国际贸易法》，法律出版社 2004 年版，第 53 页。

通情达理的人处于相同情况中却有理由预见到的，则可能构成根本违约。

不履行合同责任是构成根本违约的主要情形，例如最终不交货或者不付款等，但是如果最终未履行的仅是合同中的很小一部分（如多批货中有一批未交），就不属于根本违约，而逾期履行合同，无论是逾期交货还是逾期付款，通常均不构成根本违约；不过，在定期交易或者季节性商品的交易中，迟延履行通常也会构成根本违约。当货物与合同严重不符时，也可能构成根本违约，当然如何判断货物不符是一个事实问题，而货物经过合理的努力仍然不能被使用或转售的则可以构成根本违约。除此之外，预期违约以及分批交货中都会涉及根本违约的情形。

不构成根本违约的，即属于非根本违约或一般违约。区分根本违约或一般违约具有重要意义，它关系到责任的承担以及受损害方可能采取的补救措施。根据《公约》的规定，如果某种违约行为已经构成根本违约，受害方就有权宣告合同无效（解除合同），并有权要求损害赔偿或采取其他补救措施。而对于一般违约行为，受害方不能解除合同，而只能要求损害赔偿或采取其他补救措施。

2. 预期违约。

《公约》第 71 条规定，如果订立合同后，另一方当事人由于他履行义务的能力或他的信用有严重缺陷，或他在准备履行合同和履行合同中的行为显示他将不履行其大部分义务的，一方当事人可以中止履行义务，此即预期违约中止履行制度。而如果卖方在上述事由明显化以前已将货物发运的，他可以阻止将货物交付给买方，即使买方持有其有权获得货物的单据，但这只与买方和卖方间对货物的权利有关，不涉及风险转移等事项。当然，中止履行义务的一方当事人必须承担通知义务，无论是在货物发运前还是发运后，他都必须立即将其中止履行的行为和事实通知另一方当事人。如果另一方当事人对履行义务提供了充分保证的，他就必须继续履行义务。

上述情形针对的是一般的预期违约情形，但如果在履行合同日期之前，明显看出一方当事人将根本违约的，按照《公约》第 72 条的规定，另一方当事人可以宣告合同无效。不过，如果时间许可，打算宣告合同无效的一方当事人必须向另一方当事人发出合理的通知，使他可以对履行义务提供充分保证。如果对方提供了充分保证的，他不仅不能宣布合同无效，并且还要继续履行义务。但是，如果另一方当事人已声明他将不履行其义务，则他不再负有通知的义务。

《公约》第 72 条和第 71 条规定有着明显的不同：前者适用的是根本预期

违约的情形，而后者则适用于一般预期违约的情形；前者可以宣布合同无效，从而终止双方当事人的义务，而后者仅能中止履行义务，但合同仍然有效；前者只要求在时间允许时，给予"合理"的事前通知，并且在另一方当事人明确宣布不再履行合同时，免去通知义务，后者则要求立即发出中止通知，无一例外。

3. 分批交货合同的违约。

分批交货合同就是规定分成不同批次交付货物的合同。《公约》第 73 条规定，对于分批交付货物的合同，如果一方当事人不履行对任何一批货物的义务，便对该批货物构成根本违约，则另一方当事人可以宣告合同对该批货物无效；如果一方当事人不履行对任何一批货物的义务，使另一方当事人有充分理由断定对今后各批货物将会发生根本违约，该另一方当事人可以在一段合理时间内宣告合同今后无效；买方宣告合同对任何一批货物的交付为无效时，可以同时宣告合同对已交付的或今后交付的各批货物均为无效，如果各批货物是互相依存的，不能单独用于双方当事人在订立合同时所设想的目的。

上述规定分别确立了宣布合同对某批货物、某批货物以后的货物以及过去和未来的货物无效的三种情形。对于第三种情形，以各批货物互相依存，致使双方当事人在订立合同时所设想的目的落空为前提条件。一方当事人只能在他根据《公约》第 73 条第 1 款宣告合同对当前这批货物无效时，才可以宣告合同对这几批货物无效。

（二）违约的一般救济方法

1. 实际履行。

所谓"实际履行"，是指一方违约时，另一方当事人可以要求违约方履行合同规定的义务，并且这一要求可以通过诉讼方式得以执行。大陆法系与英美法系对于实际履行的态度有着很大的不同，大陆法系通常将实际履行作为一种主要的违约救济方式，而在英美法系实际履行的补救方式只有在例外的情况下才能得到法院支持。

对于两大法系在此问题上的重大分歧，《公约》难以达成实质内容上的统一，因此《公约》第 28 条规定，如果按照《公约》的规定，一方当事人有权要求另一方当事人履行某一义务，法院没有义务作出判决，要求具体履行此一义务，除非法院依照其本身的法律对不属于《公约》范围的类似销售合同愿意这样做。因此，如果受理案件国的国内法不允许实际履行，那么就应采取其他的补救办法，例如损害赔偿等；而如果国内法允许实际履行，则不会出现与《公约》相抵触的情况，法院可以判令实际履行。但不管怎样，法院都没有义务作出判决，要求按《公约》规定实际履行合同。从目前的司法实践来看，在国际货物买卖纠纷中，各国法院也极少会作出实际履行的判决。

2. 解除合同。

《公约》对解除合同这一补救方法予以严格限制，按照其规定，解除合同仅适用于根本违约这一情形，这包括卖方或买方根据第49条或第64条构成根本违约、根据第72条构成预期根本违约以及根据第73条构成分批交货合同的根本违约等。

一方当事人解除合同的，通常应向对方当事人发出解除合同的声明，以确保对方了解合同的状况，减少不必要的行动和纠纷。对此，《公约》第26条规定，宣告合同无效的声明，必须向另一方当事人发出通知方始有效。通常情况下，解除合同的通知必须直接发给另一方当事人，这通常是签署原始合同的另一方当事人或其授权的代理人。通知虽无须采用特定的形式，但是必须使用足够明晰的语言来表达不再受合同的约束、认为合同已经终止的意思，否则可能无法构成一项有效的通知。例如，宣布如果对方不作出反应合同将终止，或者发函要求降价或取回所发的货物，或者仅发回货物，或者要求赔偿损失，均不构成有效通知。此外，通常情况下声明合同无效的通知无须在指定的时间内送达，但是按照《公约》第49条第2款和第64条第2款的规定，通知却必须在合理的时间内送达。①

合同一旦解除，双方即无须再履行合同约定的义务，这包括交付货物以及支付价款等。而且，按照《公约》第81条第1款的规定，解除合同与损失补偿可以是并行不悖的。不过，解除合同并不意味着合同的所有条款都是无效的，宣告合同无效并不影响合同中关于解决争端的任何规定，也不影响合同中关于双方在宣告合同无效后权利和义务的任何其他规定。例如，合同中约定有"仲裁条款"的、关于合同无效后的"处罚条款"（如违约金）以及要求退还货物或其他物品的条款等，均不受合同解除的影响。

但是，如果合同已经全部履行或部分履行的，那么双方应该互相返还，以尽量恢复到合同履行前的状态。《公约》第81条第2款规定，已全部或局部履行合同的一方，可以要求另一方归还他按照合同供应的货物或支付的价款，如果双方都须归还，他们必须同时这样做。因此，无论是违约方还是受害方，均有权要求对方归还货物或者价款，而且应该同时履行这种相互返还的义务。

---

① 参见联合国国际贸易法委员会关于《联合国国际货物销售合同公约》判例法摘要汇编：A/CN. 9/SER. C/DIGEST/CISG/26，p. 2.

由于合同解除后双方负有相互返还的义务，尤其是买方应返还卖方交付的货物，因此《公约》第 81 条第 1 款规定，如果买方不可能按实际收到货物的原状归还货物，他就丧失宣告合同无效或要求卖方交付替代货物的权利。但是，此时丧失的仅仅是解除合同或要求卖方交付替代货物的权利，买方依据合同或法律规定享有的其他补救方法，例如实际履行、损失补偿等并不因此而丧失。而且，在此情形下的解除合同或要求卖方交付替代货物权利的丧失并不是绝对的，《公约》第 81 条第 2 款规定，如果不可能归还货物或不可能按实际收到货物的原状归还货物，并非由于买方的行为或不行为所造成；或者如果货物或其中一部分的毁灭或变坏，是由于按照《公约》第 38 条规定进行检验所致；或者如果货物或其中一部分，在买方发现或理应发现与合同不符以前，已为买方在正常营业过程中售出，或在正常使用过程中消费或改变，就无须受《公约》第 81 条第 1 款规定的约束。

合同解除后双方相互返还的义务不仅包括货物或价款本身，还应包括货物或价款所生之孳息和利益。按照《公约》第 84 条的规定，在买方应返还卖方交付的全部或部分货物时，买方必须向卖方说明他从货物或其中一部分中得到的一切利益；在买方不可能归还全部或一部分货物，或不可能按实际收到货物的原状归还全部或一部分货物，但买方已宣告合同无效或已要求卖方支付替代货物时，同样如此。同样，如果卖方有义务归还价款，那么在归还价款的同时，他还必须从支付价款之日起支付价款利息。不过，如何确定货款与利息的货币、汇率以及利率等事项，《公约》并没有规定。

3. 损失补偿。

损失补偿是最重要的一种违约补救方式，当事人一方因对方的违约行为造成损失的，即有权要求对方予以赔偿。而且，损失补偿与其他补偿方式，如实际履行、解除合同等并不冲突，完全可以同时适用。《公约》对损失补偿作了较为详尽的规定，因而可能产生排除国内法适用的效力。当然，违约方是否应承担损失补偿责任，还要受《公约》其他规定尤其是免责规定的约束。

（1）损失补偿额的确定。《公约》第 74 条规定，一方当事人违反合同应负的损害赔偿额，应与另一方当事人因他违反合同而遭受的包括利润在内的损失额相等。这种损害赔偿不得超过违反合同一方在订立合同时，依照他当时已知道或理应知道的事实和情况，对违反合同预料到或理应预料到的可能损失。由此可见，损失补偿额以受害方因对方违约而遭受的全部实际损失为原则，但是不应超过违约方在订立合同时预见到或理应预见到的范围。

不过，除了明确包含损失的利润以外，《公约》并没有列出其他的损失类型，这需要借助于各国国内法来确定。从理论上来说，对所购货物外的其他财产的损害造成的损失，对非物质性权益的损害造成的损失，货币汇率变动或支付用的货币贬值造成的损失，受害方的合理支出，损失的利润等都属于《公约》损失补偿的范围。

（2）合同解除时损失补偿额的确定。《公约》第74条适用于所有的违约情形，包括一般违约和根本违约。但是，《公约》第75~76条针对因根本违约而解除合同时的损失补偿作了专门规定。由于在合同解除后，当事人可能会寻求替代交易，例如购买替代货物或者将货物转卖等，但也可能不寻求类似解决方法，因此《公约》针对这两种情形分别进行了规定。

对于合同解除后发生了替代货物交易的，《公约》第75条规定，如果合同被宣告无效，而在宣告无效后一段合理时间内，买方已以合理方式购买替代货物，或者卖方已以合理方式把货物转卖，则要求损害赔偿的一方可以取得合同价格和替代货物交易价格之间的差额以及按照《公约》第74条规定可以取得的任何其他损害赔偿。这一规定须具备以下要件：首先，受害方已经有效宣告合同无效，即合同已经被有效解除。其次，受害方已经达成了一次替代货物交易，例如卖方违约的，买方以合理方式购买替代货物；或者买方违约的，卖方以合理方式把货物转卖等。最后，替代货物交易必须在宣告无效后一段合理时间内并以合理方式进行。符合上述要件的，受害方可以取得合同价格和替代货物交易价格之间的差额。除此之外，受害方还可以根据《公约》第74条提出额外的损害赔偿请求。

对于合同解除后未发生替代货物交易的，《公约》第76条规定，如果货物有时价，要求损害赔偿的一方可以取得合同价格和宣告合同无效时的时价之间的差额以及按照《公约》第74条规定可以取得的任何其他损害赔偿。但是，如果要求损害赔偿的一方在接收货物之后宣告合同无效，则应适用接收货物时的时价，而不适用宣告合同无效时的时价。由此可见，由于合同解除后未发生替代货物交易，因此无法使用替代货物交易价格来确定损失，此时就只能以货物的时价为依据来计算损失的额度，即以合同价格和货物时价之间的差额作为损失补偿的计算标准。

所谓时价，是指同类货物在同等条件下在市场上出售的一般价格；货物没有时价，或者进行了替代交易的，均不能适用《公约》第76条的规定。由于时价是因时因地而异的，因此《公约》详细规定了确定时价的时间和地点等因素。按照《公约》第76条的规定，时价指原应交付货物地点的现行价格，如果该地点没有时价，则指另一合理替代地点的价格，但应适当地考虑货物运

197

费的差额；确定时价的时间应为宣告合同停止生效的当天，但如果受害方在合同宣告无效前接收了货物的，则应以接收货物时的时价为准。当然，同《公约》第75条规定一样，此时受害方除可以取得合同价格和货物时价之间的差额外，还可以根据《公约》第74条提出额外的损害赔偿请求。

（3）损失的减轻与扣除。《公约》第77条确立了一项得到普遍认可的规则，即减轻损失的原则。按照该规定，声称另一方违反合同的一方，必须按情况采取合理措施，减轻由于该另一方违反合同而引起的损失，包括利润方面的损失。如果他不采取这种措施，违反合同一方可以要求从损害赔偿中扣除原可以减轻的损失数额。

二、卖方违约时的具体补救方法

《公约》第45条概括了因卖方不履行他在合同和《公约》中的任何义务，买方可加利用的补救方法。这包括两部分，一是《公约》第46~52条规定的各种具体的违约补救方法，二是按照《公约》第74~77条的规定，要求损害赔偿的权利。而且，买方可能享有的要求损害赔偿的任何权利，不因他行使采取其他补救方法的权利而丧失。

虽然《公约》第45条并没有穷尽列举出所有的补救方法（例如《公约》第71~73条关于"预期违约和分批交货"以及《公约》第84条第1款关于"利息支付"的规定也应得以适用），但是通常认为该条规定是详尽无遗的，它排除了诉诸国内法要求其他的补救方法的可能性。而且，《公约》第45条第3款进一步规定，如果买方对违反合同采取某种补救方法，法院或仲裁庭不得给予卖方宽限期，因为这会使《公约》的补救制度大打折扣，并容易导致对本国当事人的偏袒。不过，当事人商定给予宽限期的不在此限。

由于损失补偿已在上文有所叙及，下面仅探讨《公约》第46~52条规定的各种具体违约补救方法。

（一）实际履行

《公约》第46条规定了实际履行的补救方式。按照该规定，买方可以要求卖方履行义务，除非买方已采取与此一要求相抵触的某种补救方法，例如解除合同等。此外，《公约》第46条还规定了交付替代货物以及修理两种准实际履行方式。

（1）交付替代货物。如果货物不符合合同，并且此种不符合同情形构成根本违约时，买方可以要求交付替代货物。当然关于替代货物的要求，必须与依照《公约》第39条发出的通知同时提出，或者在该项通知发出后一段合理时间内提出。而对于货物不符合合同要求的情形尚未构成根本违约的，买方不能要求交付替代货物。

（2）修理。如果货物不符合合同要求，买方可以要求卖方通过修理对不符合合同之处作出补救，除非他考虑了所有情况之后，认为这样做是不合理的。这要求货物必须可以通过修理修补其缺陷，而且修理必须是合理的。而且，修理的要求必须与依照《公约》第 39 条发出的通知同时提出，或者在该项通知发出后一段合理时间内提出。

（二）给予履行宽限期

按照《公约》第 46 条的规定，买方可以规定一段合理时限的额外时间，让卖方履行其义务。该规定的目的是，通过宽限期使得合同仍得以实际履行，以实现双方的预期利益。当然，给予宽限期是买方的权利而不是义务，而且这通常仅适用于卖方不交货的情形。此外，时限应是合理的，并含有卖方不在该期限内履行义务则买方有权宣告合同无效的意思。

如果买方规定了宽限期，那么除非买方收到卖方的通知，声称他将不在所规定的时间内履行义务，买方在这段时间内不得对违反合同采取任何补救方法。当然，买方并不因此丧失他对迟延履行义务可能享有的要求损害赔偿的任何权利。而且，《公约》第 49 条规定，买方还可能由此取得解除合同的权利。

（三）接受卖方的主动补救

《公约》第 48 条规定，除非买方已宣布解除合同，即使在交货日期之后，卖方仍可自付费用，对任何不履行义务作出补救，例如补交货物、换货或者按照约定提交有关资料等。这样就可以达到实际履行、实现合同预期利益并减少解约行为和纠纷的目的。当然，这种补救不得造成不合理的迟延，也不得使买方遭受不合理的不便，或无法确定卖方是否将偿付买方预付的费用。而且，买方仍享有《公约》所规定的要求损害赔偿的任何权利。

卖方不能强迫买方接受卖方的主动补救，买方有权拒绝。但如果卖方要求买方表明他是否接受卖方履行义务，而买方不在一段合理时间内对此一要求作出答复，则卖方可以按其要求中所指明的时间履行义务。买方不得在该段时间内采取与卖方履行义务相抵触的任何补救方法。卖方表明他将在某一特定时间内履行义务的通知，应视为包括根据上述规定要买方表明决定的要求在内。当然，上述要求或通知必须在买方收到后方生效力。

（四）解除合同

《公约》第 49 条规定，如果卖方不履行其在合同或《公约》中的任何义务构成根本违约；或在不交货的情形下，卖方不在买方按照《公约》第 47 条第 1 款规定的额外时间内交付货物，或卖方声明他将不在所规定的时间内交付货物的，买方可以宣告合同无效。

不过，如果卖方已交货，则买方通常将丧失解除合同的权利，因为卖方已完成了主给付义务。当然，这里存在许多例外：（1）在延迟交货的情况下，买方在得知交货后的合理时间内宣布合同无效的；（2）在交货不符的情况下，买方在检验货物后的合理时间内提出合同无效的；（3）在给予卖方作出履行合同或作出补救的宽限期届满后或在拒绝接受卖方履行义务后的合理时间内宣布合同无效的，均不受卖方已交货的影响。

解除合同的其他事项在上面已经讲过了，此处不再赘述。

（五）减少价金

《公约》第 50 条规定，如果卖方交货不符合合同规定，不论价款是否已付，买方都可减低价格；减低价格应按实际交付的货物在交货时的价值与符合合同规定的货物在当时的价值两者之间的比例计算。无论不符合同情形是构成根本违约还是一般违约、卖方是否有过失、买方是否已经付款以及卖方是否应按照《公约》第 79 条规定免除责任，减价都可以得以适用。当然，这一规定仅适用于货物不符合同的情形，而不适用于迟延交付以及其他违约情形。

不过，如果卖方已经按照《公约》第 37 条或第 48 条规定对任何不履行义务采取了补救，或者买方拒绝接受卖方按照上述规定履行义务的，买方将丧失要求减少价金的权利。

（六）部分货物不符时买方的补救方法

部分货物不符是指卖方只交付一部分货物，或者交付的货物中只有一部分符合合同规定。按照《公约》第 51 条第 1 款的规定，在部分货物不符的情形下，买方只能针对缺漏部分及不符合合同规定的部分的货物采取违约补救方法，这包括《公约》第 46~50 条规定的补救方法，即实际履行、替代交付货物、修理，给予履行宽限期，对不履行义务作出补救，解除合同，减少价金等。当然，损失补偿方式仍然可以同时适用。

《公约》第 51 条第 1 款规定隐含着两方面的意义：一是买方针对缺漏部分及不符合合同规定部分的货物采取《公约》第 46~50 条规定的补救方法时，还必须同时符合《公约》第 46~50 条的规定和要求才能主张适用；二是由于存在部分正确交付的货物，因此买方通常不能基于部分违约而宣告整个合同无效。据此，只有在卖方完全不交付货物或不按照合同规定交付货物构成根本违约时，买方才可以宣告整个合同无效。

（七）提前、超量交货时买方的补救方法

《公约》第 52 条第 1 款规定，如果卖方在规定的日期前交付货物，买方可以收取货物，也可以拒绝收取货物。这是买方的权利，而且提前交货并不意味着违约，拒收也不构成合同的解除。

如果卖方交付的货物数量大于合同规定的数量，按照《公约》第 52 条第 2 款的规定，买方可以收取也可以拒绝收取多交部分的货物。如果买方收取多交部分货物的全部或一部分，他必须按合同价格付款。

三、买方违约时的具体补救方法

同买方的违约补救方法一样，《公约》在第 61 条概括了因买方不履行他在合同和《公约》中的任何义务，卖方可加利用的补救办法。这同样包括两部分，一是《公约》第 62 ~ 65 条规定的各种具体的违约补救方法，二是按照《公约》第 74 ~ 77 条的规定，要求损害赔偿的权利。而且，卖方可能享有的要求损害赔偿的任何权利，不因他行使采取其他补救办法的权利而丧失。如果卖方对违反合同采取某种补救办法，法院或仲裁法庭同样不得给予买方宽限期。此外，买方也可以援引《公约》第 71 ~ 73 条关于"预期违约和分批交货"、第 78 条关于"利息"以及第 88 条关于"货物保全"的规定。由于损失补偿已在上文有所叙及，下面同样仅探讨《公约》第 62 ~ 65 条规定的各种具体违约补救方法。

（一）实际履行

按照《公约》第 62 条的规定，卖方可以要求买方支付价款、收取货物或履行他的其他义务，除非卖方已采取与此一要求相抵触的某种补救办法，例如下面所讲的给予履行宽限期或解除合同等。该条通常适用于要求买方支付价款的情形，而要求买方收取货物却很少发生。

（二）给予履行宽限期

同《公约》第 47 条规定一样，《公约》第 63 条规定了卖方给予买方履行宽限期的权利：卖方可以规定一段合理时限的额外时间，让买方履行义务；除非卖方收到买方的通知，声称他将不在所规定的时间内履行义务，卖方不得在这段时间内对违反合同采取任何补救办法。但是，卖方并不因此丧失他对迟延履行义务可能享有的要求损害赔偿的任何权利。在实践中，卖方常常会同意给予买方额外时间，让买方支付价款、确保签发信用证以及收取货物等。

（三）解除合同

《公约》第 64 条规定了当买方违反其义务，卖方可以宣告合同无效的情况，这些规则与《公约》第 49 条的规则相似。在买方不履行其在合同或《公约》中的任何义务，等于根本违约；或买方不在卖方按照《公约》第 63 条第 1 款规定的额外时间内履行支付价款的义务或收取货物，或买方声明他将不在所规定的时间内这样做时，卖方可以宣告合同无效。

不过，如果买方已支付价款，卖方就丧失宣告合同无效的权利。但是，以下情形例外：（1）对于买方迟延履行义务，他在知道买方履行义务前这样做；（2）对于买方迟延履行义务以外的任何违反合同的情形：他在已知道或理应知道这种违反合同后一段合理时间内这样做；或他在卖方按照《公约》第 63 条第 1 款规定的任何额外时间期满后或在买方声明他将不在这一额外时间内履行义务后一段合理时间内这样做。

（四）订明货物规格

《公约》第 65 条规定，如果买方应根据合同规定订明货物的形状、大小或其他特征，而他在议定的日期或在收到卖方的要求后一段合理时间内没有订明这些规格，则卖方在不损害其可能享有的任何其他权利的情况下，可以依照他所知的买方的要求，自己订明规格。如果卖方自己订明规格，他必须把订明规格的细节通知买方，而且必须规定一段合理时间，让买方可以在该段时间内订出不同的规格。如果买方在收到这种通知后没有在该段时间内这样做，卖方所订的规格就具有约束力。这是货物具体化的重要途径，也是交货和收货的前提条件。

四、违约后的货物保全

（一）货物保全的权利与义务

能够支配货物的一方应当承担货物保全的义务，这是货物买卖法的一个基本规则，它在发生违约等情形下仍应得以适用。《公约》规定：（1）如果买方推迟收取货物，或在支付价款和交付货物应同时履行时，买方没有支付价款，而卖方仍拥有这些货物或仍能控制这些货物的处置权，按照《公约》第 85 条的规定，卖方必须按情况采取合理措施，以保全货物。他有权保有这些货物，直至买方把他所付的合理费用偿还他为止。（2）如果买方已收到货物，但打算行使合同或本公约规定的任何权利，把货物退回，按照《公约》第 86 条第 1 款的规定，他必须按情况采取合理措施，以保全货物。他有权保有这些货物，直至卖方把他所付的合理费用偿还给他为止。由此可见，买卖双方在承担货物保全义务的同时，还享有对货物保全产生的费用主张补偿的权利。在对方把他所付的合理费用偿还之前，他有权留置该批货物。

不过，如果发运给买方的货物已到达目的地，并交给买方处置，而买方行使退货权利，则买方必须代表卖方收取货物，除非他这样做需要支付价款而且会使他遭受不合理的不便或须承担不合理的费用。如果卖方或受权代表他掌管货物的人也在目的地，则此一规定不适用。如果买方基于上述事由收取货物，那他的权利和义务与《公约》第 86 条第 1 款的规定一致。

（二）货物保全的方法

1. 存入仓库。

《公约》第 87 条规定，有义务采取措施以保全货物的一方当事人，可以把货物寄放在第三方的仓库，由另一方当事人负担费用，但该项费用必须合理。例如，保管费高于货物本身价值的，通常会被认为不合理。

2. 出售货物。

《公约》第 88 条第 1 款规定，如果另一方当事人在收取货物或收回货物或支付价款或保全货物费用方面有不合理的迟延，按照第 85 条或第 86 条规定有义务保全货物的一方当事人，可以采取任何适当办法，把货物出售，但必须事前向另一方当事人发出合理的意向通知。出售的方式有很多，一般有拍卖、在市场上寄卖、自行出售甚至以市场通常价格自行购得等；但是否"适当"，通常应以当地的法律以及交易习惯等作为判断标准。

不过，如果货物易于迅速变坏，或者货物的保全牵涉到不合理的费用，则按照第 85 条或第 86 条规定有义务保全货物的一方当事人，必须采取合理措施，把货物出售，在可能的范围内，他必须把出售货物的打算通知另一方当事人。

对于出售货物所得的收入，《公约》规定，出售货物的一方当事人，有权从销售所得收入中扣回为保全货物和销售货物而付的合理费用，但他必须向另一方当事人说明所余款项。至于能否进行抵消，应适用国内法的规定来处理。

五、违约的免责

对于违约的免责事由，《公约》没有使用"不可抗力"的字眼，也没有使用"合同受挫"等概念，而是使用了"障碍"一词并进行了具体的描述。《公约》第 79~80 条对违约免责事项作了详细规定。

（一）免责事由

1. 履约障碍免责。

《公约》第 79 条第 1 款规定，当事人对不履行义务，不负责任，如果他能证明此种不履行义务，是由于某种非他所能控制的障碍，而且对于这种障碍，没有理由预期他在订立合同时能考虑到或能避免或克服它或它的后果。

由此可见，可以免责的障碍须具备以下要件：一是非违约方所能控制，即不可控制性；二是非违约方在订立合同时所能预见或避免或克服，即缔约时的不可预见、不可避免或不可克服性。这一规定类似于我国法律上的"不可抗力"条款。在实践中，各国法院往往将该规定同国内法上的免责事由，如不可抗力、合同受挫、经济不可能等相互比较来适用。

2. 基于第三人行为的履约障碍免责。

如果当事人不履行义务是由于他所雇用履行合同的全部或一部分规定的第三方不履行义务所致，那么只有当该当事人的不履行义务行为按照《公约》第 79 条第 1 款"履约障碍"的规定应予免责，并且该第三方的不履行义务行为按照《公约》第 79 条第 1 款"履约障碍"的规定同样应予免责时，该当事人才能免除责任。

（二）免责的期间、效力与通知

免责仅在障碍存在的期间有效。一旦障碍消除，而合同又没有被解除，那么当事人即应立即恢复履行，否则将因其违约行为而承担责任。而且，免责通常仅免除损失补偿的责任，而不妨碍任一方行使《公约》规定的要求损害赔偿以外的任何权利。

此外，不履行义务的一方还必须将障碍及其对他履行义务能力的影响通知另一方。如果该项通知在不履行义务的一方已知道或理应知道此一障碍后一段合理时间内仍未为另一方收到，则他对由于另一方未收到通知而造成的损害应负赔偿责任。

（三）对方当事人行为的免责

《公约》第 80 条规定，一方当事人因其行为或不行为而使得另一方当事人不履行义务时，不得声称该另一方当事人不履行义务。也就是说，一方当事人因其自身的行为造成另一方当事人的违约行为时，该当事人不得以另一方当事人的违约行为为由主张法律补救，这也是诚信原则的必然要求。

第五章　国际货物运输与保险法

要点提示：学习国际海上运输、铁路运输、公路运输、航空运输以及多式联运及其保险制度。重点掌握海上货物运输制度，掌握国际海上货物运输合同制度、提单法律制度、航次租船合同和多式联运合同，培养解决国际海上货物运输纠纷问题的能力。

国际货物运输是国际贸易中不可或缺的组成部分。国际货物贸易所涉及的运输方式很多，包括海洋运输、铁路运输、公路运输、航空运输、河流运输、邮政运输、管道运输、大陆桥运输以及多式联运等。这其中，海上运输、铁路运输、公路运输、航空运输以及多式联运是比较常见的方式。而由于货物的运输通常需要跨越很长的距离并持续一段时间，因此货物时常面临着毁损灭失的风险，这就需要保险的保障。因此，货物的运输与保险都是国际货物贸易中必不可少的一部分。

第一节　国际海上货物运输

一、概述

（一）海上货物运输的概念

海上货物运输最初由货主亲自买船进行，这被称为"船商合一"阶段。后来随着航运技术的进步，出现了专门从事海上货物运输的人，这便进入了"船商分离"时期。现代国际贸易中，货主直接从事货物运输的情况已经很少见了，大部分货主都会求助于专门从事运输的公司，与这些运输公司签订运输合同，由后者实际完成货物的运输任务。因此，海上货物运输通常是通过海上货物运输合同的方式实现的。所谓海上货物运输合同（Contract for Carriage of Goods by Sea），是指承运人收取运费，负责将托运人托运的货物经海路由一港运至另一港的合同。其特征有：

（1）主体方面，有当事人和关系人两种，当事人包括承运人（Carrier）和托运人（Shipper）两类。除了与托运人订立运输合同的承运人外，还可能存在未与托运人订立运输合同但实际承担或参与运输的人，《汉堡规则》以及我国《海商法》称之为实际承运人（Actual Carrier）。此外，还包括收货人（Consignee）与提单持有人、船舶出租人和承租人、受雇人和代理人（如货代与船代等）以及港口经营人等关系人。

（2）客体方面，海上货物运输合同法律关系的客体（即标的），是海上货物运输行为。海上货物运输行为是包括托运人的托运行为、承运人的运输及交付行为等在内的一系列行为的统一体。

（3）标的物方面，货物是海上货物运输合同的标的物。没有货物，也就没有海上货物运输。由于货物的复杂多样性，很难对货物下一个科学、严谨的定义。1924年《关于统一提单的某些法律规定的国际公约》（即《海牙规则》）的规定是，"货物，包括各种货物、制品、商品和任何种类的物件，但活的动物和在运输合同中载明装于甲板上且已照装的货物除外"，该规定把活动物和甲板货物排除在货物之外。《1978年联合国海上货物运输公约》（即《汉堡规则》）规定，"货物"包括活动物和由托运人提供的用于集装和包装货物的运输器具。该规定把活动物列入了"货物"范围，但没有明确"甲板货物（舱面货物）"是否属于"货物"。我国《海商法》的规定同《汉堡规则》一致。

（二）海上货物运输的类型

1. 国际海上货物运输与国内海上货物运输。

国际海上货物运输，是指承运人负责将托运人托运的货物经海路由一国的某一港口运至另一国的某一港口，而由托运人或者收货人支付运费的运输方式。国内海上货物运输或者沿海货物运输，又称水路货物运输，是指承运人负责将托运人托运的货物经海路由一国某港运至该国另一港，而由托运人或收货人支付运费的运输类型。国内海上货物运输通常受该国国内法的约束，而国际海上货物运输可能受相关国际公约、有关国内法以及对方当事人所在国的国内法的约束。

这一分类对我国尤其具有重要意义，因为我国对海上货物运输实行国内与国际相分离的双轨制。我国《海商法》第2条规定，《海商法》第四章"海上货物运输合同"的规定不适用于我国港口之间的海上货物运输，即该章规定仅适用于国际海上货物运输，而国内水路货物运输则主要适用《合同法》以及《水路货物运输规则》等的规定。

2. 班轮运输与航次租船运输。

班轮运输，是指承运人以固定的航线、固定的航期和固定的运费将众多托运人的货物运至目的地而由托运人（收货人）支付运费的运输方式。班轮运输多以传统的提单作为合同的证明，故班轮运输又称为提单运输。目前，班轮运输几乎都采用集装箱运输方式。

航次租船，又称航程租船或者程租，是指船舶出租人向承租人提供船舶或者船舶的部分舱位，装运约定的货物，从一港运至另一港，由承租人支付约定运费的运输方式。航次租船在形式上属于船舶租用方式，但实质上仍然属于货物运输合同。

班轮运输是一种公共运输方式，各国立法和国际公约基于维护社会公共利益以及公共政策的需要，均摒弃契约自由原则而对其进行不同程度的干预，因此关于班轮运输的立法通常为强制性的。由于班轮运输中的承运人往往处于优势地位，因此立法多明确规定了承运人的法定义务和责任，并且不允许承运人对其进行减损或免除。与此相反，航次租船合同则为私人运输方式，仍然践行契约自由原则。

3. 海上货物联运与货物多式联运。

海上货物联运，是指承运人负责将货物自一港经两段或者两段以上的海路运至另一港，而由托运人或者收货人支付运费的运输方式。海上货物联运中，货物由不属于同一船舶所有人的两艘或者多艘船舶从起运港运至目的港，但承运人对全程货物运输负责。除作为合同当事一方的承运人外，参加货物运输的还有与承运人具有其他合同关系的其他海上承运人，称为区段承运人、实际承运人、履约承运人或海上履约方。国际海上货物联运通常以海上联运提单作为运输证明。

倘若多式联运经营人负责将货物以包括海上运输在内的两种或多种运输方式，从一地运至另一地，而由托运人或收货人支付运费的运输方式，这便是海商法上的货物多式联运，受各国海商法及相关国际公约的约束。

4. 海上货物运输总合同。

海上货物运输总合同，又称包运合同、批量合同或者货运数量合同，是指承运人负责将一定数量的货物，在约定时期内，分批经海路由一港运至另一港，而由托运人或者收货人支付运费的合同。在这种运输方式中，通常订明一定时期内托运人交运的货物数量或者批量、承运人提供的船舶吨位数、装货和卸货的港口或者地区、装卸期限、运价及其他运输条件。每一批货物装船后，承运人按照托运人的要求签发提单或者双方就每一批货物的运输签订具体的航次租船合同。这种运输和缔约方式一般适用于大批量货物的运输，尤其是煤炭、矿石、石油、粮食等散装货物的运输。

（三）海上货物运输的法律调整

1. 海上货物运输法的发展。

海上货物运输法的历史可以追溯到《罗德海法》。在 18 世纪后，包括海上货物运输法在内的海商法进入国内立法时期，这一时期的海上货物运输法主要以英国为典型代表。根据英国普通法，从事海上件杂货运输的承运人为"公共承运人"，其对货物灭失或损坏的责任非常严格。但同时这一时期又是一个非常崇尚契约自由的时代，承运人经常利用其有利的谈判地位在海上货物运输合同中加上各种免责条款，包括承运人有过失也可以免除责任的条款。有的提单上免责事项甚至多达六七十项。

由于当时的英国号称"日不落帝国"，其商船航运在世界航运舞台上占据着举足轻重的地位，其海上货物运输法也由此影响到世界的每一个角落。这种状况使得各国货方的权益无从保障，严重妨碍了提单的流通，出现了银行不肯承兑、保险公司不敢承保货物运输风险的局面。因此，限制承运人滥用契约自由原则的要求日渐强烈，并引起了各国特别是货主利益比较突出的国家的注意。1893 年，美国率先通过了《哈特法》（Harter Act）。该法规定，在美国国内港口之间以及美国港口与外国港口之间进行货物运输的承运人，不得在提单上加入基于过失造成的货损可以免责的条款。该法还规定了承运人最低限度的义务，即承运人应谨慎处理使船舶适航，船长、船员对货物应谨慎装载、管理和交付。同时，该法明确了承运人的最大免责范围，除承认承运人享有普通法下的四项免责事由外，还规定了承运人对于航海技术和船舶管理上的过失也可免除责任，并规定了承运人可以享受限制责任的权利。《哈特法》的上述规定具有强制性，违反上述规定的提单条款，将以违反美国"公共秩序"为由宣告其无效。

继《哈特法》之后，澳大利亚于 1904 年制定了《海上货物运输法》，加拿大于 1910 年制定了《水上货物运输法》，基本上按照《哈特法》的规定对提单内容进行了调整。但是，只有少数国家的努力是难以彻底解决上述问题的，这需要各国以及国际社会的共同努力。而英国担心类似的国内立法会影响到英国航运业的竞争能力及其航运大国的地位，因而也采取了妥协态度，希望通过制定国际公约的方式来控制这一事态的发展。于是，1921 年国际法协会在荷兰海牙召开会议并起草了关于提单运输的规则，后又几经修改，于 1924 年在比利时召开的有 26 个国家代表出席的外交会议上通过了《关于统一提单的某些法律规定的国际公约》(*International Convention for the Unification of Certain Rules Relating to Bill of Lading*),简称《海牙规则》(*Hague Rules*),1931年6月2日起生效。

《海牙规则》第一次用国际公约的形式确定了海上货物运输合同中的权利义务分配规则,这是一个巨大的进步。《海牙规则》的立法指导思想与《哈特法》是一致的,即海上货物运输合同中的契约自由原则必须受到一定的限制,其采用的方法与《哈特法》也基本一致,即确定了承运人的最低法定义务和最高免责范围。不过,虽然它在一定程度上限制了承运人的合同自由,但也赋予了承运人多达十几项的免责条款以及责任限制的权利,因此它仍然偏重于对承运人利益的保护。

《海牙规则》的生效和实施,标志着海上货物运输法开始步入了国际统一的新时代。《海牙规则》现在仍然有效存续,不过随着国际政治经济形势的变化以及航运业的发展,《海牙规则》的不足日渐明显,于是1959年国际海事委员会决定对其进行修改,并于1968年通过了《修订统一提单若干法律规定的国际公约的议定书》(*Protocol to Amend the International Convention for the Unification of Certain Rules Relating to Bill of Lading*),该议定书简称《维斯比规则》(*Visby Rules*),被修订后的《海牙规则》通常称为《海牙—维斯比规则》(*Hague-Visby Rules*)。《海牙—维斯比规则》是一个独立的公约,于1967年6月23日生效。

《海牙—维斯比规则》同样偏重于对承运人利益的保护,因此广大第三世界国家以及代表货主利益的部分发达国家对此表示严重不满,要求修订和完善国际海上货物运输立法的呼声也越来越强烈。这一任务最终由联合国国际贸易法委员会(United Nations Commission on International Trade Law,UNCITRAL)承担并具体实施。1978年,在德国汉堡召开的联合国海上货物运输会议上通过了《1978年联合国海上货物运输公约》(*United Nations on the Carriage of Goods by Sea*,1978),简称《汉堡规则》(*Hamburg Rules*),并于1992年11月1日生效。《汉堡规则》进一步加重了承运人的义务和责任,但是它的影响和适用范围远不及上两个公约。

《海牙规则》、《海牙—维斯比规则》以及《汉堡规则》的生效实施,使得海上货物运输法律制度在三个公约的范围内得到了统一。不过三部公约的同时存在也成为国际海上货物运输法律制度未能实现最终统一的明证。在联合国国际贸易法委员会(UNCITRAL)的主持下,一部新的国际公约即《联合国全程或部分海上国际货物运输合同公约》(*UN Convention on the Contracts of*

International Carriage of Goods Wholly or Partly by Sea），于 2008 年 12 月 12 日获得联大第 35 次会议审议和通过，并于 2009 年 9 月在荷兰鹿特丹正式签署发布。该公约又被称为《鹿特丹规则》（*Rotterdam Rules*）。不过，该公约目前尚未生效。

2. 我国海上货物运输法的现状。

我国并没有加入上述任一国际公约，但是我国《海商法》对上述前三部国际公约均有所借鉴，并继承了海上货物运输法的强制性体制及特殊的义务责任制度。例如，关于承运人义务、责任以及免责和责任限制等的规定，主要借鉴了《海牙规则》的规定；关于提单证据效力、非合同之诉、承运人受雇人和代理人的地位以及诉讼时效等规定，则来自于《海牙—维斯比规则》；而《汉堡规则》关于实际承运人、责任期间以及托运人的义务责任等内容也被吸收进来。可以说，我国海上货物运输法是以《海牙—维斯比规则》为基础，吸收《汉堡规则》中成熟、合理的内容，并结合我国实际形成的"混合运输制度"的立法模式。

在我国，除《海商法》外，调整海上货物运输的法律还有《合同法》以及《水路货物运输规则》等法律法规。对于国际海上货物运输，首先应适用《海商法》第四章"海上货物运输合同"的规定；《海商法》没有规定的，则适用《合同法》的规定；《合同法》没有规定的，则适用其他民商事法律、法规如《民法通则》等的规定。对于国内水路货物运输，则主要适用《合同法》、《水路货物运输规则》以及其他民商事法律、法规如《民法通则》的规定。由于《水路货物运输规则》的效力低于《合同法》以及《民法通则》等法律，因此《合同法》以及《民法通则》等法律优先适用。上述法律的适用通常要在确定彼此间不同法律位阶的基础上，再按照特别法优于一般法、新法优于旧法等原则予以确定。

二、国际海上货物运输的法律制度

目前，《海牙规则》、《海牙—维斯比规则》这一体系对国际海上货物运输的影响仍然是巨大的。据统计，目前《海牙规则》、《海牙—维斯比规则》这一体系的成员方约 108 个，包括了世界上主要的贸易和航运大国，如美国、英国、德国、法国、日本等。相反，《汉堡规则》仅有 33 个成员方，故影响甚微。① 因此下面将主要针对《海牙规则》、《海牙—维斯比规则》进行论述。

---

① 参见吴焕宁：《国际海上运输三公约释义》，中国商务出版社 2007 年版，第 396～397 页。

不过，值得注意的是，上述公约在一定程度上仅为框架性、原则性的规定，并未涵盖海上货物运输的所有环节和法律制度，因此国际海上货物运输纠纷可能还需要援引有关当事国的国内法来解决。

（一）《海牙规则》

《海牙规则》共16条，其中前10条是实质性条款，后6条是程序性条款，主要是关于公约的批准、加入和修改等。

1. 适用的提单及海上货物运输合同。

《海牙规则》并不适用于所有的运输合同，而是仅适用于以提单或任何类似的物权凭证下的海上货物运输合同。这里的提单，包括缔约国签发的一切提单。当然，在租船合同下或根据租船合同所签发的提单或任何物权凭证，在它们成为制约承运人与提单持有人之间的关系准则时，也在《海牙规则》的适用范围内。不过，在租船合同下虽签发提单但并未流转到租船人以外的第三方手中的，不适用《海牙规则》。而且，海运单等不可转让的、不具有物权凭证效力的运输单据下的运输合同也不受《海牙规则》的调整。

海上货物运输合同当事人包括托运人和承运人两类。所谓承运人，包括与托运人订有运输合同的船舶所有人和租船人。因此，与托运人订有运输合同是承运人的根本特征。承运人通常是指船舶所有人和租船人，但也可能是其他人，如无船承运人、货代等，只要他与托运人订有运输合同即可。但在实践中如何识别和界定承运人一直是一个难题。

《海牙规则》并不调整所有货物的运输。按照该规定，"货物"包括货物、制品、商品和任何种类的物品，但活牲畜以及在运输合同上载明装载于舱面上并且已经这样装运的货物除外。活牲畜及舱面货的风险较大，为保护承运人的利益，《海牙规则》将之排除在外。

海上货物运输合同订立与履行的过程通常是这样的：先是承运人与托运人（或通过他们的代理人）通过要约、承诺等方式订立合同。合同生效后，托运人向承运人托运货物，承运人收到货物后则向托运人签发提单等运输单证。承运人同时将货物装船并由出发地运往目的地，这通常需要几天到几个月不等的时间。托运人取得提单后，将其交付给收货人，其间提单下的货物可能会通过提单的转让而转让给其他人。承运人将货物运抵目的地后将货物交给收货人并收回提单等运输单证。如果货物发生毁损灭失，则承运人即按照公约、有关国内法等的规定承担责任。

2. 承运人的义务。

（1）承运人义务与责任的性质。除《海牙规则》另有规定外，《海牙规则》所规定的承运人的义务和责任都是最低的，也都是强制性的，不能通过合同约定减轻和排除。也就是说，运输合同中的任何条款、约定或协议，凡是解除承运人或船舶对由于疏忽、过失或未履行公约规定的责任和义务，因而引起货物或关于货物的灭失或损害的责任的，或减轻这种责任的，一律无效；有利于承运人的保险利益或类似的条款，应视为属于免除承运人责任的条款。

与此相反，承运人可以自由地全部或部分放弃公约中所规定的他的权利和豁免，或增加他所应承担的任何一项责任和义务。但是，这种放弃或增加，须在签发给托运人的提单上注明。

（2）承运人的最低法定义务。适航与管货被认为是承运人的两项最低法定义务。

第一，适航义务。

《海牙规则》第 3 条第 1 款规定，承运人必须在开航前或开航当时，谨慎处理，使船舶处于适航状态；妥善配备合格船员、装备船舶和配备供应品；使货舱、冷藏舱和该船其他载货处所能适宜并安全地收受、载运和保管货物，此即承运人的适航义务。

首先，承运人适航义务的期间是开航前和开航当时，即特定航次从船舶开始装货时起最迟至船舶开航时止的一段时间。所谓航次，是指合同航次或者提单航次，即提单载明的货物从装货港至卸货港的整个航程，不包括运输途中停靠中途港后再次开航。如果船舶在中途港停靠后，继续开航前或开航时存在安全问题，也不影响船舶的适航性。①

其次，适航义务主要包括三方面的内容：一是适船，即船舶应该坚固、水密、各种航行设备处于良好状态，并应配备必要的供应物品；若船舶舱口漏水，主机或发电机工作不正常，管道破裂，助航设备配备不齐等即可能构成不适航。二是适员，即应配备足量的适格船员，例如船长、船员应该数量充足、经过良好训练，取得适当资格证书并有必需的技能；若船员数量不够、没有有效的资格证书等即可能构成不适航。三是适货，是针对船上的载货处所的，货舱、冷藏舱、冷气舱和其他载货处所应能适于并能安全收受、载运和保管货物；若装载冰冻货物时制冷设备出现故障，货舱没有打扫干净以致污染货物等均可能构成不适航。

再次，适航对承运人来说并不是绝对的，他只要做到恪尽职责（Due Diligence）就可以了。所谓恪尽职责，与适当谨慎以及合理注意等同义，即尽

---

① 参见司玉琢：《海商法》，法律出版社 2007 年版，第 102 页。

到了谨慎的、合理的注意义务，这必须在具体案件中结合具体案情才能知道。

第二，管货义务。

《海牙规则》第3条第2款规定，除遵照第4条规定外，承运人应适当和谨慎地装卸、搬运、配载、运送、保管、照料和卸载所运货物，此即管货义务。

首先，管货义务包括装卸、搬运、配载、运送、保管、照料和卸载七项内容。先是装载，即承运人应该在约定的时间，约定的地点，将货物安全装船。接着是搬移和积载。搬移是指货物自装载后到积载之间的一切活动；积载是指将货物在船舱内适当妥善地加以堆积配置，以保持船舶良好的稳定性以及货物安全。例如，相互会起化学反应的货物不宜堆放在一起、堆码不宜过高以免压坏底层货物等。然后是运输、保管和照料货物。承运人应该将货物从起运地安全运抵目的地，并且在整个运输途中都要妥善保管和照料好货物。由于照料货物是针对具体货物的，是否妥当要根据货物情况判断。最后是卸载，承运人应该采用安全和合适的方法将货物卸下船。船上没有积载图造成货物不能迅速卸下，或为了赶船期而不顾货物怕潮的特性在雨天卸货等都是不恰当的卸载。①不过，由于上述环节在含义上存在重复，彼此间很难完全分开，它实际上包含了货物从装船到卸船的整个过程。

其次，对于管货义务，只需要承运人做到适当、谨慎地（Properly and Carefully）处理即可。所谓"适当"，通常指技术上的要求，即承运人、船员或者其他受雇人员在管理货物的各个环节中，应发挥通常要求的或者为所运货物特殊要求的知识与技能；所谓"谨慎"，通常是指责任心上的要求，即承运人、船员或者其他受雇人员在管理货物的各个环节，应发挥作为一名能胜任货物管理或者海上货物运输工作的人可预期表现出来的谨慎程度。二者相辅相成，缺一不可。通常情况下，这需要结合具体情况才能确定。②

最后，从该规定可以推断，管货义务的时间应该是从开始装货到卸货完毕的整个货运期间。

（3）提单的签发、内容及其效力。签发提单也是承运人的法定义务，不过这以托运人的请求为前提。实践中承运人可能由于未收到运费或由于与托运人的其他商业纠纷而拒绝签发提单或者"扣押"提单，这种做法是违背其法定义务的。

---

① 参见郭瑜：《海商法教程》，北京大学出版社2002年版，第83页。

② 参见司玉琢：《海商法》，法律出版社2007年版，第138页。

签发提单的只能是承运人或船长或承运人的代理人，未经授权签发的提单不能约束承运人。载货船舶的船长签发的提单具有法定效力，无论其是否得到承运人的授权，都可以约束承运人。

提单的内容应当包括与开始装货前由托运人书面提供者相同的、为辨认货物所需的主要唛头，如果这项唛头是以印戳或其他方式标示在不带包装的货物上，或在其中装有货物的箱子或包装物上，该项唛头通常应在航程终了时仍能保持清晰可认；托运人用书面提供的包数或件数，或数量，或重量以及货物的表面状况。当然，承运人、船长或承运人的代理人，不一定必须将任何货物的唛头、号码、数量或重量表明或标示在提单上，如果他有合理根据怀疑提单不能正确代表实际收到的货物，或无适当方法进行核对的话。

至于提单的效力，按照《海牙规则》的规定，提单为承运人或船长已按照提单所载状况收到货物或者货物已经装船的表面证据或初步证据（*prima facie* evidence）。若承运人没有足够的有效证据证明其实际收到的货物与提单所记载的货物在主要标志、包装、件数、外在状况等方面不符，就应按提单上记载的货物说明向托运人或收货人交付该货物，否则应当承担赔偿责任。

提单通常应为已装船提单。按照《海牙规则》的规定，货物装船后，如果托运人要求签发"已装船"提单，承运人、船长或承运人的代理人签发给托运人的提单，应为"已装船"提单。如果托运人事先已取得这种货物的物权单据，应交还这种单据，以换取"已装船"提单。但是，也可以根据承运人的决定，在装货港由承运人、船长或其代理人在上述物权单据上注明装货船名和装船日期。经过这样注明的上述单据，如果载有上文所讲提单的内容的，即应认为是"已装船"提单。

3. 承运人的责任。

（1）承运人的责任期间。《海牙规则》第 1 条对"货物运输期间"的定义是，货物运输期间为从货物装上船时起至货物卸下船时止的期间，即"钩至钩"或"舷至舷"。因此货物在装卸期间以及海上运输期间均属于承运人的强制责任期间，也是最低责任期间。这一期间内承运人的义务、责任等强制适用《海牙规则》的规定。

由于在装前卸后的期间里承运人也可能负有其他的义务，例如交付货物的义务等，因此货物装船以前，即承运人接管货物至装上船这一段期间，以及货物卸船后到向收货人交付货物这一段期间，按照《海牙规则》第 7 条的规定，可由承运人与托运人就承运人所应承担的责任和义务，订立有关协议、规定、条件或免责条款。也就是说，这一段期间不受《海牙规则》的强制约束。

（2）承运人的免责条款。在责任期间内发生货物毁损灭失的，承运人应当承担损害赔偿责任。不过，承运人享有一系列法定的免责事由。

首先，由于船舶不适航所引起的灭失和损害，如果承运人举证证明自己已恪尽职责，那么承运人可以免责。

其次，承运人享有以下免责事由：①航海过失免责，也称为驾船、管船过失免责，即由于船长、船员、引航员或承运人的雇佣人在航行或管理船舶中的行为、疏忽或过失所引起的货物灭失或损坏，承运人可以免除赔偿责任。航海过失免责有利于保护承运人的利益，也因此引起了一些国家的反对。也因此，《海牙规则》的责任基础被认为是"不完全过失责任制"。②不可抗力或承运人无法控制的事项，如海上或其他可航水域的灾难、危险和意外事故，天灾，战争行为，公敌行为，检疫限制等。③托运人或货方的行为或过失，如托运人或货主、其代理人或代表的行为或不行为，由于货物的固有缺点、性质或缺陷引起的体积或重量亏损或任何其他灭失或损坏，包装不善，唛头不清或不当。④特殊免责条款：一是火灾，只有是承运人本人的实际过失或知情参与时才不能免责；二是救助或企图救助海上人命或财产；三是谨慎处理仍不能发现的潜在缺陷。

对此应注意两个问题：一是《海牙规则》对适航义务的要求极其严格，一般认为适航是任何免责条款的前提条件，除非承运人证明其已恪尽职责使船舶适航，否则将无法援引其他的免责条款；二是船长、船员在管理船舶中的行为和过失常与承运人管理货物的要求混淆，不易分清，应以进行某项操作的意图或直接目的进行区分。

（3）承运人的责任限制。《海牙规则》对承运人的赔偿规定了最高限额，即责任限制。该规则第4条第5款规定，承运人对每件或每单位的最高赔偿额为100英镑或与其等值的其他货币，但托运人于装货前已经申报了货物的实际价值并已列入提单者，不受此限，可按托运人与承运人约定的数额赔付。鉴于该限额太低，许多国家以国内立法的方式对此作了不同规定。

4. 托运人的义务与责任。

托运人在交付货物或在装船时，应当保证他提供的货物唛头、件数、数量和重量（the Marks, Number, Quantity and Weight）均正确无误。如果申报不实的，托运人应向承运人赔偿由此引起或导致的一切灭失、损坏和费用。

申报不实造成的损失通常有两种情形：一是直接给承运人造成损失，如1000吨货物谎报为800吨导致承运人运费损失，或者导致承运人吊杆等起重设备损毁等；二是造成承运人对第三方的责任等，如托运人标识不清或不当，致使承运人处置不当导致货物毁损或者错误交货,由此产生的对收货人的赔偿责任等。对上述情形,承运人均享有要求托运人赔偿的权利。但是,承运人的这种受偿权利,并不减轻其根据运输合同对托运人以外的任何人所承担的责任和义务。因此,通常承运人应在赔偿第三方后再向托运人追偿,而不能以此作为对抗第三方的抗辩事由。

5. 索赔与诉讼时效。

在货物交付时,收货人通常对货物进行检验,发现问题的一般要及时提出索赔。不过,除非收货人在卸货港将货物的灭失和损害的一般情况用书面通知承运人或其代理人,则这种移交应作为承运人已按照提单规定交付货物的初步证据。如果灭失或损坏不明显,则这种通知应于交付货物之日起的 3 天内提交。当然,如果货物状况在收受时已经进行联合检验或检查,就无须再提交书面通知。

对于货物的灭失或损坏,《海牙规则》规定,在货物交付之日起 1 年内,如果货方不向法院提起诉讼,承运人在任何情况下都将解除对货损的一切责任。如货方请求延长上述时效,承运人通常应同意展期。

(二)《海牙—维斯比规则》

《修订统一提单若干法律规定的国际公约的议定书》即《维斯比规则》是适应 20 世纪 50 年代中期集装箱运输的出现,以及广大发展中国家经济力量的不断增长的需要,对《海牙规则》进行修改的产物。《维斯比规则》共有 17 条,主要对《海牙规则》第 3、4、9、10 条进行了修改。不过,单纯的《维斯比规则》并不是一个独立的法律文件,它必须与《海牙规则》结合起来才是完整的一个公约。因此,修改后的公约通常称为《海牙—维斯比规则》。同《海牙规则》相比,《海牙—维斯比规则》主要作了以下修订。

1. 适用的提单及海上货物运输合同。

《海牙—维斯比规则》适用于在两个不同国家港口之间与货物运输有关的每一提单,只要该提单在某一缔约国签发;或者货物从某一缔约国港口起运;或者被提单所包含或所证明的合同受本公约各项规定或者给予这些规定以法律效力的任一国家立法的约束,而不论船舶、承运人、托运人、收货人或任何其他关系人的国籍如何。后两种情况是对《海牙规则》的扩充,增加了《海牙—维斯比规则》的适用范围。而且,各缔约国还可以将《海牙—维斯比规则》适用于未在上面列明的提单。

此外,每一缔约国应将《海牙—维斯比规则》的各项规定适用于上述提单,这样就赋予了公约以强制适用的效力。

2. 提单的性质与效力。

《海牙规则》规定提单是承运人收到货物的初步证明。《海牙—维斯比规则》进一步规定，当提单已转让给善意的第三人时，相反的证据不予采用，这样提单对第三人来说就成了货物按提单记载状况装船的最终证据。这一修改明确了提单善意受让人的法律地位，可以更好地保护提单受让人的合法权益，有利于提单的转让和流通。因此，对于第三人来说，承运人不得借口在签发清洁提单以前货物就已存在缺陷或包装不当来对抗提单持有人，也不能利用可以向托运人取得补偿的权利，而解除承运人应负的责任。

3. 对承运人及其受雇人、代理人的诉讼。

对于货物在运输中发生的毁损灭失，按照许多国家的法律，既可以提起违约之诉，也可以提起侵权之诉。倘若以此为由提起侵权之诉，那么就应适用侵权法的规定，从而可以绕过《海牙规则》的规定，使得承运人无法享受到《海牙规则》规定的抗辩和责任限制。《海牙规则》的强制力和约束力也就大打折扣。为避免出现这一问题，《海牙—维斯比规则》进一步规定，该公约所规定的抗辩和责任限制，应适用于运输合同所包含的货物灭失或损害对承运人提起的任何诉讼，而不论诉讼是以合同或是以侵权行为为依据。

此外，《海牙—维斯比规则》还规定，如果诉讼是对承运人的受雇人员或代理人（该受雇人员或代理人并非独立合同人），该受雇人员或代理人有权援引承运人依照公约可援引的各项抗辩和责任限制。

4. 承运人的责任限制。

《海牙—维斯比规则》第 2 条第 1 款对《海牙规则》第 4 条第 5 款作了重要修改：（1）将每件或每单位的赔偿限额提高到 10000 法郎或按灭失中受损货物毛重计算，每公斤为 30 法郎，以两者中较高者为准。（2）以集装箱、货盘或类似的运输工具集装，则提单中所载明的装在这种运输工具中的包数或件数，便应作为本款中所述包数或单位数；如果不在提单上注明件数，则以每集装箱或货盘为一件计算。（3）规定了丧失赔偿责任限制权利的条件，如经证明，损害是由于承运人故意造成，或是知道很可能会造成这一损害而毫不在意的行为或不为所引起的，则承运人就无权享受责任限制。

不过，1979 年又通过了《修订〈海牙—维斯比规则〉的议定书》，并于 1984 年 4 月生效。该议定书旨在将承运人责任限制的计算单位从金法郎改为特别提款权，每 15 金法郎等于 1 特别提款权。该议定书规定，承运人责任限制金额为每件或每单位货物 666.67 特别提款权，或按毛重每公斤 2 特别提款权计算，两者之中以较高者为准。议定书还规定，凡不能使用特别提款权的缔约国仍可以金法郎作为计算单位。这一修订的实质内容为包括我国在内的许多国家所认可。

5. 诉讼时效延长。

《海牙—维斯比规则》规定的诉讼时效仍为 1 年，但增加了"在诉讼事由发生之后，得经当事方同意，将这一期限加以延长"的规定，明确诉讼时效可经双方当事人协议延长。关于追偿时效的问题，在第 3 条第 6 款后增加了"即使在前款规定的 1 年期满之后，只要是在受诉法院的法律准许期间之内，便可向第三人提起索赔诉讼。但是，准许的时间自提起此种诉讼的人已经解决索赔案件，或向其本人送达起诉状之日起算，不得少于 3 个月。

（三）《汉堡规则》

《汉堡规则》对《海牙规则》进行了全面彻底的修改，并明显地扩大了承运人的责任。它共分 7 部分 34 条和 1 项共同理解，是一个较为完备的国际海上货物运输公约，也是国际海运领域建立新的国际经济秩序的一次尝试。与《海牙规则》体系相比。其主要突破有：

1. 适用的海上货物运输合同。

《汉堡规则》适用于两个不同国家之间的所有海上货物运输合同。并且，海上货物运输合同中规定的装货港或卸货港位于某一缔约国之内，或备选的卸货港之一为实际卸货港并位于某一缔约国内；或者提单或作为海上运输合同证明的其他单证在某一缔约国签发；或者提单或其他单证规定，海上货物运输合同受该规则或采纳该规则的任何国家立法的约束。《汉堡规则》同样不适用于租船合同，但如提单根据租船合同签发，并调整承运人与承租人以外的提单持有人之间的关系，则适用该规则之规定。

除了托运人与承运人外，《汉堡规则》第一次确立了实际承运人（Actual Carrier）这一概念及其责任。所谓"实际承运人"，是指受承运人委托从事货物运输或部分货物运输的任何人，包括受托从事此项工作的任何其他人。当承运人将货物委托给实际承运人时，承运人就实际承运人及其雇佣人或代理人的疏忽或过失造成货物损害，如果承运人和实际承运人均需负责的话，则在其应负责任的范围内，承担连带责任，并且不因此妨碍承运人和实际承运人之间的追偿权利。

此外，与《海牙规则》不同，《汉堡规则》并没有将活动物与舱面货排除在货物之外。但是，承运人只有按照同托运人达成的协议或符合特定的贸易惯例或依据法规或规章的要求，才有权在舱面上装货，否则承运人应对货物装在舱面上而造成的损失负赔偿责任。

2. 承运人的责任。

（1）承运人的责任期间。《汉堡规则》第4条第1款规定，承运人对货物的责任期间，包括货物在装货港、运输途中和卸货港处于承运人掌管下的期间。即扩展到"港到港"（Port to Port）。

（2）承运人的责任原则。《汉堡规则》摒弃了不完全过失责任制，确定了推定过失与举证责任相结合的完全过失责任制，从而使《海牙规则》中的航海过失免责归于无效。《汉堡规则》规定，凡是在承运人掌管货物期间发生货损，除非承运人能证明承运人已为避免事故的发生及其后果采取了一切可能的措施，否则便推定为损失系由承运人的过失所造成，承运人应承担赔偿责任。

（3）承运人的责任限制。《汉堡规则》第6条第1款规定，承运人对货物灭失或损坏的赔偿限额为，每件或每一其他装运单位835特别提款权或毛重每公斤2.5特别提款权，两者之中以其较高者为准。对非国际货币基金组织的成员，且国内法不允许适用特别提款权的国家，承运人的责任限额为货物每件或每一其他装运单位12500法郎，或按货物毛重计算每公斤37.5法郎，二者之中以较高者为准。这一数额比《海牙—维斯比规则》规定的数额提高了25%。

3. 保函的法律效力。

通过保函换取清洁提单已成为业界一项通行做法，但是《海牙规则》对此没有规定。为解决这一问题，《汉堡规则》第17条规定，托运人为了换取清洁提单，可以向承运人出具承担赔偿责任的保函，该保函在承运人与托运人之间有效，对包括受让提单的收货人在内的第三人一概无效。如有欺诈，该保函对托运人也属无效。

4. 诉讼时效。

《汉堡规则》将诉讼时效扩展为2年，并且还规定，被要求赔偿的人，可以在时效期限内的任何时间向索赔人提出书面声明延长时效期限，并可再次声明延长。这一规定同《海牙—维斯比规则》的协议延长时效虽无实质性差别，但却更为灵活。

5. 管辖权。

《海牙规则》、《海牙—维斯比规则》均无管辖权的规定，只是以提单上载明由航运公司所在地法院管辖的规定，这一规定显然对托运人、收货人不利。为此，《汉堡规则》第21条规定，原告可以选择管辖法院，但其选择的法院必须在公约规定的范围以内。此外，争议双方可达成书面仲裁协议，但其选择的地点必须在公约规定的范围以内。

（四）《鹿特丹规则》

《鹿特丹规则》是一部切实反映时代发展、力图调和各方利益、寻求各国货运法律统一的海上国际运输新公约。《鹿特丹规则》共计 18 章、96 条。与前述公约相比，它更加先进、也更加全面。

1. 适用的运输合同。

《鹿特丹规则》第 1 条规定，"运输合同"是指承运人收取运费，承诺将货物从一地运至另一地的合同；此种合同应对海上运输作出规定，且可以对海上运输以外的其他运输方式作出规定。亦即公约也可适用于非海运方式，即所谓的"海运+其他"，以适应国际集装箱货物"门到门"运输方式发展的需要。

但是，根据《鹿特丹规则》第 6 条，该公约不适用于班轮运输中的租船合同以及使用船舶或其中任何舱位的其他合同；该公约也不适用于非班轮运输中的运输合同，但如果非班轮运输中当事人之间不存在使用船舶或其中任何舱位的租船合同或其他合同并且运输单证或电子运输记录已签发的除外。《鹿特丹规则》也适用于批量（运输）合同，但是允许其在一定程度上背离公约的规定。

《鹿特丹规则》第 5 条规定，公约适用于收货地和交货地位于不同国家且海上运输装货港和同一海上运输卸货港位于不同国家的运输合同，条件是运输合同约定的收货地、装货港、交货地或卸货港之一位于一缔约国。而公约的适用无须考虑船舶、承运人、履约方、托运人、收货人或其他任何有关方的国籍。

对于运输单证，《鹿特丹规则》将之区分为"可转让运输单证"和"不可转让运输单证"，并用专章规定了上述单证的内容、证据效力、单证签发等相关事项。《鹿特丹规则》还规定了电子运输单证，并具体规定了有关"签发"、"转让"等事项，填补了以往公约在这一问题上的空白。

此外，《鹿特丹规则》没有采用"实际承运人"这一概念，而是引入了"履约方"和"海运履约方"这一称呼。所谓"履约方"是指承运人以外的，履行或承诺履行承运人在运输合同下有关货物接收、装载、操作、积载、运输、照料、卸载或交付的任何义务的人，以该人直接或间接在承运人的要求、监督或控制下行事为限。"履约方"不包括不由承运人而由托运人、单证托运人、控制方或收货人直接或间接委托的任何人。所谓"海运履约方"是指凡在货物到达船舶装货港至货物离开船舶卸货港期间履行或承诺履行承运人任何义务的履约方。内陆承运人仅在履行或承诺履行其完全在港区范围内的服务时方为海运履约方。公约还在涉及承运人责任的多个条文中，明确规定适用于履约方或者海运履约方，并对海运履约方的责任单独予以规定。

2. 承运人的义务。

（1）管货义务。《鹿特丹规则》第 13 条规定，承运人应妥善而谨慎地接收、装载、操作、积载、运输、保管、照料、卸载并交付货物。从七个环节扩大到包括接受、交付在内的九个环节，扩大了承运人的管货义务期间，这也是与承运人的整个义务与责任期间相一致的。

（2）适航义务。《鹿特丹规则》第 14 条规定，"承运人必须在开航前、开航当时和海上航程中恪尽职守：（一）使船舶处于且保持适航状态；（二）妥善配备船员、装备船舶和补给供应品，且在整个航程中保持此种配备、装备和补给；并且（三）使货舱、船舶所有其他载货处所和由承运人提供的载货集装箱适于且能安全接收、运输和保管货物，且保持此种状态"。这样承运人的适航义务的期间就延长到了整个海上运输过程。

（3）不得绕航的义务。《鹿特丹规则》第 24 条规定，如果绕航根据适用的法律构成违反承运人义务，承运人或海运履约方不得因此被剥夺本公约为其提供的任何抗辩或赔偿责任限制，但第 61 条规定的情形除外。

（4）不擅自装载舱面货的义务。《鹿特丹规则》第 25 条规定，"在船舶舱面上载运货物，只能限于下列情形：（一）根据法律的要求进行此种运输；（二）货物载于适合舱面运输的集装箱内或车辆内，而舱面专门适于载运此类集装箱或车辆；或（三）舱面运输符合运输合同或相关行业的习惯、惯例或做法"。否则，对于完全由于舱面载运货物所造成的货物灭失、损坏或迟延交付，承运人负赔偿责任，且无权享有第 17 条规定的抗辩权。

3. 承运人的责任。

（1）责任期间。《鹿特丹规则》第 12 条规定，承运人对货物的责任期间，自承运人或履约方为运输而接收货物时开始，至货物交付时终止。这样就能够适应接收货物或交付货物地点多样性的要求，有利于国际货物多式联运的发展。当然，它在一定程度上也增加了承运人的责任。

（2）责任基础与免责。《鹿特丹规则》是以过错责任制为基础的，但是在举证责任分配和过错认定方面又不同于《汉堡规则》，其规则也更加复杂。

总体上，《鹿特丹规则》实行的是过错推定，按照《鹿特丹规则》第 17 条第 1-2 款的规定："如果索赔人证明，货物灭失、损坏或迟延交付，或造成、促成了灭失、损坏或迟延交付的事件或情形是在第四章规定的承运人责任期内发生的，承运人应对货物灭失、损坏和迟延交付负赔偿责任。"而"如果承运人证明，灭失、损坏或迟延交付的原因或原因之一不能归责于承运人本人的过失或第 18 条述及的任何人的过失，可免除承运人根据本条第一款所负的全部或部分赔偿责任"。这就类似于《汉堡规则》的过错推定，但在范围和程度上仍有所区别。①

除证明不存在上述过失之外，按照《鹿特丹规则》第 17 条第 3 款的规定，如果承运人证明列明的除外风险内的一种或数种事件或情形造成、促成了灭失、损坏或迟延交付，也可免除承运人的赔偿责任。也就是说，只要承运人举证证明了除外风险造成、促成了灭失、损坏或迟延交付，承运人即可免除赔偿责任。这似乎是推定在列明的除外风险内承运人是无过错的，因而可以免责。《鹿特丹规则》列明的除外风险借鉴了《海牙规则》的规定，但是取消了"航海过失"和"承运人的受雇人、代理人的过失导致的火灾"的免责，并增加了"海盗、恐怖活动"、"海上救助或试图救助财产的合理措施"、"避免或试图避免对环境造成危害的合理措施"、"对危险货物的处置行为"以及"共同海损行为" 5 个免责事项。

不过除外风险内承运人的无过错推定是可以被推翻的，按照《鹿特丹规则》第 17 条第 4 款的规定，如果索赔人证明，承运人或第 18 条述及的人的过失造成、促成了承运人所依据的事件或情形；或本条第 3 款所列事件或情形以外的事件或情形促成了灭失、损坏或迟延交付，且承运人无法证明，该事件或情形既不能归责于其本人的过失，也不能归责于第 18 条述及的任何人的过失的，则承运人仍应对灭失、损坏或迟延交付的全部或部分负赔偿责任。

（3）责任限制。《鹿特丹规则》第 59 条规定，除须遵循第 60 条以及第 61 条第 1 款的规定外，承运人对于违反公约对其规定的义务所负赔偿责任的限额，按照索赔或争议所涉货物的件数或其他货运单位计算，每件或每个其他货运单位 875 个计算单位，或按照索赔或争议所涉货物的毛重计算，每公斤 3 个计算单位，以两者中较高限额为准，但货物价值已由托运人申报且在合同事项中载明的，或承运人与托运人已另行约定高于本条所规定的赔偿责任限额的，不在此列。这就进一步提高了承运人的赔偿责任限额，增加了承运人的责任。

4. 货方的权利、义务与责任。

《鹿特丹规则》除规定了"托运人"、"收货人"外，还首次规定了"单证托运人"和"持有人"。"单证托运人"被界定为托运人以外、同意在运输单证或者电子运输记录中记名为"托运人"的人。

---

① 参见司玉琢：《承运人责任基础的新构建——评《鹿特丹规则》下承运人责任基础条款》，载《中国海商法年刊》2009 年第 3 期。

《鹿特丹规则》首次在海运公约中引入控制权概念。《鹿特丹规则》第50条规定，控制权是控制方（货方）就货物发出指示或修改指示的权利，此种指示不构成对运输合同的变更；在计划挂靠港，或在内陆运输情况下在运输途中的任何地点提取货物的权利；和由包括控制方在内的其他任何人取代收货人的权利。通常情况下，托运人为控制方，除非托运人在订立运输合同时指定收货人、单证托运人或其他人为控制方。控制权存在于整个承运人责任期间，该责任期届满时即告终止。

《鹿特丹规则》还专章规定了"权利转让"，明确了可转让运输单证或者可转让电子运输记录的转让将产生合同下权利转让的结果。

此外，托运人还负有交付备妥待运的货物，与承运人在提供信息和指示方面的合作，提供信息、指示和文件等的义务。对于承运人遭受的灭失或损坏，如果承运人证明，此种灭失或损坏是由于违反本公约规定的托运人义务而造成的，托运人还应负赔偿责任。当货物到达目的地时，要求交付货物的收货人还负有接受交货的义务和确认收到货物的义务。

5. 时效与管辖。

《鹿特丹规则》第62条规定了2年的诉讼时效，该时效自承运人交付货物之日起算，未交付货物或只交付了部分货物的，自本应交付货物最后之日起算。时效期间的起算日不包括在该期间内。

《鹿特丹规则》第66条规定了法院的管辖权。按照该规定，除非运输合同载有排他性法院选择协议，否则原告有权在下列管辖法院之一对承运人提起司法程序：（1）对下列地点之一拥有管辖权的一管辖法院：承运人的住所、运输合同约定的收货地、运输合同约定的交货地、或货物的最初装船港或货物的最终卸船港；或（2）为裁定本公约下可能产生的向承运人索赔事项，托运人与承运人在协议中指定的一个或数个管辖法院。

第二节　国际海上货物运输保险

一、概述

（一）海上货物运输保险的立法与实践

海上货物运输保险是以海上运输货物作为承保标的的保险，主要承保货物在运输途中遭受的损坏或灭失。海上货物运输保险是历史最悠久、业务量最大的货运保险类型，不仅与航运的关系十分密切，在贸易中也占据重要地位。

目前在海上保险领域内，还没有国际公约来调整它。在国际上，影响最大的是英国《1906 年海上保险法》。自英国引进海上保险后，一直受判例法的约束，直到《1906 年海上保险法》的问世才改变了这一局面。该法不仅是英国海上保险的重要法律依据，也是世界各国海上保险立法的范本和重要参考。此外，英国协会保险条款也在国际保险市场上得到广泛应用。因此，虽然在海上保险领域内并没有统一的国际公约，但是英国的立法和保险条款在一定程度上促进了海上保险法的国际趋同和统一。

我国没有制定单独的海上保险法，而是在《海商法》中单列一章规定"海上保险合同"的内容。此外，我国还制定有《保险法》，《海商法》没有规定的，则适用《保险法》的规定；《保险法》没有规定的，则适用《合同法》的规定；《合同法》没有规定的，则适用《民法通则》等其他民商事法律的规定。

在海上货物运输保险实务中，国际上通行的是 1982 年伦敦保险协会货物保险条款或与此类似的规定，在我国则主要采用 1981 年的人保"海洋运输货物保险条款"。

（二）海上货物运输保险合同

1. 海上货物运输保险合同的订立、转让。

在实践中，海上货物运输保险合同通常通过要保、核保、保险费报价、暂保、签发保险单和缴纳保险费等环节订立。在法律上，海上保险合同的订立仍然可以分为要约与承诺两个过程。要约一般是指被保险人的投保行为，通常以投保单的形式出现，保险人表示接受即为承诺；只要双方就保险合同的主要内容达成一致，保险合同即可成立。在合同订立前，被保险人还应当履行如实告知的义务。保险合同成立的，保险人应及时向被保险人签发保险单或其他保险单证，并在其上载明双方约定的事项和内容。

海上货物运输保险很多都采用预约保险的方式订立。在预约保险中，保险人也应当签发预约保险单证加以确认。如果被保险人提出要求，保险人应当对依据预约保险合同分批装运的货物分别签发保险单证。保险人分别签发的保险单证的内容与预约保险单证的内容不一致的，以分别签发的保险单证为准。为了保证预约保险合同的正确履行，法律要求被保险人在知道经预约保险合同保险的货物已经装运或者到达的情况时，应当立即通知保险人，这样保险人才能据此签发保险单证。通知的内容包括装运货物的船名、航线、货物价值和保险金额。

海上货物运输保险合同通常可自由转让，以适应国际贸易尤其是单证贸易的要求，促进商品迅速流转，保障国际贸易的正常往来。海上货物运输保险合同一般由被保险人背书或者以其他方式转让，因此一般可在保险单的背面由被保险人（转让人）背书，或者以其他方式例如签订转让合同等方式转让。海上货物保险合同的转让，也无须保险人的同意，因为此时货物尚在运输途中并处于承运人的监管之下，被保险人的变更对承保风险并没有影响。

2. 海上货物运输保险合同的主要内容。

海上货物运输保险合同的主要内容通常包括以下几项：保险人与被保险人名称；保险标的；保险价值；保险金额；保险责任和除外责任；保险期间；保险费等。

（1）保险人与被保险人。保险人，是指与投保人签订保险合同，并承担赔偿或者给付保险金义务的保险公司，是保险合同的一方当事人。被保险人是指发生保险事故遭受损失时有权按照保险合同约定向保险人索赔的人。被保险人通常是指投保人，但也有与投保人不一致的情形。

（2）保险标的。海上货物运输保险合同的保险标的（Subject Matter Insured）就是运输中的货物。

（3）保险价值与保险金额。保险价值（Insured Value）是指保险责任开始时保险标的实际价值和保险费的总和。在海上保险实践中多由保险人与被保险人来约定保险标的的价值。如果保险人与被保险人未约定保险价值的，货物的保险价值，一般是保险责任开始时货物在起运地的发票价格或者非贸易商品在起运地的实际价值以及运费和保险费的总和。

保险金额（Insured Amount；Sum Insured）指保险人与被保险人约定在保险单中载明对保险标的所受损失给予赔偿的最高数额，其约定应以不超过被保险人对保险标的所具有的可保利益为限。保险金额与保险价值的关系有以下三种类型：①保险金额超过保险价值，这被称为超额保险或溢额保险，此时超过部分无效；②保险金额与保险价值一致，这被称为全额保险，全额保险中，保险标的因保险事故遭受全损的，保险人应按保险金额赔偿；③如果被保险人只投保保险价值的一部分，这种保险称为不足额保险。

（4）保险责任和除外责任。保险责任（Insurance Liability）指海上货物运输保险合同成立后，保险人只对发生在保险责任范围内的保险事故造成保险标的损失负责赔偿。除外责任（Excluded Liability）指根据法律规定或约定，保险人不承担赔偿责任的风险范围。在不同的海上保险合同中，保险责任范围和除外责任范围是不同的，这取决于双方的约定以及标准保险条款的约束，这将在下一部分予以阐述。

（5）保险期间和保险费。保险期间（Insurance Period）又称保险期限，指保险合同的有效期间，即明确规定海上货物运输保险合同效力发生和终止的期限。不同的保险合同有着不同的保险期限，它一方面是计算保险费的依据，另一方面又是保险人与被保险人履行权利和义务的责任期限。

3. 海上货物运输保险合同当事人的义务与责任。

被保险人通常负有及时支付保险费的义务，遵守合同条款及其保证的义务，以及出险后的通知与施救义务等。在被保险人得知或发现保险标的受到损失后，应立即通知保险人，该通知表示索赔行为已开始，不再受保险索赔时效的限制。被保险人除向保险人报损以外，还应向损失涉及的有关各方提出书面索赔。例如，运输货物的被保险人向承运人或装卸公司等第三方提出索赔，在第三方拒绝赔偿时，再转向保险人索赔，否则保险人可能因为被保险人未向有责任的第三方提出索赔而使其丧失代位求偿权而拒绝赔偿。

保险人的义务和责任，是在保险事故发生后，及时向被保险人支付保险赔偿。被保险人提出索赔后，保险人通常会要求被保险人提供与确认保险事故性质和损失程度有关的证明和资料。海上货物运输保险的索赔中，被保险人通常应提交下列单证：（1）保险单或保险凭证；（2）运输单证，如提单等；（3）货损货差证明；（4）发票、装箱单和磅码单；（5）向第三方提出索赔的文件；（6）检验报告等。

当然，保险人承担保险赔付责任须有一定的前提，即损失应发生在保险有效期限内并属于保险人的责任范围，同时被保险人已履行了必要的索赔程序，而保险人也不具有免责的事由。保险人赔偿保险事故造成的保险标的的损失，以保险合同约定的保险金额为限，而且保险金额不得超过保险价值，超过部分无效。不过，对于被保险人故意造成的，航行迟延、交货迟延或者行市变化、货物的自然损耗、本身的缺陷和自然特性，以及包装不当等造成的损失，保险人可以免除保险责任。

二、英国协会货物保险条款

（一）1982 年协会货物保险条款

1982 年的伦敦保险协会货物保险条款（INSTITUTE CARGO CLAUSES，ICC）取消了原来一切险、水渍险和平安险的险别名称，代之以协会货物险 A、B、C 条款，因为原先的名称实际上跟承保范围并不完全一致且容易产生误会。A、B、C 三套条款都各有 8 类 19 条，每一类列出标题，分别为承保范围、除外责任、保险期限、索赔条款、保险利益、减少损失、法律和实践以及备注。除承保范围外，三套条款各类、各条名称相同，内容也基本一致。除A、B、C三套基本险条款之外，另外还有协会战争险条款、协会罢工险条款和恶意损害险条款三类特殊险别，其中前两类可以作为附加险投保，也可以独立投保，后一类只能作为附加险投保。

1. 责任范围。

协会货物险的责任范围主要包括风险、共同海损和互有过失碰撞三个条款。对于承保风险，A条款采用概括方式，承保除除外责任以外的一切风险导致的保险标的的损失或损坏，因为A条款承保责任范围较广，无法把全部承保风险逐项列举。在实务中，A条款的运用更广泛些。而B、C条款则采用"列明风险"的方法，仅承保部分列明的风险。

（1）A条款。A条款承保除该条款第4、5、6、7条规定除外责任以外的一切风险所造成的保险标的损失（All Risks of Loss of or Damage to the Subject-matter Insured）。这里的"All Risks"包含意外发生的任何损失或损害，但不包括那些必然发生的损失或损害。也就是说，"All Risks"是风险，而且是承保的风险，它并不包括固有缺陷或正常损耗。而且，由于采用概括方式，因此A条款下被保险人的举证责任是比较轻的，通常只要证明在保险期间发生了某一事件或意外损失或损害即可。权威判例是Gaunt v. British & Foreign Marine Insurance Co. Ltd. 一案。该案中一批捆包羊毛运到英国，保险条件为"including …all risks from sheeps back …until safely delivered …（包括……自羊毛工厂……直至安全交付的一切风险）"，货物到达时发现许多捆包已遭淡水湿损。被保险人证明这种货有时会露天存放，会装在小船甲板上运至海船，且在运送过程中有过坏天气，但不能证明湿损的确切原因。英国贵族院判决被保险人胜诉，认为"All Risks"条件下被保险人只要合理地证明该损失是由于某种意外，而非某种必然的或固有缺陷或正常损耗即可；被保险人无须进一步举证，以便澄清属于哪一种承保风险或证实其损失的原因。相反，保险人若拒赔，则需要证明该损失属于某种除外责任方可。但是，如果证明货物湿损由于空气潮湿引起的，则通常认为不属于意外。①

根据A条款第2条，保险人还承保根据运输合同、准据法和惯例理算或

①　参见杨良宜、汪鹏南：《英国海上保险条款详论》，大连海事大学出版社1996年版，第264页。

确定的共同海损和救助费用。该项共同海损和救助的费用的产生，应为避免任何原因所造成的损失或与之有关的损失，但该条款第 4、5、6、7 各条或其他条款规定的不保责任除外。依据该条，货物保险人应赔偿的不只是保险货物本身遭受的共同海损牺牲，还包括保险货物的共同海损分摊和救助费用分摊。但是，如果共同海损和救助费用的发生是为了避免该条款不承保的损失或除外的损失，那么保险人即无须赔偿。绝大多数共同海损理算是根据《约克—安特卫普规则》作出的，但也可能根据《北京规则》或其他规则或立法。救助费用通常属于共同海损的一种，但是 2004 年《约克—安特卫普规则》将之排除在共同海损的范围之外，这样救助费用的赔偿就具有了独立的地位。不过，对于 1989 年《国际救助公约》等所确定的海难救助的特别补偿，通常认为不属于传统的救助费用的范畴，因此不属于货运保险人的责任范围，而是由船东支付后向其互保协会寻求补偿。①

此外，根据 A 条款第 3 条，保险人还负责赔偿被保险人根据运输合同中"双方有责碰撞"条款（Both to Blame Collision Clause）规定，由被保险人应负的比例责任。如果船东根据上述条款提出任何索赔要求，被保险人同意通知保险人，保险人有权自负费用为被保险人就此项索赔进行辩护。"双方有责碰撞"条款是运输合同、提单以及租约中的一个标准条款。本来按照《1910 年碰撞公约》以及多数国家的立法，在双方都有过失的情况下，对于船舶和船上货物等的损害，应根据每艘船舶过失程度的比例来承担责任。而在运输合同适用《海牙规则》体系以及类似国内立法的情况下，承运人通常可以主张航海过失免责，因此货方通常无法从承运人处得到赔偿，而只能从对方船处得到相当于其过失比例的赔偿。不过，与此不同的是，在美国，因双方过失发生两船碰撞，过失船舶对此损害负连带赔偿责任；这样，当货方向非载货船舶获得全部赔偿后，非载货船会再向载货船（即货方的承运人）按照过失程度比例进行追偿，承运人因此实际上承担了其在《海牙规则》体系下本无须承担的责任。为避免失去这一保障，承运人即在合同或提单中增加了"双方有责碰撞"条款，规定如果货主从碰撞对方船处取得全部赔偿，导致对方船从承运

---

① 参见杨良宜、汪鹏南：《英国海上保险条款详论》，大连海事大学出版社 1996 年版，第 272 页。

人处追偿部分赔偿的，货主有义务补偿承运人遭受的损失。① 在实践中，由于船舶碰撞造成货损，货主会向保险人索赔，保险人赔偿后取得保险代位求偿权，再向碰撞船舶索赔。倘若保险人从对方船处取得全部赔偿，则对方船会向载货船追偿其应负责的部分，而载货船会依据"双方有责碰撞"条款向货主索赔。对于此索赔，按照本条规定，同样属于保险赔偿责任范围。

（2）B条款。除第4、5、6、7各条规定的除外责任以外，B条款承保三部分的损失：一是保险标的物的损失可合理归因于：火灾或爆炸；船舶或驳船遭受搁浅、擦浅、沉没或倾覆；陆上运输工具的倾覆或出轨；船舶、驳船或其他运输工具同除水以外的任何外界物体碰撞或接触；在避难港卸货；地震、火山爆发或雷电。二是由于下列原因引起的保险标的之损失：共同海损的牺牲；抛货或浪击落海；海水、湖水或河水进入船舶、驳船、其他运输工具、集装箱或海运集装箱贮存处所。三是货物在船舶或驳船装卸时落海或跌落造成任何整件的全损。

①火灾或爆炸："火灾"包括主要由于某物着火产生的热损，但它不包括货物由于自然原因而发热或自燃，后两种情形属于货物固有缺陷或保险标的的性质这一除外责任范畴。火灾的灭失或损害还包括由于灭火行为或为避免火灾扩大而采取的合理行为所致的损失，以及为防止火灾的爆发而预先采取措施引起的损失。"爆炸"则通常是指某种因十分快速的化学反应，或原子反应引起的剧烈的、发出巨响的事件，或在压力下引起的气体或蒸汽的喷发。

②船舶或驳船遭受搁浅、擦浅、沉没或倾覆：包括承运船舶或驳船因意外触碰海底或其他障碍物，无论是持续一段时间（搁浅）还是一擦而过（擦浅）。倾覆是指船舶反转或者整个的倾侧，但不一定沉没。

③陆上运输工具的倾覆或出轨：陆上运输工具包括叉车、拖车、汽车、火车以及集装箱跨运车等，其翻倒或脱轨造成的货物损失。

④船舶、驳船或其他运输工具同除水以外的任何外界物体碰撞或接触：此处运输工具应包括海、陆、空通常使用的各种运输器具。"同除水以外的任何外界物体碰撞或接触"也包括与冰山、浮冰等物体的碰触。不过，运输工具与该运输工具内部构件的触碰所造成的损失，不属于保险范围。例如船上吊杆

---

① 参见［英］Donald O'May & Julian Hill：《OMAY海上保险：法律与保险单》，郭国汀等译，法律出版社2002年版，第219页。美国法院曾以违反公共政策为由认为提单中的互有责任碰撞条款无效，但是承认租船合同中的此类条款的效力。在其他国家通常承认该条款的效力。

吊着货碰撞码头设施属于保险人的责任范围，但是船上吊杆吊着货碰撞了该船甲板上的集装箱，则不能根据本规定向保险人索赔。

⑤在避难港卸货：在实务中在避难港卸货的卸货费用，或在卸货过程中引起的任何货物灭失或损害，依《约克—安特卫普规则》均构成共同海损。不过，在少数情况下，在避难港卸货也可能是为某种与共同海损无关的目的，如为了对怀疑受损的货物进行检验，或船东已有效地放弃航次，在这些情况下，被保险人可以得到保险保障。

⑥海水、湖水或河水进入船舶、驳船、其他运输工具、集装箱或海运集装箱贮存处所：其主要目的是将承保风险移至陆上，湖水或河水进入运输工具或储货场所所造成的湿损属于承保范围。但是雨淋或霜冻等直接造成的损失不能依据本规定向保险人索赔。

此外，B 条款还承保共同海损、救助费用以及"双方有责碰撞"责任，其具体规定与 A 条款的规定一致，但因其是限制性保险而显得更有实际意义。

（3）C 条款。C 条款的责任范围要窄于 B 条款，它不承保合理归因于"地震、火山爆发或雷电"造成的灭失或损害，"海水、湖水或河水进入船舶、驳船、其他运输工具、集装箱或海运集装箱贮存处所"所造成的灭失或损害，也不承保"装上或卸离船舶或驳船时从船上掉落或坠入水中而发生的整件货物的全损"。此外，B 条款中的"抛货或浪击落水"造成的损失在 C 条款中也改为仅承保"抛货"造成的损失，亦即 C 条款不承保"浪击落水"造成的损失。这些是 B、C 两条款的唯一区别。除了责任范围方面 C 条款比 B 条款少了上述 4 项外，对于其他规定 B、C 两条款均完全一致。

2. 除外责任。

各项除外责任包含在第 4、5、6、7 条中。其中，第 4.1，4.2，4.4 和 4.5 款是重申英国《1906 年海上保险法》第 55 条的内容。B、C 两条款的除外责任与 A 条款相比基本一致，但 B、C 两条款多了一项除外责任，且有时法律效果与 A 条款不尽相同。

（1）一般除外责任。一般除外责任包括：

①被保险人恶意行为（Wilful Misconduct）所造成的损失和费用：这里指的是被保险人本人的恶意行为，而不包括被保险人的代理人或普通雇员等。恶意行为的认定是比较严格的，是明知错误或非法但仍故意或放任损害结果的发生，几乎类似于刑法上的故意、放任行为，例如明知属于禁止进口的货物仍予以发运，结果被进口地海关没收等。保险人要以恶意行为拒赔是比较难的。而且，由于货方并不控制货物的运输，因此恶意行为在货物险中也很少发生。

②保险标的通常渗漏，通常重量或体积的损失或通常磨损：所谓"通常"是指非意外的或必然发生的，是基于货物缺陷或特性的正常损失。如，酒装于木桶中造成的渗漏、挥发，原油粘附于油舱舱壁造成的损失等均属于此类。

③由于保险标的包装、准备不足或不当造成的损失或费用（此处所称的"包装"，包括用集装箱或托盘装载的，但该项装载以本保险开始生效前或由被保险人或其受雇人完成的为限）：包装是否不足或不当是一个事实问题，判断的标准是该包装是否适于"经受正常预期的操作和运输"。而货物在集装箱或托盘内的积载也被视为"包装"，只不过只有当该积载是在保险责任开始之前进行时，或当积载是由被保险人或其雇员进行时，才属于除外责任范围。此外，通常情况下包装材料不属于保险范围，但是如果包装材料构成保险标的的组成部分的，就可以得到保险的保障。如投保的是马口铁，那么马口铁的包装木箱的损坏就不属于保险责任范围；而"228 箱威士忌"的保险中，木箱和箱内稻草被海水打湿则被认为属于保险的范围。①

④由于保险标的固有缺陷或特性造成的损失和费用：固有缺陷是指货物在预期运输条件下因自然作用造成的损失，如鱼粉、豆粕、黄麻等容易自燃，水果因自然过程腐烂等。

⑤直接由迟延引起的损失或费用，即使迟延是由承保风险所引起：迟延造成的损失保险人不赔，即使迟延是承保危险引起的。如船舶因暴风雨造成耽搁，结果时间一长水果就腐烂了，腐烂的水果不属于承保范围。不过，如果迟延引起的直接费用，是保险货物所应分摊的共同海损的，如耽搁在避难港的损失和费用，则属于"共同海损和救助费用"条款的保障范围。

⑥由于船舶所有人、经理人、租船人或经营人破产或经济困境造成的损失或费用：即不承担因为承运人（包括船舶所有人、经理人、租船人或经营人）财务经营不善陷于破产或经济困境所引起的索赔，如承运人缺乏营运资金放弃航程所带来的货物的损失等。船东的破产或经济困境被认为是一种商业风险，因而不属于保险的承保范围。

⑦由于使用任何原子或核子裂变和（或）聚变或其他类似反应或放射性作用或放射性物质的战争武器造成的损失或费用：即核战争武器造成的损失，无论是因为战争还是实验、演习等，均属于除外责任。但是民用核设施造成的损失在 A 条款下仍应予赔偿。

---

① 参见［英］Donald O'May & Julian Hill：《OMAY 海上保险：法律与保险单》，郭国汀等译，法律出版社 2002 年版，第 228~230 页。

⑧任何人的非法行为对保险标的或其组成部分的故意损害或故意破坏：这一除外条款是 A 条款中所没有的，仅适用于 B 和 C 条款。也就是说，A 条款仍旧承保任何人的不法行为对保险标的的故意损害或故意毁坏，但是 B 和 C 条款不予承保。除此之外，对于其他 7 项一般除外责任，A、B、C 三条款的规定完全一致。

（2）不适航和不适运除外责任。不适航和不适运的除外责任是指，保险人对于船舶或驳船不适航，或者船舶、驳船、运输工具、集装箱和托盘对安全运输保险标的不适合所致的灭失、损害或费用不负赔偿责任，只要在保险标的被装于其上时，被保险人或其雇员对此种不适航或不适合有私谋。所谓"私谋（Privy or Privity）"是指实际知情（with Actual Knowledge）且放任不管（Turning a Blind Eye）。而私谋的主体不限于被保险人本人，还包括其雇员，但不包括代理人的雇员，也不包括独立合同人。因此，在被保险人用自己的拖车、驳船、车皮、集装箱装运货物时，如果上述运输工具不适合运输或积载不良，保险人可能据此提出拒赔。因此，被保险人有义务确保装载货物的运输工具或集装箱在航程开始时处于适运状态。①

此外，为消除英国《1906 年海上保险法》第 40 条的消极影响，保险人承诺放弃运载保险标的至目的港的船舶不得违反船舶适航和适运的任何默示保证，除非被保险人或其雇员对此种不适航或不适运有私谋。关于船舶适航和适运的默示保证对被保险人来说过于苛刻，因为被保险人是无法影响、控制或决定载运船舶的适航及适运与否的。

对于不适航和不适运的除外责任，A、B、C 三条款的规定完全一致。

（3）战争除外条款。对通常属于战争险的风险，货运险是不予承保的，这包括：战争、内战、革命、叛乱、暴动，或由此引起的内乱，或来自交战方或针对交战方的任何敌对行为；捕获、扣押、扣留、管制或拘押（海盗除外），及由此引起的后果或企图这么做的任何威胁；丢弃的水雷、鱼雷、炸弹或其他被遗弃的战争武器。

值得注意的是，在 A 条款内，"海盗"不在战争除外条款之内，因此若投保 A 条款的，海盗属于保险人承保的风险。但是 B、C 两条款将 A 条款"捕获、扣押、扣留、管制或拘押（海盗除外）"中的"海盗除外"删除了，也就是说，B、C 两条款并未排除海盗风险。但因为 B、C 两条款是列明风险，

---

① 参见杨良宜、汪鹏南：《英国海上保险条款详论》，大连海事大学出版社 1996 年版，第 291~292 页。

因此 B、C 两条款仍不承保海盗风险。而海盗风险同样不属于协会货物战争险条款承保的危险，因此 B、C 两条款的被保险人即使投保战争险，仍然无法就海盗危险获得保险保障。

（4）罢工除外条款。货运险也不承保由罢工工人、被迫停工工人或参加工潮、暴动的人员造成的，或者罢工、停工、工潮、暴乱或民事骚乱引起的灭失、损害或费用。

3. 责任期间。

保险责任期间包括第 8~10 条共三个条款，即"运输条款"、"运输契约终止条款"、"变更航程条款"。A、B、C 三条款的规定完全一致。

（1）责任的开始与终止。第 8 条"运输条款"规定，保险人的保险责任自货物运离保险单所载明的启运地仓库或储存处所开始运输时起生效，包括正常运输过程，直至运到下述地点时终止：①保险单所载明的目的地收货人或其他最后仓库或储存处所；或者②在保险单所载明目的地之前或目的地的任何其他仓库或存储处所，由被保险人选择用做在正常运输过程之外储存货物，或分配或分派货物；或者③被保险货物在最后卸载港全部卸离海轮后满 60 天为止，以三者之间先发生的为准。如货物在保险责任终止前于最后卸载港卸离海轮，需转运到非保险单载明的其他目的地时，保险责任仍按上述规定终止，但以该项货物开始转运时终止。在被保险人无法控制的运输延迟、任何绕道、被迫卸货、重行装载、转运以及船东或租船人运用运输合同赋予的权限所作的任何航海上的变更的情况下，保险仍继续有效，但仍须按照上述有关保险终止期限和"运输契约终止条款"的规定办理。

本规定实际上就是"仓至仓"条款，它定义了保险责任开始和终止的起算点。

（2）运输合同终止对责任期间的影响。第 9 条"运输契约终止条款"规定，如果因为被保险人无法控制的情况，致使运输合同在非保险单载明的目的地的港口或处所终止，或者运输在按上述第 8 条规定发货前终止，则有关保险亦应终止。但是，如果被保险人立即通知保险人并提出续保要求，并在必要时加缴保险费的情况下，则该保险继续有效：①直至货物在该港口或处所出售和交货，或者除非有特别的约定，在被保险货物抵达该港口或处所后，满 60 天为止，以先发生者为准；或者②如果货物在上述 60 天期限内（或任何约定的延长期限内），继续运往保险单所载明的目的地或任何其他目的地时，保险责任仍按上述第 8 条的规定终止。

（3）航程变更对责任期间的影响。第 10 条"变更航程条款"规定，当保

233

险责任开始后，被保险人变更目的地的，应立即通知保险人，经另行商定保险费和条件后，保险仍然有效。至于"航程变更"，按照英国《1906年海上保险法》第45条的规定，如果在风险开始后，船舶自愿改变保险单载明的目的港，即构成航程变更。

4. 索赔与理赔。

第11~19条分别为"保险利益条款"、"续运费用条款"、"推定全损条款"、"增值条款"、"不受益条款"、"被保险人的义务条款"、"弃权条款"以及"法律与惯例条款"，集中规定了保险索赔、理赔中的诸多事项以及法律的适用。对此，A、B、C三条款的规定完全一致，但是法律效果可能存在差异。

（1）保险利益。第11条规定，为了能够根据保险提出索赔，在保险标的损失当时被保险人必须具有某种可保利益（Insurable Interest）。虽然各国保险法对保险利益的界定可能并不一致，但一般都认为保险利益是一种法律上认可的经济利益，并要求被保险人在保险标的发生损失时（而不是保险生效时）对保险标的具有保险利益。此外，在保险合同有效成立的情况下，即使灭失发生在保险合同成立之前，除非被保险人已知悉该灭失且保险人并不知情，否则被保险人仍有权提出索赔。

（2）续运费用。第12条规定，若是因为承保风险的作用，导致承保的运输在承保的目的地以外的港口或地点终止，保险人将补偿被保险人因卸下、贮存和续运保险标的至所承保的目的地而适当和合理发生的额外费用。这是因为货物险承保的不仅是物理含义上的货物或者是货物的财产权本身，而且还包括货物的运输航程（由此可见，货运险的称呼似乎更为恰当）。当然，终止须是承保风险造成的。

不过，上述规定不适用于共同海损和救助费用的补偿，并且要受到条款第4、5、6、7条所包含的除外责任的制约。该规定也不包括因被保险人或其雇员的过错、疏忽、无偿付能力或财务困境而引起的费用。而且，对于B、C两条款来说，虽然措辞与A条款一致，但是由于B、C两条款是列明风险，因此只有列明的承保风险导致的终止才属于本条保障范围。

（3）推定全损。第13条规定，推定全损索赔不能获得赔偿，除非由于实际全损看来不可避免，或因为恢复、修复和续运保险标的至承保的目的地的费用，将超过其抵达时的价值，而合理地委付保险标的。本条来源于英国1930年《海上保险法》第60条关于"推定全损"的规定，但范围要窄一些。

委付是指发生推定全损的情况下，被保险人将承保的保险标的剩余的残值，连同与该标的有关的财产权和救济权一道让与保险人，而保险人按照全损予以赔偿。

（4）增值条款。第14条规定，如果被保险人对保险货物办理了增值保险，货物的约定价值应视为增加至本保险和承保灭失的所有增值保险的保险金额的总和，该保险项下的责任应按承保金额占此种保险金额的总和的比例计算。在增值保险的情况下，货物的约定价值应视为等于由被保险人对货物办理的原始保险和承保灭失的所有增值保险的保险金额的总和，该保险项下的责任应按承保金额占此种保险金额的总和的比例计算。倘若提出索赔，被保险人应向保险人提供所有其他保险的保险金额的证据。本条的目的在于调整原始保险人和增值保险人之间的地位，确保所有的索赔均应在原始保险人和增值保险人之间按比例划分。

（5）不受益条款。第15条"不受益条款"规定，"承运人或其他保管人不得享受本保险的利益"。将保险的利益给予承运人或保管人的条款是指允许承运人或保管人享受货方投保带来的好处，例如，运输合同规定货主必须投保，且发生货损时只能向保险人索赔或向保险人索赔未果后才能向承运人索赔。① 因此，这样可能会产生减轻承运人的义务和责任、剥夺货主保险的利益、损害保险人的合法权利的不良后果。虽然《海牙规则》体系以及多数国家的海上货物运输法均规定有利于承运人的保险利益或类似条款属于免除承运人责任的条款因而应归于无效，但是本规定对于陆上运输以及货物的保管来说，仍然具有重要意义。

（6）被保险人的义务。第16条规定，有关可索赔的损失，被保险人及其雇员和代理人有义务采取为避免或尽量减少此种损失的合理措施，并确保对承运人、保管人或其他第三方追偿的所有权利被适当地保留和行使。此即被保险人尽量减少损失和保护保险人的代位求偿权的义务。该项义务的主体，包括被保险人及其雇员和代理人；所采取的措施必须"合理"，但不要求有效果。

对于被保险人履行上述义务而适当和合理地发生的任何费用，保险人将在可索赔的任何损失之外补偿，此即"施救费用"索赔。

（7）弃权条款。第17条规定，被保险人或保险人采取的旨在捞救、保护或恢复受损货物的措施不得视为放弃或接受委付或在其他方面损害任何一方的权利。这样被保险人与保险人可以放心地实施施救行动、进行调查或要求如何

①　参见吴焕宁：《国际海上运输三公约释义》，中国商务出版社2007年版，第49页。

进行修理或补救等措施，而不会被认为是放弃或接受委付或在其他方面损害任何一方权利的行为，以保护双方的法律地位。

（8）合理速遣。第18条规定，被保险人应在其能控制的所有情况下合理迅速地行动，这构成保险的一项条件。因此，被保险人应在力所能及的范围内，采取合理快速的行动，以避免运输的迟延。不过由于多数情况下被保险人都不参与运输过程，因此该条可适用情形不多。①

（9）法律与惯例的适用。第19条规定，该保险受英国法律与惯例制约。因此，该保险应受到英国《1906年海上保险法》、其他相关法律以及几个世纪以来确立的相关判例法的约束。

（10）注意事项。注意事项（Note）置于协会条款的底部，规定"当被保险人知悉某种根据本保险应续保事故发生时，有义务迅速通知保险人，续保的权利取决于遵守本条的义务"。因此，它不仅是一个良好的提醒，而且是普通法一项规则的重述，即迅速通知保险人是被保险人可以"续保"的默示条件，以防止被保险人观望不报，在发生损失后才寻求续保并逃避支付附加保险费等情况。

（二）2009年协会货物保险条款

1982年协会货物保险条款在2009年进行了部分修订，分别被称为Institute Cargo Clauses（A）(1/1/09)、Institute Cargo Clauses（B）(1/1/09)、Institute Cargo Clauses（C）(1/1/09)，中文则称为"2009年协会货物保险条款"（ICC 09）。由于2009年条款尚未广泛应用，下面仅以A条款为例就修订部分进行介绍。

与1982年的修订相比，2009年条款首先作了一些文字上的改变，这包括：（1）保险标的由具体的"货物"（Goods or Cargo）替换为"Subject Matter Insured"。（2）"保险人"由"Underwriters"替换为"Insurers"。（3）被保险人的雇员由"Servant"替换为"Employee"。这些改变反映了现代英语表达习惯和社会环境的改变。除此之外，2009年条款还作了以下修订：

1. 责任范围。

2009年A条款在第1-3条"责任范围"方面没有实质改变。不过第3条"双方有责碰撞条款"的文字表述有了变化，改为"负责赔偿被保险人根据运输合同上有关船舶互撞责任条款的规定，由被保险人就承保风险应承担的责

---

① 参见杨良宜、汪鹏南：《英国海上保险条款详论》，大连海事大学出版社1996年版，第329页。

任。在上述条款下由承运人向被保险人提起的索赔中，被保险人同意通知保险人，保险人有权自负费用为被保险人就此项索赔进行辩护"。这一表述更加清楚，也便于理解。

2. 除外责任。

为了避免产生误解，2009 年条款将原先的第 4、5、6、7 条的副标题即"普通除外条款"、"不适航或不适运除外条款"、"战争除外条款"以及"罢工除外条款"删除，直接代之以"除外条款 4"、"除外条款 5"、"除外条款 6"以及"除外条款 7"。这是因为，上述副标题并不能完全准确地表述出该条款下所有具体列明的事项。① 除此之外，还有以下修订：

（1）第 4.3 条关于"保险标的包装不足或不当造成的损失或费用"的修改。2009 年条款第 4.3 条改为："本保险在以下情况下不负责赔偿：由于保险标的的包装不足或包装不当或配装不当造成无法抵抗运输途中发生的通常事故而产生的损失或费用，此情况适用于：该种包装或配载是由被保险人或其受雇人完成或该种包装或配载是在本保险责任开始前完成。（本条所称的'包装'，包括集装箱；本条所称的'雇员'，不包括独立合同商。）"

与 1982 年条款相比，2009 年条款的规定更加明确具体。首先，它适用于保险标的的包装或配载是由被保险人或其雇员完成，或者保险标的的包装或配载是在保单责任开始前完成这两种情形。其次，它明确了"不足"或"不当"的标准是"无法抵挡运输途中发生的通常事故"（to withstand the ordinary incidents of the insured transit）。

（2）第 4.5 条关于"延误造成的损失或损坏"的修改。1982 年条款强调"直接由延迟引起"（Proximately Caused by Delay）损失不赔，但是如何界定"直接引起的"损失一直是个难题。2009 年条款第 4.5 条就把"Proximately"（直接，近因）一词删除了。因此在新条款下，迟延的损失已无须区分是直接还是间接的，均属于除外责任。

（3）第 4.6 条关于"破产和经济困境除外"的修改。2009 年条款第 4.6 条作了较大修改，规定"因船舶所有人、经理人、承租人或经营人的破产或财务困境造成的灭失、损害或费用，如果在保险标的装上船时，被保险人知道或在通常业务中应当知道，此种破产或财务困境可能阻止该航程的正常进行，在本保险已转让给根据有约束力的合同已善意购买或同意购买保险标的的，依本

---

① 参见王莹：《2009 年伦敦协会货运险条款较 1982 年版的变化》，载《上海保险》2009 年第 7 期。

保险提出索赔的当事人之情况下，本除外不适用"。该修订对保险人基于船东破产或财务困境主张免赔进行了限制，仅限于在"保险标的装上船时，被保险人知道或在通常业务中应当知道此种破产或财务困境可能阻止该航程正常进行"的情形，保险人方可免赔。而且，如果货物被卖给了善意的第三方，本除外条款不适用于第三方。因为无辜的第三方不可能在装船的时候知晓船东或者承运人发生的破产或财务困境，这样做对第三人来说更加公平，也更有利于国际贸易的进行。

（4）第4.7条关于"核战争武器除外"的修改。2009年条款第4.7条规定，"由于使用任何原子或核子裂变和（或）聚变或其他类似反应或放射性作用或放射性物质的武器或设备直接或间接造成的损失或费用"属于除外责任。与1982年条款相比，这一修订有两点显著变化：一是用"武器或设备"（Any Weapon or Device）代替了原先的"战争武器"（Any Weapon of War），即扩大了核武器除外责任的范围，既包括核战争武器，也包括其他核装置（如核电站等）等；二是使用了"直接或间接造成"（Directly or Indirectly Caused by or Arising from）这一措辞，也就是说造成损失的原因无论是直接还是间接的，都属于除外责任，这样就扩大了除外责任的范围。

（5）第5条关于"不适航与不适货除外"的修改。2009年条款第5条作了许多改动。第5.1条规定："本保险在任何情况下均不承保由于下列原因引起的灭失、损害或费用：5.1.1 船舶或驳船不适航或不适合于保险标的的安全运输，如果在保险标的装上其上时，被保险人对此种不适航或不适运有私谋；5.1.2 集装箱或陆上运输工具不适合于保险标的的安全运输，如果向其装货发生于本保险责任开始之前，或装货是由被保险人或其雇员所为并且被保险人或其雇员在装货时对此种不适货有私谋。"由此可见，该条对1982年条款第5.1条进行了限制，并且区分为两种情况：第5.1.1项主要是针对船舶的不适航，并且仅针对被保险人（而不包括其雇员）有私谋的情形；第5.1.2项则主要针对集装箱或其他运输工具（如卡车等，但已不包括托盘）的不适货，且限于装货发生于保险责任开始前，或者被保险人或其雇员装货且对不适货有私谋的情形。

第5.2条规定："如果本保险已转让给根据有约束力的合同已善意购买或同意购买保险标的而根据本保险索赔的当事方，上述第5.1.1项除外不适用。"据此，如果货物被卖给了善意的第三方，则对于善意的货物受让人或提单受让人，保险人不能基于第5.1.1项规定免责，即使卖方对船舶不适航或者集装箱不适合安全运载货物有私谋且造成了货物的损失或损坏。这同第4.6条相关规定的原理是一致的。

第 5.3 条规定，"保险人放弃违反船舶适航和适合于载运保险标的至目的地的默示保证"。1982 年条款中的后一句，即"除非被保险人或其雇员对此种不适航或不适运有私谋"则被删除了。因此，按照新规定，即使被保险人或其雇员对此种不适航或不适运有私谋，保险人仍放弃船舶适航和适运的默示保证，这是一项不附条件的保证，是有利于被保险人的。

3. 责任期间。

（1）第 8 条关于"运送条款"的修改。2009 年条款第 8 条作了部分改动。第 8.1 条规定："保险责任自保险标的为了开始航程立即搬运至运输车辆或其他运输工具的目的，开始进入仓库或储存处所（保险合同载明的地点）时生效，包括正常运输过程，直至运到下述地点时终止：8.1.1 在本保险合同载明的目的地最后仓库或储存处所，从运输车辆或其他运输工具完成卸货；8.1.2 在本保险合同载明的目的地任何其他仓库或储存处所，或在中途任何其他仓库或储存处所，从运输车辆或其他运输工具完成卸货，上述任何其他仓库或储存处所是由被保险人或者其雇员选择用做：在正常运送过程之外的储存货物，或分配货物，或分派货物；8.1.3 被保险人或其雇员在正常运输过程之外选择任何运输车辆或其他运输工具或集装箱储存货物；8.1.4 自保险标的在最后卸货港卸离海轮满 60 天为止。上述情况以先发生者为准。"由此可见，第 8.1 条扩展了保险责任的起迄期限，使之不仅包括运输过程，还包括了装货（即"为了开始航程立即搬运至运输车辆或其他运输工具的目的，开始进入仓库或储存处所时"）和卸货（即"完成卸货"）。而且，"被保险人或其雇员在正常运输过程之外选择任何运输车辆或其他运输工具或集装箱储存货物"成为一个新的可供选择的终点。

值得注意的是，除了责任起迄期限的规定有所变化外，2009 年条款特别表明该条款仍需受保险合同第 11 条"可保利益"的约束。

（2）第 10 条关于"航程变更"的修改。2009 年条款第 10 条改为："10.1 当本保险责任开始后，被保险人变更目的地，应立即通知保险人，并另行商定保险费率和条件。在此费率和条件达成一致前，出现保险事故，只有在保险费率和保险条件符合合理的市场行情的情况下，本保险才会仍然有效。10.2 当保险标的按照本保险合同的航程规定开始航行时（与第 8.1 条相一致），被保险人或其雇员对该船舶驶向另一目的地不知情，那么本保险合同仍然被视做是在本保险合同规定的航程开始时生效。"

由此可见，2009 年条款有两点变化：一是明确了航程变更后保险仍然有

效的条件,即"在保险费率和保险条件符合合理的市场行情的情况下";二是
在被保险人或其雇员不知道运输保险标的的船舶驶向非保单载明的另一目的地
时,保险仍然生效,这样就增加了对善意被保险人利益的保护。

4. 索赔与理赔。

(1)第15条关于"保险(不)受益条款"的修改。2009年条款第15条
改为:"本保险:15.1保障被保险人,包括根据本保险合同提出索赔的人员或
收货人;15.2除非有特别说明,承运人或其他受托人不享受本保险的利益。"
即明确被保险人、收货人等均可以得到保险的利益和保障。当然,要实现这一
利益要受很多条件的制约。

(2)关于"注意事项"的修改。2009年条款将"注意事项
(Notebook)"明确为:"根据第9条发生需要要求延长保险期限或根据第10
条发生航程目的地变更的,被保险人有义务迅速书面通知保险人,其对本保险
的权利取决于是否履行上述义务。"这样,续保的通知就明确为"保险期限延
长"和"航程目的地变更"两种情形,且形式上要求必须是"书面方式"。

三、中国人保海上货物运输保险条款

我国目前远洋运输保险主要采用1981年的人保(PICC)"海洋运输货物
保险条款"。"海洋运输货物保险条款"把海上货物运输保险分为基本险、附
加险和专门险三种。

(一)基本险

人保"海洋运输货物保险条款"将主险通常分为三种,即平安险(Free
from Particular Average, F. P. A.)、水渍险(With Particular Average,
W. P. A.)和一切险(All Risks)。

1. 平安险的责任范围。

平安险的英文意思是单独海损不赔,因此该险最初的保障范围是只赔全部
损失(即单独海损不赔)。不过,随着国际航运、贸易的发展和需要,平安险
的责任范围已大大超过了原来那种只赔全损的限制。目前,平安险仅对由于自
然灾害(恶劣气候、雷电、海啸、地震、洪水)造成的单独海损不赔,而对
于因意外事故所造成的单独海损还是负赔偿责任的。

该险的责任范围主要包括:(1)被保险货物在运输途中由于恶劣气候、
雷电、海啸、地震、洪水等自然灾害造成的整批货物的全部损失或推定全损。
(2)由于运输工具遭受搁浅、触礁、沉没、互撞、与流冰或其他物体碰撞以
及失火、爆炸意外事故造成货物的全部或部分损失。(3)在运输工具已经发

生搁浅、触礁、沉没、焚毁意外事故的情况下，货物在此前后又在海上遭受恶劣气候、雷电、海啸等自然灾害所造成的部分损失。（4）在装卸或转运时由于一件或数件货物落海造成的全部或部分损失。（5）被保险人对遭受承保责任内危险的货物采取抢救、防止或减少货损的措施而支付的合理费用，但以不超过该批被救货物的保险金额为限。（6）运输工具遭遇海难后，在避难港由于卸货所引起的损失以及在中途港、避难港由于卸货、存仓以及运送货物所产生的特别费用。（7）共同海损的牺牲、分摊和救助费用。（8）运输合同中订有"船舶互撞责任"条款的，根据该条款规定应由货方偿还船方的损失。

2. 水渍险的责任范围。

水渍险除承保平安险的各项责任外，还负责被保险货物由于恶劣气候、雷电、海啸、地震、洪水等自然灾害所造成的部分损失。也就是说，水渍险与平安险的区别在于，平安险对恶劣气候、雷电、海啸、地震、洪水等自然灾害，必须是造成保险货物全部损失时才负赔偿责任；而水渍险不仅对上述列举的自然灾害所造成的保险货物全部损失负赔偿责任，而且对因此造成的保险货物的部分损失也负责赔偿。

3. 一切险的责任范围。

一切险是海上货物运输险中承保范围最广的一种险别。通常来说，一切险除承保水渍险的责任范围外，还负责赔偿被保险货物在运输途中由于外来原因所致的全部或部分损失。但何为外来原因，外来原因是否包括所有的外来原因并不确定。保险业界多认为"外来原因"仅指偷窃、提货不着、淡水雨淋、短量、混杂、玷污、渗漏、串味异味、受潮受热、包装破裂、钩损、碰损破碎、锈损等原因。无论如何，对一切险的责任范围不能仅从字面上去理解，那种认为一切险承保所有的风险和损失的观点是错误的。在一切险条件下，保险人仍享有若干项除外责任。

与平安险和水渍险相比，一切险承保的责任范围要大得多。而且在举证责任方面，平安险和水渍险是列明风险，被保险人的举证责任要重得多，被保险人须证明所索赔的损失，是某项列明承保的风险；而在一切险情况下，被保险人只需证明其所索赔的损失是某种外来原因造成的意外损失即可。

4. 平安险、水渍险、一切险的除外责任。

除外责任是保险人不负赔偿损失或费用的责任。保险条款中之所以要规定责任范围和除外责任，主要是为了划清保险人、被保险人双方对损失应负的责任，以使保险人的赔偿责任更为明确。

依据"海洋运输货物保险条款",平安险、水渍险、一切险的除外责任主要有以下几条:(1)被保险人的故意行为或过失所造成的损失;(2)属于发货人的责任所引起的损失;(3)在保险责任开始承担以前,被保险货物已经存在品质不良或数量短缺所造成的损失;(4)被保险货物的自然损耗、本质缺陷、特性以及市价跌落、运输迟延所引起的损失或费用;(5)战争险条款和罢工险条款所规定的责任及其除外责任。此外,除非当事人另有约定,海上货物运输中因承运人无正本提单交付货物造成的损失并不属于保险人的保险责任范围。

(二)附加险

附加险是投保人在投保主要险时,为保障主要险范围以外可能发生的某些危险所附加的保险。附加险不能单独承保,它必须依附于主险项下。每一种附加险都有相应的保险条款,附加险条款与主险条款相抵触时,应以附加险条款为准。附加险一般可分为普通附加险、特别附加险和特殊附加险三类。

1. 普通附加险。

普通附加险承保由于外来原因造成的货物全损或部分损失,是保险人在主要责任范围基础上扩展的责任。不过,由于它的责任范围已为一切险所涵盖,因此投保了一切险的,即无须再附加投保任何普通附加险。

普通附加险一般包括:(1)偷窃、提货不着险(Theft, Pilferage and Non-delivery Clause);(2)淡水雨淋险(Fresh Water &/or Rain Damage Clause);(3)短量险(Shortage Clause);(4)混杂、玷污险(Intermixture and Contamination Clause);(5)渗漏险(Leakage Clause);(6)碰损、破碎险(Clash and Breakage Clause);(7)串味异味险(Taint or Odour Clause);(8)受潮受热险(Sweat and Heating Clause);(9)钩损险(Hook Damage Clause);(10)包装破裂险(Breakage of Packing Clause);(11)锈损险(Rust Clause)等。

2. 特别附加险。

特别附加险也必须附属于主要险别项下,此种附加险对因特殊风险造成的保险标的的损失负赔偿责任。与普通附加险不同的是,特别附加险所承保的责任已超出了一切险的范围,其致损原因往往与政治、行政等因素及一些特别的因素联系在一起。

特别附加险主要包括:(1)交货不到险(Failure to Deliver Clause);(2)进口关税险(Import Duty Clause);(3)舱面险(On Deck Clause);(4)拒收险(Rejection Clause);(5)黄曲霉素险(Aflatoxion Clause)等。

3. 特殊附加险。

特殊附加险包括战争险和罢工险，其条款是各自独立的，由被保险人分别投保。

（1）战争险（War Risk）。

（2）罢工险（Strikes Risk）。

（三）责任期间

责任期间，又称保险期间或保险期限，是指保险人承担保险赔偿责任的起讫期限。"海洋运输货物保险条款"第3条作了如下规定：

1. "仓至仓"条款。

"仓至仓"条款规定，保险人的责任从被保险货物运离保险单所载明的起运地的仓库或储存处所开始运输时生效，在正常运输过程中持续，即在从上述起运地直接由通常的方式和路线运抵保险单所载明的目的地过程中不间断，包括海上、陆上、内河和驳船运输在内，包括通常的延迟、存仓和转运，直至发生下述四种情况之一时终止：

（1）到达保险单所载明目的地收货人的最后仓库或储存处所；或者

（2）到达被保险人用做分配或分送货物，或者非正常运输的过程中的存储的其他储存处所；或者

（3）在最后卸货港全部卸离海轮后满60天；或者

（4）在最后卸货港全部卸离海轮后，开始转运至非保险单所载明的目的地时。

2. "运输合同终止"条款。

由于被保险人无法控制的运输迟延、绕道、被迫卸货、重新装载、转载或承运人运用契约赋予的权限所作的任何航海的变更或终止运输契约，致使被保险货物运到非保险单所载明目的地时，在被保险人及时将获知的情况通知保险人，并在必要时加缴保险费的情况下，本保险仍继续有效，保险责任按下列规定终止：

（1）被保险货物如在非保险单所载明目的地出售，保险责任到交货时为止，但不论任何情况，均以被保险货物在卸载港全部卸离海轮后满60天为止；

（2）被保险货物如在60天期限内继续运往保险单所载原目的地或其他目的地时，保险责任仍按上述第1款的规定终止。

第三节 国际陆上货物运输与保险

一、国际铁路货物运输

（一）国际铁路货物运输概述

国际铁路货物运输也称国际铁路货物联运，是指托运人仅使用一份统一的国际联运票据，就可将货物通过两个或两个以上国家的铁路运送至目的地的全程运输。国际铁路货物运输拥有运量大、速度快、成本低、安全可靠、不易受季节和天气影响等优点，在国际货物运输体系中占有重要的地位。在铁路联运中，实际负责运输的是两个或两个国家以上的铁路部门，具体运输过程和过境时货物的交接都无须托运人或收货人参与。由于国际铁路联运需要不同国家的铁路部门合作完成，所以，制定国际公约用以统一相关规则十分必要。

当今关于国际铁路联运的国际公约主要有两个：一个是《国际铁路货物运输公约》(*Uniform Rules concerning the Contract of International Carriage of Goods by Rails*)，简称《国际货约》(COTIF/CIM)。另一个为《国际铁路货物联运协定》，简称《国际货协》。前者主要适用欧洲、北非和近东各国间的铁路货物联运，后者则主要适用于中亚和东欧等地的铁路货物运输。

（二）《国际货约》的主要内容

1. 公约的适用范围。

根据《国际货约》第 1 条的规定，如果一个铁路货物联运合同的发货站和到货站分别位于两个不同的公约成员国，那么此运输合同就受公约的调整；如果发货站或者到货站中只有一个位于公约成员国境内，但是合同其他当事方自愿接受公约调整，那么公约也将适用。

2. 运输单据。

《国际货约》第 6 条规定，承运人应依据运输合同负责运输和交货，而运输合同应以统一的铁路运单的形式得以确认。但是，运单仅仅是运输合同成立的证明，运单是否存在、是否按照统一格式制定、是否遗失并不影响运输合同的效力，运输合同仍旧受公约的调整。

一般来说，运单上应载明下列内容：签署日期和地点、托运人的姓名和地址、承运人的姓名和地址、收货人的姓名和地址、接货的时间和地点、到货的时间和地点、对货物及其包装的描述、货物数量、商品票据列表、运输费用以及表明货物运输适用公约的声明等。运单应由托运人和承运人共同签字或盖章。铁路运单不同于海运提单，它不是物权凭证。当承运人收到货物后，承运人应该在运单副本上注明已接受货物，并将运单副本交给托运人。运单是合同成立和承运人已接受货物的初步证据，运单上对货物的描述可以作为装货时货物状态的证明。

3. 承运人的责任和免责。

《国际货约》第23条第1款规定，承运人从接受货物开始到交付货物为止，负责运输事务。在此期间内发生的货物的短缺、损坏，承运人应承担赔偿责任。另外，承运人对延迟交货所造成的损失也要承担责任。

《国际货约》第23条第2款规定，如果承运人能够证明，此段时间内货物的短缺、损坏、延迟交付是：（1）由货物权利人的过失而非承运人的过失所造成；（2）或者是承运人按照权利人的命令而为；（3）或者是由货物的内在缺陷（如腐烂、消耗等）所引起；（4）或者是由承运人所不能阻止、不能避免的原因所致，承运人可以在一定程度上免予赔偿。

《国际货约》第23条第3款规定，承运人对一些固有的特殊风险所引起的货物短缺、损坏同样免责，这些风险主要来自于下列事项：（1）按照运输合同规定进行的敞车运输；（2）货物自身特性决定必须有良好包装，但托运人发货时对货物没有进行包装或包装不当；（3）货物的装卸并非承运人负责，而是由托运人负责装货或收货人负责卸货；（4）货物拥有易碎、易锈、易腐、易消耗等内在特性；（5）托运人对货物状态和数量不正确、不完整的陈述；（6）活体动物的运输；（7）依据运输合同有托运方人员跟随的货物运输。在上述7种情况下，如果发生货损，承运人可以免责。

承运人最后能否成功免责与举证责任问题息息相关，公约对上述两种类型的免责事由采取两种不同规定。对《国际货约》第23条第2款的免责事由，承运人承担举证责任。即如果承运人想要获得免责，必须出示证据以证明货损是由第2款的免责事由所致，否则，承运人不得免责。例如，承运人如果想依据货物权利人的过失进行免责，他必须充分证明损失的发生与货物权利人过失之间存在因果关系，正是货物权利人的过失导致了货物损失的发生，这样承运人才能获得免责。而对于第23条第3款的免责，只要承运人指出存在所规定的事项，就应推定损失是由这些事项所引起的，承运人便可以免责，但托运人有权提出异议，如果托运人能够出具证据证明货物损失并非由上述事项引起，那么承运人仍要赔偿。例如，在敞车运输中发生了货损，承运人只需指出敞车运输这一事实，就可推定正是敞车运输的固有特殊风险导致了货损的发生，承运人便可获得免责。但如果托运人能够证明敞车运输并非导致货损发生的直接原因，而直接致货物损失的原因是承运人的不当操作或过失行为所造成，承运人就丧失了免责的权利。

4. 承运人的赔偿与限额。

如果发生了承运人不能免责的货物损失，承运人就应对损失向权利人进行相应的赔偿。对于赔偿数额的计算，《国际货约》规定：（1）对于货物的灭失，承运人应该承担所灭失货物的损失，这些损失应以商品在交易行情表中的价格计算；如果没有此种价格，以商品当时的市场价格计算；如果也没有此商品的市场价格，赔偿的数额则按照同类商品在接货地、接货时的正常价值计算。但是，承运人的赔偿数额不超过每公斤毛重17个记账单位。（2）对于货物的损坏，承运人的赔偿责任和赔偿限额与上述相同，值得注意的是，如果货物的损坏导致整个运单完全失去价值，承运人的赔偿额不得超过货物全损时的应付赔偿额；如果货物的损失并没有导致整个运单失去价值，承运人的赔偿额不得超过货物部分损失时应付的赔偿额。（3）对于延迟交付所导致的货物灭失或损坏，承运人的赔偿额不超过其所收运费的4倍。

5. 赔偿请求与诉讼时效。

《国际货约》第42条规定，如果损失发生，承运人应立即就损失程度、致损原因、货物现状等情况制成报告发送给货物权利人，报告不得收取费用；如果货物权利人对承运人所提交的报告持有异议，他可以要求将报告送交指定专家获取第三方专家确认。

索赔必须针对运单上的承运人提起，提出者可以是托运人也可以是收货人。具体而言，在收货人：（1）拿到运单之前，（2）或者接受货物之前，（3）或者货物到站后收货人行使自己权利之前，索赔由托运人发起；在发生上述3项事项之后，索赔应该由收货人提起。但如果收货人在运单上指定了新的货物接收人，那么在新的接收人拿到运单、接收货物、行使其运单权利之后，原收货人的起诉权随即丧失。托运人起诉时应提交运单副本，收货人起诉时应提交运单正本。

公约第48条规定，铁路货物联运合同的诉讼时效为1年，但在下列情况下延长为2年：（1）请求承运人返还其向收货人收取的运费的诉讼；（2）对承运人出售货物程序的诉讼；（3）对承运人故意的过失引起的货物损失的诉讼；（4）由变更收货人所引起的诉讼。

（三）《国际货协》的主要内容

1. 适用范围。

根据《国际货协》第2条的规定，公约适用于所有公约加入国之间的货物运输，公约的规定对承运人、托运人、收货人均有约束力。但是在下列三种情况下，公约不适用：（1）发、到站都在同一国内，而用发送国的列车只通过另一国家过境运送时；（2）两国车站间，用发送国或到达国列车通过第三国过境运送时；（3）两邻国车站间，全程都用某一方铁路的列车，并按照这一铁路的国内规章办理货物运送时。

2. 运输合同的缔结。

根据《国际货协》的规定，发货人在托运货物的同时，应对每批货物填写运单和运单副本，签字后向发站提出。

发货人应如实填写货物品名、重量、数量、承运车辆、收货人的名称和地址等。另外，发货人必须注明货物应通过的发送国和各过境国的出口国境站；如果货物由发货人的押运人押运时，发货人应在运单和运单副本上注明押运人的相关信息；发货人必须将在货物运送全程为履行海关和其他规章所需要的添附文件附在运单上；发货人在提出运单的同时，应按铁路的规定，向铁路提交必要份数的补充清单抄件，以便贴附在运行报单上。

发货人应对其在运单中所记载的和所声明的事项的正确性负责。由于记载和声明事项的不正确、不确切或不完备，以及由于未将上述事项记入运单相应栏内而发生的一切后果，均由发货人负责。

铁路承运人在发货人提交运单中所列的全部货物和按发送国国内规章付清所负担的费用后，应立即加盖戳记。运单在加盖戳记后，即是缔结运输合同的凭证。在运送合同缔结后，正本运单随货物同行，运单副本退还发货人。运单副本不具有运单的效力，但可用于买卖双方付款结汇的依据。

3. 运输合同的履行。

《国际货协》第12条至第15条就运输合同的履行问题进行了规定，分别为运费的支付、货物的交付、铁路的留置权和代收货价款。

对于运费的收取，《国际货协》规定了三种不同类型：（1）发送国铁路的运输费用，按发送国的国内运价计算，在发站向发货人核收；（2）到达国铁路的运输费用，按到达国的国内运价计算，在到站向收货人核收；（3）过境国铁路的运输费用，在发站向发货人核收或在到站向收货人核收。通过几个过境铁路运送时，准许由发货人支付一个或几个过境铁路的运送费用，而其余铁路的运送费用，由收货人支付。

关于货物的交付，《国际货协》规定，货物到达到站，在收货人付清运单所载的一切应付的运送费用后，铁路必须将货物连同运单一起交给收货人；收货人应付清运送费用并领取货物。收货人只在货物因毁损或腐坏而使质量发生变化，以致部分货物或全部货物不能按原用途使用时，才可以拒绝领取货物。即使货物有所短缺，收货人也应该领取货物，但这种情况下，收货人可以主张承运人返还所缺的那部分货物的运费。

《国际货协》赋予铁路对所运输货物的留置权，对于留置权的具体内容，则根据各国国内法确定。不过，《国际货协》规定不准许办理代收货价和货款。

4. 运输合同的变更。

发货人和收货人各有一次变更运输合同的权利。他们可以向铁路提出变更运输合同申请，铁路在一般情况下应当允许，但《国际货协》第 19 条第 10款规定了 4 种情形，在此情形下，铁路可以拒绝发货人和收货人的变更请求。变更合同产生的费用由请求变更者负担，在变更运输合同时，不得将一批货物分开办理。

对于发货人而言，其变更合同的权利主要体现在四个方面：（1）在发站将货物领回；（2）变更到站，此时，在必要的情况下应当注明货物应通过的国境站；（3）变更收货人；（4）将货物返还发站。

收货人的变更事项有：（1）在到达国范围内变更货物的到站；（2）变更收货人。在货物尚未从到达国的国境站出发时，收货人可以按照公约的规定办理变更事项，如果货物已经通过了到达国的国境站，收货人则需要按照其国内法办理变更事项。

5. 铁路的责任。

公约规定铁路的责任为连带责任，即不管是发送国的铁路部门还是到站国的铁路部门，虽然他们的实际承运任务仅仅是本国铁路段的运输，但他们对于托运人或收货人而言，应承担全程运输的赔偿责任。《国际货协》第 21 条规定：按国际货协运单承运货物的铁路，应负责完成货物的全程运送，直到在到站交付货物时为止，如向非参加国际货协铁路的国家办理货物转发送时，直到按另一种国际协定的运单办完运送手续时为止。

关于铁路的免责问题，《国际货协》把其分成两大类进行了规定。首先，对于运输货物的灭失、减量或毁损，如果其发生是由于下列事项所引起的，铁路可以免责：（1）由于铁路不能预防和不能消除的情况；（2）由于货物的特殊自然性质，以致引起自燃、损坏、生锈、内部腐坏和类似的后果；（3）由于发货人或收货人的过失或由于其要求，而不能归咎于铁路；（4）由于发货人或收货人装车或卸车的原因所造成；（5）由于发送国规章许可，使用敞车类货车运送货物；（6）由于发货人或收货人的货物押运人未采取保证货物完整的必要措施；（7）由于容器或包装的缺点，在承运货物时无法从其外表发现；（8）由于发货人用不正确、不确切或不完全的名称托运违禁品；（9）由于发货人在托运应按特定条件承运的货物时使用不正确、不确切或不完全的名称，或未遵守本协定的规定；（10）由于第23条规定的标准范围内的货物自然减量，以及由于运送中水分减少，或货物的其他自然性质，以致使货物减量超过上述标准。其次，对于逾期交货的免责事由，《国际货协》规定：（1）发生雪（沙）害、水灾、崩陷和其他自然灾害，按照有关国家铁路中央机关的指示，期限在15天以内；（2）发生其他致使行车中断或限制的情况，按照有关国家政府的指示。

无论货物是灭失、损坏或是逾期交货，铁路的赔偿数额都不得超过货物全部灭失时的金额。当货物部分或全部灭失时，赔偿价格应按外国收货者账单上的价格确定，不能确定时，由国家鉴定机关确定；当货物遭到损坏时，铁路应支付相当于货物价格减低额的款额；当铁路逾期交货时，则应根据逾期时间的长短向收货人支付不同数额的罚款，罚款数额按运费的比例计算。

6. 赔偿请求与诉讼时效。

《国际货协》规定，发货人和收货人均有权向铁路方提出赔偿请求。发货人或收货人在提出请求时，应采取书面形式，并提供相关运单或运单副本等文件。铁路必须在180天内给予答复。如果铁路审查后拒绝全部或部分赔偿，应向请求人说明理由，并退还相关文件。

如果请求人的赔偿请求遭到铁路的拒绝，或者铁路在规定期限内没有答复，请求人可以向法院提起诉讼。发货人或收货人向铁路提出的赔偿诉讼，或者铁路向发货人或收货人提出的关于支付运费、罚款、赔偿损失的诉讼，应在9个月内提出；对于逾期交货提出的赔偿诉讼，应在2个月内提出。

二、国际公路货物运输

（一）国际公路货物运输概述

除了国际铁路货物运输之外，国际陆上货物运输还包括另外一种方式，即国际公路货物运输。虽然跨国公路货物运输在国际货物运输中所占的比重较小，但公路运输作为其他运输方式的重要补充，有着自身的特点和作用，因此有必要对其进行简要介绍。

国际公路运输主要是指借助一定的运载工具，沿着公路做跨地区或跨国的移动，以实现传送货物目的的运输方式。与其他运输方式相比，国际公路货物运输更加机动灵活、简便快捷；时效性强，一般可以随时按托运人的要求发送货运车辆；装卸环节少，货损可以得到较好的控制；适应环境能力强，在没有开通铁路线路的边境和山区，其作用更为突出。国际公路货物运输中主要经营的业务有下列类型：整车运输；零担运输；特种货物运输；集装箱运输；包车运输等。

目前，国际上对于跨国公路货物运输的公约或协定并不多，较为重要的有欧洲的《国际公路货物运输合同公约》（*Convention on the Contract for the International Carriage of Goods by Road*，CMR）。除此之外，关于国际公路货物运输的法律关系仍旧由各国的国内法来调整。但就国内法而言，也很少有国家对其进行专门立法，国际公路货物运输中的权利义务主要参照国内的合同法或者民法的相关规定。

由于欧洲大陆国家众多，且各国地理面积较小，所以跨境公路货物运输比较频繁，故而对相关规则进行统一有助于明确当事人权益，减少不必要的摩擦，促进国际贸易的深化和各国经济的发展。正是出于上述目的，联合国所属欧洲经济委员会负责起草了《国际公路货物运输合同公约》，并在 1956 年 5 月 19 日在日内瓦由欧洲 17 个国家参加的会议上一致通过。公约共 12 章 51 条，内容涉及公路货物运输合同中承运人的责任、合同的签订与履行、索赔与诉讼等内容。

此外，为了有利于开展集装箱联合运输，使集装箱能够经开箱即可通过过境国，欧洲 21 个国家和欧洲之外的 7 个国家又签订了关于集装箱的关税协定，即《根据 TIR 手册进行国际货物运输的有关关税的协定》（*Customs Convention on the International Transport of Goods under Cover of TIR Carnets*）①。该协定有欧洲 23 个国家参加，并已从 1960 年开始实施。尽管上述公约有着地域限制，但他们不失为当前国际公路运输的重要国际公约和协定，并对今后国际公路运输的发展具有一定的影响。

（二）当事方的权利义务

根据我国的相关法律规定，公路货物运输中承运人、托运人、收货人的权利义务主要有如下内容。

承运人应当在约定期间或合理期间内，按照约定的或通常的运输线路将货物运送至指定地点，如果承运人未按照约定的或通常的线路运输，托运人或收

---

① TIR 是《国际公路车辆运输规定》（*Transport International Routier*）的简称。根据 TIR 规则，集装箱的公路承运人在过境时可以不接受过境国海关检查、不支付关税、甚至不提供押金，便可将货物直接运送至目的地国。

货人可以拒绝支付由此产生的新运费。承运人对运输过程中货物的毁损、灭失承担损害赔偿责任。赔偿金额有约定的，按照约定赔偿；没有约定的，或约定不明的，按照交付货物或应当交付货物时的货物到达地的市场价格计算。

对于承运人的免责事由，我国法律规定：承运人如果证明货物的毁损、灭失是由不可抗力、货物本身的性质或者合理的自然损耗以及托运人或收货人的过失所造成的，那么承运人不承担损害赔偿责任。另外，货物在运输中由不可抗力灭失，未收取运费的，承运人不得要求支付运费。已收运费的，托运人可以要求返还。托运人或收货人不支付运费、管理费或者其他运输费用的，承运人可以对运输货物行使留置权。

托运人办理货物运输，应当向承运人准确表明收货人的名称或者姓名或者凭指示的收货人，货物的名称、性质、重量、数量，收货地点等有关货物运输的必要情况。因托运人申报不实或者遗漏重要情况，造成承运人损失的，托运人应当承担损害赔偿责任。货物运输需要办理审批、检验等手续的，托运人应当将办理完的有关手续提交承运人。托运人应当按照约定的方式包装货物。对包装方式没有约定或者约定不明确的，应当按照通用方式包装，如果没有通用包装方式，应采取足以保护标的物的方式包装。如果托运人没有按上述要求包装，承运人可以拒绝承运。托运人托运危险品时，应按照国家的有关规定对货物进行包装，制作危险品标志或标签，并将货物品名、性质、防范措施等材料交给承运人，如果托运人没有进行上述措施，承运人可以拒绝承运，或者承运人可以采取相关措施，产生的费用由托运人承担。另外，我国法律赋予托运人修改运输合同的权利：在承运人将货物交付收货人前，托运人可以要求承运人中止运输、返还货物、变更交货地点或者将货交予其他人，但由此给承运人造成的损失应由托运人负责。

收货人是运输关系中另外一个重要当事人。收货人主要承担接收货物的义务，收货人在收到到货通知后，应积极组织提取货物，收货人逾期提货的，应向承运人支付保管费等费用。收货人提货时应当按照约定的期限检验货物，对检验期限没有约定或者约定不明的，应在合理时间内验货完毕。收货人在约定期限或合理期限内对货物的数量、毁损没有提出异议的，视为承运人已按照托运单据的记载交付的初步证据。收货人没有正当理由不提取货物的，承运人可以提存该运输货物。

此外，《国际公路货物运输合同公约》对承运人免责的规定更为详细。公约除了规定几种基本的免责事由外，还规定有 6 种推定免责的情形。其次是赔偿限额制度。我国法律仅对海上货物运输规定了承运人的赔偿限额，但对于公路货物运输却并没有相似的赔偿限额制度。《国际公路货物运输合同公约》第23条第3款则明确规定，对货物短缺的赔偿额毛重每公斤不超过25法郎。

三、国际陆上运输货物保险

国际陆上运输货物保险主要是指对以火车、汽车为工具进行国际运输的货物进行承保的商业保险。对于某些落后的陆上货物运输的方式，如人力运输、畜力运输等，保险公司一般不予承保。与海上运输保险相比，国际陆上运输货物保险的产生时间较晚，并且发展程度有限，其内容很大程度上借鉴了海运保险的相关规则。但是，陆上运输毕竟不同于海上运输，它面临了一些海上运输所不具有的风险，诸如道路坍塌、桥梁毁坏，所以，陆上运输货物保险与海洋运输货物保险之间还是有所区别的。

当前国际上并没有陆上运输货物保险的统一性条款，不同的保险公司可以根据自己的业务需要设计不同的险别。根据中国人民保险公司的《陆上运输货物保险条款》，陆上运输货物保险的基本险包括陆运险和陆运一切险两种。另外，对于需冷藏的特殊货物，还开设有陆上运输冷藏货物险的专门险种。除了基本险和专门险可以供投保人独立选择外，中国人民保险公司对火车运输还提供了陆上运输货物战争险，供以附加适用。下面就对上述几种险别进行简要介绍。

（一）陆运险和陆运一切险

对于陆运险的责任范围，《陆上运输货物保险条款》规定，如果被保险货物在运输途中遭受暴风、雷电、洪水、地震自然灾害或由于运输工具遭受碰撞、倾覆、出轨或在驳运过程中因驳运工具遭受搁浅、触礁、沉没、碰撞；或由于遭受隧道坍塌，崖崩或失火、爆炸意外事故所造成的全部或部分损失，保险人应负赔偿责任。另外，对于被保险人对遭受上述危险的货物采取抢救、防止或减少货损的措施而支付的合理费用，保险人也应当赔偿，但这种赔偿不得超过该批被救货物的保险金额。

陆运一切险的责任范围除了上述陆运险的风险损失外，还负责被保险货物在运输途中由于一般外来风险所造成的全部或部分损失。

对于陆运险和陆运一切险的保险人的除外责任，《陆上运输货物保险条款》规定，保险人对下列几种损失不负赔偿责任：（1）被保险人的故意行为或过失所造成的损失；（2）属于发货人责任所引起的损失；（3）在保险责任开始前，被保险货物已存在的品质不良或数量短差所造成的损失；（4）被保险货物的自然损耗、本质缺陷、特性以及市价跌落、运输迟延所引起的损失或费用；（5）中国人民保险公司陆上运输货物战争险条款和货物运输罢工险条款规定的责任范围和除外责任。

陆上运输货物保险的责任期间为"仓至仓"。保险责任自被保险货物运离保险单所载明的起运地仓库或储存处所开始运输时生效，包括正常运输过程中的陆上和与其有关的水上驳运在内，直至该项货物运达保险单所载目的地收货人的最后仓库或储存处所或被保险人用做分配、分派的其他储存处所为止，如未运抵上述仓库或储存处所，则以被保险货物运抵最后卸载的车站满 60 天为止。

保险条款除了对保险人的义务和责任问题进行规定外，对被保险人的义务也进行了规定，主要包括：（1）当被保险货物运抵保险单所载目的地以后，被保险人应及时提货，当发现被保险货物遭受任何损失，应立即向保险单上所载明的检验、理赔代理人申请检验。如发现被保险货物整件短少或有明显残损痕迹，应立即向承运人、受托人或有关当局索取货损货差证明，如果货损货差是由于承运人、受托人或其他有关方面的责任所造成的，应以书面方式向他们提出索赔，必要时还需取得延长时效的认证。（2）对遭受承保责任内危险的货物，应迅速采取合理的抢救措施，防止或减少货物损失。（3）在向保险人索赔时，必须提供下列单证：保险单正本、提单、发票、装箱单、磅码单、货损货差证明、检验报告及索赔清单。如涉及第三者责任还须提供向责任方追偿的有关函电及其他必要单证或文件。

陆上运输货物保险的索赔时效从被保险货物在最后目的地车站全部卸离车辆后计算，最多不超过 2 年。

（二）陆上运输冷藏货物险

陆上运输冷藏货物险是陆上运输货物险的一个专门保险，主要适用于需要冷藏运输的货物。对于承保此类保险，中国人民保险公司对承运工具进行了特殊的要求：装货的任何运输工具，必须有相应的冷藏设备或隔温设备；或供应和储存足够的冰块使车厢内始终保持适当的温度，保证被保险冷藏货物不致因融化而腐败，直至送达目的地收货人仓库为止。陆上运输冷藏货物险的责任范围除了包括上述陆运险的一切责任外，对于在运输途中由于冷藏设备或隔温设备的损坏所造成冷冻货物的腐败和损失，保险人也承担赔偿责任。

冷藏货物险保险人的责任期间、免责事由、被保险人的义务、索赔时限与陆运险大体相同，但在责任期间的规定上，最长保险责任的有效期限以被保险货物到达目的地车站后 10 日为限，而非陆运险规定的 60 日。

（三）陆上运输货物战争险

不同于上面基本险和专门险，作为一种附加险，陆上运输货物战争险需要在投保了陆运险或陆运一切险的基础上方能附加投保。中国人民保险公司的陆上运输货物战争险只对火车运输适用，对汽车运输并不承保。其责任范围包括两类：一类是火车在运输途中由于战争、类似战争行为和敌对行为、武装冲突所致的损失，另一类是常规武器，如地雷、炸弹，所致的损失。对于由当权者或武装集团的扣押、拘留引起的损失和原子或热核武器所致的损失，保险人不负赔偿责任。

陆上运输货物战争险的责任期间以货物置于火车上开始，到卸离目的地火车为止。如果货物不卸离火车，则以火车到达目的地的当日午夜起计算，满48小时为止；如果运输途中转车，则以到达中途站计算满10天为止，如果10天内货物重新装车续运，保险单上的责任期间仍恢复有效。

第四节　国际航空货物运输与保险

一、国际航空货物运输

（一）国际航空货物运输概述

国际航空货物运输一般是指以飞机或其他航空器作为运输工具运送货物的国际运输。一方面，国际航空货物运输具有其自身特有的优点，例如：速度快、安全性好、破损率低、不易受地面条件限制、可节省包装、保险、利息费用等；另一方面，国际航空货物运输也有自己的缺陷与不足，主要表现在：运输成本较高、运量有限、容易受天气影响、航权限制等。相比海运和陆运，国际航空货物运输在国际货物运输中所占的比例并不大，但由于其拥有自身的特点，特别适合贵重物品、重要文件、急需药品、鲜活产品的运输，所以国际航空货物运输在国际货物运输体系中同样占有重要的地位。

历史上主要的航空运输公约有：《华沙公约》（1929 年）、《海牙议定书》（1955 年）、《瓜达拉哈拉公约》（1961 年）、《危地马拉议定书》（1971 年）、《蒙特利尔第一号附加议定书》（1975 年）、《蒙特利尔第二号附加议定书》（1975 年）、《蒙特利尔第三号附加议定书》（1975 年）、《蒙特利尔第四号附加议定书》（1975 年）。上述公约称为华沙体系。《华沙公约》是其他公约或议定书的基础，其他公约或议定书都是在《华沙公约》的基础上进行修改或补充的。值得注意的是上述文件相互独立，一个国家可以自由选择加入其中任何一个或几个公约。相比而言,《华沙公约》和《海牙议定书》的适用较广,截至2010 年 4 月,《华沙公约》拥有 152 个成员国,《海牙议定书》拥有 137 个成员国。我国加入《华沙公约》和《海牙议定书》的时间分别为 1958 年和 1975年。

为了进一步统一国际航空运输领域的法律制度,1999 年 5 月 10 日至 28日,国际民航组织在蒙特利尔召开国际航空法大会,大会通过了新的《统一国际航空运输某些规则的公约》(*Convention for the Unification of Certain Rules for International Carriage by Air*),简称为《蒙特利尔公约》。该公约于 2003 年 11月 4 日生效,截至 2010 年 4 月已有 97 个成员国。我国于 2005 年 6 月 1 日批准加入该公约,同年 7 月 31 该公约对我国生效。

(二)《华沙公约》和《海牙议定书》的主要内容

1. 适用范围。

《华沙公约》第 1 条规定,"本公约适用于所有以航空器运送旅客、行李或货物而收取报酬的国际运输"。对于"国际运输",主要是指始发地和目的地位于两个缔约国;或始发地和目的地在同一个缔约国,但经停另一国的运输。《海牙议定书》对"国际运输"的界定与《华沙公约》类似,但表述更加清晰。

2. 航空运单。

托运人应填写航空货运单正本一式三份,连同货物交给承运人。第一份注明"交承运人",由托运人签字;第二份注明"交收货人"由托运人和承运人签字,并附在货物上;第三份由承运人在接受货物时签字,交给托运人。承运人应该在接受货物时签字。

根据《华沙公约》的规定,运单上应记载运单签订的时间和地点、起运地、目的地、托运人名称和地址、承运人名称和地址等 17 项内容。如果承运人接受了货物而没有填写航空运单,或者航空运单上没有包括特定的内容,那么承运人就不得引用公约对于承运人免责和限制责任的规定。托运人对运单上货物的各项说明和声明的正确性负责,因为这些说明和声明不合规定、不正确或不完备而使承运人或任何其他人遭受的一切损失,托运人应负责任。

航空运单是航空货物运输合同的凭证,但是如果没有运单,或运单不合规定或凭证遗失,不影响运输合同的存在和有效。在没有相反的证据时,航空货运单是订立合同、接受货物和承运条件的证明。

在航空运单部分,《海牙议定书》对《华沙公约》改动不大,仅就几处细节作了修改。例如：把"承运人应该在接受货物时签字"改为"承运人应在货物装机以前签字"；把运单上的记载事项进行了缩减；等等。

3. 承运人的责任。

《华沙公约》规定：对于任何已登记的行李或货物因毁损、遗失或损坏而产生的损失，如果造成这种损失的事故是发生在航空运输期间，承运人应负责任。另外，承运人对旅客、行李或货物在航空运输过程中因延误而造成的损失应负责任。"航空运输期间"是指行李或货物在承运人保管下的期间，不论是在航空站内、在航空器上或在航空站外降落的任何地点。航空运输的期间不包括在航空站以外的任何陆运、海运或河运。但是如果这种运输是为了履行空运合同，是为了装货、交货或转运，那么任何损失应该被认为是在航空运输期间发生事故的结果。

对于承运人的免责，《华沙公约》规定：承运人如果证明自己和他的代理人为了避免损失的发生，已经采取一切必要的措施，或不可能采取这种措施时，就不负责任；在运输货物和行李时，如果承运人证明损失的发生是由于驾驶上、航空器的操作上或领航上的过失，而在其他一切方面承运人和他的代理人已经采取一切必要的措施以避免损失时，就不负责任；如果承运人证明损失的发生是由于受害人的过失所引起或促成，法院可以按照它的法律规定，免除或减轻承运人的责任。

承运人对货物的责任以每公斤 250 法郎为限，除非托运人在交运时，曾特别声明行李或货物运到后的价值，并缴付必要的附加费。在这种情况下，承运人只负责不超过声明的金额，除非承运人证明托运人声明的金额高于行李或货物运到后的实际价值。

如果损失的发生是由于承运人有意的不良行为，或由于承运人的过失，而根据受理法院的法律，这种过失被认为等于有意的不良行为，承运人就无权引用本公约关于免除或限制承运人责任的规定。同样，如果上述情况造成的损失是承运人的代理人之一在执行他的职务范围内所造成的，承运人也无权引用这种规定。

《海牙议定书》增加了一项免责条款，规定：如果遗失或损坏是由于所运货物的属性或本身质量缺陷所造成的，承运人不负责任。

4. 托运人的责任。

根据《华沙公约》的规定，托运人的责任主要有：对于在航空货运单上所填关于货物的各项说明和声明的正确性，托运人应负责任；对于因为这些说明和声明不合规定、不正确或不完备而使承运人或任何其他人遭受的一切损失，托运人应负责任。

托运人在履行运输合同所规定的一切义务的条件下，有权在起运地航空站或目的地航空站将货物提回，或在途中经停时中止运输、或在目的地或运输途中交给非航空货运单上所指定的收货人、或要求将货物退回起运地航空站，但不得因为行使这种权利而使承运人或其他托运人遭受损害，并且应该偿付由此产生的一切费用。

托运人应该提供各种必需的资料，以便在货物交付收货人以前完成海关、税务等手续，并且应该将必需的有关证件附在航空货运单后面。除非由于承运人或其代理人的过失，这种资料或证件的缺乏、不足或不合规定所造成的任何损失，应该由托运人对承运人负责。

5. 索赔和诉讼时效。

《华沙公约》规定：如果有损坏情况，收货人应该在发现损坏后，最迟应该在货物收到后 7 天内提出；如果有延误，最迟应该在货物交由收件人支配之日起 14 天内提出异议。任何异议应该在规定期限内写在运输凭证上或另以书面提出。除非承运人方面有欺诈行为，如果在规定期限内没有提出异议，就不能向承运人起诉。

有关索赔的诉讼，应该在航空器到达目的地之日起，或应该到达之日起，或从运输停止之日起 2 年内提出，否则就丧失追诉权。

《海牙议定书》对收货人向承运人提出索赔的时限进行了修改，规定收货人应在发现货损后 14 天内提出；如果有延误，应该在 21 天内提出异议。

（三）《蒙特利尔公约》的主要内容

1. 适用范围。

公约第 1 条规定：本公约适用于所有以航空器运送人员、行李或者货物而收取报酬的国际运输。"国际运输"是指根据当事人的约定，不论在运输中有无间断或者转运，其出发地点和目的地点是在两个当事国的领土内，或者在一个当事国的领土内，而在另一国的领土内有一个约定的经停地点的任何运输，即使该国为非当事国。

2. 航空运单。

就货物航空运输而言，一般情况下应当出具航空货运单。但是，航空货运单并非绝对必要。任何保存将要履行的运输的记录的其他方法都可以用来代替出具航空货运单。此时，承运人应当应托运人的要求，向托运人出具货物收据，以便识别货物并能获得此种其他方法所保存记录中的内容。

航空货运单或者货物收据应当至少包括三项内容：出发地点和目的地点；

在另一国领土内的经停地点（出发地点和目的地点在一个缔约国内时）；货物重量。上述三项仅仅是货运单或者货物收据的最低要求，实践中承运人可以根据需要在运单上列明其他内容。

托运人应当填写航空货运单正本一式三份。第一份应当注明"交承运人"，由托运人签字。第二份应当注明"交收货人"，由托运人和承运人签字。第三份由承运人签字，承运人在接受货物后应当将其交给托运人。

航空货运单或者货物收据是订立合同、接受货物和所列运输条件的初步证据。航空货运单上或者货物收据上关于货物的重量、尺寸和包装以及包件件数的任何陈述是所述事实的初步证据；除经过承运人在托运人在场时查对并在航空货运单上或者货物收据上注明经过如此查对或者其为关于货物外表状况的陈述外，航空货运单上或者货物收据上关于货物的数量、体积和状况的陈述不能构成不利于承运人的证据。

3. 承运人的责任。

《蒙特利尔公约》规定：对于因货物毁灭、遗失或者损坏而产生的损失，只要造成损失的事件是在航空运输期间发生的，承运人就应当承担责任。对于货物在航空运输中因延误引起的损失，承运人也应当承担责任。"航空运输中"是指货物处于航空承运人掌管下的期间，不包括机场外履行的任何陆路、海上或者内水运输过程。但是，此种运输是在履行航空运输合同时为了装载、交付或者转运而办理的，在没有相反证明的情况下，所发生的任何损失推定为在航空运输期间发生的事件造成的损失。承运人未经托运人同意，以其他运输方式代替当事人各方在合同中约定采用航空运输方式的全部或者部分运输的，此项以其他方式履行的运输视为在航空运输期间。

承运人对于货物毁灭、遗失或损失的免责事由，有以下四项：货物的固有缺陷、质量或者瑕疵；承运人或者其受雇人、代理人以外的人包装货物的，货物包装不良；战争行为或者武装冲突；公共当局实施的与货物入境、出境或者过境有关的行为。对于延迟交付，如果承运人能证明本人及其受雇人和代理人为了避免损失的发生，已经采取一切可合理要求的措施或者不可能采取此种措施的，那么承运人不对因延误引起的损失承担责任。除此之外，无论对于货损还是延迟交付带来的损失，如果经承运人证明，损失是由索赔人或者索赔人从其取得权利的人的过失或者其他不当作为、不作为造成或者促成的，应当根据造成或者促成此种损失的过失或者其他不当作为、不作为的程度，相应全部或者部分免除承运人对索赔人的责任。

对于承运人的责任限额，《蒙特利尔公约》规定：在货物运输中造成毁灭、遗失、损坏或者延误的，承运人的责任以每公斤 17 特别提款权为限，除非托运人在向承运人交运包件时，特别声明在目的地点交付时的利益，并在必要时支付附加费。在此种情况下，除承运人证明托运人声明的金额高于在目的地点交付时托运人的实际利益外，承运人在声明金额范围内承担责任。

4. 托运人的责任。

托运人应对托运人或者以其名义在航空货运单上载入的关于货物的各项说明和陈述的正确性负责。对因托运人或者以其名义所提供的各项说明和陈述不符合规定、不正确或者不完全，给承运人或者承运人对之负责的任何其他人造成的一切损失，托运人应当对承运人承担赔偿责任。

托运人在负责履行运输合同规定的全部义务的条件下，有权对货物进行处置，即可以在出发地机场或者目的地机场将货物提回，或者在途中经停时中止运输，或者要求在目的地点或者途中将货物交给非原指定的收货人，或者要求将货物运回出发地机场。托运人不得因行使此种处置权而使承运人或者其他托运人遭受损失，并必须偿付因行使此种权利而产生的费用。

托运人必须提供必需的资料和文件，以便在货物可交付收货人前完成海关、警察或者任何其他公共当局的手续。因没有此种资料、文件，或者此种资料、文件不充足或者不符合规定而引起的损失，除由于承运人、其受雇人或者代理人的过错造成的外，托运人应当对承运人承担责任。

5. 索赔和诉讼时效。

公约规定：货物发生损失的，至迟自收到货物之日起 14 日内提出。发生延误的，必须至迟自行李或者货物交付收件人处置之日起 21 日内提出异议。任何异议均必须以书面形式提出或者发出。除承运人一方有欺诈外，在前上述期间内未提出异议的，不得向承运人提起诉讼。

诉讼时效为 2 年，起算点为自航空器到达目的地点之日、应当到达目的地点之日或者运输终止之日。如果权利人在此期间内没有提出诉讼，即丧失了胜诉权。

二、国际航空货物运输保险

由于国际航空货物运输起步较晚，与之相对应的国际航空货物运输保险业迄今为止还未形成一个完整、独立的体系。1965 年，伦敦保险协会开始制定有关航空运输货物的保险条款，最早的是《协会航空运输货物一切险条款》〔*Institute Air Cargo Clause*（*All Risks*）〕，该条款在 1982 年改名为《协会航空运输货物险条款》（*Institute Cargo Clause Air*）。当今伦敦保险协会的国际航空货物运输条款除了上述之外，还有《协会航空运输货物战争险条款》[*Institute War Clause（Air Cargo）*]和《协会航空运输货物罢工险条款》[*Institute Strikes Clause（Air Cargo）*]。伦敦保险协会的上述条款在世界上得到了广泛的适用。

我国现行通用的航空货物运输保险条款为中国人民保险公司 1981 年 1 月 1 日修订的《航空运输货物保险条款》（*Air Transportation Insurance Clause*），其内容在很大程度上借鉴了伦敦保险协会的保险条款的相关规定，把航空运输保险的基本险别分为航空运输险和航空运输一切险两种。另外，中国人民保险公司还设有航空运输货物战争险，作为附加险供投保人选择使用。

（一）航空运输险和航空运输一切险

1. 责任范围。

航空运输险的责任范围包括两部分：一是被保险货物在运输途中遭受雷电、火灾、爆炸或由于飞机遭受恶劣气候或其他危难事故而被抛弃，或由于飞机遭受碰撞、倾覆、坠落或失踪意外事故所造成的全部或部分损失。二是被保险人对遭受承保责任内危险的货物采取抢救、防止或减少货损的措施而支付的合理费用。但这种合理费用不得超过该批被救货物的保险金额。

航空运输一切险的责任范围除包括上列航空运输险的责任外，还负责被保险货物由于外来原因所致的全部或部分损失。

2. 除外责任。

航空运输险和航空运输一切险的除外责任基本与海洋货物运输险的除外责任相同。包括：被保险人的故意行为或过失所造成的损失；属于发货人责任所引起的损失；保险责任开始前，被保险货物已存在的品质不良或数量短差所造成的损失；被保险货物的自然损耗、本质缺陷、特性以及市价跌落、运输延迟所引起的损失或费用；航空运输货物战争险条款和货物运输罢工险条款规定的责任范围和除外责任。对于上述损失，保险人不负赔偿责任。

3. 责任起讫。

航空运输险和航空运输一切险的责任期间相同，保险人承担"仓至仓"责任。具体而言，自被保险货物运离保险单所载明的起运地仓库或储存处所开始运输时生效，包括正常运输过程中的运输工具在内，直到该项货物运达保险单所载明目的地收货人的最后仓库或储存处所或被保险人用做分配、分派或非正常运输的其他储存处所为止。

（1）如未运抵上述仓库或储存处所，则以被保险货物在最后卸载地卸离飞机后满 30 天为止。如在上述 30 天内被保险的货物需转送到非保险单所载明的目的地时，则以该项货物开始转运时终止。

（2）由于被保险人无法控制的运输延迟、绕道、被迫卸货、重新装载、转载或承运人运用运输契约赋予的权限所作的任何航行上的变更或终止运输契约。致使被保险货物运到非保险单所载目的地时，在被保险人及时将获知的情况通知保险人，并在必要时加缴保险费的情况下，本保险仍继续有效，保险责任按下述规定终止：被保险货物如在非保险单所载目的地出售，保险责任至交货时为止，但不论任何情况，均以被保险的货物在卸载地卸离飞机后满 30 天为止；被保险货物在上述 30 天期限内继续运往保险单所载原目的地或其他目的地时，保险责任仍按上述（1）款的规定终止。

（二）航空运输货物战争险

航空运输货物战争险的承保责任范围为：航空运输途中由于战争、类似战争行为、敌对行为或武装冲突所致的损失；由于上述原因引起的捕获、拘留、扣留、禁制、扣押所造成的损失；各种常规武器和炸弹所造成的货物损失。

航空运输货物战争险的除外责任包括两方面，分别为：由于敌对行为使用原子或热核制造的武器所致的损失和费用；根据执政者、当权者或其他武装集团的扣押、拘留引起的承保航程的丧失和挫折而提出的任何索赔。

航空运输货物战争险的责任起讫是自被保险货物装上保险单所载起运地飞机时开始，到卸离保险单所载目的地的飞机为止。如果被保险货物不卸离飞机，本保险责任最长期限以飞机到达目的地的当日午夜起算满 15 天为止。如被保险货物在中途港转运，保险责任以飞机到达转运地的当日午夜起算满 15 天为止，待装上续运的飞机时再恢复有效。

第五节 国际货物多式联运与保险

一、国际货物多式联运概述

国际货物多式联运是指多式联运经营人（Multimodal Transport Operator）按照多式联运合同，利用两种或两种以上的运输方式，把货物从一国境内运送至另一国境内的运输方式。一般来说，国际多式联运包括如下特征：必须存在一份多式联运合同；联运经营人开具一份国际多式联运单据；联运经营人对全程运输负责；运输方式多样化，至少是两种或两种以上；货物运输必须是跨国境的国际运输。国际货物多式联运产生时间较晚，大约在 20 世纪 60 年代才产生于美国，但由于其拥有手续简便、安全准确、运送快捷等优点，很快便被推广，成为一种常见的运输方式，并且随着当前集装箱运输和"门到门"运输的普及，国际货物多式联运越来越被广泛采用。不过，当前国际上并没有形成单独的国际货物多式联运保险这一险别。我国保险界也没有对其单独设计主险和附加险。按照国际间的保险实践，对国际货物多式联运投保大多是按照不同的运输阶段向保险公司投保不同的运输险。

国际货物多式联运涉及的关系人较多，例如：联运经营人、实际承运人、托运人、收货人、代理人、受雇人等，他们之间的法律关系也各不相同。大体而言，国际货物多式联运主要存在三种法律关系：首先是联运经营人和托运人的关系。这是国际货物多式联运中最主要的法律关系，也是国际货物多式联运区别于其他运输方式的显著特点之一。多式联运经营人和托运人之间是运输合同关系，联运经营人开具的国际多式联运单据便是运输合同的证明，联运经营人对整个运输负责，双方的权利、义务主要参照多式联运单据的相关规定。其次是联运经营人和实际承运人的关系。联运经营人并不一定拥有运输工具，他们为了履行运输义务，通常会和实际承运人签订不同区段的运输合同，他们之间也是运输合同关系，只是在这类合同中，联运经营人是作为托运人的身份出现的。最后是多式联运经营人、实际承运人、托运人等和他们的代理人之间的法律关系。在国际多式联运的实践中，由于主要当事人的精力有限，他们都有自己的工作重心，所以，一些必要的辅助工作就由其代理人或受雇人来完成。他们与其代理人或雇用人之间以委托合同或雇佣合同为基础，形成了代理或雇佣法律关系。

上述三种法律关系都有相关的法律规则对其进行适用。值得注意的是多式联运经营人和托运人之间的法律关系。这种关系并不是简单的承运人和托运人之间的运输合同关系，它与普通的运输合同关系有着很大的不同。这主要体现在多式联运经营人对货物灭失或损坏的赔偿责任问题上。就普通的运输合同关系而言，承运人对整个运输过程中发生的问题会采取统一的规则来界定如何归责、免责和索赔，并不会对运输过程分成不同的阶段然后针对不同的阶段采取不同的规则。但在国际多式联运中，针对这一问题就有以下三种不同的观点和实践。（1）统一赔偿责任制（Uniform Liability Principle）。此制度即为普通的运输法律关系制度。联运经营人对全程运输统一负责，无论货物在哪一运输阶段出现问题，联运经营人都适用相同的归责原则和赔偿限额承担责任。（2）网状赔偿责任制（Network Liability Principle）。这一制度又被称为分段赔偿责任制。联运经营人对货物的赔偿责任依货物损害发生不同的运输阶段而承担不同责任。例如，如果货损发生在海上区段，则联运经营人需按《海牙规则》规定的归责和赔偿限额来承担赔偿责任；如果发生在航空区段，则其需按

《华沙公约》等的有关规定。（3）修正统一责任制。（Modified Uniform Liability System）。这一责任制又被称为混合责任制，本质上属于统一责任制，是《联合国国际货物多式联运公约》所采用的制度。它介于统一赔偿责任制和网状赔偿责任制之间，在归责、免责等问题上采取统一赔偿责任制，但在赔偿限额方面又与网状赔偿责任制相同。

二、《联合国国际货物多式联运公约》

当前关于国际货物多式联运的国际公约主要是《联合国国际货物多式联运公约》。20 世纪 70—80 年代，针对国际货物多式联运实务中所出现的问题，为了统一相关规则，促进国际贸易的顺利发展，联合国贸易和发展会议开始主持制定相关公约。1980 年 5 月 24 日，在日内瓦举行的联合国贸发会议第二次会议上，与会的 84 个贸发会议成员国一致同意通过了《联合国国际货物多式联运公约》。但根据公约第 36 条的规定，公约在 30 个国家的政府签字而无须批准、接受或核准，或者向保管人交存批准、接受、核准或加入书后 12 个月生效。公约至今尚未生效。下面就其主要内容进行简要介绍。

（一）适用范围

公约第 2 条规定：公约的各项规定适用于两国境内各地之间的所有多式联运合同。多式联运合同一旦签订，那么公约所规定的相关事项即强制适用于此合同。但公约的规定并不影响发货人在多式联运和分段运输之间进行选择。

（二）多式联运单证

多式联运经营人接管货物时，应签发一多式联运单证。该单证应依发货人的选择，或为可转让单证，或为不可转让单证。多式联运单证应由多式联运经营人或经其授权的人签字。多式联运单证应当载明下列事项包括：货物品类、包数或件数、货物外表状况、多式联运经营人的名称和主要营业地、发货人名称、收货人的名称、多式联运经营人接管货物地点和日期、交货地点和日期等内容。即使多式联运单据上记载的内容有所欠缺，这也不影响该单证作为多式联运单证的法律性质，只要该单证是多式联运合同和多式联运经营人接管货物并保证按照该合同条款交付货物的证明。

另外，公约第 9 条规定，如果多式联运经营人或代其行事的人知道或有合理的根据怀疑，多式联运单证所列货物的品类、主要标志、包数和件数、重量或数量事项不能准确地表明实际接管的货物，或无适当方法进行核对，则该多式联运经营人或代其行事的人应在多式联运单证上作出保留，注明不符之处、怀疑的根据或无适当的核对方法。如果多式联运经营人或代其行事的人未在多式联运单证上对货物的外表状况加以批注，则应视为他已在多式联运单证上注明货物的外表状况良好。

对于多式联运单证的证据效力，公约认定其为货物由多式联运经营人接管的初步证据；但如果多式联运经营人开出的是可转让单证，并且该单证已经转让给善意第三人，那么此时多式联运单证上所记载的内容为最终证据。

（三）多式联运经营人的责任

公约第 14 条对多式联运经营人的责任期间进行了规定：多式联运经营人对货物的责任期间，自其接管货物之时起到交付货物时为止。对于"接管货物"，公约解释为：多式联运经营人从发货人或其代理人处接管货物；或者根据当地法律规定从其他第三方处接管货物；"交付货物"是指：将货物交给收货人；或者按照惯例将货物置于收货人的支配之下；或者根据当地法律将其交给其他第三方。

对于多式联运经营人的赔偿责任基础，公约第 16 条规定：如果造成灭失、损坏或迟延交货的事故发生于货物由多式联运经营人掌管的期间，多式联运经营人对于货物的灭失、损坏和迟延交付所引起的损失，应负赔偿责任，除非多式联运经营人证明其本人、受雇人或代理人、其他相关人为避免事故的发生及其后果已采取一切所能合理要求的措施。另外，如果货物未在明确约定的时间内交付，即为迟延交货。如协议中未明确约定交货时间，多式联运经营人应在合理时间内将货物交付给收货人或第三人，否则也视为延迟交货。如果货物未在交货日期届满后连续 90 日内交付，索赔人即可认为货物已经失灭。

如果货物的灭失、损失或迟延交付是由于多式联运经营人、其受雇人或代理人或其他相关人的过失或疏忽与另一原因结合而产生，多式联运经营人仅在灭失、损坏或迟延交货可以归因于此种过失或疏忽的限度内负赔偿责任，但多式联运经营人必须证明不能归因于此种过失或疏忽的灭失、损坏或迟延交货的部分。

对于责任限制问题，公约规定，多式联运经营人对货物灭失、损失的赔偿责任限额规定为每件 920 计算单位，或按毛重每公斤 2.75 计算单位，以较高者为准。应注意的是：如果货物是用集装箱、货盘或类似的装运工具集装，多式联运单证载明装在这种装运工具中的件数即为货物的件数。否则，这种装运工具中的货物应视为一件货物或一个货运单位；如果装运工具本身灭失或损坏，而该装运工具并非由多式联运经营人所有或提供，则应视为一个单独的货运单位。另外，国际多式联运如果根据合同不包括海上或内河运输，则多式联运经营人的赔偿限额为毛重每公斤 8.33 计算单位。

多式联运经营人对货物延迟交付所造成的损失的赔偿限额为应付运费的2.5 倍，但不得超过多式联运合同规定的应付运费的总额。

公约还规定：如果货物的灭失或损坏发生于多式联运的某一特定区段，而对这一区段适用的一项国际公约或强制性国家法律规定的赔偿限额高于适用公约所规定的赔偿限额，则多式联运经营人对这种灭失或损坏的赔偿限额，应按该公约或强制性国家法律予以确定。

（四）发货人的责任

公约第 22 条规定：如果多式联运经营人遭受的损失是由于发货人的过失或疏忽、或者他的受雇人或代理人在其受雇范围内行事时的过失或疏忽所造成，发货人对这种损失应负赔偿责任。如果损失是由于发货人的受雇人或代理人本身的过失或疏忽所造成，该受雇人或代理人对这种损失应负赔偿责任。

另外，对于发送危险货物，发货人还应该：以适当的方式在危险货物上加危险标志或标签；告知货物的危险特性，必要时一并告知应采取的预防措施。如果发货人未作此种告知，并且多式联运经营人又没有以其他方式知道货物的危险特性，则：发货人对多式联运经营人由于载运这种货物而遭受的一切损失应负赔偿责任；视情况需要，该货物可随时被卸下、销毁或使其无害而无须给予赔偿。

（五）索赔和诉讼时效

收货人应该在不迟于货物交给他的次一工作日，将说明灭失或损坏的一般性质的灭失或损坏的通知，书面送交多式联运经营人；如果货物的灭失或损坏不明显，收货人应在收货之日后 6 日内提交书面通知。否则，此种交付即为多式联运经营人交付多式联运单证所载明的货物的初步证据。如果货物的状况在交付收货人时已经当事各方或其授权的代表在交货地点联合调查或检验，则无须就调查或检验所证实的灭失或损坏送交书面通知。

对于延迟交货，收货人应该在收到货物之日后连续 60 日内向多式联运经营人提交书面通知，否则，多式联运经营人对迟延交货所造成的损失无须给予赔偿。

对于多式联运合同的诉讼时效，公约第 25 条规定：如果争议在 2 年期间内没有提起诉讼或交付仲裁，即失去时效。但是，如果在货物交付之日后 6 个月内，或者，如果货物未能交付，在本应交付之日后 6 个月内，没有提出说明索赔的性质和主要事项的书面索赔通知，则在此期限届满后即失去诉讼时效。接到索赔要求的人可在时效期间的任何时候向索赔人提出延长时效期间的书面声明。此种期间可通过另一次声明或多次声明，再度延长。

时效期间自多式联运经营人交付货物或部分货物之日的次日起算，或者如果货物未交付，则自货物本应交付的最后一日次日起算。

另外，如果另一适用的国际公约有相反规定，即使在上述各款规定的时效期间届满后，仍可在起诉地国家法律所许可的期限内提起追偿诉讼，但所许可的限期，自提起此种追偿诉讼的人已解决对其提出的索赔，或在对其本人的诉讼中接到诉讼传票之日起算，不得少于 90 日。

三、我国《海商法》的规定

我国《海商法》在其第四章第八节对国际货物多式联运的问题进行了专门的规定。与《联合国国际货物多式联运公约》不同的是，我国《海商法》对多式联运的定义限制在必须包括海上运输方式。《海商法》第 102 条规定：本法所称多式联运合同，是指多式联运经营人以两种以上的不同运输方式，其中一种是海上运输方式，负责将货物从接收地运至目的地交付收货人，并收取全程运费的合同。

对于多式联运经营人对多式联运货物的责任期间，我国《海商法》的规定与公约相同，均为自接收货物时起至交付货物时止。

对于多式联运经营人的赔偿责任，我国《海商法》采取的是网状责任制。《海商法》第 105 条和第 106 条规定：货物的灭失或者损坏发生于多式联运的某一运输区段的，多式联运经营人的赔偿责任和责任限额，适用调整该区段运输方式的有关法律规定。货物的灭失或者损坏发生的运输区段不能确定的，多式联运经营人应当依照本章关于承运人赔偿责任和责任限额的规定负赔偿责任。

第六章 国际贸易支付法

要点提示：国际贸易必然伴随着贸易价款或金额的支付，因此国际贸易支付是国际商事交易中不可缺少的组成部分。本章重点讲授货币、票据等国际贸易支付工具，以及汇付、托收、信用证等支付方式。

国际贸易支付，是指因履行国际贸易合同而发生的国际间金钱债务的清偿或资金支付行为。国际贸易支付要比国内贸易支付复杂得多：一方面，由于距离和国界的存在，"一手交钱，一手交货"通常难以实现，交货与付款在时间上和空间上的分离使得当事人面临着钱货两空的巨大风险；另一方面，国际贸易支付由于涉及不同的国家，还会遇到国内贸易通常所没有的货币选择、汇率变动风险及法律冲突等问题。因此，除了货币的收付外，还需要一种能够确定或监督交易双方货款支付的方式。

早期的国际贸易通常采用现金支付，后来票据代替了现金。支付方式也逐渐从买卖双方直接结算（货物与货款的交换）发展到通过银行进行结算（单据与货款的交换），例如汇付、托收、信用证等，这样现代意义上的国际贸易支付体系就建立起来了。

第一节 国际贸易支付工具

当前主要的国际贸易支付工具仍然是货币和票据。由于现金支付风险大，成本高，操作也不便，因此在国际贸易中极少使用；而票据结算避免了现金支付带来的各种风险和费用，故成为国际贸易中主要的支付工具，被称为国际支付的基石。

一、国际贸易支付中的货币

在国际贸易中，货币既是计价的基础，又是贸易结算和支付的手段，计价货币和支付货币一起构成合同货币。由于国际货物贸易是跨国的商品买卖，而各国使用的货币通常各不相同，因此双方除可能约定使用当事人一方所在国的货币外，还可能使用第三国的货币来计价、支付。不过，约定货币类型时，最好使用明确、规范的货币名称和符号，否则容易导致纠纷的产生。如采用"元"（符号为"＄"）为货币单位的，有美国、加拿大、澳大利亚、新加坡等国，因此由于疏忽在订立合同时未标明是美元，还是加拿大元、澳大利亚元抑或新加坡元的，通过其他方式也无法确定的，则通常应以与合同具有最密切联系国家的货币来判断。① 而如果合同中未明确支付的货币，那么通常应依据当事人的意愿、商业习惯和当事人之间的惯例来确定；无法确定的，则一般将支付货币界定为卖方营业地所在地通用的货币，当然这要受支配合同的法律的约束。② 而对于合同损害赔偿金的支付，一般认为应最能反映实际损失或与实际损失有最密切联系的货币作为支付货币。

由于计价货币和支付货币可能是两种不同的货币，因此两种货币发生汇率变动时应如何支付容易产生纠纷。此外，有时还会发生将外币债务折算为用当地货币偿付的情形，此时如何确定汇率也有不同的规则：（1）违约日兑换规则；（2）判决日兑换规则；（3）公平兑换规则，以违约日汇率和判决日汇率哪个对债权人有利而定；（4）支付日兑换规则。现在多数国家法院采用支付日兑换规则。③

除了货币的确定外，当事人选择支付货币时，还需要综合考虑货币的可自由兑换性、当事国的外汇管制法律以及货币的汇率风险等相关因素。目前，国际贸易中经常使用的可自由兑换的货币主要是美元、欧元以及英镑等。尽管现在多数国家都依照《国际货币基金协定》的规定取消了经常项目下的外汇管制，但是不排除当事国仍存在外汇管制立法或者采取临时外汇管制措施的情形。因此，国际贸易双方应时刻注意是否有外汇管制的存在。此外，在国际贸易中作为计价和支付手段的货币还可能受到汇率的影响，从而使一方遭受经济上的损失。为此，当事人有必要采取在贸易合同中订立货币保值条款的方式，来规避汇率风险。常见的货币保值措施主要有黄金保值法、物价保值法、汇价保值法、汇率保值法等。不过，由于货币保值依赖于合同的约定，实践中并不普及。因此，也可以借助于外汇市场交易，通过套期保值的方式来消除或减少

---

① 参见刘丰名：《国际金融法》，中国政法大学出版社 2007 年版，第 424~425 页。
② 参见联合国国际贸易法委员会关于《联合国国际货物销售合同公约》判例法摘要汇编：A/CN. 9/SER. C/DIGEST/CISG/54，p. 3.
③ 参见刘丰名：《国际金融法》，中国政法大学出版社 2007 年版，第 424~425 页。

因外汇汇率变动而引起的风险损失。常用的套期保值方式主要有远期市场套期保值、货币市场套期保值以及期权市场套期保值三种。

二、国际贸易支付中的票据

（一）票据的概念与特征

国际贸易支付中的票据是一种狭义的票据，它是指由出票人签发的委托他人或由自己于指定日期或于见票时无条件支付一定金额给持票人的书面凭证。各国立法对于票据形式的认定存在分歧。德国、法国等国认为，票据只限于本票和汇票两种形式，不包括支票；英美等国则把支票也归于票据范围之内。我国《票据法》所称票据与多数国家立法一致，包括汇票、本票和支票三种形式。

票据属于债券有价证券中的金钱证券，它具有以下特性：（1）票据是完全有价证券，证券权利的发生、转移和行使都以证券的存在为必要，这与股票、仓单等不完全有价证券不同。（2）票据是设权证券，票据权利的发生必须作成证券，而无票据就无票据上的权利，这与股票、仓单等证权证券不同。（3）票据是债权证券，其所表示的权利是以一定金额的给付为标的的债权，而且是金钱债权证券，这与提单等劳务或者实物权利证券不同。（4）票据是流通证券，可以凭支付或背书等方式自由转让，无须通知债务人。（5）票据是要式证券，票据的格式和记载事项，都由法律严格加以规定，当事人必须遵守，否则会影响票据的效力。而且，票据的签发、转让、承兑、付款、追索等行为，也必须严格按照规定的程序和方式进行方为有效。（6）票据是文义证券，票据权利义务的内容完全依票据上的记载而定，不受票据上文字以外事项的影响。（7）票据是无因证券，票据权利的行使只以持有票据为必要，至于取得票据的原因、票据权利发生的原因原则上不影响票据权利的存在和行使。这其中，金钱债权证券是其本质，而流通性、要式性、文义性和无因性则是其最鲜明的特征。

（二）票据的法律调整

为了规范票据与票据行为，许多国家都制定了票据法，并逐渐形成了法国法系、日耳曼法系和英美法系三大立法模式。不过，各国尤其是不同法系国家间的票据制度存在着重大分歧和差异，这给票据的使用和流通带来了许多的不便。

为统一各国票据制度，便于国际支付，1930年国际联盟主持召开日内瓦会议签订了《统一汇票本票法公约》及其附件《统一汇票本票法》和《解决汇票本票法律冲突公约》。1931 年国际联盟又主持召开日内瓦会议签订了《统一支票法公约》及其附件《统一支票法》和《解决支票法律冲突公约》。上述公约一般统称为"日内瓦公约",其构建的票据法律制度称为"日内瓦公约体系"。

日内瓦公约是调和法国法系和日耳曼法系分歧的产物,它的订立使得大陆法系各国的票据制度趋于统一。不过,由于日内瓦公约体系同英美的票据制度仍存在较大差异,英美各国拒绝加入日内瓦公约。为了解决这个问题,促进各国票据法的协调和统一,联合国国际贸易法委员会从 20 世纪 70 年代起就着手起草关于票据的统一法公约,并最终于 1988 年 12 月 9 日正式通过了《国际汇票和国际本票公约》。

《国际汇票和国际本票公约》的适用范围仅限于国际票据,即出票地、付款地和受款人所在地中至少有两地不在一个国家的票据,不适用于缔约国国内使用的票据。该公约至今仍未生效。

（三）汇票

1. 汇票概述。

汇票是出票人签发的,委托付款人在见票时或者在指定日期无条件支付确定的金额给收款人或者持票人的票据。按照不同的标准,汇票有商业汇票和银行汇票,即期汇票和远期汇票,记名式、指示式和无记名式汇票以及国内汇票和国外汇票等不同分类。

汇票是国际贸易结算中的主要工具,其应用最为广泛。在国际贸易结算中,通常都是由卖方作为出票人,开立以买方为付款人的汇票,指定以卖方本人或与其有往来的银行作为收款人,通过汇票的移转代替现金的运送来实现贷款的结算。因此,汇票通常至少涉及三方当事人,即出票人、付款人和收款人。在国际贸易中,出票人通常就是卖方或出口商,付款人通常就是买方或其指定的银行,而收款人通常就是卖方或其指定的银行。

2. 汇票的记载事项。

汇票是一种要式证券,必须载明法定事项、具备法定形式,才能成为有效的汇票。不过,各国法律对汇票形式的要求并不完全相同,下面以《统一汇票本票法公约》的规定为主,参照各国的法例,对汇票所应记载的事项作简要阐述。

依据《统一汇票本票法公约》第 1~2 条的规定,汇票必须载明以下事项,否则不发生汇票的效力:

（1）标明"汇票"字样,即要求在汇票上标明"汇票"字样,以明确票据的性质，但英美法系各国并无此要求。

（2）无条件支付一定金额的命令。如果规定收款人必须完成某种行为或承担某项义务后，付款人方予付款，那就是有条件的，这就不是汇票。按照英国票据法的规定，如果汇票上指定必须在某项资金中付款，那也认为不是无条件的。至于汇票上能否载入利息条款，英美法认为，如汇票上载有利息条款、分期付款条款或汇率条款都是有效的。《统一汇票本票法公约》则规定，只有见票即付及见票后定期付款的汇票，才可以载入利息条款。

（3）付款人的姓名。付款人通常是出票人以外的人。若出票人指定自己为付款人，这种汇票称为"对己汇票"。对此，有的国家把它视为本票，有的把它视为汇票。英美法则认为，这种票据既可以作为本票，也可以作为汇票，可由执票人作出抉择。

（4）汇票的受款人。《统一汇票本票法公约》不承认无记名式汇票，但英美法系的票据法则承认无记名式汇票，认为在汇票上没有记载收款人的姓名或商号的，以持票人为收款人。

（5）汇票的到期日。汇票的到期日或付款日期，即汇票金额支付的日期。汇票应载明付款日期，未载明者则视为见票即付的汇票，对此各国规定大致相同。汇票的到期日主要有定日付款、见票即付、出票日后定期付款以及见票后定期付款四种方法。

（6）汇票的付款地点。付款地是持票人请求付款及作成拒绝证书的处所。按照《统一汇票本票法公约》第 2 条的规定，汇票上未载明付款地的，以付款人姓名旁的地点为付款地。若付款人姓名旁也未记载地点的，则该汇票不得认为有效。英美法系国家票据法的规定则更加灵活，一般认为付款地记载并不影响汇票的有效性，只要持票人能找到付款人，就可以要求付款。

（7）汇票的出票日期及地点。根据《统一汇票本票法公约》第 2 条的规定，若未载明出票地，出票人姓名旁的地点视为出票地。若出票人姓名旁也无地点时，该汇票无效。英美法系国家的票据法认为，出票日期和地点并不是汇票的法定要件，如果没有填写出票日期，任何合法的持票人都可以将其自认为准确的日期补填在汇票上；如果没载明出票地点，则可以以出票人的营业地、居住地、常住地为出票地点。

（8）出票人签名。按照各国票据法的规定，汇票必须有出票人的签字方能生效。出票人签名的意义在于，在汇票被付款人承兑以前，出票人是汇票的主债务人；而如付款人拒绝承兑或付款，执票人有权向出票人追偿。

由此可见，《统一汇票本票法公约》对汇票的形式要求比较严格，而英美法则比较灵活。我国《票据法》第 22~23 条也规定了同《统一汇票本票法公约》大致相同的内容。

3. 汇票的主要票据行为。

（1）出票。出票是指出票人签发汇票并将其交付给收款人的票据行为。出票包括制作票据和交付票据两个方面，二者缺一不可。制作汇票必须符合法定要求，否则汇票无效。出票是汇票中的基本票据行为，票据上的权利和义务均经出票而创设，其他诸如背书、承兑和保证等均为附属的票据行为。出票行为一旦完成，就在出票人和收款人之间形成票据法律关系，出票人成为汇票的主债权人，并承担担保汇票承兑和付款的责任；收款人则成为汇票的主债权人，可行使付款请求权和追索权。

（2）背书。持票人可以通过背书的方式将汇票权利转让给他人或者将一定的汇票权利授予他人行使。所谓背书，是指在票据背面或者粘单上记载有关事项并签章的票据行为。在汇票的背书行为中，签名背书的人称为背书人，接受经过背书的汇票的人称为被背书人。背书的方式主要有记名背书、空白背书、限制性背书以及免予追索的背书等方式。

对于背书能否附加条件，《统一汇票本票法公约》和我国票据法均规定，汇票背书附条件的，所附条件无效；而英美票据法则承认附条件背书的效力，只是付款人在付款时对所附条件是否成立不负调查责任。

背书的法律意义在于，一方面，汇票的权利通过背书由背书人转让给被背书人；另一方面，背书人对其全部后手负担保责任，当持票人得不到承兑或付款时，背书人必须支付票据款项或承担追索责任。

（3）承兑。承兑是指远期汇票的付款人承诺在汇票到期日支付汇票金额的票据行为。远期汇票的持票人在汇票到期日前向付款人提示承兑，而付款人接受出票人委托同意承兑的，应当将同意承兑的意思表示记载在票据上。本票、支票及即期汇票不存在承兑问题。

承兑的意义在于，汇票一经承兑即表明承兑人承担到期无条件付款的义务；如果付款人拒绝承兑，可视为付款人拒付，持票人只能向出票人和背书人进行追索。不过，承兑不得附有条件，附条件的承兑视为拒绝承兑。

（4）付款。付款是收款人或持票人提示即期票据或到期的远期票据，由承兑人或付款人付款的行为。付款人付款后在汇票上注明"收讫"字样，汇票上反映的债权债务关系就此结束。

（5）拒付与追索。拒付指持票人向付款人提示汇票要求承兑或付款时，付款人拒绝承兑或付款的行为。此外，如付款人避而不见，死亡或宣告破产，也视为拒付。汇票遭拒付时，除汇票载明不需要作拒绝证书外，持票人都必须在法定时间内作成拒绝证书，否则不得进行追索。

汇票遭拒付，持票人向出票人或背书人或承兑人要求偿退汇票金额的行为称为追索。被追索的对象有出票人、背书人、承兑人和票据保证人，他们对持票人负连带责任。正当持票人可以不按背书顺序，越过其前手，对任何一个债务人行使追索权，被追索的债务人清偿票款后，即取得持票人的权利，可以对其他债务人行使追索权。

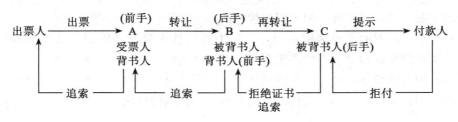

票据行为流程图

（四）本票

本票，也称期票，是出票人签发的，承诺自己在见票时无条件支付确定的金额给收款人或者持票人的票据。本票依据出票人的不同，分为商业本票和银行本票两种。不过，按照我国《票据法》第73条的规定，本票仅指银行本票。

按照《统一汇票本票法公约》第75条的规定，本票应包含下列内容：（1）票据主文中列有"本票"一词，并以开立票据所使用的文字表示；（2）无条件支付一定金额的承诺；（3）付款日期的记载；（4）付款地的记载；（5）收款人或其指定人的姓名；（6）签发本票的日期和地点的记载；（7）签发本票的人的签名（签票人）。

本票与汇票相比，主要有以下区别：（1）基本当事人不同。本票的基本当事人只有两个，即出票人和收款人，而汇票的基本当事人一般有三个，即出票人、付款人与收款人。（2）付款人不同。本票是出票人承诺由自己付款，而汇票则是要求第三人付款。（3）主要债务人不同。本票的出票人始终是票据的主债务人，承担主要的付款责任，而汇票一旦被承兑，则由承兑人承担主要付款责任，出票人成为次债务人。除了有不同规定以及与本票的性质相抵触者外，各国票据法一般规定，有关汇票的规定，包括本票的背书、保证、付款行为和追索权的行使等，适用于本票。《统一汇票本票法公约》第77~78条、

273

我国《票据法》第 81 条均有类似规定。

（五）支票

支票，则是指由出票人签发的，委托办理支票存款业务的银行或者其他金融机构在见票时无条件支付确定的金额给收款人或者持票人的票据。

按照《统一汇票本票法公约》的规定，支票的法定记载事项包括：（1）"支票"字样；（2）无条件支付一定金额的命令；（3）付款银行名称；（4）付款地（未注明者，付款银行所在地即为付款地）；（5）出票日期与地点；（6）出票人签字。此外，支票必须是见票即付，不得另记载付款日期，如有此类记载，该记载无效，但支票仍然有效。

支票与汇票的主要区别在于：支票中的付款人只能是银行或其他金融机构，而汇票中的付款人不局限于金融业者，还可以是企业、个人；支票的付款时间必须是见票即付，而汇票的付款时间不限于见票即付；支票只能起支付工具的作用，而汇票除用于支付外，还具有信用工具等作用。

日内瓦公约体系与英美法体系的主要区别①

	日内瓦公约体系	英美法体系
出票	①汇票上须注明"汇票"。 ②汇票上要有收款人的姓名或名称。 ③汇票上必须注明出票日期和付款日期或见票即付。 ④汇票必须注明出票地与付款地。	①无此要求。 ②不一定记名，允许凭票即付。 ③汇票即使未注明出票日期，但如能确定付款日期，仍为有效汇票。 ④汇票上不一定注明出票地，但付款地必须注明。
背书	⑤汇票背书如附有条件，所附条件无效。	⑤附条件的背书对被背书人有效。
承兑	⑥应注明"承兑"字样。 ⑦汇票自签发后，一年内须提示要求承兑。	⑥承兑人签章即可。 ⑦汇票签发后，在合理时间内提示要求承兑。
付款	⑧付款人无调查背书真伪的责任。	⑧付款人应调查背书的真伪，付款人对假背书持票人的付款无效。
追索	⑨汇票被拒付时，持票人未及时通知前手并不丧失对前手的追索权。	⑨汇票被拒付时，持票人应及时通知前手，否则丧失对前手的追索权。

---

① 参见李仁真：《国际金融法》，武汉大学出版社 2005 年版，第 258 页。

第二节　国际贸易支付方式

在国际贸易中，价款的支付不仅构成国际贸易的实质性环节，更是成为影响国际贸易成败的关键问题之一。一种理想的支付方式，应该是既可以保证买方能安全、快捷地收到贸易价款，又可以保证卖方在付款后能够得到货物。经过不断地实践和创新，汇付、托收、银行保付代理以及信用证等方式成为目前国际贸易支付中的主要方式。

上述支付方式中，按照银行是否提供信用可以分为两类：一类是收付双方不由银行提供信用，但通过银行办理的方式，汇付和托收属于这类方式；第二类则是由银行提供信用，收付双方从银行得到信用保证及资金融通的便利，银行保付代理以及信用证属于这类方式。此外，按资金的流动方向与支付工具的传送方向是否相同也可分为两类，一类是顺汇，由债务人将款项主动交给本国银行，委托银行使用某种支付工具汇给国外债权人，商业汇付即为顺汇；一类是逆汇，是由债权人出具票据，委托本国银行向国外债务人收取款项的支付方式，银行托收、国际保付代理与信用证支付均为逆汇。①

一、汇付

汇付也叫买方直接付款，它是指付款人通过银行将款项汇交收款人的一种支付方式。

在国际支付中，最常用的汇付方式主要有信汇、电汇和票汇三种。（1）信汇。信汇是指汇出行应汇款人要求，用航空信函将信汇委托书或付款委托书邮寄给汇入行，指令解付汇款资金给收款人的汇款方式。信汇一般通过航空邮寄，费用低廉，但是时间较长，邮件容易破损或丢失，一般适用于小额的非急需的资金转移。（2）电汇。电汇是指汇出行应汇款人要求，以电报、电传等方式将付款指令发送给汇入行，指令其支付汇款资金给收款人的汇款方式。电汇的特点是速度快，但费用比较高。（3）票汇。票汇又称银行即期汇票汇款，是指汇出行应汇款人要求，签发以汇入行为付款人的银行即期汇票，交给汇款人邮寄或自带给收款人，由收款人到汇入行提示领款的汇款方式。票汇的特点是方便灵活，对汇款人来说，汇票可以自行携带也可以寄出；对收款人来说，可以自由灵活地处置汇票，例如可以取款，也可以背书转让等；对汇入行来

---

①　参见李仁真：《国际金融法》，武汉大学出版社 2005 年版，第 260 页。

说，则省去了通知收款人的程序。不过，票汇所需时间也较长，且汇票容易发生毁损灭失等。

汇付一般涉及四方当事人：（1）汇款人。汇款人即债务人，其将款项存入汇出行，委托汇出行对外汇出资金。汇款人一般是买方（进口方），有时卖方也可能成为汇款人，如支付赔偿金。（2）汇出行。汇出行是受汇款人委托，向其国外代理行发出委托付款指令的银行。汇出行一般为汇款人所在地的银行。（3）汇入行。汇入行是受汇出行委托，将汇款资金付给收款人的银行，故又称解付行。汇入行通常是汇出行的国外代理行或联行，且一般在收款人所在地。（4）收款人。收款人即债权人，通常是卖方（出口方）。汇款人与收款人之间是基于国际货物买卖而产生的债权债务关系，汇款人与汇出行、汇出行与汇入行之间则是一种委托付款关系。

汇付方式的最大优点在于手续简便，费用低廉。由于汇款不需要准备货运单据，银行也只负责转移资金，不承担风险，因此手续费较低。不过，由于汇付方式完全建立在商业信用基础上，因此容易产生信用风险。在买方预付货款后，或者卖方将赊销货物运出后，他们都失去了制约对方的有效手段，如果对方违约不交货或不付款，他们可能面临钱货两空的巨大风险。因此，汇付方式多用于相互信任的贸易伙伴间。①

电汇、信汇、票汇对照表

	电汇	信汇	票汇
方式	汇出行受汇款人的委托，以电报、电传等方式通知汇入行向收款人解付汇款	汇出行受汇款人的委托，邮寄信汇委托书授权汇入行向收款人解付汇款	汇出行受汇款人的委托，开立以汇入行为付款人的银行即期汇票，收款人凭此向汇入行提取汇款
工具	电报或电传	邮件	汇票
速度	最快	一般	最慢
费用	费用高	费用低	费用低

① 参见曹俊、岳彩申：《国际贸易法》，四川人民出版社 2004 年版，第 233 页。

二、托收

（一）托收的概念

托收是指出口方开出以进口方为付款人的汇票，委托出口方所在地银行在进口地的分行代出口方向进口方收取款项的一种结算方式。

托收业务涉及四个基本当事人：委托人、托收行、代收行、付款人。另外，还可能出现提示行及代理人等。（1）委托人，是委托银行代为收款的人，在国际贸易中一般指出口方、卖方或托运人等。（2）托收行，是受委托人委托通过其国外代理行或分行代收货款的银行，通常是出口方营业所在地的银行。（3）代收行，是接受托收行委托向进口方收取款项的银行，一般是托收行位于付款人所在地的国外分行或代理行。（4）提示行，是直接向付款人提示单据、领取款项的银行。提示行通常是代收行，当然代收行也可委托付款人所在地的银行作为提示行，代为提示单据、收取货款。（5）付款人，是接受有关单据提示、支付票款的人。在国际贸易中，付款人通常是进口方。（6）需要时的代理人，是委托人在托收申请书中指定的，在进口方不付款或承兑时，代其处理货物的当事人。货物的处理包括仓储、转售、运回等事宜，委托人应在委托书中明确界定其具体权限。

银行托收的业务程序如下：委托人出具汇票，向托收行提出托收申请，填具托收指示书，附具或不附具装运单据。托收行接受申请后，委托其在进口地的代理银行——代收行代为办理收款事宜。代收行向付款人作付款提示或承兑提示，在付款人付款后通知托收行，托收行即向委托人付款。如付款人拒付，则代收行通知托收行，再由托收行通知委托人。

（二）托收的分类和特点

托收涉及两种单据，一种是金融单据，如汇票、本票、支票等；另一种是商业单据，包括发票、运输单据（提单、海运单等）等。按出口商开具的汇票是否附带货运单据，托收可分为光票托收与跟单托收两种。

光票托收是仅凭出口方开出的汇票，不附带任何货运单据进行的托收。在光票托收中，单据的交付和货款的支付是分离的，如果对方违约不交货或不付款，他们可能面临钱货两空的巨大风险。因此，光票托收通常只用于向进口方收取尾款、佣金、代垫费用等，很少用于支付货款。

跟单托收，是指卖方将汇票连同货运单据一齐交银行委托代收货款的托收。在国际贸易支付中，货款托收大多采用跟单托收方式。根据交单条件的不同，跟单托收又可分为付款交单和承兑交单。委托人未明确交单条件的，通常

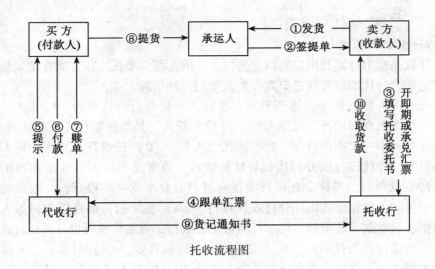

托收流程图

按付款交单处理。

（1）付款交单。指卖方交单以买方付款为条件，付款人只有向提示行（代收行）支付了货款或其他票据后才能取得商业单据。

如果出口方出具的是即期汇票，进口方于见票时支付货款，取得单据，这称为即期付款交单。如进口方拒付或只付部分货款，则不能取得单据，因此出口方不会遭遇钱货两空的风险。如果出口方出具的是远期汇票，要求进口方于见票后承兑，汇票到期后付款并提取单据，便为承兑付款交单。承兑付款交单方式的优点在于能保障出口方的交易安全，又为进口方的付款提供了融资时间；缺点是进口方承兑后仍无法取得货运单据，因此即使货物已经到达，进口方也无法提货，只能等汇票到期付款后才能取得货运单据并提货。

（2）承兑交单。指卖方的交单以买方承兑汇票为条件。买方承兑汇票后即可从代收行取得货运单据、领取货物，等到汇票到期时再支付货款。承兑交单方式对于出口方而言有较大风险。因此，如果托收单据中含有远期汇票，那么托收指示书应明确商业单据是凭承兑交付款人还是凭付款交付款人。如无此项注明，则商业单据仅能凭付款交付，代收行对于因迟交单据所产生的任何后果概不负责。

在托收中，由于货运单据由受托银行控制，因此与汇付方式相比，托收方式更加安全可靠，收款的风险和收货的风险都大大减少了。不过，与汇付方式比较，托收手续较为复杂，手续费也较高。而且，托收方仍然建立在商业信用基础上，双方仍面临较大的违约风险，尤其是出口方面临的风险远远大于进口方。如果付款人届时拒不付款或无力付款，那么在付款交单方式下，出口方可能要承担仓储、转运或就地处理货物的风险和费用；而在承兑交单情形下，出口方则可能面临着钱货两空的风险。

（三）《托收统一规则》

在托收业务中，由于当事人各方对权利义务理解不同，各个银行的具体做法也存在差异，因而容易产生争议与纠纷。为了统一托收的业务规则，国际商会于 1967 年公布了《商业单据托收统一规则》。1978 年国际商会对之进行了修订，并改称《托收统一规则》。1995 年，《托收统一规则》再次修订，并成为国际商会第 522 号出版物（简称 URC522）。URC522 于 1996 年 1 月 1 日起实施。不过，《托收统一规则》属任意性惯例，只有当事人约定适用时才对其产生约束力。

《托收统一规则》共 26 条，分总则和定义，托收的形式和构成，提示的形式，责任和义务，付款，利息、手续费和费用以及其他条款七个部分。《托收统一规则》自公布实施以来，已被许多国家的银行采纳与使用。

三、信用证

信用证，按照《跟单信用证统一惯例——2007 年修订本，国际商会第 600 号出版物》（简称"UCP600"）规定，是指一项不可撤销的安排，无论其名称或描述如何，该项安排构成开证行对相符交单予以承付的确定承诺。在信用证支付方式下，银行根据买方（进口方）的申请开立以卖方为受益人的信用证，在卖方交付信用证规定的货物单据时，银行即向买方付款并取得有关单据。此后，买方再向银行付款并取得上述单据，然后即可凭单提货。

信用证是由银行提供信用的一种支付方式。由于有银行提供信用保证，卖方不再担心发运货物后能否收到货款，而买方也无须担心付款后能否取得货物，因此买卖双方更容易达成交易并顺利实施。而且，由于有银行提供资金融通，买方在发运货物后即可取得货款，而卖方则在货物发送后甚至货物运抵后才付款赎单，这就为买卖双方的资金周转提供了便利。因此，信用证支付方式在很大程度上促进了国际贸易的发展，并成为国际贸易中最重要的一种支付方式。不过，目前国际贸易中使用信用证进行支付的比重已有所下降。

（一）信用证的种类和内容

1. 信用证的种类。

（1）跟单信用证与光票信用证。跟单信用证是附随单据付款的信用证，缺少与信用证相符的单据尤其是货运单据的，开证行将拒绝付款。光票信用证则是不附随单据的信用证。在国际贸易实践中，跟单信用证使用较为广泛，而光票信用证很少使用。

（2）即期信用证、延期付款信用证、承兑信用证与议付信用证。即期信用证（Sight L/C）是指银行收到符合信用证规定的单据（或者连同汇票）后应立即付款的信用证。

与即期信用证相对的是远期信用证，即银行收到符合信用证条款的单据后，于信用证规定的到期日付款的信用证。远期信用证中，附随单据而不带有汇票的称为延期付款信用证（Deferred Payment L/C），开立这种信用证的主要目的是为了免缴印花税。

附随单据而又带有汇票的信用证称为承兑信用证（Acceptance L/C）。承兑信用证附随的汇票经过承兑后，可以贴现融资。①

议付信用证指允许受益人向某一指定银行或任何银行交单议付的信用证。通常在单证相符的条件下，银行扣取垫付利息和手续费后立即将货款垫付给受益人。议付信用证可分为自由议付信用证和限制议付信用证，前者受益人可任择一家银行作为议付行，后者则由开证行在信用证中指定一家银行为议付行。开证行对议付行承担付款责任。议付信用证是为了满足信用证业务中的受益人的融资需求而产生的。

（3）可转让的信用证与不可转让的信用证。可转让信用证是指特别注明"可转让"（Transferable）字样的信用证，其受益人（第一受益人）可以要求将信用证全部或部分权利转让给另一个或数个受益人（第二受益人）。而未注明"可转让"字样的信用证，通常为不可转让的信用证。信用证中使用"可分割"（Divisible）、"可分开"（Fractionable）、"可让渡"（Assignable）和"可转移"（Transmissible）之类词语的，通常并不足以构成可转让的信用证。

可转让的信用证一般开给国际贸易的中间商，中间商作为第一受益人申请银行将信用证转让给实际供货人即第二受益人，再由第二受益人交运货物。第一受益人通过替换汇票和商业发票赚取原证与已转让信用证之间的差价。

（4）背对背信用证。背对背信用证（Back to Back Credit），又称对背信用证、转开信用证、桥式信用证、从属信用证或补偿信用证，是指中间商收到进口人开来的信用证（第一个信用证）后，要求原通知银行或其他银行以原证为基础，另外开立一张内容相似的新证给另一受益人，这种另开的信用证

---

① 参见单文华：《国际贸易法学》，北京大学出版社 2000 年版，第 410~411 页。

（第二个信用证）即是背对背信用证。背对背信用证通常由中间商申请开给实际供货商，这样进口商与实际供货人是相互隔绝的，中间商从而可以保守住商业秘密，这也是它优越于可转让信用证的重要特征。

背对背信用证	可转让信用证
1. 背对背信用证的开立，是依原始信用证（第一信用证）受益人的申请另行开立的，原始信用证申请人和开证行与背对背信用证（第二信用证）无关。	1. 可转让信用证的开立是依申请人的申请开立的，并在信用证上加列"Transferable"字样。
2. 凭着原始信用证开立背对背信用证，两个信用证同时存在。	2. 可转让信用证的全部或部分权利转让出去，所转让出去的部分即不存在。
3. 背对背信用证的受益人得不到原始信用证的付款保证。	3. 可转让信用证的第二受益人可以得到开证行的付款保证。
4. 开立背对背信用证的银行就是该证的开证行。	4. 转让行按照第一受益人的指示开立变更条款的新的可转让信用证，通知第二受益人，该转让行地位不变，仍然是转让行。

（5）循环信用证。循环信用证（Revolving Credit），是指信用证被全部或部分使用后，仍可恢复使用直至达到规定次数或累积总金额为止的信用证。这种信用证适用于分批均衡供应、分批结汇的长期合同，以使进口方减少开证的手续、费用和押金，使出口方既得到收取全部交易货款的保障，又减少了逐笔通知和审批的手续和费用。循环信用证的循环方式可分为按时间循环和按金额循环。

（6）备用信用证。备用信用证（Standby L/C）是一种银行保证性质的支付承诺，实质上与银行保函相似。传统的跟单信用证主要用于支付买卖合同项下的货款，而备用信用证则主要用于付款保证，例如借款保证、履约保证等。在备用信用证有效期内，如果开证申请人违约，受益人可凭该信用证开具汇票，并且提交一份关于开证申请人违约情况的声明书，要求开证行按备用信用证的规定付款。UCP600 在其可适用的范围内，包括备用信用证。

值得注意的是，信用证还曾经分为可撤销信用证和不可撤销信用证。不过UCP600 依据国际贸易实践，废除了可撤销信用证这一方式。

2. 信用证的内容。

虽然各国银行所使用的信用证并无统一的格式，其内容也因信用证种类的不同而有所区别，但一般说来，信用证主要包括以下几方面内容：（1）信用证的当事人与关系人。（2）对信用证本身的说明，包括信用证的种类、性质、号码、开证日期、有效期和到期地点、交单期限等。（3）信用证的金额和汇票，包括信用证金额、币别代号、加减百分率；汇票的金额、到期日、出票人、付款人等。（4）货物条款，包括货物名称、规格、数量、包装、单价以及合约号码等。（5）运输条款，包括运输方式、装运地和目的地、最迟装运日期、可否分批装运或转运等。（6）单据条款，说明要求提交的单据种类、份数、内容要求等。基本单据包括商业发票、运输单据和保险单等，其他单据有检验证书、产地证、装箱单或重量单等。（7）信用证有效期限和有效地点，信用证的有效期限是受益人向银行提交单据的最后日期；有效地点是受益人在有效期限内向银行提交单据的地点。（8）信用证装运期限与交单期限，信用证的装运期限是受益人（出口商）装船发货的最后期限。其意义在于，受益人应在最后装运日期之前或当天（装船）发货，信用证的装运期限应在有效期限内。信用证的交单期限，是除了有效期限以外，每个要求出具运输单据的信用证还应规定的一个在装运日期后的一定时间内向银行交单的期限。（9）其他事项，如开证行对议付行的指示条款，开证行保证条款，以及其他特殊条款等。

（二）信用证的交易流程

尽管每一个信用证业务的参与人及其业务流程并不完全一致，但概括起来主要包括以下几个方面：

1. 信用证的开立与保兑行的保兑。

（1）信用证的开立。买卖双方在合同中约定使用跟单信用证方式支付价款后，买方即应依据约定，以开证申请人的身份向开证行申请开证。所谓开证申请人（Applicant），是指向银行申请开立信用证的人。在国际贸易中，开证申请人一般是进口商（Importer）或买方（Buyer）。而所谓开证行（Issuing Bank），则是指应开证申请人要求或者代表自己开出信用证的银行，它一般是买方所在地的银行。

开证申请人向开证行申请开证时，应填写并向银行递交开证申请书。开证申请书的内容包括两个方面：一是指示银行开立信用证的具体内容，该内容应与合同条款相一致，是开证行向受益人或议付行付款的依据；二是关于信用证业务中申请人和开证行之间权利和义务关系的声明。

开证行接受申请人的开证申请后，即应严格按照开证申请书的指示拟定信用证条款。UCP600 第 6 条规定了银行开立信用证的注意事项，这包括：（1）信用证必须规定可以兑用的银行，或是否可在任一银行兑用；按规定在指定银行兑用的信用证也可以同时在开证行兑用。（2）信用证必须规定其是以即期付款、延期付款、承兑还是议付的方式兑用。（3）信用证不得被开立成凭以申请人为付款人的汇票兑用。（4）信用证必须确定一个交单的截止日，如果规定承付或议付的截止日的，将被视为交单的截止日。

　　开证行开立信用证后，即不可撤销地承担起单证审查以及在单证相符时的付款责任。不过，如果指定银行承付或议付相符交单并将单据转给开证行之后，开证行即承担起偿付该指定银行的责任。对承兑或延期付款信用证下相符交单金额的偿付应在到期日办理，无论指定银行是否在到期日之前预付或购买了单据。开证行偿付指定银行的责任独立于开证行对受益人的责任。

　　（2）保兑行的保兑。开证行开立信用证时，也可以授权或要求其他银行对信用证加具保兑，而根据开证行的授权或要求对信用证加具保兑的银行则称为保兑行（Confirming Bank）。

　　保兑行一旦对该信用证加具了保兑，自加具保兑之时起即不可撤销地承担承付或议付的责任，这是一种独立的、确定的付款责任。其他指定银行承付或议付相符交单并将单据转往保兑行之后，保兑行同样应承担偿付该指定银行的责任。对承兑或延期付款信用证下相符交单金额的偿付应在到期日办理，无论指定银行是否在到期日之前预付或购买了单据；保兑行偿付指定银行的责任独立于保兑行对受益人的责任。

　　不过，只有开证行授权或要求的保兑才是 UCP600 意义上的保兑，而如果开证行授权或要求一银行对信用证加具保兑，但该银行并不准备照办的，该银行必须毫不延误地通知开证行，并可通知此信用证而不加保兑。

　　2. 信用证的修改与通知。

　　（1）信用证的修改。通常情况下，未经开证行、保兑行（如有的话）及受益人同意，信用证既不得修改，也不得撤销。但是如果信用证被修改的，则开证行自发出修改通知之时起，即不可撤销地受其约束。保兑行也可将其保兑扩展至修改后的信用证，并自该信用证修改的通知时，即不可撤销地受其约束。但是，保兑行也可以选择将修改通知受益人而不对其加具保兑，其前提是，保兑行必须毫不延误地将此告知开证行，并在其给受益人的通知中告知受益人。

　　对于受益人而言，在其未表示接受修改之前，该修改对受益人无约束力，原证仍有效。不过，如果受益人未能给予通知，但当交单与信用证以及尚未表示接受的修改的要求一致时，即视为受益人已作出接受修改的通知，并且从此时起，该信用证被修改。

对于修改的内容，UCP600 第 10 条规定，对同一修改的内容不允许部分接受，部分接受将被视为拒绝修改的通知；而修改中如果有"除非受益人在某一时间内拒绝修改否则修改生效"的规定的，该规定不生效力。

（2）信用证及其修改的通知。对于信用证，以及信用证的任何修改都可以经由通知行通知给受益人。对于不具有保兑行身份的通知行来说，其对信用证及信用证修改的通知并不会使他承担信用证承付或议付的责任。

通知行在通知时，应对信用证及信用证修改的表面真实性进行审核，而且其通知应准确地反映其所收到的信用证或信用证修改的条款，这是通知行的义务。如果通知行委托另一银行（"第二通知行"）进行通知的，该另一银行同样应履行这一义务。在日常操作中，通知行在将收到的信用证或修改通知给受益人时，经常会发生由于疏忽而导致差错或遗漏的情形。因此，这一义务在很大程度上保护了受益人的利益。①

如果一个银行被要求对信用证或信用证的修改进行通知，但他决定不予通知时，应毫不延误地告知委托银行。而如果一个银行被要求通知信用证或信用证的修改，但他不能确信信用证、信用证修改或通知的表面真实性的，也应毫不延误地通知委托银行。

3. 信用证的转让。

对于可转让信用证，受益人（第一受益人）可以要求转让行将其全部或部分转由另一受益人（第二受益人）兑用。转让行是指办理信用证转让的指定银行，或当信用证规定可在任何银行兑用时，指开证行特别如此授权并实际办理转让的银行；开证行也可担任转让行。不过，银行无办理信用证转让的义务，除非其明确同意。

只要信用证允许部分支款或部分发运，信用证可以分部分地转让给数名第二受益人。不过，已转让信用证不得应第二受益人的要求转让给任何其后受益人。而且，除非转让时另有约定，有关转让的所有费用（诸如佣金、手续费，成本或开支）须由第一受益人支付。

---

① 参见程军、贾浩：《UCP600 实务精解》，中国民主法制出版社 2007 年版，第 81 页。

4. 信用证的单证审查。

通知行向受益人通知、转交信用证后，受益人即对信用证是否与合同相符进行审查。经审核相符的，即应按信用证规定装运货物，并将各项单据备齐后向指定银行提交。受益人提交单据的对象可能是开证行，或者按指定行事的指定银行、保兑行（如有的话）或议付银行。受益人应当在信用证规定的交单期限内提交单据。而且，按照 UCP600 第 14 条 c 款的规定，如果单据中包含一份或多份受 UCP600 第 19~25 条规制的正本运输单据，即多式运输单据，提单，不可转让的海运单，租船提单，空运单据，公路、铁路或内河运输单据，快件收据，邮寄收据或邮寄证明等，则须由受益人或其代表在不迟于 UCP600 所指的发运日之后的 21 个日历日内交单，但是在任何情况下都不得迟于信用证的截止日。

一旦受益人向银行提交信用证规定的单据的，按指定行事的指定银行、保兑行（如有的话）及开证行即应从交单次日起至多 5 个银行工作日内，确定交单是否相符。而且，即使信用证的截止日或最迟交单日在交单日当天或之后届至的，这一期限也不因此缩减或受到影响。举例说明：如果根据信用证条款计算出的最迟交单日为 2008 年 5 月 15 日，信用证有效期为 2008 年 5 月 18 日，单据于 2008 年 5 月 13 日交到开证行，则开证行仍然有从 2008 年 5 月 14 日起算的最长 5 个银行工作日来审核单据。这一日期不能因为已过最迟交单日和信用证有效期，而被缩短至 2008 年 5 月 15 日或 2008 年 5 月 18 日。

5. 信用证的付款、议付与偿付。

如果银行审查单证相符的，即应按照信用证规定承担付款责任。

（1）承付。开证行、保兑行或其他指定银行审查单证相符的，即应按照信用证规定予以承付。所谓承付是指：（a）如果信用证为即期付款信用证，则即期付款；（b）如果信用证为延期付款信用证，则承诺延期付款并在承诺到期日付款；（c）如果信用证为承兑信用证，则承兑受益人开出的汇票并在汇票到期日付款。开证行、保兑行或其他指定银行都可能是承付行。通过承付，受益人得到了信用证项下的款项，而开证行、保兑行或其他指定银行也履行了其对受益人的义务。

（2）议付。所谓议付，是指指定银行在相符交单下，在其应获偿付的银行工作日当天或之前向受益人预付或者同意预付款项，从而购买汇票（其付款人为指定银行以外的其他银行）及/或单据的行为。通过议付，受益人可以获得议付行的提前融资，而议付行则可取得信用证项下的权利。

（3）偿付。指定银行承付或议付相符交单并将单据转给开证行之后，开证行即承担偿付该指定银行的责任。无论指定银行是否在到期日之前预付或购买了单据，对承兑或延期付款信用证下相符交单金额的偿付应在到期日办理。开证行偿付指定银行的责任独立于开证行对受益人的责任。同样，如果指定银行承付或议付相符交单并将单据转给保兑行之后，保兑行也要承担同开证行一样的责任。

开证行对已按照信用证承付或议付的银行予以偿付后，即可取得信用证项下的单据。然后，开证行通知买方付款赎单，买方在付款后取得单据并可凭单取货。

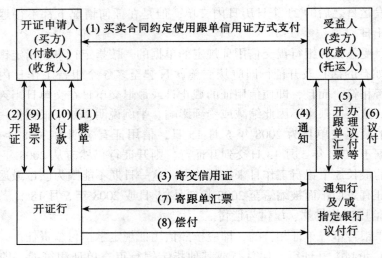

信用证流程图

（三）信用证的法律调整

1. 信用证的立法与惯例。

信用证是随着国际贸易的发展而产生和发展起来的，至今已有上百年的历史。1930 年，国际商会即制定了第一个《商业信用证统一惯例》，以协调各国的不同做法，建立起统一的国际信用证规则。该规则后被改称《跟单信用证统一惯例》，并于 1933 年、1651 年、1963 年、1975 年、1984 年、1995 年和 2007 年先后进行了 7 次修订。现在使用的是 2007 年开始实施的《跟单信用证统一惯例》(简称 "UCP600")。《跟单信用证统一惯例》并不是立法，通常情况下只有当事人约定适用时才对当事人产生约束力。当事人约定适用该惯例的，也可以对其进行修改、增加或删除；不过，除非信用证明确修改或排除，该惯例各条文对信用证所有当事人均应具有约束力。此外，由于目前除美国外其他国家均没有关于信用证的专门立法，而且《跟单信用证统一惯例》已经成为各国信用证实践中的普遍规则，因此在许多国家，即使没有当事人的约定，该惯例或者其他相关国际惯例也会得以适用。

我国同样没有关于信用证的专门立法。最高人民法院《关于审理信用证纠纷案件若干问题的规定》第 2 条规定，人民法院审理信用证纠纷案件时，当事人约定适用相关国际惯例或者其他规定的，从其约定；当事人没有约定的，适用国际商会《跟单信用证统一惯例》或者其他相关国际惯例。

2. 信用证的基本原则。

（1）信用证自治原则。UCP600 第 4 条规定，信用证依其性质是独立于其基础合同的交易，即使信用证中提及基础合同的任何内容，银行也与基础合同无关，也不受基础合同的约束。这被称为信用证自治原则，或者信用证独立性、抽象性原则。据此，银行关于承付、议付或履行信用证项下其他义务的承诺，不受开证申请人与开证行之间的关系而产生的任何请求或抗辩的影响，也不受开证申请人与受益人之间的关系而产生的任何请求或抗辩的影响。而且，受益人在任何情况下，都不得利用银行之间或开证申请人与开证行之间的合同关系。

信用证自治原则是信用证交易的基石，它使得受益人的交单和受款、银行的付款和审单只涉及信用证和单据，不受基础合同和其他合同以及其他抗辩或请求的影响，从而保证了信用证功能的发挥。

信用证自治原则的内涵包括：（1）信用证独立于其基础合同。开证行不能利用买方根据买卖合同对卖方所拥有的抗辩对抗受益人，受益人也不能以买卖合同为依据要求开证行接受不符合信用证规定的单据。（2）信用证自治原则也适用于开证申请人，开证申请人不能以其对开证行或受益人的请求或抗辩来限制或阻止银行付款。（3）信用证自治原则也适用于受益人。受益人只能依据信用证条款享有信用证项下的权利。受益人不得利用银行间的合同关系而获益。例如，甲、乙两银行订有关于处理信用证业务的合同，相互约定在对方开出信用证并委托保兑时将予以保兑，若甲银行开出信用证后委托乙银行保兑，但乙银行基于某种考虑没有保兑，受益人不得利用银行间的合同关系要求乙银行保兑。此外，受益人也不得利用开证申请人与开证行之间的合同关系。例如，开证申请人在开证行存入专为支付受益人货款的资金或者开证申请书约定了更宽松的付款条件时，受益人均不得据此主张利益。①

信用证自治原则也说明，判断是否属于信用证法律关系的标准是，当事人之间是否具备以信用证为载体进行付款赎单的交易关系。开证申请人与受益人（即买方与卖方）之间是一种基础买卖合同关系，而开证申请人与开证行之间则是一种委托开立信用证的法律关系，二者均不属于信用证法律关系的构成部分，也不是信用证法律关系的主体。而开证行与受益人之间的信用证付款关系，保兑行与受益人之间的信用证连带付款关系，议付行与开证行之间的信用证付款与偿付关系等均是以信用证为载体进行付款赎单的交易关系，因而应当适用信用证立法和惯例的约束。不过，鉴于信用证交易关系的复杂性以及信用证统一规范的需要，UCP600 对上述法律关系仍进行了规范和调整。

（2）单证相符原则。由于信用证是以银行作为中间人审核单据并保证付款的一种付款方式，因此只有在受益人凭其提交的货运单据证明其已经装运货物的，开证申请人才会放心付款赎单，这样银行对货运单据的审查无疑是信用证业务的中心环节之一。银行在凭单付款时，应该严格执行单证相符的原则，以维护当事人之间的合法权益，保证信用证交易乃至国际贸易的顺利进行。

按照单证相符原则，卖方所提交的单据必须符合信用证的要求，银行才予以付款。如果卖方所提交的单据与信用证的要求不符，银行有权拒收单据，拒绝付款。因为开证行是根据买方在开证申请书中的授权行事的，而通知行又是根据开证行的授权行事的，如果它们在办理信用证的过程中超出了授权范围，就可能遭到买方拒付，而自行承担此项交易的风险。也就是说，如果银行不按买方在开证申请书中的指示办理，接受了卖方提交的不符合信用证要求的单据，买方就有权拒绝付款赎单。所以，银行为了自身利益，必须在单据审查方面持严格态度。②

不过，银行对单证是否相符的审查仅仅是一种形式上的审查，而不是实质上的审查。按照 UCP600 第 14 条的规定，按指定行事的指定银行、保兑行（如果有的话）及开证行须审核交单，并仅基于单据本身确定其是否在表面上构成相符交单。也就是说，银行的单证审查仅限于对单据本身的审核，而不是审查单据可能涉及的货物、服务或履约行为；而且，这种审查只要单据本身在表面上相符即可，而无须审理当事人之间的交易事实和基础交易关系的真伪。UCP600 第 14 条还根据实践中容易产生的一些问题对审核标准作了具体规定，

---

① 参见左海聪：《国际商法》，法律出版社 2008 年版，第 235 页。
② 参见左海聪：《国际商法》，法律出版社 2008 年版，第 235 页。

这包括：（1）单据中的数据，在与信用证、单据本身以及国际标准银行实务参照解读时，无须与该单据本身中的数据、其他要求的单据或信用证中的数据等同一致、但不得矛盾；（2）除商业发票外，其他单据中的货物、服务或履约行为的描述，如果有的话，可使用与信用证中的描述不矛盾的概括性用语；（3）如果信用证要求提交运输单据、保险单据或者商业发票之外的单据，却未规定出单人或其数据内容，则只要提交的单据内容看似满足所要求单据的功能，且其他方面符合上述第（1）项的，银行将接受该单据；（4）提交的非信用证所要求的单据将被不予理会，并可被退还给交单人；（5）如果信用证含有一项条件，但未规定用以表明该条件得到满足的单据，银行将视为未作规定并不予理会。

第七章 国际产品责任法

要点提示： 本章是国际商事交易法律制度的有机组成部分。重点讲述的内容有产品责任法的含义与特征、严格责任原则、美国的产品责任法及其最新发展、国际产品责任法律适用公约、我国的产品责任立法等。

第一节 概　述

一、产品责任与产品责任法

产品责任是指由于产品有缺陷，造成了产品的消费者和使用者或者其他人的人身伤害或财产损失，依法应由产品的生产者或者销售者分别或共同负责赔偿的一种法律责任。产品责任是一个已经特定化的法律术语，仅限于因产品缺陷导致受害人人身财产损害而发生的特殊侵权责任。

产品责任法是调整产品的生产者、销售者因制造、销售缺陷产品造成产品的消费者、使用者或其他人人身伤害或财产损害所引起的赔偿关系的法律规范的总称。它的目的在于通过确定生产者和销售者对其生产或销售的产品所应承担的责任，保护消费者的利益和市场的正常秩序。由此可见，产品责任法是侵权行为法的一种。

产品责任法的主要特征如下：

（1）调整范围为缺陷产品造成的人身伤害和缺陷产品以外的其他财产损害所引起的赔偿关系。单纯的产品本身损坏的民事赔偿主要由合同法调整。因此，产品责任法的内容主要是调整以消费者为主体的使用者与生产者、销售者之间因缺陷产品所产生的民事侵权关系的法律制度，但不排斥基于合同对产品质量担保而产生的担保责任。

（2）法律性质以私法为主，兼有公法属性。产品责任法规定生产者对产品质量的责任和义务具有公法性质，生产者、销售者不能以任何方式排除这种强制义务。但因缺陷产品而遭受损害的消费者或使用者提起损害赔偿之诉则属于私法范畴，是否要求产品生产者、销售者赔偿，要求赔偿的具体数额等都由其自由决定。

（3）产品责任法的赔偿责任原则一般为严格责任或无过错责任，但不排斥过错责任原则（包括推定过错责任原则）。

二、产品责任法与相邻法律部门的区别

了解产品责任法与相邻法律部门如产品质量法、消费者保护法以及买卖法的关系，有助于准确把握产品责任法的特征与属性。[①]

1. 产品责任法与产品质量法。

产品责任法与产品质量法之间的密切关系，首先反映在它们都将保护消费者的利益作为自己的宗旨；其次还反映在产品质量法中也常常包含有产品责任方面的内容或条文。

但是，从法律性质上看，它们一个属于民法的范畴，一个属于行政法的范畴，而且，产品责任也不能等同于产品质量责任，二者的差异主要体现在：

（1）责任性质不同。产品责任是产品生产者、销售者因产品缺陷对他人人身、财产损害依法应承担的民事赔偿责任，是一种特殊的侵权责任；产品质量责任则是生产者、销售者因产品质量不符合国家有关法规、质量标准以及合同规定的对产品适用、安全和其他特性的要求，给用户造成损失应承担的民事责任、行政责任和刑事责任，它是一种综合责任，既包括产品质量违约和侵权的民事责任，也包括产品质量的行政责任和刑事责任。

（2）判定责任的依据不同。判定产品责任的依据是产品是否存在缺陷，即产品是否具有危及人身、财产安全的不合理的危险，其依赖于法律法规的直接规定，并不考虑当事人之间是否存在合同关系；判定产品质量责任的依据是是否违反明示担保或默示担保以及产品是否具有缺陷，即除依赖于法律法规的规定外，还可根据当事人之间是否有合同关系来判断。

（3）承担责任的条件不同。产品责任只在缺陷产品造成他人损害的事实出现时才能成立，它侧重于损害后果这一前提；而产品质量责任可以存在于产品制造、销售过程中的任何环节，只要有违反质量义务的行为，无论是否造成了损害，均承担产品质量责任。由此可见，产品质量责任大于产品责任，产品责任包含于产品质量责任之中。

---

① 参见金晓晨：《国际商法》，首都经济贸易大学出版社 2005 年版，第 154～155 页。

2. 产品责任法与消费者权益保护法。

产品责任法是消费者保护的重要内容之一，因而产品责任法与消费者保护法具有密切联系。产品责任法可谓是消费者权益保护法中最基本的内涵，消费者保护法中包含了产品责任法的主要内容，二者维持着共同的经济秩序，并具有共同的立法原则和目的，即保护消费者的合法利益。

消费者权益保护法涉及的范围更为广泛，从一些国家的立法来看，消费者权益保护法所包含的内容并非仅限于如何追究产品提供者的产品责任。如日本1962年的《消费者保护基本法》对消费者的保护涉及了产品危害的防止、计量的标准化、规格的标准化、表示的正确化、公正自由的市场秩序竞争的维护、消费生活启发与教育活动的扩展、消费意见的反应与处理、各种实验检查设备的充实以及消费者受害诉讼处理九大项目。比较而言，产品责任法的范围则较为狭窄，主要涉及因产品具有缺陷导致的损害赔偿责任以及相关的产品责任保险及诉讼方面的内容。

三、产品责任法的产生与发展

在国际范围内，产品责任法首先是以判例的形式出现在工业发展较早的英美法系国家，第二次世界大战以后在欧美国家，尤其在美国得到了很大发展。随着国际贸易的日益频繁与迅速发展，产品在国际间进行着广泛流动，为对产品责任进行国际调整，国际社会拟定了有关产品责任的国际公约，逐步形成了国际产品责任法。

现代意义上的产品责任法最早出现在英国。1842年英国温特伯顿诉莱特（Winterottom vs. Wight）案是英国关于产品责任的最古老、最著名的案例。该案中，原告温特伯顿是一名受雇的马车夫，雇主与莱特订有一份由莱特提供一辆安全的马车供雇主用于运送邮件的协议。被告按照约定将马车交给雇主，后者让原告驾驶马车运送邮件。但是，原告在驾驶时，马车的一个轮子突然塌陷，造成原告受伤。为此，原告向莱特提起损害赔偿之诉，而被告则以原告不是合同的当事人为由拒绝赔偿。法院认为，动产的债务不发生侵权行为的损害赔偿请求权。而合同责任则仅仅存在于合同的当事人之间，对于非合同的当事人，商品的制造者无注意义务。据此法院判原告败诉，由此确立了"无合同、无责任"原则。该案确立了处理产品责任案件"无合同、无责任"的原则，亦即在没有契约关系的情况下，对于缺陷产品的受害人，产品的提供者不仅不承担契约方面的责任，而且也不承担侵权方面的责任。这个以契约为基础对产品事故承担责任的原则在英美法中被奉行了近百年。

随着社会经济的进一步发展，"无合同、无责任"的产品责任处理办法显现出相当的局限性。首先，表现为权利主体过窄。请求救济人仅以缔结契约的一方当事人为限，如果遇到购买人与实际使用人不一致的情况，则受到产品损害的使用人无法行使请求权以获得救济。其次，表现为责任主体范围过窄。承担产品责任的主体仅限于与买受人有直接契约关系的产品的生产者或销售者。这显然不利于消费者获得赔偿，也有悖于法律的公平精神。最后，免责条款被滥用。依照契约自由的原则，契约在不违反公序良俗的前提下，如何签订由当事人自由约定。生产者和销售者利用这个原则，凭借自身的优势制定格式合同，规定对自己有利的条件和不合理的免责条款，以逃避承担产品责任。因此，以契约为基础处理产品责任问题已经越来越不符合时代的需要了。

1916 年美国麦克弗森诉别克汽车公司（Macpherson vs. Buick Motor Company）案，标志着打破产品责任方面契约关系理论的界限并运用侵权法的理论追究产品责任的开端。该案中，别克汽车公司将汽车交给经销商经销，经销商将其中一辆汽车卖给了原告麦克弗森。原告在驾驶这辆汽车时，汽车的轮胎发生了爆炸，致使原告受伤。为此，原告起诉被告别克汽车公司。被告称原告受伤是由于汽车轮胎爆炸造成的，而汽车的轮胎并非被告制造，而是由另一家公司提供，因而被告不应当承担损害赔偿责任。法官卡多佐摒弃了合同责任原则，认为被告在制造汽车时，只要检查了车轮就能发现其瑕疵，但被告疏于检查，而该瑕疵轮胎足以危害使用者的生命健康，属危险商品。被告可以预见买方不经检验会使用该产品，因此，被告应对该商品承担注意义务，如果被告未尽到合理的注意义务，则无论买方与制造商有无合同关系，均应承担赔偿责任。一些法学家认为，产品的生产者和销售者应当尽最大的注意来避免给消费者和使用者造成人身伤害和财产损失。而生产者和销售者之所以承担这样的义务不是他们与消费者和使用者之间存在契约，而是法律公正性的要求。这是现代产品责任理论的重要思想基础。

1932 年英国多诺霍诉史蒂芬森（Donohue vs. Stevenson）案，也突破了英国长期使用的以契约关系确定产品责任范围的限制，将产品责任确定为侵权责任。这种变化克服了契约理论的不足，使与产品提供者不具有契约关系的第三人也可就缺陷产品所导致的损害向产品提供者追偿，使产品责任制度更为公平合理。但是上述两案所确认的产品责任的归责原则是过错责任原则，即只有在产品生产者、销售者没有尽到谨慎从事的注意义务的情况下，才对产品缺陷造成的损害承担侵权责任。

过错责任理论要求消费者在向法院起诉产品提供者之前必须证明产品提供

者存在谨慎从事的注意义务并且未能尽到该义务。对消费者来讲，这种举证责任是十分苛刻的，因为在现代化大生产条件下，产品加工工艺、制作方法日益复杂，一般消费者对之并不明了。

为了克服过错责任原则的不足，许多国家逐渐将产品责任纳入严格侵权责任的范畴来处理。1944 年美国加利福尼亚州最高法院审理的艾斯科勒诉可口可乐瓶装公司（Escala vs. Coca Cola Bottling Company）案是最早提出严格责任的案例。在严格责任下，只要产品有缺陷，对消费者和使用者具有不合理的危险，并因而使他们的人身遭到伤害和财产受到损失，该产品的生产者和销售者都应对此负责。这表明法律不再注意产品提供者有无疏忽，而是注意产品本身存在缺陷并给他人造成损害的客观事实。产品责任确立严格责任的归责原则，体现了缺陷产品所导致的损害费用应由将此类产品投放市场获得利润并且最有能力了解和控制缺陷产品损害风险的制造者来承担的社会公共政策。其目的在于通过对制造者严格责任的追究，来阻止其向市场投放缺陷产品，增加公众安全感，同时也减轻了受害人在产品诉讼中举证的困难，有利于受害人顺利获得赔偿。

第二节　美国的产品责任法

在世界各国的产品责任立法中，美国产品责任法是发展最为迅速、最完备、最具代表性的，对各国产品责任立法以及国际产品责任法的形成和发展均有一定影响，因此，本节重点介绍美国的产品责任立法。

一、美国产品责任的诉讼依据

美国的产品责任法大致可以分为判例法和成文法两部分。成文法调整部分主要由 1979 年美国商业部公布的《统一产品责任示范法》、《美国统一商法典》、《侵权法重述》以及《联邦食品、药品和化妆品法案》等各个调整具体产品的法案构成，其产品责任理论与归责原则基本上都是依据判例法形成的。

美国产品责任法是以以下几种法学理论作为依据的：疏忽责任理论；担保责任理论；误示责任理论以及严格责任理论。凡原告由于使用有缺陷的产品遭受损害向法院起诉要求赔偿损失时，他必须援引上述几种理由之一，作为要求该产品的生产者或销售者承担责任的依据。

（一）疏忽责任理论

所谓疏忽责任是指因产品的制造人或销售者的疏忽，造成产品有缺陷，致使消费者的人身或财产遭受损害，对此生产者和销售者应对其疏忽承担责任。疏忽责任在理论上属于侵权责任，是为了避免坚持合同关系原则所导致的诉讼中的不便和不公平而产生的。在疏忽责任理论中，不仅是产品的买方，而且任何与买卖合同无关的人，只要他是因该产品的缺陷而直接受到损害的，都可以对产品的生产者和销售者提起疏忽之诉。

在疏忽责任下，产品缺陷的受害人寻求法律救济时，他负有举证责任，即受害人必须证明以下事实：一是被告负有"合理注意"的义务；二是被告没有尽到合理注意的义务，即被告具有疏忽之处；三是由于被告的疏忽，造成原告的损害。这就要求原告必须证明损害产品与产品缺陷之间存在因果关系。但是，在科学技术高度发达的今天，消费者要证明生产者在产品的生产和设计中是否有过错非常困难，因为产品的设计和生产相当专业化，同时产品从设计到制造始终控制在生产者手中，这无疑加大了原告在诉讼中的举证困难，使其处于十分不利的地位。为了合理解决这个问题，美国法院从公平原则出发，逐步采取措施以减轻原告的举证责任。

（二）担保责任理论

担保责任是指因产品有缺陷，销售者或生产者违反了对货物的明示或默示担保义务，以至于对消费者或使用者造成了伤害而承担的法律责任。担保责任的归责原则源自合同责任体系。按照合同的基本精神，商品买卖是典型的合同行为，卖方有义务保证其出售的货物符合双方所订立合同的条款之要求，因此，担保责任包括产品质量担保责任就伴随着买卖合同产生了。

担保是对产品质量或性能的陈述或说明，它可以由双方明示或由法律规定默示。因此在美国的产品责任法中，担保责任分为两种：一是明示担保，二是默示担保。前者是基于当事人的意思表示，后者是基于法律的规定。明示担保是货物的生产者和销售者对货物的性能、质量或所有权的一种声明或陈述。明示担保可见于生产者或销售者证明其产品符合规定标准的说明。它一般载于产品标签、广告或使用说明。由于违反明示担保是基于合同关系提起诉讼，因而从法理上讲原告与被告之间应当具有直接的合同关系。但这对消费者权益的保护不利。有鉴于此，美国在很早的审判实践中就不要求原告、被告之间存在直接合同关系。

默示担保不是基于当事人的意思表示而产生，而是一种法定的责任。

默示担保是在明示担保之后产生的。明示担保不可能涵盖制造者或销售者应承担的担保责任，因产品质量问题发生损害时，如果只依靠明示担保责任，无法给受害人合理的补救，导致明显的不公平的后果，因此，用默示担保加强制造者或销售者的产品责任来显示公平精神，十分有必要。默示担保又分为商销性的默示担保和适合特定用途的默示担保。前者是指出售的产品应符合该产品制造和销售的一般目的。所谓一般目的，举例来说，生产和销售汽车的一般目的就是为了快速安全的交通，制造和销售药品的一般目的是为了治疗疾病。《美国统一商法典》第二编第 314 条第 2 款规定："除非不予适用或加以修改，如果出售人是出售该种商品的商人，则出售该商品的合同中应默示保证该商品适合销售。"而适合特定用途的默示担保是指制造者或销售者应当保证其制造或出售的商品能够满足购买人对商品所要求的特定用途。《美国统一商法典》第二编第 315 条规定："如果卖方订立合同时，有理由知道买方对货物的特定用途要求，而且买方信赖卖方的技能和判断能力来挑选或提供合适的货物，则卖方就承担了货物必须适合这种特定用途的默示担保。"

（三）误示责任理论

误示责任是指销售者通过广告、报纸、杂志、电视、电台或其他方式向公众宣传其产品时，对其产品的特征和性质作出不正确的表示，以致消费者产生错误判断而购买、使用该产品，因此而受到损害时，销售者应承担侵权责任。美国《侵权法重述》第 402 条对此有明确的表述：从事商品销售的经营者，如通过广告、标签或其他方式对其销售的产品的性能和质量方面的主要事实向社会公众作出错误的说明，该销售商就必须对合理依赖这种说明而受到损害的消费者承担赔偿责任。即使这种误示并非故意或者过失所致，或者该消费者并未向销售者购买该产品或与之发生任何其他合同关系，也应承担赔偿责任。

误示理论是以侵权行为之诉为特征的，因此，原、被告之间不需要存在合同关系。但是，原告需要证明销售者通过宣传媒介向公众作出不符合实际情况的表示，是使其信以为真，购买、使用了与表示不符的产品，以致造成损害的直接原因。

误示理论与违反担保理论不同，前者是基于被告在出售某种产品以前就该产品所做的错误说明，后者则是基于被告违反了根据合同所应当承担的明示或默示担保义务。误示理论与警示上的疏忽也有所不同。前者通常是被告在出售某种产品以前就该产品所做的错误性积极行为；后者则是被告对已经知晓或应知晓产品存在着对消费者不合理的危险，未作出适当的警示或说明的消极行为。值得注意的是，由于误示理论不要求原、被告之间存在合同关系，也不要求原告证明被告作出的不实表示是由于欺骗或疏忽，因此，在被告存在误示时，适用该原则对保护消费者利益比较有利。

（四）严格责任理论

1. 严格责任的概念与构成。

严格责任又称侵权行为法上的无过失责任，是晚近发展起来的一种产品责任。按照这种理论，只要产品有缺陷，对消费者和使用者具有不合理的危险，并因而使他们的人身遭到伤害和财产受到损失，该产品的生产者和销售者就应对此负责。对原告来说，以严格责任为依据对被告起诉是最为有利的，因为严格责任原则消除了以违反担保或以疏忽为理由提出损害赔偿时所遇到的重重困难：首先，严格责任是一种侵权行为之诉，它不同于以合同为依据的违反担保之诉，不要求双方当事人之间存在直接的合同关系；其次，在以严格责任为理由起诉时，原告不需要承担证明被告有疏忽的举证责任，因为它要求卖方承担无过失责任。在这种情况下，原告的举证责任仅限于：（1）证明产品确实存在缺陷或不合理的危险；（2）正是由于产品的缺陷给使用者或消费者造成了损害；（3）产品所存在的缺陷是在生产者或销售者把该产品投入市场时就有的。

只要原告能证明以上三点，被告就要承担赔偿损失的责任。但是，如果使用者或消费者在拿到产品之后，擅自改变了产品的性能，因而造成了人身伤害或财产上的损失，就不能要求生产者或销售者承担赔偿责任。其中产品的缺陷不仅包括设计和生产上的缺陷，而且包括为使产品安全使用所必需的各种因素，如包装、标签、提醒用户注意的事项、安全使用说明书等。如果由于没有做到上述要求，致使使用者或消费者遭到损失，卖方和制造者也应承担责任。

严格责任理论与疏忽责任理论的主要区别在于，疏忽是以卖方有无疏忽，即卖方是否尽到"合理注意"义务作为确定其应对原告承担赔偿责任的依据，而严格责任则不必考虑卖方是否已经尽到"合理注意"义务，即使卖方在制造或销售产品时已经尽到了一切可能尽到的注意义务，但如果产品有缺陷并且使原告遭到损失，卖方仍须对此负责。这里所说的卖方不仅包括同卖方有直接合同关系的卖方，还包括生产者、批发商、经销商、零售商以及为制造该产品提供零部件的供应商。此处的买方也不仅包括直接的买方，还包括买主的家属、亲友、客人乃至过路行人。所以，严格责任对消费者的保护是最为充分的。

2. 严格责任的社会意义。

（1）严格责任有利于节约社会成本。严格责任通过减少与产品责任事故有关的成本而提高社会效益的途径表现在如下几个方面：

首先，严格责任促进生产者对产品缺陷进行单方面预防，从而有利于效率的提高。在严格责任使受害者在诉讼中的胜诉率提高后，生产者、销售者因其产品缺陷负完全赔偿责任，即承担所有包括预防成本和预期外部成本在内的社会成本。在追求利润最大化的利益驱动下，生产者逃避责任的可能性将减少，其将更大的动力投资到减少产品危险的努力中，从而将预期外部成本内化于个人成本中，使其个人成本最小化而达到社会成本最小化。

其次，严格责任使事故成本的承担更为科学、合理。当产品事故发生后，事故损失所造成的全部成本（包括修复损坏和替代损失的成本）不管是由一个不幸的原告承担，还是由一个有责任的生产者承担，都可能在经济上让损失承担者不堪重负。国外学者认为，在扩散与产品有关之损害造成的损失方面，生产者总是处于较消费者有利的地位。在严格责任下，生产者可以比消费者更有利地获得保险，并将大部分保险费通过提高产品价格消化掉，而且单位产品成本的增加是微乎其微的。因而，由生产者承担严格责任，实际上就是把事故损失通过保险在极其广泛的人群中分摊，从而避免了事故成本承担的不合理分配现象。

再次，严格责任可以抑制危险性产品的消费。当某种产品具有其内在危险性时，生产者或销售者便负有向使用该产品的消费者提出警告的义务。在严格责任下，生产者或销售者的总利润等于总收入减去生产成本与损害赔偿金之和，因此利益驱动会使其通过比较即期利润与侵权责任来选择其合理的警告。而消费者的行为将取决于购买商品的即期净收益与产品危险之比较，在生产者采取合理警告并因投保不可防止的事故成本而使产品价格上升的情形下，理智的消费者便不大会过分消费危险性产品。

最后，严格责任降低了产品纠纷的诉讼成本。严格责任减轻了消费者在诉讼中的举证责任，因而避免了作为弱小群体的消费者所肩负的高难度、高耗费的诉讼成本。另外，由于确定责任所需的证明过程的简化，法院的审理成本大为降低，因此在实际上降低了包括运行事故修复系统的成本在内的交易成本，节约了社会资源。

（2）严格责任有利于实现社会公正的目标。产品责任领域中的严格责任原则便是通过对处于强势地位的生产者、销售者所负责任的强化，来恢复处于弱势地位的消费者的权利，从而保护受害人利益，以实现社会公正。

首先，从生产者、销售者行为的角度分析，社会中的个人作为道德共同体的成员，必须相互尊重权利承担责任。然而，在商业行为中，生产者和销售者是优势一方，他们所拥有的知识、专业技能及经济实力是消费者难以企及的。产品严格责任原则的出现，无疑在生产者、销售者的行为中投入了公平、正义的砝码，它将促进生产者、销售者把违背社会公正的不良后果考虑进经营决策之中，从而在客观上实现了公正。

其次，从消费者的角度分析，消费者在为产品的价值付费的同时，他也就有权期望在按照正常的方法使用时，产品不会出现安全问题。严格责任规定受害人可基于对其合理期待的失望而提出索赔，从而使社会公正得以实现。与此相对应，生产者、销售者在不断追加消费者的保证分量，并获得消费者更多信赖的同时，他也就应担负更多的保证责任。这也是社会公正内涵权利义务相一致的要求。因而，产品责任的严格原则顺应了生产者、销售者与消费者之间关系的发展变化，促进了社会公正目标的实现。

3. 严格责任理论的新发展。

严格责任的产生的确是产品责任法的重大发展，突出了产品责任自身的特征。但随着大量产品诉讼的出现，司法实践中的经验不断积累，对产品责任的认识不断深入，严格责任的缺点逐渐暴露出来。一方面，有时严格责任对于生产者和销售者而言过于严格，到了不太合理的程度，生产商要对因使用其产品所致的几乎每一个损害承担赔偿责任，严格责任逐渐向绝对责任发展。而正是这种朝向严格责任之外扩展的趋势引发了产品责任案件逐年成倍增长，赔偿数额日趋高额化，以及保险业的危机等诸多问题。另一方面，在某些情况下，仅仅依赖严格责任原则对受害人又难以提供合理的补救。因为生产者只对自己制造的有缺陷产品承担责任，对不是自己制造的有缺陷产品造成的损害则不承担责任。如何弥补严格责任的这些不足，就成为当今产品责任理论发展的一个关键问题。从现有的产品责任制度来看，严格责任已经是对受害人最为有利的责任制度。因此，要进一步发展产品责任理论，自然是以严格责任为基础。在产品责任比较发达的国家已经开始了变革严格责任的历程，其中，以美国最有代表性。

严格责任的发展正沿着两个不同的方向前行。方向之一是对严格责任作必要与合理的限制，减轻产品生产者与销售者的责任，防止过重的产品赔偿责任，以此鼓励他们积极地研制和开发新产品。方向之二是在现有的严格责任理论之上提出新的理论学说，更好地为受害人提供补救。虽然这两个方向看起来似乎背道而驰，但它们最终目标都是使产品责任更为公平合理。

二、美国产品责任诉讼中的抗辩理由

根据美国产品责任法，消费者或使用者因使用某种产品引起伤害或损失，向生产者或销售者提起诉讼时，被告可以充分的证据进行抗辩，即要设法证明原告受害完全是因为原告自己的行为所引起，以减轻或免除自己的责任。在侵权行为的严格责任理论中，原告的行为是否构成被告的抗辩理由，大多数法院作为一个事实问题交给陪审团考虑。

根据原告行为的性质，产品责任诉讼中的抗辩理由可分为：

（一）原告自己的疏忽行为

原告自己的疏忽行为亦称过失之分担或共有过失，通常发生在疏忽责任的案件中。它是指原告自己因疏忽未能发现产品中的明显缺陷或对于缺陷可能引起的损害没有采取适当预防措施，原告对此也应当负担一部分责任。

在美国的产品责任法中，疏忽又分为两种：与有疏忽与相对疏忽。与有疏忽是指原告在使用被告提供的有缺陷的产品时也有疏忽之处，由于双方均有疏忽而使原告受到伤害。按照普通法早期所确立的原则，与有疏忽在侵权之诉中是一种充足的抗辩理由。因此，在以疏忽为依据提起的产品责任诉讼中，如果一旦确定原告有"与有疏忽"，原告就不能向被告要求任何损害赔偿。但是近年来，美国许多州已经通过立法或判例放弃了与有疏忽原则而采用相对疏忽原则。

相对疏忽是指尽管原告方面也存在一定疏忽，但是法院只是按照原告的疏忽在引起损害中所占的比重，相对减少其索赔金额，而不是像与有疏忽那样不能向被告请求任何损害赔偿。现在，美国许多州都把相对疏忽原则适用于严格责任之诉。应当注意的是，无论是与有疏忽还是相对疏忽，都属于侵权范畴，被告只有在侵权之诉中才能提出这些抗辩，而不能在合同之诉中提出该种抗辩。

（二）排除或限制担保

《美国统一商法典》允许卖方排除其对货物的明示担保和默示担保。在产品责任诉讼中，如果原告以被告"违反担保"为理由对其起诉，被告如果已经在合同中排除了各种明示和默示担保，他就可以提出担保已经被排除作为抗辩。但是，在美国的司法实践中，排除或限制担保受到了一定的限制。如按照美国 1974 年 *Magnuson-Moss Warranty Act* 的规定，为了保护消费者的利益，在消费交易中，卖方如果有书面担保就不得排除各种默示担保。此外，这项抗辩

权仅能够对抗以"违反担保"为理由起诉的原告，而不能对抗以"疏忽"为理由起诉的原告，因为后者属于侵权之诉，不受合同中关于排除明示或默示担保义务的制约。

（三）原告自担风险

原告自担风险是指受害人对产品的缺陷及其危险具有充分的认识和鉴别能力，但他自愿地、不合理地使用了有缺陷的产品。原告因这种情况而受到伤害或损害，被告可以作为抗辩理由。例如，药品说明书上已经标示"服用过多剂量有副作用，使用时须遵医嘱"等警告文字，原告没有照办而擅自多服用而受害，其损害应由本人负责，或至少可减少被告的损害赔偿数额。美国《侵权行为法重述》（第二编）第402条A款规定，如果使用者或消费者已经发现产品有缺陷，并且知道有危险，但他仍然不合理地使用该产品，并因而使自己受到损害，他就不能要求被告赔偿损失。但是，在采用前述"相对疏忽"原则的各州，有些州已经不再把自担风险作为完全阻止原告索取任何赔偿的抗辩，而只是把原告的疏忽作为减少其索赔金额的依据。

（四）非正常使用产品

非正常使用产品是指产品被适用于该产品原有用途以外目的或其使用方法明显不当时，对原告造成损害，产品的生产者或销售者可以该损害并非由于产品的缺陷所致为由进行抗辩。但是，当被告提出原告非正常使用产品或误用、滥用产品的抗辩时，法院往往对此加以某种限制，即要求被告证明原告对产品的非正常使用或误用、滥用已经超出了被告可能合理预见的范围。如果这种对产品的非正常使用是在被告可能合理预见的范围之内，被告就必须采取措施予以防范，否则就不能免除责任。

（五）擅自改动产品

如果原告对产品或其中部分零部件擅自加以变动或改装，从而改变了该产品的状态或条件，致使自己遭受损害，被告就可以以原告擅自改变产品的状态或条件为理由提出抗辩，要求免除责任。

（六）带有不可避免的不安全因素的产品

如果某种产品即使正常使用，也难以完全保证安全，而且权衡利弊，该产品对社会公众是有益的，是利大于弊的，则制造或销售这种产品的被告可以要求免除责任。其中，以药物最为典型。因为有些药物不可避免地带有某种对人体有害的副作用，但它确实又能治疗某些疾病。在这种情况下，制造和销售这种产品的卖方只要能证明，该产品是适当加工和销售的，而且他已经通过一定方式提醒使用者注意该产品的危险性，他就可以要求免责。即使在严格责任之诉中，被告也可以以此提出抗辩。

三、美国产品责任诉讼中的诉讼管辖和法律适用

美国的产品责任法虽然是国内法，但它在某些情况下也可适用于涉及产品责任的对外贸易争议案件。当外国的产品输入到美国时，如果由于产品的缺陷，使美国的消费者或用户遭到人身伤害或财产损失时，美国的消费者和用户可以根据产品责任法对美国的进口商、经销商和零售商起诉要求赔偿损失。在美国法院认为有管辖权的情况下，遭受损害的美国消费者或用户还可以对外国的出口商和该产品的制造商在美国法院提起诉讼，要求他们承担赔偿责任。另一方面，当美国的产品出口到外国时，如果由于产品的缺陷，使外国的消费者或用户遭受人身伤害或财产损失，外国消费者或用户也可以援引产品责任法要求美国的出口商和生产者赔偿损失。但是，这类案件属于涉外民事案件，在处理这类案件时往往涉及复杂的管辖权问题和法律适用问题。

（一）诉讼管辖

在美国，产品责任法属于各州的立法权限范围，因此，产品责任的诉讼案件一般由各州的法院审理。一般来说，一个州的法院只对本州居民有管辖权。但在过去的几十年间，由于美国跨州贸易的发展，各州之间的政治、经济联系日益密切，美国的法院逐步采取了本州法院对另一州的居民也享有管辖权的做法。这就是所谓的"长臂管辖"原则，即只要被告与某一州有"最低限度的联系"，该美国州法院就有了对非本州居民的司法管辖权。所谓最低限度的联系，是指被告经常、直接或通过代理人在其境内从事商业活动，并因其作为或不作为造成了他人损害。在大多数情况下，"长臂管辖"也适用于涉外产品责任诉讼。只要符合上述"最低限度的联系"的标准，法院就可取得对该被告的管辖权，就有权按照法定程序传唤国外的被告出庭，并有权依法作出有效判决。一旦美国法院对案件作出了判决，美国原告就可以通过适当的程序向被告所在国的法院要求承认和执行这一判决。

（二）法律适用

产品责任在本质上属于侵权责任，因此，在美国早期的产品责任诉讼中，法院采用和其他侵权诉讼一样的法律适用原则：以侵权地法为主，兼顾法院地法。随着保护消费者利益水平的提高，美国现在的多数州法院倾向于由原告在数个与案件有联系的连结因素中选择对自己最为有利的法律。与案件有联系的

连结因素包括：加害地、受害地、产品购买地、原告或被告的住所地或营业地、法院所在地等。

四、美国产品责任法的新发展

20世纪70年代后，随着消费者权益保护意识的不断增强，严格产品责任越来越呈现出绝对责任的倾向。又因为美国的产品责任法规定了惩罚性赔偿制度，因此在司法实践中出现了不少有利于原告的高额赔偿判决，其结果是迫使保险公司不得不采取措施，提高保险费或限制保险险种，由此美国出现了产品责任保险危机。对此，法律界、企业界和学术界都意识到，危机的根源在于过分有利于原告的严格责任制度。于是，20世纪90年代以来，美国国会出现了产品责任公平法的提案，各州也纷纷通过立法对产品责任制度进行改革，以减少和限制产品责任诉讼。美国法学会1997年正式颁布《第三次侵权法重述：产品责任》，标志着美国的产品责任法开始向限制生产者和销售者责任为目的的方向转变。其内容主要包括：

（一）《第三次侵权法重述：产品责任》内容的主要变化

《第三次侵权法重述：产品责任》分为四章，内容主要包括：商业产品卖方基于销售时产品缺陷的责任；商业产品卖方非因销售时产品缺陷的责任；一般适用规定等。《第三次侵权法重述：产品责任》被认为体现了产品责任法领域的改革派的思想，它在以下几个方面的新规定是值得关注的：

1. 产品缺陷的分类及其各自的归责原则。

《第三次侵权法重述：产品责任》将产品缺陷明确地分为三类：制造缺陷、设计缺陷和警示缺陷，并根据缺陷类型的不同设定各自的责任分配方式。对于制造缺陷，即使生产者和销售者尽到了一切注意义务，仍要为其产品致人损害承担责任。而对于因设计缺陷和警示缺陷，则需要达到该产品含有"不合理的危险"的标准，并且原告有义务提供合理的替代，否则被告将不承担责任。这是《第三次侵权法重述：产品责任》中最为引人注目的规定。

2. 售后行为责任。

《第三次侵权法重述：产品责任》规定了卖方回收产品方面的责任，包括卖方未能遵守政府强制回收缺陷产品的要求，以及卖方自行回收时采用了不恰当的方式应承担的法律责任。

3. 非因产品缺陷致害的责任。

根据《第三次侵权法重述：产品责任》，产品缺陷并非卖方承担责任的唯一理由，它认为在制造和设计产品时，生产者有义务合理地降低可预见的非因产品缺陷而导致的事故所带来的损害，只要该损害的程度是可以确定的。

4. 责任分配制度。

《第三次侵权法重述：产品责任》采用了根据生产者和受害者在事故发生中的过错比例来分配责任的方式，受害者的误用、疏忽都可以成为法院要求其分担损害后果的理由。这无疑也是有利于产品生产者的。

5. 产品合法与缺陷之间的关系。

如果产品不能符合联邦、州或其当地的产品安全法或行政法规，那么将被认为是本质上有缺陷的。但反过来，产品的合法只能是在确定其合格时被"适当考虑"的因素，并不必然甚至远远不能导致对该产品并非缺陷产品的认定。

（二）关于举证责任与抗辩的规定

对于存在制造缺陷的产品，原告需证明产品偏离了设计，且此种偏离造成了原告的损害。对于设计缺陷的产品，原告需证明在产品投入流通时存在合理替代设计的可能。如果被告的产品设计明显不合理或者产品不符合法定标准，则原告可以不用证明存在合理的替代设计；对于存在警示缺陷的产品，原告需证明在产品投入流通时缺乏合理的指示和警示，即未提供合理的指示和警示以避免本来可以避免或减少的可预见的产品致害风险。

被告的抗辩理由主要有：一是不可预见性。发展风险是制造缺陷的抗辩理由之一，被告对其既无法预见也无法防止的产品缺陷不应当承担责任。而对设计缺陷和警示缺陷，不可预见性是排除其过错及其责任的主要理由。二是明显危险。产品生产者、销售者对显而易见或大多数人知晓的危险（即明显危险）或避险措施可以不承担警示或指示的义务。三是滥用或改装。当原告采用不可预见的不合理方式滥用或改装产品，并因此受害时，被告可以不承担责任。

第三节　产品责任的区域性国际立法

随着产品生产和销售的国际化，国际间涉及不同国家当事人的产品责任案件频繁发生。由于各国法律制度、经济发展水平的差异，各国在产品责任方面的规定和做法不尽相同，这对国际经济的交往不利，在很大程度上阻碍了国际商品流通和经济的发展。为了减少不同国家之间在产品责任方面的立法冲突，20 世纪 70 年代以来，越来越多的国家开始重视产品责任法的国际协调和国际合作。有关的国际组织，特别是欧洲理事会、欧洲经济共同体等区域性政治和经济组织，积极致力于统一产品责任的国际立法活动，并缔结了区域性的国际条约。其中包括欧洲理事会的《关于造成人身伤害与死亡的产品责任欧洲公约》。该公约由欧洲理事会拟定并于 1976 年召开的理事会会议上获得通过，欧洲理事会各成员国于 1977 年 1 月 27 日在斯特拉斯堡正式签订，因此又称为《斯特拉斯堡公约》。除此之外，欧洲经济共同体的《产品责任指令》也是一部重要的产品责任的区域性国际条约。该指令的全称是《使成员国有关缺陷产品责任的法律、法令及行政规定一致的理事会指令》。该指令草案经过近十年的讨论和修改，最后于 1985 年 6 月获得欧共体各国主管部长的批准，同年7 月 25 日欧共体理事会全体通过。

一、欧洲理事会《斯特拉斯堡公约》的内容

（一）适用范围

《斯特拉斯堡公约》只适用于缺陷产品造成的人身伤害或死亡的产品责任案件。

（二）归责原则

《斯特拉斯堡公约》对产品责任适用严格责任原则，并要求每个缔约国应在不迟于公约对其生效之日起，使其国内法符合公约的各项原则。

（三）生产者的范围

下列四类人是应承担责任的生产者：（1）制造商，即"成品或零配件的制造商以及天然产品的生产者"，这是生产者范围中的最基本的主体。应注意的是，装配商和零部件制造商同样也属于生产者范围。（2）产品进口商，即"任何以将产品投入商品流通为目的的按商业惯例进口产品者"。所谓"投入商品流通"，是指如果生产者已经将产品交付给另一人，则该产品即为流通。（3）任何使自己的名字、商标或其他识别特征出现在商品上面将其作为自己的产品出示者。虽然名字出现在产品上的人不一定是真正的生产者，但是只要他的名字、商标在产品上出现，将产品作为自己的产品介绍给消费者，他就应被视为生产者，并承担同样的责任。（4）产品没有标明任何生产者的身份时，则每个供应者应视为公约所指定的生产者，并承担同样的责任，除非根据索赔人的要求，供应者在合理的时间内披露生产者或向其提供产品者的身份。

（四）生产者的抗辩事由

存在下列情形时，生产者不负责任：未将产品投入流通；产品投入流通时，造成损害的缺陷尚不存在或缺陷是投入流通后由第三人造成的；该产品的制造既不是为销售、出租或生产者为了经济目的进行其他形式的分销，也不是在其商业过程中制造或分销；受害人或索赔人本身的过失。不过在最后一种情况下，应考虑所有情况后再决定免除或减少生产者的责任。此外，《斯特拉斯堡公约》第 8 条还明确规定：本公约规定的生产者责任，不得以任何免责或解除义务的条款加以排除或限制。

（五）损害赔偿及赔偿限额

《斯特拉斯堡公约》对产品责任的损害赔偿范围仅限于人身伤亡，不包括其财产所造成的损失。关于赔偿限额，公约对提出的赔偿没有限制，受害人能获得多少赔偿取决于有关国内法的规定。

（六）诉讼时效

索赔人的诉讼时效为自其知道或应当知道损害、缺陷及生产者身份之日起 3 年；生产商对其产品负责的时效为 10 年，自其造成损害的产品投入流通之日起计算。上述两种时效以先过者为准。

二、欧洲共同体《产品责任指令》的内容

（一）关于产品责任原则

《产品责任指令》采取了严格责任原则，并规定："产品生产者应对其产品的缺陷造成的损害承担责任。"但是《产品责任指令》又规定，如果生产者证明，在产品投入流通时，根据当时的科技知识并不能使他们知道产品的缺陷，则对损害不应负责。

（二）明确了产品定义

《产品责任指令》所指的产品是指可以移动的物品，但不包括未经过工业加工的农产品和赌博用品。

（三）规定了生产者范围

《产品责任指令》关于应负产品责任的生产者范围和《斯特拉斯堡公约》中的规定大致相同，包括：产品制造商；原材料生产者；零部件制造商；在产品上标注其名称、商标和其他标志的人；（在共同体内销售、出租和经销等的）产品进口商；（不能确定生产者时的）产品供应者。

（四）采用了客观标准界定缺陷

《产品责任指令》规定，在考虑所有情况后，如果某产品未能提供消费者有权期待的安全，该产品就被认为是缺陷产品。所有应考虑的情况，包括产品状况、产品的使用说明、对产品的合理预期及产品投入流通时间等。

（五）列举了产品抗辩理由

《产品责任指令》允许被告提出的抗辩理由有：（1）产品未投入流通领域；（2）在产品投入流通时缺陷并不存在；（3）产品非生产者为销售或经济目的而制造或分销；（4）产品的缺陷是由于遵守了政府强制性法规所致；（5）在将产品投入流通时的科学与技术水平尚不能发现产品存在缺陷（即发展风险，对于发展风险，《产品责任指令》允许各成员国决定是否采纳，英、德等多数成员国规定发展风险可以免责）；（6）被害者自己的误用或过失是否可作为抗辩理由，由各国自行决定；（7）如果伤害是由于产品设计中的缺陷或者生产者提供的说明不当所致，则产品零部件及原材料的供应者不承担责任；（8）在某些情况下，原告的过失，被告只能减轻责任。

此外，时效也能作为被告的抗辩理由之一。《产品责任指令》规定，受害者的索赔权利自生产者将缺陷产品投入市场之日起 10 年届满即告消灭。《产品责任指令》要求成员国在立法中规定损害赔偿的诉讼时效，此诉讼时效为 3 年，从原告知道或者应当知道受到损害及缺陷产品生产商之日起算。

（六）规定了损害赔偿的范围

《产品责任指令》允许各成员国通过国内立法对同类产品的同样缺陷造成的人身伤害或者死亡的赔偿总额不得多于 7000 万欧洲货币单位。同时规定，每一诉讼财产最低赔偿额不得低于 500 欧洲货币单位。《产品责任指令》未规定对间接损失的赔偿责任，也不允许受害方索取精神损害补偿费。

三、欧盟理事会 1992 年《欧洲产品安全指令》

为协调成员国关于保护消费者不受危险消费品损害方面的原则，欧盟理事会于 1992 年 6 月 29 日通过了《欧洲产品安全指令》（*The European Product Safety Directive*，本目中简称《指令》）。《指令》于 1994 年 6 月 29 日正式实施，其基本内容如下：

1. 生产者安全责任的一般要求。

根据《指令》第 1 条和第 2 条的规定，生产者应确保其投入欧洲市场上的产品在正常的或合理可预见的使用条件下是安全的。在涉及对个体的安全和健康的保护水平时，《指令》要求生产者得考虑其产品的特点、受其他产品的影响情况、产品的供应情况、使用产品时处于严重危险状态中的消费者特别是未成年人的类别。换言之，生产者不仅要确保其产品投入流通时不存在缺陷，而且要保证产品合理可预见使用条件下的安全性。

2. 生产者的范围。

《指令》的第 2 条第 4 款规定，应承担产品安全责任的生产者指：产品的制造者；以生产者身份将其名称或其他标识列于产品上的准制造者；产品的修理者；在供应环节中可能影响市场中产品安全性能的其他职业者。

3. 生产者的安全生产措施。

《指令》规定，生产者不仅有义务生产无缺陷产品，而且有义务在产品投入市场后采取产品安全措施。该安全措施由售后监督措施和必要的行动措施所构成。售后监督措施是指旨在发现投入市场中的产品可能导致消费者危险的适当措施。必要的行动措施包括向消费者提供产品安全使用的信息或危险的警告，并于必要的时候将有问题的产品从市场收回以避免这些危险的发生。《指令》明确规定，单纯的警告并不能免除生产者按《指令》所承担的其他义务。

第四节　国际产品责任法律适用公约

随着经济增长、科学技术的发展和消费者运动的高涨，各国都加强了国内的产品责任立法。在国际贸易急剧增长的背景下，产品责任问题不只限于一国的法律制度，产品责任跨越国境的情形越来越普遍。但是各国关于产品责任的法律规定并不一致，于是产生了产品责任的法律冲突问题。法律冲突的解决方法一般有两种：一是通过冲突法在发生冲突的两个国家或两个以上的国家中选择适用哪一国的法律；二是适用统一实体法规范。由于各国的法律制度不同，经济利益也不同，因此目前各国通过国际条约制定世界各国都适用的统一的产品责任实体法规范还不太现实。唯一有成效的就是上文所说的欧洲理事会和欧洲经济共同体的区域性产品责任的实体立法。因此，目前解决涉外产品责任的法律冲突问题，主要还是依靠冲突法解决。此外，国际社会还有少量关于产品责任法律适用的专门公约。

一、有关产品责任的国际公约

为了统一各国关于产品责任的法律冲突规则，海牙国际私法协会于 1973 年 10 月 2 日通过了一项《关于产品责任的法律适用公约》（以下简称为《海牙公约》）。该公约于 1978 年 10 月 1 日生效，欧洲一些国家已经批准该公约。

公约共有 22 条，除对产品责任的法律适用规则作出规定之外，还对一些重要概念作出了规定。

（一）《海牙公约》的适用范围

公约主要适用于有关产品责任的国际性诉讼案件，而且仅适用于无合同关系的当事人之间发生的产品责任纠纷。即公约只适用于货物进口国的产品使用者而非产品的购买者，在因使用产品有缺陷而受到伤害后，依据侵权理由起诉出口国的产品制造者或进口国的产品进口商以索取赔偿的情形。

公约对"产品"的界定很广泛，包括各种天然物品与工业产品，既可以是动产，也可以是不动产。《海牙公约》也允许缔约国提出保留，即未经加工的产品不适用公约。

公约所指的"损害"主要是因产品有缺陷或虽然产品无缺陷但由于对产品的错误说明或对其使用方法未加适当说明而导致消费者的损害。损害的种类包括对人身的损害或财产的损害以及经济损失，但是不包括产品的损害以及间接损失。

公约规定的承担责任的"生产者"包括：成品或零部件的制造者；天然产品的生产者；产品的供应者；在产品准备或商业分配环节中的有关人员，包括修理人或仓库管理人；上述人员的代理人或雇员。

（二）《海牙公约》规定的法律适用原则

当几个国家对产品责任的准据法有不同解释时，公约采取了颇有特色的重叠适用原则，既规定以某国家的国内法为基本的适用法律，同时又规定了几个连结因素，该国内法只有同时具备其中至少一个连结因素时，才能被作为准据法适用。

（1）以损害发生地所在国的国内法为基本的适用法律。但是只有损害地同时又是直接受损人的惯常居所地或被请求承担责任人的主要营业地，或者是直接受损人取得产品的地方，侵害发生地的国内法才能适用。

（2）以直接受损人的惯常居所地的国内法作为基本的适用法律。其适用条件是：直接受损人的惯常居所地是被请求承担责任人的主要营业地；或者直接受损人的惯常居所地是直接受损人取得产品的地方。

（3）如果被请求承担责任者能证明其产品不会经正常商业渠道进入损害发生地或直接受损人惯常居所地时，除非原告选择侵害发生地国的国内法，一般应适用被请求承担责任人的主要营业地所在国的国内法。

（三）准据法的适用范围

根据《海牙公约》第 8 条的规定，依据上述法律适用规则确立的准据法特别应适用于解决下列问题：责任的依据和范围；免除、限制和划分责任的依据；可以得到赔偿的损害的种类；赔偿的方式及其范围；损害赔偿的权利能否转让或继承；有权要求赔偿的人；委托人对其代理人行为或雇主对其雇员行为所负的责任；举证责任；时效规则，包括有关时效的开始、中断和中止规则。《海牙公约》也允许缔约国对时效规则提出保留。

二、涉外产品责任的管辖权

（一）美国法

美国民事诉讼分为对物诉讼、对人诉讼和准对物诉讼三种诉讼形式，而产品责任诉讼被认为是对人诉讼。对人诉讼的诉讼目的在于解决当事人对于所争执的标的物的权利和利益，法院的判决效力只及于诉讼当事人之间。

如前所述，美国法院基于"最低限度联系"的"长臂管辖"原则，对外国制造或生产的产品在美国造成人身伤害或财产损失的情况，对该产品的外国制造商或生产者有权行使司法管辖权。

（二）英国法

在确定管辖权问题上，英国法主要是以"实际控制"为原则的，但是此原则显然已经不能适应英国对外贸易发展的需要。因此，英国法院采取了其他理想因素扩大国内法院对涉外案件的管辖权。《英国最高法院规则》第 11 号法令对传统原则作出了一定的修正。该法规定，侵权行为如果发生在英国境内，即使被告不在英国，英国法院也有权管辖，对于在英国缔结或受英国法支配或虽然以外国委托人的名义缔结，但是其代理人在英国或在英国办理贸易的合同而产生的诉讼，以及对有关在英国的地产案件的诉讼，即使被告不在英国，英国法院也有管辖权。①

（三）德国法

在确定有关产品责任的管辖权方面，德国法采用被告住所地原则，即依据被告住所地决定管辖权的原则。如果明确属于侵权行为的诉讼，根据德国法的规定，由侵权行为地法院行使管辖权。日本、奥地利以及受德国法影响的国

---

① 参见金晓晨：《国际商法》，首都经济贸易大学出版社 2005 年版，第 191~192 页。

家，也基本上采用以被告住所地法来确定管辖权的原则。

（四）法国法

关于国际产品责任案件的管辖权，法国法采取了根据当事人国籍确定管辖权的原则，但是对本国当事人做了特别有利的规定。根据法国新的民事诉讼法的规定，法国法院在管辖权问题上有了新发展。在侵权行为管辖上，除了被告所在地法院的普通管辖权外，还扩大了侵权行为地法院的管辖权，既可以由损害事件发生地法院管辖，也可以由损害承受地法院管辖。受法国法影响的卢森堡、意大利、比利时、西班牙、荷兰等国家也基本上采用以国籍来确定管辖权的原则。①

（五）中国法

与国外大多数国家一样，中国没有涉外产品责任方面的专门法律规定，而对涉外产品责任案件的审理，大多依照审理涉外侵权民事案件的法律规定审理。因此，有关涉外产品责任的管辖权问题主要是适用现行的《民事诉讼法》。《民事诉讼法》第4编"涉外民事诉讼程序的特别规定"中第237条规定："在中华人民共和国领域内进行涉外民事诉讼，适用本编规定。本编没有规定的，适用本法其他有关规定。"《民事诉讼法》第1编第2章第29条规定："因侵权行为提起的诉讼，由侵权行为地或者被告住所地人民法院管辖。"由此可知，中国的涉外产品责任管辖权有两种。②

（1）由被告住所地法院管辖。如果被告是自然人，则由其住所地和居所地法院管辖；如果被告是法人，则由其代表机构所在地、登记成立地或营业机构所在地法院管辖。因此，一般而言，某产品责任案件只要涉及在中国有住所、居所、代表机构、营业所或在中国登记成立的外国被告，则相关所在地中级人民法院即有权进行管辖。

（2）由侵权行为地法院管辖。在司法实践中，将"侵权行为地"扩大解释为"侵权行为实施地和侵权损害结果发生地"两种情形。因此，具体到产品责任案件中，则应当是凡造成损害的缺陷产品的设计、制造、装配、包装、运输、保管、销售等具体行为地及一切实际由该缺陷产品造成的损害事实发生地，均应属于侵权行为地。

---

① 参见曹建明、丁成耀：《国际商法引论》，华东理工大学出版社2005年版，第192~193页。

② 参见金晓晨：《国际商法》，首都经济贸易大学出版社2005年版，第191~192页。

三、产品责任的法律适用原则

（一）侵权行为地原则

侵权行为适用侵权行为地法是一项传统的法律适用原则。由于现代产品责任被认定为特定的侵权责任，因此很多国家将侵权行为地法作为处理产品责任的准据法。但是侵权行为地究竟是指加害行为地，还是指损害结果发生地，各国解释却不同。欧洲大陆法系国家多以加害行为地作为侵权行为地，在产品责任案件中，往往以直接损害人取得该产品的地方，也即产品出售地作为加害行为地。有的国家适用损害结果发生地，在产品责任中，产品在哪个地方对消费者、使用者造成损害，就适用哪个国家的法律。还有的国家则适用加害地或损害结果发生地法律，在两者不一致时，就选择适用对受害人有利的法律。

（二）侵权行为地法和法院地法重叠适用

因为侵权行为制度带有公共秩序的性质，因此一些国家对发生在外国的侵权行为采取折中主义，即重叠适用侵权行为地法与法院地法。在英国，一般以法院地法为实体法，而以侵权行为地法为辅助法律。日本等国则以侵权行为地法为主，法院地法为辅。

（三）适用对原告最有利的法

美国产品责任诉讼中，一般适用损害发生地法，一些有影响的州转而适用对原告最有利的法律。

第八章 国际服务贸易法

要点提示：国际服务贸易是正在迅速崛起的新型国际贸易种类。学习本章，要重点掌握国际服务贸易的概念、特征、方式与分类，国际服务贸易法的体系和渊源，国际上通用的国际工程承包的招投标程序、国际工程承包合同的主要条款、国际 BOT、国际融资租赁协议的法律关系和涉及的合同文件等。

第一节 概 述

一、国际服务贸易概述

（一）服务与服务业

1. 服务的定义与特征。

关于"服务"，并没有一个统一的定义，学者们从不同的角度有许多不同的认识。从经济学角度来看，服务（Service）是与商品或货物（Goods）相对应的一个概念，两者均属于经济物品（Economic Goods）①。只不过，商品或货物是以实物形态存在的经济物品，比如一台空调、一辆汽车等；而服务则是以非物质实体形态存在的经济物品，如银行提供的金融服务，包括存取款、贷款服务等，律师提供的法律服务，包括代理书写诉讼文书、代理公司的上市业务等，这些服务不以一定的实物形态存在，而是表现为一定的活动、劳务。从法律角度看，服务（Service）是指一个主体向另一个主体履行义务（Duties）或提供劳动（Labour），前者为后者的利益或按其指令履行义务或提供劳动，其意志受后者的控制和支配。

虽然对"服务"一词没有统一的定义，但相对于商品或货物而言，服务的特征还是比较明显的。一般来说，服务具有以下特征：

---

① 所谓经济物品，是指在数量上有限，人们得付出代价或某种努力才能获得的物品。

（1）服务的无形性（Intangibility）。与具体存在的货物不同，服务作为一种活动、一种过程，没有实物的空间存在，看不见、摸不着。在认识服务的无形性时，要把服务本身与服务的手段、服务借助的物质以及服务的成果区分开来。比如理发师理发，你所享受的服务是理发师的技艺、经验、服务态度等，这些是服务的本身，都是无形的，当然，理发时你可以看到各种理发工具、头发形状的改变等实物的东西，但这只是服务的媒介和服务的表现结果，并非服务本身。

（2）服务的不可分离性（Inseparability）。服务的不可分离性是指服务的生产和消费之间的不可分离。有形商品的生产和消费往往不是同步的，因为商品从生产到消费要经过一系列中间环节，从原料到成品，再到若干级经销商，最终到消费者，具有一定的时间间隔，消费是在产品生产之后才会产生的；而服务的生产和消费则是同步的，中国移动通信给客户提供通信服务的同时，客户也在接受通话的服务，即消费，服务的生产和消费同步进行，不可分离。

（3）服务的不可储存性（Perishability）。因为服务的生产与消费是同时进行的，服务具有"即产即消"的特点，所以服务作为一种商品，具有不可储存性，不能像普通货物一样放在仓库或什么场所储存起来，以待销售。

（4）服务的品质差异性（Heterogeneity）。有形商品尤其是工业化大生产条件下的有形商品的质量性能可以测试和设定，一般来说，质量性能差异不大，即使有一定的差异，其差异率亦可控。而服务是由具体的自然人提供的，自然人不同的素质、能力、经验、工作态度、性格、发挥水平及其他因素必然存在差异，因此提供的服务必然存在差异。虽然在某些行业，比如金融业、电信业等，所提供的部分服务是通过硬件进行的，如金融业的一整套电子系统、电信业的信号系统等，从而缩小了品质的差异，但这些服务只是其服务的一小部分，或者说是其提供服务的工具，主体服务还是其职员提供的自然人的服务，所以，服务的品质差异难以避免。

2. 服务业。

随着人类文明的发展，服务已经逐渐成为与农业、工业产业部门相对应的一个独立的行业，即服务业，对于服务业的概念，理论界尚有一定争议，一般认为，所谓服务业，是指生产和销售服务商品的生产部门和企业的集合。

服务业与其他产业部门的基本区别是，服务业生产的是服务产品，服务产品具有无形性、不可储存性和不可分离性等特征。从经济用途角度来划分，服务业可分为生产消费服务业、生活消费服务业和分配服务业。生产消费服务业是指那些把自己创造的服务产品直接加入生产消费领域的服务经济部门。如仓储服务业等；生活消费服务业，是指那些把自己创造的服务产品直接加入生活消费领域的服务经济部门，如酒店餐饮业等；分配服务业，是指那些把自己创造的服务产品直接加入分配领域的服务经济部门，如运输与贮藏、交通与邮电等部门，当然，很多服务业既面向生产也面向消费，如金融、保险等。除此之外，还有政府公共服务业，如公共卫生服务、教育服务等。

（二）国际服务贸易

1. 国际服务贸易的定义与特征。

国际服务贸易是指一国的服务提供者向另一国的消费者提供服务并收取报酬的活动。

这里的服务贸易（Trade in Service）是指商业服务，即一方为取得报酬而向他人提供的服务，不包括行政部门的服务、军事部门的服务和公用服务。另外，服务贸易如同商品贸易那样可以分为国内贸易与国际贸易，国际服务贸易指跨越国境的服务贸易。

因为服务这种商品的特殊性，与国际货物贸易相比，国际服务贸易表现出以下特征：

（1）国际服务贸易标的具有无形性与不可储存性。

（2）国际服务贸易具有涉及法律、政策的复杂性。随着服务贸易的国际化，服务贸易自由化的观念得到了大多数国家的认可，但因为各国的主权观念以及文化等方面观念的差异，各国政府对与军事、国防、安全、交通、通信等相关服务行业十分敏感，通过法律或政策安排设置种种贸易壁垒，又导致服务贸易在各国受到不同程度的管制。所以国际服务贸易具有涉及法律、政策的复杂性。

（3）贸易过程通常不涉及所有权的转让，仅与生产要素的跨国界移动有关。与国际货物贸易不同，货物贸易产生的结果是货物所有权的转移，而服务因其自身的特点，服务贸易产生的只是生产要素的跨国界移动，比如外国银行在中国设立分支机构，将其具有特色的一整套金融服务向中国消费者提供，产生的主要是这种特色服务的跨国界移动，而非什么所有权的转让。

（4）对服务贸易的管制主要不能通过海关监督和征收关税的方法进行，但却可通过国内法规和众多其他行政机构进行。因服务贸易提供的服务是无形的，往往不直接通过海关进行，无法通过海关和关税的方法进行管制，但可通过国内法规和行政机构对服务提供者的设立、运营、活动范围等进行限制和控制，从而达到管制的目的。

2. 国际服务贸易的方式。

按照世界贸易组织（WTO）《服务贸易总协定》（GATS）第 2 条的规定，按照服务要素流动的情况可以将国际服务贸易分为以下四种方式：

（1）跨境交付。指服务的提供者在一成员的领土内向另一成员领土内的消费者提供服务。这种形式仅是服务本身跨越国界，没有人员、物质的流动。见图 8-1。

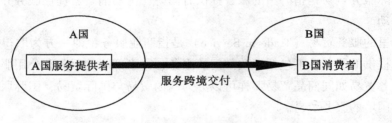

图 8-1　跨境交付

（2）境外消费。指服务的提供者在一成员的领土内向来自另一成员的消费者提供服务。其特点是消费者到境外去享受境外服务提供者提供的服务。见图 8-2。

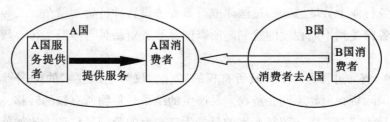

图 8-2　境外消费

（3）商业存在。指一成员的服务提供者到另一成员境内设立商业机构或分支机构，为后者领土内的消费者提供服务。商业存在是四种服务提供方式中最重要的方式。见图8-3。

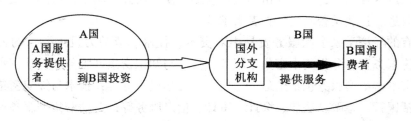

图 8-3　商业存在

（4）自然人流动。指一成员的服务提供者以自然人的身份到另一成员境内提供服务。见图8-4。

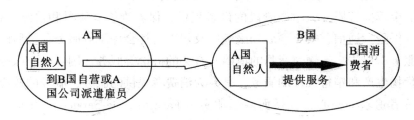

图 8-4　自然人流动

3. 国际服务贸易的分类。

由于国际服务贸易的多样性和复杂性，目前尚未形成一个统一的分类标准。许多经济学家和国际经济组织为了分析方便和研究的需要，从各自选择的角度对国际服务贸易进行划分。

如一些经济学家以服务行业各部门的活动为中心，将服务贸易分为7大类，即银行和金融服务、保险服务、国际旅游和旅行服务、空运和港口运输服务、建筑和工程服务、专业（职业）服务和信息、计算机与通信服务。

还有以生产过程为标准，将国际服务贸易分为生产前服务、生产服务和生产后服务。生产前服务主要涉及市场调研和可行性研究等。这类服务在生产过程开始前完成，对生产规模及制造过程均有重要影响。生产服务主要指在产品生产或制造过程中为生产过程的顺利进行提供的服务，如企业内部质量管理、软件开发、人力资源管理、生产过程之间的各种服务等。生产后服务，这种服务是联结生产者与消费者之间的服务，如广告、营销服务、包装与运输服务等。通过这种服务，企业与市场进行接触，便于研究产品是否适销、设计是否需要改进、包装是否满足消费者需求等。

有的经济学家按照服务贸易中对资本、技术、劳动力投入要求的密集程度，将服务贸易分为资本密集型服务、技术与知识密集型服务和劳动密集型服务。资本密集型服务包括空运、通信、工程建设服务等；技术与知识密集型服务包括银行、金融、法律、会计、审计、信息服务等；劳动密集型服务包括旅游、建筑、维修、消费服务等。

还有，按国际服务贸易与货物的关联性划分。根据此标准，可将国际服务贸易分为：国际追加服务（International Complementary Service）和国际核心服务（Internatioanl Individuality Service）。国际追加服务是伴随着货物贸易而追加的一系列服务，包括：产品初始阶段的研究、开发、市场检验、可行性研究、资金筹措等服务，生产阶段的设备租赁、保养维修、质量和检测、控制、财务、保险、通信、安全、后勤服务以及职工的社会保障等服务，最后阶段的售后服务、广告、运输、货物的退赔及有关的诉讼等服务。国际核心服务，是指与货物生产和销售无关的服务，是专为消费者提供的服务，服务的核心效用是消费者追求的核心，包括面对面服务（Face to Face Service）和远距离服务（Long Distance Service），前者指服务提供者和消费者通过实际接触实现服务，如跨国银行，通过供给者移动与服务消费者的接触，在世界各地设立分支机构，并凭借电子化和信息化的技术将业务范围延伸向国际经济生活的各个角落。后者指服务提供者和消费者没有实际接触，而是通过一定媒介，如计算机网络，向消费者提供信息和资金的远距离传递服务。例如，通过通信卫星作为载体传递进行的国际视听服务，其中包括国际新闻报导和传真业务等。

但是，目前最重要的一种分类是世贸组织的分类。由 WTO 和信息系统局（SISD）提供，并经 WTO 服务贸易理事会评审认可。分类表按照 GNS（一般国家标准）服务部门分类法，将全世界的服务部门分为 11 大类 142 个服务项目。主要内容如下：

（1）商业服务。指在商业活动中涉及的服务交换活动，又可以分为六类。

分别是：①专业（包括咨询）服务，包括法律服务、旅游机构提供的服务、工程设计服务、公共关系服务、城市规划与环保服务等。②计算机及相关服务，包括计算机硬件安装的咨询服务、软件开发与执行服务、数据处理服务、数据库服务及其他。③研究与开发服务，包括自然科学、社会科学及人类学中的研究与开发服务。④不动产服务，指不动产范围内的服务交换，但是不包含土地的租赁服务。⑤设备租赁服务，主要包括交通运输设备，如汽车、卡车、飞机、船舶等和非交通运输设备，如计算机、娱乐设备等的租赁服务。⑥其他服务，指生物工艺学服务、翻译服务、展览管理服务、广告服务、市场研究及公众观点调查服务、管理咨询服务、技术检测及分析服务、人员的安置与提供服务与科技相关的服务、摄影服务、包装服务、印刷与出版服务、会议服务等。

（2）通信服务。包括邮政、快件、电报、传真等电信服务，以及电视、电影、录音、录像等视听服务等。

（3）建筑服务。主要指工程建筑从设计、选址到施工的整个服务过程。具体包括：选址服务，涉及建筑物的选址；国内工程建筑项目，如桥梁、港口、公路等的地址选择等；建筑物的安装及装配工程；工程项目施工建筑；固定建筑物的维修服务等。

（4）销售服务。指产品销售过程中的服务交换。主要包括：商业销售，主要指批发业务；零售服务；与销售有关的代理费用及佣金等；特许经营服务；其他销售服务。

（5）教育服务。指各国间在高等教育、中等教育、初等教育、学前教育、继续教育、特殊教育和其他教育中的服务交往。如互派留学生、访问学者等。

（6）环境服务。包括污水处理、废物处理以及卫生及相关服务等。

（7）金融服务。包括银行、保险以及证券等服务。

（8）健康及社会服务。指医疗以及其他与人类健康相关的服务、社会保障服务等。

（9）旅游服务。指旅馆、饭店提供的住宿、餐饮及相关服务、旅行社和导游服务等。

（10）文体服务。指不包括广播、电视、电影在内的一切文化、娱乐、新闻、图书馆、体育服务，如文化交流、文艺演出等。

（11）交通运输服务。包括：货物运输服务，如航空运输、海洋运输、铁路运输、管道运输、内河和沿海运输、公路运输；以及其他运输服务，如航天发射服务、传播服务；并包括附属交通运输服务，如报关、货物装卸、仓储、港口服务、起航前查验服务等。

（12）其他服务。

详细分类见表 8-1。

表 8-1 　　　　　　　　　　　　**WTO 服务部门分类表**

大　类		具体项目
1. 商业服务	A. 专业服务	法律服务；会计、审计和簿记服务；税收服务；建筑服务；工程服务；综合工程服务；城市规划与风景建筑物服务；医疗与牙科服务；兽医服务；助产士、护士、理疗医生、护理人员提供的服务；其他
	B. 计算机及其相关服务	与计算机硬件装配有关的咨询服务；软件执行服务；数据处理服务；数据库服务；其他
	C. 研究与开发服务	自然科学的研究与开发服务；社会科学与人文科学的研究与开发服务；边缘学科的研究和开发服务
	D. 房地产服务	涉及自有或租赁房地产的服务；基于费用或合同的房地产服务
	E. 无操作人员的租赁服务	船舶租赁；航空器租赁；其他运输设备租赁；其他机械设备租赁；其他
	F. 其他商业服务	广告服务；市场调研与民意测验服务；管理咨询服务；与咨询人员有关的服务；技术测验与分析服务；与农业狩猎、林业有关的服务；人员的安排与补充服务；安全调查；有关的科学技术咨询服务；设备的维修和保养服务；建筑物清洗服务；照相服务；包装服务；印刷和出版服务；会议服务；其他

续表

大　类	具体项目	
2. 通信服务	A. 邮政服务	
	B. 速递服务	
	C. 电信服务	语音电话服务；集束切换数据传输服务；线路切换数据传输服务；电传服务；电报服务；传真服务；私有线路租赁服务；电子邮件服务；语音邮件服务；在线信息和数据调用服务；电子数据交换服务；增值传真服务，包括储存和发送、储存和调用；编码和规程转换服务；在线信息和/或数据处理（包括传输处理）；其他
	D. 视听服务	电影和录像的制作和发行服务；电影放映服务；广播和电视服务；广播和电视传输服务；录音服务；其他
	E. 其他	
3. 建筑和相关的工程服务	A. 建筑物的总体建筑工作	
	B. 民用工程的总体建筑工作	
	C. 安装和组装工作	
	D. 建筑物的装修工作	
	E. 其他	
4. 分销服务	A. 佣金代理服务	
	B. 批发销售服务	
	C. 零售服务	
	D. 特许经营服务	
	E. 其他	
5. 教育服务	A. 初级教育服务	
	B. 中等教育服务	
	C. 高等教育服务	
	D. 成人教育服务	
	E. 其他教育服务	

大　类	具体项目	
6. 环境服务	A. 排污服务	
	B. 废物处理服务	
	C. 卫生及类似服务	
	D. 其他	
7. 金融服务	A. 所有保险和与其相关的服务	人寿险、意外险和健康保险服务；非人寿保险服务；再保险和转分保服务；保险辅助服务（包括保险经纪、保险代理服务）
	B. 银行和其他金融服务（不含保险）	接受公众存款和其他需偿还的资金；所有类型的贷款，包括消费信贷、抵押贷款、保理和商业交易的融资；金融租赁；所有支付和货币汇送服务；担保与承兑；在交易市场、公开市场或其他场所自行或代客交易［包括货币市场票据、外汇、衍生产品，衍生产品包括但不限于期货和期权、汇率和利率契约（包括调期和远期利率、汇率协议）、可转让证券、其他可转让的票据和金融资产（包括金银条块）］；参与各类证券的发行；货币经纪；资产管理；金融资产的结算和清算，包括证券、衍生产品和其他可转让票据；咨询和其他辅助金融服务；提供和传输其他金融服务提供者提供的金融信息、金融数据处理和相关的软件
	C. 其他	
8. 与健康相关的服务和社会服务（除专业服务中所列以外）	A. 医院服务	
	B. 其他人类健康服务	
	C. 社会服务	
9. 旅游和与旅游相关的服务	A. 饭店和餐饮服务（包括外卖服务）	
	B. 旅行社和旅游经营者服务	
	C. 导游服务	
	D. 其他	

续表

大　类	具体项目	
10.　娱乐、文化和体育服务	A. 文娱服务（除视听服务以外）	
	B. 新闻社服务	
	C. 图书馆、档案馆、博物馆和其他文化服务	
	D. 体育和其他娱乐服务	
	E. 其他	
11.　运输服务	A.　海洋运输服务	客运服务；货运服务；船舶和船员的租赁；船舶维修和保养；拖驳服务；海运支持服务
	B.　内水运输服务	客运服务；货运服务；船舶和船员的租赁；船舶维修和保养；拖驳服务；内水运输的支持服务
	C. 航空运输服务	客运服务；货运服务；带乘务员的飞机租赁服务；飞机的维修和保养服务；空运支持服务
	D. 航天运输服务	
	E. 铁路运输服务	客运服务；货运服务；推车和拖车服务；铁路运输设备的维修和保养服务；铁路运输的支持服务
	F. 公路运输服务	客运服务；货运服务；商用车辆和司机的租赁；公路运输设备的维修和保养服务；公路运输的支持服务
	G.　管道运输	燃料传输；其他货物的运输
	H. 所有运输方式的辅助服务	理货服务；仓储服务；货运代理服务；其他
	I. 其他运输服务	
12. 其他地方没有包括的服务	其他地方没有包括的服务	

323

二、国际服务贸易法概述

(一) 国际服务贸易法的概念和调整对象

国际服务贸易法是调整国际服务贸易关系的法律规范的总和。它是国际经济法的一个分支,其范围包括国际法律规范与国内法律规范。

国际服务贸易法的调整对象是国际服务贸易法律关系,国际服务贸易法律关系根据不同的标准有不同的分类。以国际服务贸易的具体部门作为标准,按照世贸组织《服务贸易总协定》的服务贸易分类表,可以将国际服务贸易法律关系分为商业性服务贸易法律关系、通信服务贸易法律关系、建筑服务贸易法律关系、金融服务贸易法律关系、交通运输服务贸易法律关系等 11 大类 142 小类,其均应属于国际服务贸易法调整的范围。

以国际服务贸易法律关系的性质来划分,可以将国际服务贸易法的调整对象分为交易性服务贸易法律关系和管制性服务贸易法律关系。交易性服务贸易法律关系是平等主体之间在意思自治的基础上,通过平等协商,缔结各种服务合同形成的法律关系,主要属于私法的范畴,由私法规范来调整,故可称之为横向的法律关系。管制性服务贸易法律关系是由于国家、国际经济组织对服务贸易进行管制形成的一种管理关系,如各国对资本、人员、信息、市场准入等方面进行的贸易限制和管理措施等,不同于平等主体之间的自由协商的关系,故可称之为纵向的法律关系。

值得注意的一点是,由于国际服务贸易法发展较晚,属于国际服务贸易范畴的很多项目在此之前均已有相关法律进行调整,比如国际金融服务,一直以来人们习惯性地将其归入国际金融法调整范围;再如国际交通运输服务,人们则习惯将其列入国际货物贸易法的范畴,均作为国际经济法的一个分支而存在。所以,国际服务贸易法作为后起之秀,在明确其调整范围和对象的基础上,发展成为国际贸易法甚至是国际经济法的一个独立分支,还需要理论和实务界坚持不懈的努力,进行大量的研究和实务工作。本书则将国际商事实践中比较常见的两种国际服务方式,即国际工程承包服务和国际融资租赁服务在本章中予以阐释。

(二) 国际服务贸易法的体系

国际服务贸易法作为国际贸易法的一个分支,虽然其法律规范还不很健全和完善,但从世贸组织的《服务贸易总协定》及其附录,到各国之间关于服务贸易的双边、多边协议、区域性服务贸易协定以及各国针对服务贸易制定和颁布的国内法律规范,从国际条约到国内法律,已经形成了为数众多、层次齐全的一整套法律规范，国际服务贸易法已经开始形成自己独立的一套法律体系。

1. 第一种体系划分。

按照国际服务贸易法调整对象的两种划分方法，可将国际服务贸易法的体系按照总论、分论的模式进行划分。第一种划分方式是以国际服务贸易的部门为标准，即总论部分是关于国际服务贸易法的总则性规定，主要是《服务贸易总协定》中的内容，适用于所有国际服务贸易的部门。分论部分按照国际服务贸易的部门，分为国际金融服务贸易法、国际交通运输服务贸易法、国际通信服务贸易法等部门法。

2. 第二种体系划分。

第二种划分方式是按照国际服务贸易法律关系的性质为标准，也是分为总论和分论两部分。总论部分与上述第一种划分方式的内容一样，是关于国际服务贸易法的总则性规定，也主要是《服务贸易总协定》中的内容，包括诸如最惠国待遇原则、透明化原则、逐步自由化原则等，这些总则性规定作为国际服务贸易法的最一般性规定，设定了国际服务贸易成员国的一般权利和义务，为国际服务贸易的进行营造一个逐步自由化的市场环境，确立最一般的交易原则和市场规则，这些总则性规定是各成员国达成的协议，旨在建立一个逐步自由化的国际服务贸易市场体系，并为这一市场体系营造一个法治化的环境。

分论部分则是按照国际服务贸易法律关系的性质，分为交易性的国际服务贸易法律部门和管制性的国际服务贸易法律部门。这是由国际服务贸易的特殊性决定的，因为各成员国虽然在国际服务贸易市场自由化问题上达成了一致意见，但出于保护主义的需要，又均对国际服务贸易进行一定的限制。这种限制不仅体现在国内法中，也体现在包括《服务贸易总协定》在内的国际条约和成员国之间的双边、多边服务贸易协议和区域性服务贸易协定中，故这种二分法有其存在的事实和法律依据。

交易性的国际服务贸易法律规范多存在于国内法中，比如各国国内的合同法、对内和对外贸易法、商法与海商法中关于服务贸易的交易性法律条文，由于数量众多，在此不一一列举。因为交易性服务贸易法律关系是平等主体之间通过缔结合同的行为形成的，在适用法律上通常由具体交易双方中某一方所在国的合同法来调整。比如通过商业存在这种方式提供的国际金融服务，一成员国的银行要在东道国设立分支机构，向东道国的消费者提供金融服务，在提供服务过程中，适用的是东道国合同法或其他法律中关于金融服务的相关法律规范，这些法律规范属于国内法，往往属于国内私法规范。

当然，交易性的国际服务贸易法律也大量存在于国际条约和国际惯例中，比如国际交通运输服务，长年以来，由于实务的需要，已经发展起来一整套完整的国际条约和国际惯例来调整此项法律关系。比如在国际海洋运输领域，有1924 年的《关于统一提单的若干法律规定的国际公约》(*International Convention for the Unification of Certain Rules of Law Relating to Bills of Lading*, 1924)，简称《海牙规则》(*Hague Rules*)，以及后来对《海牙规则》进行修改形成的 1968 年《关于修订统一提单若干法律规定的国际公约的协定书》，简称《海牙—维斯比规则》，并于 1977 年 6 月生效，还有 1978 年在德国汉堡举行的，由联合国主持的由 78 国代表参加的海上货物运输大会通过的《汉堡规则》，即《联合国海上货物运输公约》(*United Nations Conventiononthe Carriage of Goods by Sea*, 1978)，于 1992 年生效。在国际航空货物运输领域，目前存在着三个主要的国际公约，即 1929 年《统一国际航空运输某些规则的公约》(《华沙公约》)，1955 年的《修改 1929 年 10 月 12 日在华沙签订的统一国际航空运输某些规则的公约的议定书》(《海牙议定书》) 和 1961 年在墨西哥瓜达拉哈拉签订的《统一非缔约承运人所办国际航空运输某些规则以补充华沙公约的公约》(《瓜达拉哈拉公约》) 等。这些国际公约和惯例具体规定了国际海运和航空运输领域合同相关当事人的权利和义务，属于交易性的国际服务贸易法律。

管制性的国际服务贸易法律规范同样既存在于国际条约中，也存在于国内法中。例如《服务贸易总协定》(GATS) 的宗旨虽主要是为了实现服务贸易的自由化，但还是规定了一些例外条款，如协定第二条在规定最惠国待遇原则的同时，在同一条第 2 款规定了例外措施，即所谓"豁免清单"例外；再如协定第十条第 2 款规定的"紧急保障措施"例外，协定《金融服务附录》第 2 条（a）款所规定的金融服务的"审慎监管"例外，协定第十四条规定的"一般例外"、"安全例外"以及协定第十二条规定的"保障国际收支的限制"等，这些例外条款为成员国国内立法所吸收和利用，各成员国依照这些原则，结合国内产业政策，制定相关的国内法律、法规，在不违背 GATS 规定的前提下，对国际服务贸易进行一定程度的管制，设定各种服务贸易壁垒，成为国内法中对国际服务贸易进行管制的法律依据，故对国际服务贸易的管制广泛存在于国际条约中。

国内法对国际服务贸易的管制也是常见的。比如日本的建筑业市场，虽然已经对外开放，但根据日本《公司法》、《建设业法》等相关法律的规定，外资要进入日本的建筑业市场，必须经过繁杂的注册、许可程序，从从业主体、人员、费用、资质等方面设定管制措施，直至现在，日本的建筑市场实质上仍为国内企业把持，外资没有根本进入。再如美国建筑服务业市场的管制也是全方位的。外资进入建筑服务业市场除了要在美国当地州注册公司之外，还要满足其他相关的资质、从业人员资质、招投标程序、环境保护等方面的条件，除此之外，美国移民法、劳工法、工会法律对建筑工人、专业技术人员也有严格规定，外国劳工很难进入建筑服务业市场；美国建筑市场准入技术性壁垒也很严格，外资在美国从业的法律、成本费用、税收等方面的隐性障碍也大量存在。再如俄罗斯于2008年通过了《俄罗斯联邦关于实施对保护国防和国家安全具有战略意义的经济主体进行外国投资的程序法》，该法律规定了对保护国防和国家安全具有战略意义的经济主体进行外国投资实施的具体程序，具体列出了包括能源、电信、航空、国防、空间技术、核能等在内的42个具有战略意义的经济领域，对这些领域的外国投资进行详细规定，出于国家安全和国防的考虑实施一定程度的管制。

各国国内法对国际服务贸易的开放和管制都是相互的，其基本目的是通过设定贸易壁垒，在国际条约许可的范围和程度内，尽可能地扬长避短，一方面增加本国优势服务产业的出口，提高国际竞争力，一方面尽量延缓外资对本国劣势服务产业的冲击，赢得喘息之机，尽快发展壮大劣势服务产业。综合来看，各国国内法对国际服务贸易的管制形成的服务贸易壁垒可归结为以下两大类型：

（1）带有歧视性的壁垒。此类壁垒是指对外国人、外国资本进行特殊限制，对外国人和本国人不同对待。这种壁垒又可根据是否针对特定的服务贸易设限分为直接壁垒和间接壁垒。直接壁垒是指国内法明确规定，对外国服务及其提供者带有歧视性的、专门针对服务贸易的限制性规定。例如，禁止或限制外资在一国的电信、交通运输、教育等部门服务的规定。目前，随着WTO各成员国在GATS规定下相互之间的具体服务项目承诺表的逐步实现，带有歧视性的直接壁垒必然会逐步减少直至消除。间接壁垒是指国内法规定的，并非专门针对特定服务行业，但会给外国服务提供者造成歧视或给服务所涉的人员、信息、资本等的国际移动造成歧视性障碍的规定。例如，一国有关外国人入境签证及工作许可的规定，会限制人员的自由流动，从而限制外国人进入特定服务贸易领域。

（2）不带有歧视性的壁垒。此类壁垒是指对外国人、外国资本不进行特殊限制，对外国人和本国人同等对待。这种壁垒可根据是否针对特定的服务贸易而分为直接壁垒和间接壁垒。直接壁垒是指国内法明确规定的，对外国人和本国人同样适用的，针对服务贸易的限制。例如，一国规定，本国的铁路运输、电信、邮政属国家垄断行业，外国人和本国人均不得进入等。间接壁垒是指国内法规定的，其内容不禁止或限制外国服务提供者在本国的竞争，但要求外国服务提供者的活动应符合本国法律的规定。例如，一国允许外国律师和律师事务所在本国执业，但要求有关执业人员必须取得本国执业证书。

（三）国际服务贸易法的渊源

根据国际服务贸易法制定主体的不同，国际服务贸易法的渊源可以分为两个层次，第一层次是国际服务贸易法律规范，包括国际条约、国际惯例、区域性服务贸易协定和成员国之间签订的双边、多边协议；第二层次是国内服务贸易法律规范，包括一国立法机关、行政机关及司法机关颁布的所有规范国际服务贸易的法律、法规、规章及司法解释、判例等。下面按照这个顺序，对国际服务贸易法的渊源进行具体介绍。

1. 国际服务贸易法律规范。

（1）《世界贸易组织协定》（《关于建立世界贸易组织的马拉喀什协定》1994 年）。作为 WTO 的"宪法"性文件，《世界贸易组织协定》是由建立世界贸易组织的一揽子协议组成的，其包括 17 个协定，《服务贸易总协定》（GATS）作为规范服务贸易的文件，包括在《世界贸易组织协定》的附录中，是其附录 1B。该协定第 2 条第 2 款和第 3 款分别规定："各个协议以及与其有联系的法律文件，凡包括在附录 1、2、3 中（以下简称'多边贸易协定'），是本协定不可分割的组成部分，对所有成员有约束力。""包含在附录 4 中的协议和有关法律文件（以下简称"诸边贸易协定"）对接受它们的成员来说，也是本协定的组成部分，并对这些成员有约束力。"第 16 条第 3 款规定："如果本协定的某一规定与'多边贸易协定'中的某一规定发生冲突，则在冲突的范围内，本协定的规定优先适用。"所以，《服务贸易总协定》是《世界贸易组织协定》的组成部分，其效力层次要低于后者，是国际服务贸易法律渊源中的最高层级。当然，《世界贸易组织协定》的内容大多并不直接涉及国际服务贸易，但是，其原则性的规定以及争端处理程序（附录 2）、贸易政策审查机构（附录 3）等规定同样适用于国际服务贸易，所以，《世界贸易组织协定》作为国际服务贸易法的渊源的地位是没有疑义的。

（2）《服务贸易总协定》（General Agreement on Trade in Service，GATS）。《服务贸易总协定》由三大部分组成：一是协定条款本身，又称为框架协定，二是部门协议，三是各成员的市场准入承诺表。《服务贸易总协定》（GATS）第 29 条规定："本协定的附录是本协定的整体组成部分。"所以，《服务贸易总协定》六大部分29条正文、8个附录以及各成员方根据协定相互之间作出的具体承诺表，构成国际服务贸易法律体系的核心，是国际服务贸易法最重要的法律渊源。

GATS是历史上第一个关于服务贸易的全球性具有法律约束力的多边协议，大大丰富了国际贸易法的内容，填补了国际服务贸易领域的法律空白，改变了国际服务贸易领域的法律缺失状态。GATS的基本目标和要求，就是通过多轮的多边贸易谈判，不断减少和消除各成员方影响到国际服务贸易的措施或壁垒，逐步实现服务贸易自由化。

《服务贸易总协定》正文由序言和六个部分29条组成。主要内容如下：序言明确了制定服务贸易多边原则和规则的原因和宗旨；第一部分"范围和定义"（第1条）对服务贸易的定义及适用范围作了规定；第二部分"一般义务和纪律"（第2条至第15条）规定了各成员方应普遍遵守的最惠国待遇、透明度、发展中国家更多参与等原则和规则；第三部分"具体承诺"（第16条至第19条）对各成员方通过各自的具体承诺（Specific Commitments）而承担的市场准入义务和国民待遇义务作了规定；第四部分"逐步自由化"（第19条至第21条）对各成员具体承诺的谈判、具体承诺表和承诺表的修改作了规定；第五部分"制度条款"（Institutional Provisions 第22条至第26条）对争议的解决方法和机构、服务贸易理事会的机构设置及技术合作、与其他国际组织的关系等问题作了规定；第六部分"最后条款"（第27条至第29条）对一成员方拒绝给予该协定项下的利益的情形及该协定的有关用语的含义作了规定。

《服务贸易总协定》的附录包括根据该协定第29条的规定而成为协定组成部分的8个附录，它们分别是：（1）第二条豁免附录；（2）该协定下提供服务的自然人移动附录；（3）空运服务附录；（4）金融服务附录；（5）金融服务第二附录；（6）电信服务附录；（7）海运服务谈判附录；（8）基础电信谈判附录。还包括根据GATS第20条的规定，作为该协定的组成部分而附在该协定之后的具体承诺表（Schedules of Specific Commitments）。

（3）与《服务贸易总协定》相关的有关服务贸易的国际性规范文件。这些文件主要是在乌拉圭回合一揽子协议中，虽不属于GATS的组成部分，但却与GATS直接有关，主要涉及一些具体服务部门的进一步谈判安排、GATS的有关条款在这些部门的适用安排、服务贸易总协定的机制安排等方面的9个部长级会议决定以及1个"有关金融服务承诺的谅解书"。这9个决定分别是：①关于服务贸易总协定机构安排的决定；②关于服务贸易总协定某些争端解决程序的决定；③空运服务附录；④金融服务附录；⑤关于金融服务的决定；⑥

关于海运服务谈判的决定；⑦关于基础电信谈判的决定；⑧关于专业服务的决定；⑨关于加入政府采购协议的决定。这些决定和谅解书虽没有被列入 GATS 的整体组成部分，但对该协定的实施和进一步完善直接起到很大的作用。

（4）区域性贸易协定。区域性贸易协定是特定区域中部分国家间就建立自由贸易区达成的多边协议，其中，服务贸易是其重要组成部分。目前，国际上比较重要的自由贸易区主要是三个。一是 1994 年由美国、加拿大和墨西哥三国根据达成的《北美自由贸易协议》(North American Free Trade Agreement, NAFTA) 建立的北美自由贸易区；二是欧洲联盟（EU），其建立依据主要是 1991 年的《欧洲联盟条约》(《马斯特里赫特条约》)；三是 1989 年成立的亚太经济合作组织（Asia-Pacific Economic Cooperation, APEC），1991 年，成员国在韩国首尔召开的部长级会议通过了《汉城宣言》，中国也是在这次会议上正式加入亚太经合组织的。以上三个自由贸易区涉及的协定中，服务贸易都是其重要组成部分，所以亦可归属于国际服务贸易法的渊源之一。

（5）其他相关的国际条约和国际惯例。

2. 国内服务贸易法律规范。

国际服务贸易法的法律渊源中，不论是交易性服务贸易法还是管制性服务贸易法，国内法规范始终占据着重要地位，各国一般均在《服务贸易总协定》及相关国际条约和双边、多边协议的基本原则下，通过国内法规范确立对外贸易的主要政策。但目前来看，各国国际服务贸易领域的立法在调整范围和深度、立法政策取向上，呈现出各自的特色，因为涉及的国家和法律、法规数量繁多，不可能一一列举，在此试举几例，作一管窥。

（1）外国国际服务贸易法律、法规简介。

①美国。美国有关国际服务贸易的法律、法规主要是国会立法和联邦政府的行政命令，但各州在服务业的人员资质、业务规则和税收等问题上也有法规、规章的制定权。美国联邦关于国际服务贸易的法律规范既包括对外贸易综合法案中的相关条款，如 1974 年《外贸法》、1988 年《综合贸易与竞争法》和 1994 年《乌拉圭回合协定法》中关于对外服务贸易的规定；也包括银行、航运、专业服务等具体服务部门的立法，涉及行业的市场准入、条件、限制措施等详细规定事项，这类法律规范数量、种类繁多，比如 1984 年《航运法》、1978 年《国际银行法》、1995 年《金融服务公平竞争法》、1996 年《美国联邦通信法》、1933 年《证券法》、1934 年《证券交易法》、美国各州的《公司法》，以及特定的行业规范和技术标准，如美国的建设工程标准体系、美国铁路的技术法规和标准、美国律师行业协会执业行为规范、美国注册会计师资质

标准等。由于美国是普通法系国家，有关国际服务贸易的法律、法规不仅体现在制定法中，还包括相应的司法判例。这些法律、法规、司法判例构成一个复杂的法律体系，规范着各服务贸易部门的法律关系。

②韩国。韩国的服务贸易法律体系也比较健全，经过长年发展，形成了以1980年《对外贸易法》为基础的一套服务贸易法律体系。其他法律、法规主要有：1961年《公演法》、1963年《海运法》、1975年《境外承包工程促进法》、1975年《观光振兴法》、1979年《海外留学规定》、1983年《软件产业振兴法》、1991年《国际会议产业促进法》、《电影和音像制品振兴法》、1991年《中小学教育法》、1991年《物流政策基本法》、2002年《网络数码服务发展法》、2006年《游戏产业振兴法》。此外，还有相关的《合同法》、《公司法》等也规范着相关的服务贸易市场。韩国的服务贸易立法中产业促进立法比较突出，可见韩国对服务贸易出口发展的支持和鼓励态度。

③加拿大。加拿大的服务业市场开放程度较高，限制领域较少，加拿大政府根据GATS和NAFTA协定，先后出台了许多有关服务贸易的法律、法规，并结合本国实际情况不断加以补充和完善。加拿大关于服务贸易的法律和法规，涵盖了服务贸易的各个方面。加拿大的法律和法规，既出自联邦，又出自省或地区。相关法律、法规列举如下：《加拿大银行法》、《保险公司法》、《信托信贷公司法》、《联合信贷协会法》、C-82法案（Bill C-82，关于金融业的几项法律的修正案）、《金融服务规则》、《加拿大投资法》、《加拿大投资规则》、《证券交易限制规则》、《加拿大公司法》、《金融管理法》、《电信法》、C-17法案（Bill-17，电信法修正案）、《电信计费规则》、《加拿大全球电信重组与弃置法》、《CRTC电信程序规则》、《加拿大广播电视电信委员会法》、《无线电信法》、《无线电信规则》、《广播法》、《国家住房建筑法》、《加拿大环境评估法》以及各省有关金融服务的法律、法规、各省有关专业服务（法律、会计、建筑、工程）的法律、法规。

（2）中国国际服务贸易法律、法规。我国于2001年加入世界贸易组织后，国际服务贸易的发展呈现明显的加快趋势，为了应对入世的需要，与国际服务贸易规则接轨，同时也为了进一步对国际服务贸易的进出口进行有效的管理，促进我国国际服务贸易有序的发展，我国政府进行了大量的有针对性的服务贸易立法，目前初步形成了以《对外贸易法》为基础，多部专项行政法规为内容，包括我国《合同法》、《公司法》、《邮政法》、《银行法》等法律在内的一整套法律体系。

我国《对外贸易法》于2004年4月6日修订通过，自2004年7月1日起施行。《对外贸易法》共 11 章 70 条，其基本宗旨是为了发展对外贸易，维护对外贸易秩序，其序言部分规定了对外贸易的基本原则，包括公平自由原则、平等互利原则、最惠国待遇和国民待遇原则、逐步发展原则、市场准入原则和例外原则。其中第四章用了 5 个条款专章规定了国际服务贸易，但多为原则性规定。《对外贸易法》关于国际服务贸易的规定，可以视为我国国际服务贸易法的基础性和原则性规定，为各服务贸易部门的具体规定提供了基本的法律依据。

此外，为顺应入世需要，我国于 2001 年 10 月后颁布了大量的调整国际服务贸易法律关系的法规规章，这主要包括：

第一，《旅行社管理条例》。2001 年颁布实施的《旅行社管理条例》专章规定了"外商投资旅行社的特别规定"一章，对外商投资旅行社的形式、出资比例、条件和审批程序等进行了详细规定。

第二，《国际海运条例》及其实施细则。2002 年 1 月 1 日起施行的《国际海运条例》及 2003 年的《国际海运条例实施细则》对外商投资海运企业的组织形式、经营活动范围等进行了详细规定。

第三，《外国律师事务所驻华代表机构管理条例》。2002 年 9 月 1 日起施行的《外国律师事务所驻华代表机构管理条例》由中国司法部颁布，该条例对外国律师事务所申请在华设立代表机构、派驻代表条件、设立代表机构应提交的材料、代表机构设立程序、业务范围等进行了专门规定。

第四，《外资保险公司管理条例》。2002 年 2 月 1 日起施行的《外资保险公司管理条例》对外资保险公司形式、设立与登记程序、注册资本条件、业务条件、从业人员条件、业务范围等进行了详细规定。

第五，《外商投资道路运输业管理规定》。2001 年 11 月 20 日颁布实施的《外商投资道路运输业管理规定》对外商投资道路运输业企业的形式，如中外合资、中外合作、外商独资等形式及经营范围，外商投资道路运输业企业的设立程序、应符合的条件和经营期限进行了详细规定。

第六，《外商投资电信企业管理规定》。2001 年 12 月 11 日颁布，2008 年修订的《外商投资电信企业管理规定》对外商投资电信企业形式作了规定，外商投资电信企业，只能以中外合资企业的形式进行。另外，对外商投资电信企业的注册资本与中外双方的出资比例作了规定，经营基础电信业务的，外商出资比例不得超过 49%，经营增值电信业务的，外商出资比例不得超过 50%。此外，还对外商投资电信企业的设立条件和程序等问题作了详细规定。如在获得《外商投资企业批准证书》后，外商投资电信企业的中方主要投资者凭该批准证书，到国务院信息产业主管部门办理《电信业务经营许可证》手续。中方主要投资者凭《外商投资企业批准证书》和《电信业务经营许可证》，向工商行政管理机关办理外商投资电信企业注册登记手续。

第七，《外商投资国际货运代理业管理规定》。2002 年 1 月 1 日起施行的《外商投资国际货运代理业管理规定》对外商投资国际货运代理业形式进行了规定，外国投资者可以合资、合作、外商独资方式在中国境内设立外商投资国际货运代理企业。另外，还对中外合营者的条件、经营范围、设立程序、经营期限等进行了详细规定。

第八，《外资银行管理条例》。2006 年 12 月 11 日起实施的《外资银行管理条例》对外资银行的设立形式、设立与登记条件和程序、需提交的材料、业务范围、监督管理、终止与清算、法律责任等进行了详细规定。

第九，《中外合资合作职业介绍机构设立管理暂行规定》。2001 年 12 月 1 日起实施的《中外合资合作职业介绍机构设立管理暂行规定》由中华人民共和国劳动和社会保障部、中华人民共和国国家工商行政管理总局颁布，其对在中国境内设立中外合资、中外合作职业介绍机构的条件、程序和业务范围进行了专门规定。

第十，《境外承包工程管理条例》。2008 年 9 月 1 日起施行的《境外承包工程管理条例》主要是为了规范国内企业对外承包工程事宜。条例对对外承包工程企业的资格、取得资格的条件、对外承包工程的活动以及相关法律责任进行了具体规定，对规范国内企业对外承包工程活动具有重要的指导和管理作用。

第十一，《境外投资管理办法》。2009 年 5 月 1 日起施行的《境外投资管理办法》对国内企业进行对外投资进行了规范。其主要内容包括企业对外投资的形式、应取得的《企业境外投资证书》资质证书、企业境外投资的条件、不予核准的情形、开展投资需提交的材料和程序等进行了规定。企业境外投资范围也包括国际服务贸易，故也属于服务贸易法律渊源之一。

第十二，《国际服务贸易统计制度》。2008 年 1 月 1 日起施行的《国际服务贸易统计制度》，其基本任务是对我国国际服务贸易情况进行统计调查、统计分析，提供统计信息与咨询，实行统计监督。《国际服务贸易统计制度》对我国国际服务贸易的统计范围、内容、统计方法和统计结果的公布制度、相关责任人的义务等进行了详细规定。《国际服务贸易统计制度》规定，本制度所统计的服务贸易包括跨境提供、境外消费、商业存在和自然人移动等内容。对完善我国国际服务贸易制度具有重要的意义。

第二节　国际工程承包

一、国际工程承包的概念和特点

国际工程承包是指一个国家的政府部门、公司、企业或项目所有人委托国外的工程承包人负责按规定的条件承担完成某项工程任务的活动。其中，东道国国家的政府、公司、企业或项目所有人一般称为业主或发包人，国外的工程承包人称为承包人或承包商。此外，国际工程承包合同中的业主一般会雇佣专业的监理工程师代理管理和监督涉案工程，但监理工程师并非合同的当事人。

国际工程承包合同具有以下特点：

（1）工程项目内容复杂、广泛。国际工程承包合同的工程内容既包括基础设施工程，如交通、能源、通信、农业工程等；还包括土木工程，如学校、医院、科研机构、演剧院、住宅房产等土木工程；还包括电气、机械等制造业工程。其中不仅涉及建筑项目的咨询、工程设计、安装、调试等技术服务，还涉及劳务的提供，材料、设备的采购，施工服务，人员的培训，建成项目的管理、指导、供销等管理服务，是一项综合的国际贸易。

（2）工程周期长、风险大。国际工程承包合同的标的决定了其履行周期往往较长，一项国际工程项目，如果采用像"产品到手"这样的承包方式，那么从项目的勘察、设计、施工、竣工交付到正式投产，一直到正式投产后的二、三年时间内的技术指导和培训，工程周期动辄几年，甚至达到十年以上。相应地，工程风险也是较大的，风险较大的原因不仅是因为其周期长，增加了风险发生的几率，而且，国际工程承包合同的国际性也大大增加了其政治和经济风险。

（3）合同主体的国际性。国际工程承包合同的当事人至少存在两方为不同国别的情况，合同主体的国际性也是其所以为国际工程承包合同的主要因素。

（4）合同涉及的规范标准繁杂、差异大。由于国际工程承包合同东道国政府及民间标准组织法律、规范规定的不同，各国对相关工程质量的标准体系规定不一，加上有些国家还会采用一些国际标准，造成合同涉及的规范标准系统、体系庞杂，差异很大，不好把握。

二、国际工程承包的种类

国际工程承包的种类可以有以下两种划分方式:

1. 按照承包人承担责任的不同可以分为:

(1) 分项工程承包合同,即发包人将总的工程项目分为若干部分,发包人分别与若干承包人签订合同,由他们分别承包一部分项目,每个承包人只对自己承包的项目负责,整个工程项目的协调工作由发包人负责。

(2)"交钥匙"工程承包,交钥匙工程指承包方为东道国业主建造工厂或其他工程项目,一旦设计与建造工程完成,包括设备安装、试车及初步操作顺利运转后,即将该工厂或项目所有权和管理权的"钥匙"依合同完整地"交"给对方,由对方开始经营。"交钥匙"工程承包方要负责整个工程项目从构想、设计,到施工、竣工、运行、安装、调试等的一揽子工程,需要具备充足的经济实力、技术实力、管理和组织能力等多方面的实力。

(3)"半交钥匙"工程承包,承包人负责项目从勘察一直到竣工后试车正常运转符合合同规定标准,即可将项目移交给发包人。它与"交钥匙"工程承包合同的主要区别是不负责一段时间的正式生产。

(4)"产品到手"工程承包,承包人不仅负责项目从勘察一直到正式生产,还必须在正常生产后的一定时间(一般分为二、三年)内进行技术指导和培训、设备维修等,确保产品符合合同规定标准。此种合同方式对承包方工程的质量要求更高。

2. 按合同的计价方式可以分为:

(1) 固定价格合同,或称总包价格合同:固定价格合同是指在约定的风险范围内价款不再调整的合同。双方需在专用条款内约定合同价款包含的风险范围、风险费用的计算方法以及承包风险范围以外的合同价款调整方法。

(2)"成本加费用"合同:是指承包人垫付项目所需费用,并将实际支出费用向发包方报销,项目完成后,由发包人向承包人支付约定的报酬。

三、国际工程承包的一般程序

为保证国际工程承包的顺利进行,一般来说,东道国政府会通过自己的《招标投标法》制定标准的招投标程序,一些地区政府、社会团体和国际组织也都制定有标准的招投标程序,以及相关的合同文件、工程量计算规则和争端解决方式。使用这些标准的招投标程序、合同文件,便于投标人熟悉合同条款,减少编制投标文件时所考虑的潜在风险,以降低报价。发生争议的时候,可以执行合同文件所附带的争议解决条款来处理纠纷。标准的合同条件能够合理公平地在合同双方之间分配风险和责任，明确规定双方的权利、义务，很大程度上避免了因不认真履行合同造成的额外费用支出和相关争议。

目前世界上大多数国家都有自己的招投标程序，内容不完全相同。在此，以 FIDIC 的标准招投标程序为例作一介绍。FIDIC 是国际咨询工程师联合会（Fédération Internationale Des Ingénieurs Conseils）的法文缩写，FIDIC 的本义是指国际咨询工程师联合会这一独立的国际组织，习惯上有时也指 FIDIC 条款或 FIDIC 方法。FIDIC 专门编制了《土木工程合同招标评标程序》标准文本，目前在世界范围内被广泛采用。

FIDIC 关于国际工程承包的招投标程序如下：

（1）邀请承包商参加资格预审。即由发包方（一般发包方会聘请专业的招标公司来进行整个招标过程）通过发布公告、邀请函等方式通知相关承包商，邀请其参加资格预审。

（2）颁发和提交资格预审文件。由发包方向受邀的承包商发布资格预审文件，承包商准备好文件后提交给发包方。

（3）分析资格预审资料，挑选并通知入选的投标人名单。发包方通过审查承包商的资格预审材料，确定入选的投标人名单。资格预审主要包括以下三方面内容，第一，承包商的经验和以往承担类似工程的业绩；第二，为承担招标的合同任务所拟配备的人员、设备和工厂设施的能力；第三，承包商的财务情况。

（4）准备招标文件。发包方准备招标文件，内容主要包括投标人为投标所需了解的情况和所需遵守的规定，以及为承包商投标、报价所需要提供的文件和资料。招标文件编制质量的优劣，直接影响到招标工作的进行和工程建设的速度和质量，对发包人来说是工程建设的重要一环。

（5）颁发招标文件。即由发包方或招标公司向进入入选名单的承包商颁发招标文件。

（6）组织投标人考察现场，修订和颁发招标文件补遗，投标人质疑或召开标前会议。为慎重起见，也为了投标人能够更好地准备投标文件和材料，一般来说，在正式投标前发包人会组织投标人进行现场考察，全面了解工地及其周围的政治、经济、地理、法律等方面的环境，发包方也可以在此期间对招标文件进行修订和补遗，以完善招标工作，必要时还可以召开标前会议，标前会议是开标前就投标人对招标文件所提问题进行答复或招标公司和发包方就招标文件中的某些不当之处作修改而举行的会议，招标公司和发包方在标前会议上可邀请法律、银行、税务、海关、运输和当地政府以及工商管理方面的专家或主要负责人参加，答复投标人的疑问。

（7）投标书的递交和接收。投标对于承包商来说是一个严峻的考验，一项承包工程能否盈利与投标是否成功关系密切，投标人在认真研究招标文件及现场考察并参加完标前会议的基础上，要合理确定投标价格等关键事项，准备好标书，在规定的截止日期前寄达招标方。招标方在接到标书后应作好登记、编号工作，接收标书。

（8）开标。开标应在规定的时间、地点公开进行，投标人或其代表应参加开标。开标时当众打开密封的标书，进行唱标，公开公布投标者名称、投标价格、有无投标担保等情况，投标人可以记录，开标后，投标人不得更改标书实质性内容。

（9）评标。招标人根据招标文件的规定对投标人的标书进行筛选、对比，对标书的形式和内容全面评价，择优选取，最终确定中标人。

（10）授予合同。评标完成后，招标人应在有效期内以书面形式向中标者发出中标通知书，通知接受其投标，中标人应以书面形式答复招标人，表示接受其授标，并在规定时间内进行合同谈判，中标通知具有确认合同成立的法律效力。双方在谈判基础上签订承包合同，招投标程序完成。

四、国际工程承包合同的主要条款

（一）FIDIC 合同文件的发展

作为国际上权威的咨询工程师机构，FIDIC 多年来所编写的标准合同条件是国际工程界几十年来实践经验的总结，其规定了合同各方的职责、权利和义务，程序严谨，可操作性强。如今已在工程建设、机械和电气设备的提供等方面被广泛使用。现对 FIDIC 合同条件的发展过程和新版（1999 年版）合同条件的情况作一简单介绍。

1957 年，FIDIC 出版了《土木工程施工合同条件（国际）》（第 1 版）（俗称"红皮书"），常称为 FIDIC 条件。该条件分为两部分，第一部分是通用合同条件，第二部分为专用合同条件。"红皮书"于 1969 年、1977 年、1987 年分别出版了第二版、第三版和第四版。1963 年，FIDIC 首次出版了适用于业主和承包商的机械与设备供应和安装的《电气与机械工程标准合同条件格式》即"黄皮书"。1980 年和 1987 年，"黄皮书"分别出了第二版和第三版。第三版名字改为《电气与机械工程合同条件》，内容分为三个独立的部分：序言，通用条件和专用条件。1995 年，FIDIC 出版了橘皮书《设计—建造和交钥匙合同条件》。

以上的红皮书（1987）、黄皮书（1987）、橘皮书（1995）和《土木工程施工合同—分合同条件》、蓝皮书（《招标程序》）、白皮书（《顾客/咨询工程师模式服务协议》）、《联合承包协议》、《咨询服务分包协议》共同构成 FIDIC "彩虹族" 系列合同文件。

1999 年 9 月，FIDIC 出版了一套 4 本全新的标准合同条件，包括：

（1）《施工合同条件》（新红皮书），全称为：《由业主设计的房屋和工程施工合同条件》（*Conditions of Contract for Consrtuction for Building and Engineering Works Designed by the Employer*）。新红皮书特别适合于传统的 "设计—招标—建造"（Design-Bid-Construction）建设履行方式。该合同条件适用于建设项目规模大、复杂程度高、业主提供设计的项目。

（2）《设备与设计—建造合同条件》（新黄皮书）的全称是：《由承包商设计的电气和机械设备安装与民用和工程合同条件》（*Conditions of Contract for Plant and Designed-Build for Electrlcal and Mechanical Plant and Building and Engineering Works Designed by the Contractor*）。新黄皮书特别适合于 "设计—建造"（Design-Construction）建设履行方式。该合同范本适用于建设项目规模大、复杂程度高、承包商提供设计、业主愿意将部分风险转移给承包商的情况。《设备和设计—建造合同条件》与《建造合同条件》相比，最大区别在于前者业主不再将合同的绝大部分风险由自己承担，而将一定风险转移至承包商。

（3）《EPC/交钥匙项目合同条件》（银皮书，*Conditions of Contract for EPC/Turn Key*）。《EPC/交钥匙项目合同条件》是一种现代新型的建设履行方式。该合同范本适用于建设项目规模大、复杂程度高、承包商提供设计、承包商承担绝大部分风险的情况。与其他三个合同范本的最大区别在于，在《EPC/交钥匙项目合同条件》下业主只承担工程项目的很小风险，而将绝大部分风险转移给承包商。

（4）《简明合同格式》（绿皮书，*Short Form of Contract*）。FIDIC 编委会编写绿皮书的宗旨在于使该合同范本适用于投资规模相对较小的民用和土木工程，如造价在 500000 美元以下以及工期在 6 个月以下；工程相对简单，不需要专业分包合同；重复性工作；施工周期短的工程。

（二）FIDIC 合同主要条款

一般来说，FIDIC 合同包括一般性条款、法律条款、商务条款、技术条款、权利义务条款、违约惩罚与索赔条款、附件和补充条款共七类条款。1999年之前的红皮书、黄皮书、橘皮书的条款内容虽基本相似，但在条款的格式设计上仍有较大不同，1999年的新版FIDIC合同条款在格式设计上进行了统一，新红皮书、新黄皮书和银皮书均包括以下三部分：一是通用条件；二是专用条件编写指南；三是投标函、合同协议书和争端裁决协议书格式。各合同条件的通用条件部分都有二十个条款，采用1、1.1、1.1.1、1.1.1.1的编排方式，共有四级目录，内容逐层细化，规律性强，非常规范。通用条件和专用条件共同构成了制约合同各方权利和义务的条件。对于每一份具体的合同，都必须编制专用条件，并且必须考虑到通用条件中提到的专用条件中的条款。现以新红皮书为例对FIDIC合同条款作一介绍。篇幅所限，主要介绍通用条件部分。

1. 一般规定。

第1条的一般规定包括定义、解释、通信联络、法律和语言、文件的优先次序、合同协议书、转让、文件的保管和提供、拖延的图纸或指示、雇主使用承包商的文件、承包商使用雇主的文件、保密事项、遵守法律、共同的与各自的责任共14个方面的内容，主要是对合同中涉及的一般事项进行统一规定，如合同第1.1条规定："在包括专用条件和本通用条件的合同条件（'本合同条件'）中，以下措辞和用语的含义如下所述。除非上下文中另有要求，指当事人和当事各方的措辞包括公司和其他法律实体。"合同第1.1.1.1条规定："合同（Contract）指合同协议书、中标函、投标函、本合同条件、规范、图纸、资料表以及在合同协议书或中标函中列明的其他进一步的文件（如有时）。"第1.1.2.3条规定："承包商（Contractor）指在雇主收到的投标函中指明为承包商的当事人（一个或多个）及其合法继承人。"

2. 雇主。

第2条关于雇主的规定包括进入现场的权利、许可、执照和批准、雇主的人员、雇主的资金安排、雇主的索赔5个方面的内容，主要规定了雇主对承包商应履行的一些协助、辅助义务。如合同第2.4条规定："在接到承包商的请求后，雇主应在28天内提供合理的证据，表明他已作出了资金安排，并将一直坚持实施这种安排，此安排能够使雇主按照第14条'合同价格和支付'的规定支付合同价格（按照当时的估算值）的款额。如果雇主欲对其资金安排作出任何实质性变更，雇主应向承包商发出通知并提供详细资料。"

3. 工程师。

第3条关于工程师的规定包括工程师的职责和权力、工程师的授权、工程师的指示、工程师的撤换和决定5个方面的内容，主要是对工程师的职责和权力、雇主任命、撤换工程师等的规定。如合同第3.1条规定："雇主应任命工程师，该工程师应履行合同中赋予他的职责。工程师的人员包括有恰当资格的工程师以及其他有能力履行上述职责的专业人员。工程师无权修改合同。工程师可行使合同中明确规定的或必然隐含的赋予他的权力……"

4. 承包商。

第 4 条是关于承包商的规定，包括承包商的一般义务、履约保证、承包商的代表、分包商、分包合同利益的转让、合作、放线、安全措施、质量保证、现场数据、接受的合同款额的完备性、不可预见的外界条件、道路通行权和设施、避免干扰、进场路线、货物的运输、承包商的设备、环境保护、电、水、气、雇主的设备和免费提供的材料、进度报告、现场保安、承包商的现场工作、化石共 24 项内容，主要是关于承包商义务的规定。如合同第 4.1 条规定：承包商应按照合同的规定以及工程师的指示（在合同规定的范围内）对工程进行设计、施工和竣工，并修补其任何缺陷。承包商应为工程的设计、施工、竣工以及修补缺陷提供所需的临时性或永久性的永久设备、合同中注明的承包商的文件、所有承包商的人员、货物、消耗品以及其他物品或服务。承包商应对所有现场作业和施工方法的完备性、稳定性和安全性负责。第 4.4 条规定：承包商不得将整个工程分包出去。承包商应将分包商、分包商的代理人或雇员的行为或违约视为承包商自己的行为或违约，并为之负全部责任。

5. 指定分包商。

合同第 5 条是关于指定分包商的规定，包括指定分包商的定义、对指定的反对、对指定分包商的支付、支付的证据共 4 项内容。此条是关于承包商与指定分包商、雇主之间权利和义务的规定。如合同第 5.1 条规定：在合同中，"指定分包商"是指一个分包商：（a）合同中指明作为指定分包商的，或（b）工程师依据第 13 款"变更和调整"指示承包商将其作为一名分包商雇用的人员。第 5.2 条规定：承包商没有义务雇用一名他已通知工程师并提交具体证明资料说明其有理由反对的指定分包商。如果因为（但不限于）下述任何事宜而反对，则该反对应被认为是合理的，除非雇主同意保障承包商免于承担下述事宜的后果：（a）有理由相信分包商没有足够的能力、资源或资金实力；（b）分包合同未规定指定分包商应保障承包商免于承担由分包商、其代理人、雇员的任何疏忽或对货物的错误操作的责任……

6. 职员和劳工。

合同第 6 条是关于职员和劳工的规定，包括职员和劳工的雇用、工资标准和劳动条件、为他人提供服务的人员、劳动法、工作时间、为职员和劳工提供的设施、健康和安全、承包商的监督、承包商的人员、承包商的人员和设备的记录、妨碍治安的行为共 11 项规定。主要内容是关于职员和劳工的雇用、工资标准、劳动条件、适用法律、健康与安全以及承包商对职员和劳工的监督与管理的规定。如合同第 6.4 条规定：承包商应遵守所有适用于承包商的人员的相关的劳动法，包括有关此类人员的雇用、健康、安全、福利、入境和出境的法律，并保障他们享有法律规定的所有权利。承包商应要求他的雇员遵守所有适用的法律，包括与安全工作有关的法律。第 6.11 条规定：承包商应始终采取各种合理的预防措施，以防止其人员发生任何非法的、制造事端以及妨碍治安的行为，并保持其人员安定，以及保证现场及邻近地区人员和财产的安全。

7. 永久设备、材料和工艺。

第 7 条关于永久设备、材料和工艺的规定，包括实施方式、样本、检查、检验、拒收、补救工作、对永久设备和材料的拥有权、矿区使用费共 8 项内容，主要是关于承包商对设备、材料和工艺的保证义务的规定。如合同第 7.5 条规定：如果从审核、检查、测量或检验的结果看，发现任何永久设备、材料或工艺是有缺陷的或不符合合同其他规定的，工程师可拒收此永久设备、材料或工艺，并通知承包商，同时说明理由。承包商应立即修复上述缺陷并保证使被拒收的项目符合合同规定。若工程师要求对此永久设备、材料或工艺再度进行检验，则检验应按相同条款和条件重新进行。如果此类拒收和再度检验致使雇主产生了附加费用，则承包商应按照第 2.5 款‘雇主的索赔’的规定，向雇主支付这笔费用。

8. 开工、延误和暂停。

合同第 8 条关于开工、延误和暂停的规定，包括工程的开工、竣工时间、进度计划、竣工时间的延长、由公共当局引起的延误、进展速度、误期损害赔偿费、工程暂停、暂停引起的后果、暂停时对永久设备和材料的支付、持续的暂停、复工共 12 项内容，是关于合同履行中工程工期、进度、停工、暂停及工期拖延时各方权利义务、索赔的规定。如合同第 8.1 条规定："工程师应至少提前 7 天通知承包商开工日期。除非专用条件中另有说明，开工日期应在承包商接到中标函后的 42 天内。承包商应在开工日期后合理可行的情况下尽快开始实施工程，随后应迅速且毫不拖延地进行施工。"第 8.4 条规定，"如果由于下述任何原因致使承包商对第 10.1 款‘对工程和区段的接收’中的竣工在一定程度上遭到或将要遭到延误，承包商可依据第 20.1 款‘承包商的索赔’要求延长竣工时间：（a）一项变更（除非已根据第 13.3 款‘变更程序’商定对竣工时间作出调整）或其他合同中包括的任何一项工程数量上的实质性变化；（b）导致承包商根据本合同条件的某条款有权获得延长工期的延误原因；（c）异常不利的气候条件"等。

9. 竣工检验。

第 9 条是关于工程竣工检验的规定，包括承包商的义务、延误的检验、重新检验、未能通过竣工检验共 4 项内容。主要是关于工程竣工验收的规定。如合同第 9.1 条规定："承包商在根据第 4.1 款'承包商的一般义务'（d）段所述提交文件后，应根据本款和第 7.4 款'检验'进行竣工检验。承包商应提前 21 天将某一确定日期通知工程师，说明在该日期后他将准备好进行竣工检验。除非另有商定，此类检验应在该日期后 14 天内于工程师指示的某日或数日内进行。在考虑竣工检验结果时，工程师应考虑到因雇主对工程的任何使用而对工程的性能或其他特性所产生的影响。一旦工程或某一区段通过了竣工检验，承包商应向工程师提交一份有关此类检验结果并经证明的报告。"第 9.3 条关于重新检验的规定："如果工程或某区段未能通过竣工检验，则第 7.5 款'拒收'将适用，且工程师或承包商可要求按相同条款或条件，重复进行此类未通过的检验以及对任何相关工作的竣工检验。"

10. 雇主的接收。

第 10 条关于雇主对接收工程的规定，包括对工程和区段的接收、对部分工程的接收、对竣工检验的干扰、地表需要恢复原状 4 个方面的内容，主要规定了接收工程的范围、时间、程序、费用、接收证书、视为接收等问题。如合同第 10.1 条规定："……承包商可在他认为工程将完工并准备移交前 14 天内，向工程师发出申请接收证书的通知。如果工程分为区段，则承包商应同样为每一区段申请接收证书。工程师在收到承包商的申请后 28 天内，应（a）向承包商颁发接收证书，说明根据合同工程或区段完工的日期，但某些不会实质影响工程或区段按其预定目的使用的扫尾工作以及缺陷除外（直到或当该工程已完成且已修补缺陷时），或（b）驳回申请，提出理由并说明为使接收证书得以颁发承包商尚需完成的工作。随后承包商应在根据本款再一次发出申请通知前，完成此类工作。若在 28 天期限内工程师既未颁发接收证书也未驳回承包商的申请，而当工程或区段（视情况而定）基本符合合同要求时，应视为在上述期限内的最后一天已经颁发了接收证书。"

11. 缺陷责任。

第 11 条关于工程缺陷责任的规定，包括完成扫尾工作和修补缺陷、修补缺陷的费用、缺陷通知期的延长、未能补救缺陷、清除有缺陷的部分工程、进一步的检验、进入权、承包商的检查、履约证书、未履行的义务、现场的清理共 11 项内容。主要规定了承包商对工程缺陷的责任，包括扫尾工作、缺陷修复、修复费用、履约证书的颁发、工程最后的现场清理等。如合同第 11.2 条规定，如果所有第 11.1 款"完成扫尾工作和修补缺陷"（b）段中所述工作的必要性是由下列原因引起的，则所有此类工作应由承包商自担风险和费用进行：（a）任何承包商负责的设计；（b）永久设备、材料或工艺不符合合同要求；或（c）承包商未履行其任何其他义务。如果且在一定程度上上述工作的必要性是由于任何其他原因引起的，雇主（或雇主授权的他人）应立即通知承包商，此时适用第 13.3 款"变更程序"。第 11.9 条规定："只有在工程师向承包商颁发了履约证书，说明承包商已依据合同履行其义务的日期之后，承包商的义务的履行才被认为已完成。工程师应在最后一个缺陷通知期期满后 28 天内颁发履约证书，或在承包商已提供了全部承包商的文件并完成和检验了所有工程，包括修补了所有缺陷的日期之后尽快颁发。还应向雇主提交一份履约证书的副本。只有履约证书才应被视为构成对工程的接受。"

12. 测量和估价。

第 12 条是关于工程测量和估价的规定，包括需测量的工程、测量方法、估价、省略 4 项内容。是关于工程师要求测量工程、测量方法、估价办法等的规定。如第 12.1 条规定，当工程师要求对工程的任何部分进行测量时，他应合理地通知承包商的代表，承包商的代表应：（1）立即参加或派一名合格的代表协助工程师进行测量；以及（2）提供工程师所要求的全部详细资料。如果承包商未能参加或派出一名代表，则由工程师（或工程师授权的他人）进行的测量应被视为准确地测量而接受。

13. 变更和调整。

第 13 条关于变更和调整的规定，包括有权变更、价值工程、变更程序、以适用的货币支付、暂定金额、计日工、法规变化引起的调整、费用变化引起的调整共 8 个方面的内容，主要是关于合同履行过程中工程量、工程位置、尺寸、工程费用、支付货币、法规等的变更以及变更程序的规定。如合同第 13.1 条规定，在颁发工程接收证书前的任何时间，工程师可通过发布指示或以要求承包商递交建议书的方式，提出变更。承包商应执行每项变更并受每项变更的约束，除非承包商马上通知工程师（并附具体的证明资料）并说明承包商无法得到变更所需的货物。在接到此通知后，工程师应取消、确认或修改指示。每项变更可包括：（a）对合同中任何工作的工程量的改变（此类改变并不一定必然构成变更）；（b）任何工作质量或其他特性上的变更；（c）工程任何部分标高、位置和（或）尺寸上的改变……承包商不应对永久工程作任何更改或修改，除非且直到工程师发出指示或同意变更。

14. 合同价格和支付。

第 14 条关于合同价格和支付的条款对双方当事人来说是很重要的一个条款，它包括合同价格、预付款、期中支付证书的申请、支付表、用于永久工程的永久设备和材料、期中支付证书的颁发、支付、延误的支付、保留金的支付、竣工报表、申请最终支付证书、结清单、最终支付证书的颁发、雇主责任的终止、支付的货币共 15 个方面的内容，对合同价格的确定、雇主支付预付款、期中支付证书的申请和发放、具体支付程序、延误支付时承包商的权利、最终支付证书的申请和颁发、结清单及支付货币的确定等问题进行了详细规定。如合同第 14.2 条规定："当承包商根据本款提交了银行预付款保函时，雇主应向承包商支付一笔预付款，作为对承包商动员工作的无息贷款。预付款总额，分期预付的次数与时间（一次以上时），以及适用的货币与比例应符合投标函附录中的规定。"合同第 14.8 条规定："如果承包商没有收到根据第 14.7 款'支付'应获得的任何款额，承包商应有权就未付款额按月所计复利收取延误期的融资费。延误期应认为是从第 14.7 款'支付'规定的支付日期开始计算的，而不考虑（当（b）段的情况发生时）期中支付证书颁发的日期。除非在专用条件中另有规定，此融资费应以年利率为支付货币所在国中央银行的贴现率加上三个百分点进行计算，并用这种货币进行支付。"

15. 合同终止。

第 15、16 条是关于合同终止的规定，包括雇主提出终止和承包商提出暂停和终止两个方面。其中第 15 条关于雇主提出终止的规定包括通知改正、雇主提出终止、终止日期时的估价、终止后的支付、雇主终止合同的权利 5 个方面的内容，对雇主提出终止合同的权利、有权提出终止合同的情形、提出终止合同的程序、合同终止后的支付进行了规定。如合同第 15.2 条规定："雇主有权终止合同，如果承包商：（a）未能遵守第 4.2 款'履约保证'或根据第 15.1 款'通知改正'发出的通知；（b）放弃工程或证明他不愿继续按照合同履行义务，……如果发生上述事件或情况，则雇主可在向承包商发出通知 14 天后，终止本合同，并将承包商逐出现场。"

第 16 条关于承包商提出暂停和终止的规定包括承包商有权暂停工作、承包商提出终止、停止工作及承包商的设备的撤离、终止时的支付共 4 项内容，主要规定了承包商在什么情形下可以暂停、终止合同、终止合同的程序、权利、终止后的支付等内容。如第 16.1 条规定：如果工程师未能按照第 14.6 款"期中支付证书的颁发"开具支付证书，或者雇主未能按照第 2.4 款"雇主的资金安排"或第 14.7 款"支付"的规定执行，则承包商可在提前 21 天以上通知雇主，暂停工作（或降低工作速度），除非并且直到承包商收到了支付证书，合理的证明或支付（视情况而定并且遵守通知的指示）。此行为不应影响承包商根据第 14.8 款"延误的支付"得到融资费和根据第 16.2 款"承包商提出终止"终止合同的权利。

16. 风险和责任。

第 17 条是关于合同风险和责任的规定，包括保障、承包商对工程的照管、雇主的风险、雇主的风险造成的后果、知识产权和工业产权、责任限度共 6 个方面的内容。对雇主和承包商各自承担的风险及风险后果的承担、责任限度进行了规定。如合同第 17.1 条规定："承包商应保障和保护雇主，雇主的人员，以及他们各自的代理人免遭与下述有关的一切索赔、损害、损失和开支（包括法律费用和开支）：（a）由于承包商的设计（如有时），施工、竣工以及任何缺陷的修补导致的任何人员的身体伤害、生病、病疫或死亡，由于雇主、雇主的人员或他们各自的代理人的任何渎职、恶意行为或违反合同而造成的除外，以及（b）物资财产，即不动产或私人财产（工程除外）的损伤或毁坏；……雇主应保障和保护承包商，承包商的人员，以及他们各自的代理人免遭与下述有关的一切索赔、损害、损失和开支（包括法律费用和开支）：（a）由于雇主、雇主的人员或他们各自的代理人的任何渎职、恶意行为或违反合同而造成的身体伤害、生病、病疫或死亡，（b）没有承保的责任……"

17. 保险。

合同第 18 条是关于保险的规定，包括有关保险的总体要求、工程和承包商的设备的保险、人员伤亡和财产损害的保险、承包商的人员的保险共四 4 面内容。规定了人身和财产方面的保险。如合同第 18.4 条规定：承包商应为由于承包商或任何其他承包商的人员雇用的任何人员的伤害、疾病、病疫或死亡所导致的一切索赔、损害、损失和开支（包括法律费用和开支）的责任投保，并使之保持有效。雇主和工程师也应能够依此保险单得到保障，但此类保险不承保由雇主或雇主的人员的任何行为或疏忽造成的损失和索赔。

18. 不可抗力。

第 19 条关于不可抗力的规定，包括不可抗力的定义、不可抗力的通知、减少延误的责任、不可抗力引起的后果、不可抗力对分包商的影响、可选择的终止、支付和返回、根据法律解除履约共 7 个方面的内容。规定了合同履行过程中若出现不可抗力如何解决的问题，详细规定了不可抗力的定义、出现不可抗力时的通知义务、引起的后果、支付和返回等问题。如合同第 19.1 条规定："在本条中，'不可抗力'的含义是指如下所述的特殊事件或情况：（a）一方无法控制的，（b）在签订合同前该方无法合理防范的，（c）情况发生时，该方无法合理回避或克服的，以及（d）主要不是由于另一方造成的……"第19.6 条规定："如果由于不可抗力，导致整个工程的施工无法进行已经持续了84 天，且已根据第 19.2 款'不可抗力的通知'发出了相应的通知，或如果由于同样原因停工时间的总和已经超过了 140 天，则任一方可向另一方发出终止合同的通知……"

19. 索赔、争端和仲裁。

合同第 20 条是关于争议解决的规定。包括承包商的索赔、争端裁决委员会的委任、未能同意争端裁决委员会的委任、获得争端裁决委员会的决定、友好解决、仲裁、未能遵守争端裁决委员会的决定、争端裁决委员会的委任期满共 8 项内容。主要是关于合同当事方发生争议时解决方案的规定。如合同第20.1 条规定："如果承包商根据本合同条件的任何条款或参照合同的其他规定，认为他有权获得任何竣工时间的延长和（或）任何附加款项，他应通知工程师，说明引起索赔的事件或情况。该通知应尽快发出，并应不迟于承包商开始注意到，或应该开始注意到，这种事件或情况之后 28 天……"第 20.6 条规定："除非通过友好解决，否则如果争端裁决委员会有关争端的决定（如有时）未能成为最终决定并具有约束力，那么此类争端应由国际仲裁机构最终裁决……"

五、BOT

（一）BOT 的概念与特征

BOT（Build—Operate—Transfer）即建设—经营—移交，是指政府通过契约授予私营企业（包括外国企业）以一定期限的特许专营权，许可其融资建设和经营特定的公用基础设施，并准许其通过向用户收取费用或出售产品以清偿贷款，回收投资并赚取利润，特许权期限届满时，该基础设施无偿移交给政府。BOT 中涉及的私营企业既可以是东道国国内企业，也可以是国外企业，如果是国外企业则称做国际 BOT。因为 BOT 这种方式主要是通过招标方式进行的工程承包，故将其归入国际工程承包这种国际服务贸易中。

BOT 这种投融资方式是在缓解政府财政在基础设施投入不足的基础上产生的。利用 BOT 方式可以在不动用政府财政预算的情况下完成基础设施工程的建设，所以无论在发展中国家还是发达国家，都得到了大量的运用，但BOT 方式在发展中国家与发达国家之间是有区别的，主要表现在发展中国家由于本国的私营单位投资和经营能力低下，因此 BOT 方式的私营单位通常是外国公司或财团，即国际 BOT 方式。

BOT 模式具有以下特征：（1）私营企业基于许可取得通常由政府部门承担的建设和经营特定基础设施的专营权（一般通过招标方式进行）；（2）由获得专营权的私营企业在特许权期限内负责项目的建设、经营、管理，并用取得的收益偿还贷款；（3）特许权期限届满时，项目公司须无偿将该基础设施移交给政府。

（二）BOT 项目的参与者

（1）项目发起人。项目发起人是项目公司的组建者，作为股东，应具有一定的资金实力，可以分担一部分项目开发费用。

（2）产品购买商或接受服务者。在项目规划阶段，项目发起人或项目公司就应与产品购买商签订长期的产品购买合同，或者可以预见项目的盈利性。产品的价格或服务的收费也应保证使项目公司足以回收股本、支付贷款本息和利息，并有利润可赚。

（3）银行等融资机构。银行等融资机构应提供项目公司所需的所有贷款，并按照协议规定的时间、方式支付。

（4）承建商。BOT 项目的承建商必须拥有很强的建设队伍和先进的技术，按照协议规定的期限完成建设任务。为了充分保证建设进度，要求承建商必须具有较好的工作业绩，并应有强有力的担保人提供担保。

（5）保险公司。保险公司的责任是对项目中的风险进行保险，包括建筑商风险、业务中断风险、整体责任风险、政治风险（战争、财产充公等）等。由于这些风险不可预见性很强，造成的损失巨大，所以对保险公司的财力、信用要求很高，一般的中小保险公司是没有能力承担此类保险的。

（6）供应商。供应商负责供应项目公司所需的设备、燃料、原材料等。由于在特许期限内，对于燃料（原料）的需求是长期和稳定的，供应商必须具有良好的信誉和较强而稳定的盈利能力，能提供至少不短于还贷期的一段时间内的燃料（原料），同时供应价格应在供应协议中明确注明，并由政府和金融机构对供应商进行担保。

（7）经营管理公司。经营管理公司负责项目建成后的运营管理，为保持项目运营管理的连续性，项目公司与经营管理公司应签订长期合同，期限至少应等于还款期。经营管理公司必须是 BOT 项目的专长者，既有较强的管理技术和管理水平，也有此类项目较丰富的管理经验。

（8）政府。政府是特许协议的一方当事人，是 BOT 项目中至关重要的角色，政府对于 BOT 项目的态度以及在 BOT 项目实施过程中给予的支持将直接影响项目的成败。

（三）BOT 项目涉及的协议

（1）政府与项目发起人之间的特许权协议。这一协议是政府与私人投资者签订的，约定在一定期间和指定区域内，批准和特许其在一定条件下投资于国家基础设施建设工程，如能源、交通、自然资源的建设和开发等。特许权协议是整个 BOT 项目的基础协议，是下述所有协议的依据。

（2）组建项目公司的投资协议。这一协议是项目公司的股东之间为分配权利义务而签订的协议。

（3）项目贷款协议。这一协议是由各银行金融机构向项目公司提供建设资金所签订的贷款协议，一般也附带有担保合同。

（4）工程承包合同。项目公司对整个项目的工程通过法定程序，以总包或分包的方式选定合适的承建商，完成工程的建设。

（5）经营管理合同。这是项目公司与经营管理公司在项目建成后签订的一个委托管理协议，项目公司委托经营管理公司对项目的运营进行管理，收入交付项目公司，经营管理公司取得约定的报酬。

第三节　国际融资租赁

一、国际融资租赁的定义与特点

国际融资租赁，简单说就是具有"国际性"的融资租赁。其最显著的特点就是"国际性"。而对于"国际性"的判断标准不同，决定了国际融资租赁的广义和狭义之分。广义的国际融资租赁是指具有涉外因素的融资租赁，涉外因素既包括当事人一方是外国人，还包括合同的签订地、履行地在国外或约定适用外国法等因素。而狭义的国际融资租赁则仅指出租人与承租人的营业地不在同一国家的融资租赁。这一认识目前在国际社会取得了比较一致的认同，《国际融资租赁公约》就采纳了这一观点。1988 年《国际融资租赁公约》第 3 条规定："在出租人与承租人营业地在不同国家时，本公约适用。"即国际融资租赁公约适用的条件是承租人与出租人营业地在不同国家，此项交易即为国际融资租赁。

根据《国际融资租赁公约》的规定，我们对国际融资租赁定义如下：国际融资租赁是指一国境内的出租人按照国外承租人的要求购买设备并租赁给承租人，由承租人按约定支付租金，在租期结束时，承租人得以支付租赁物象征性余值并取得租赁物所有权或退还设备的交易。

国际融资租赁除了具有国内融资租赁的一般特点，如涉及三方以上当事人、两个以上合同、承租人选择租赁物和供货商等特点外，由于其国际性的原因，与国内融资租赁相比，还具有以下两个特点：

（1）适用法律的复杂性。国际融资租赁交易中至少出租人、承租人在不同国家，甚至出租人、承租人、供货人、贷款人都在不同国家，有可能涉及适用多国法律。若出租人和承租人分属不同国家、出租人和供货人在同一国，出租人和供货人之间签订的买卖合同应适用出租人、供货商所在国法律，出租人和承租人间的租赁协议则应依据双方选择，有可能使用承租人或出租人所在国法律或国际公约，或者是第三国法律。若涉及更多不同国家当事人，则适用法律的复杂性将更高。

（2）交易风险更高。国际融资租赁因其国际性的存在，相比于国内融资租赁，将面临更多的包括政治风险、汇率风险、交易本身的商业风险、税收风险以及诉讼风险等在内的风险，尤其在新兴的经济市场，经济前景稳定与否、当地政局的稳定程度、法律制度的确定性等，都是交易各方应慎重考虑和防范的。

二、国际融资租赁涉及的法律关系和协议

国际融资租赁所涉及的法律关系和协议主要有两个。

其一是出租人与承租人之间的设备租赁法律关系，即出租人将购买的设备出租给承租人，承租人支付租金的法律关系，此法律关系表现在出租人与承租人之间签署的"融资租赁协议"中，"融资租赁协议"是国际融资租赁法律关系的核心，是最基本的法律关系和协议之一。其主要内容是出租人和承租人之间权利义务的规定。

其二是出租人与供货商之间的设备买卖法律关系，即出租人购买承租人选定的供货商的设备，供货商将设备直接交付于承租人的法律关系，其实质上就是一个货物买卖法律关系。此法律关系体现在"设备供应协议"中，设备买卖（或供应）法律关系也是国际融资租赁法律关系的核心，是最基本的法律关系和协议之一，作为国际融资租赁法律关系的一部分，其与融资租赁协议实际上密不可分，共同构成了国际融资租赁法律关系，但依据相关国家的法律又具有一定的独立性。"设备供应协议"在内容和条款上具有以下一些特征：第一，该设备供应协议通常由出租人和供应商共同签署，但该协议同时为承租人设定了相应的权利义务，其设备条款又是依承租人的要求而订立，承租人实际

上具有利害关系当事人的地位，故该协议通常又须经承租人签署确认。第二，该设备供应协议通常明确其附条件生效性质，即该协议的生效和履行以融资租赁协议的订立生效为前提，并且在融资租赁协议生效后，该设备供应协议将不可撤销和变更。第三，该设备供应协议的主旨在于为出租人设定权利义务，依其内容，出租人将负有适时开证、组织运输、购买运输保险、付款赎单等义务，同时使之取得对设备的所有权。第四，该设备供应协议同时为承租人设定了权利义务，依其内容，承租人负有办理报关、支付关税、接货验收等义务，与之相对应，供货商则有义务直接向承租人交货，并负责安装调试设备。这些均与一般的国际货物买卖合同有所不同。第五，在该设备供应协议中，出租人还负有维护承租人利益和为承租人利益行事的诚信义务。

除此之外，国际融资租赁还可能涉及借贷法律关系和担保法律关系以及设备维修法律关系。如在杠杆租赁①的情况下，出租人购买设备的资金一部分为自有资金，另一部分为借贷资金，这样，就存在出租人与贷款银行间的贷款协议，即存在借贷法律关系，此贷款协议一般为国际贷款协议。该贷款协议在内容和条款上具有以下一些特征：第一，该贷款协议在形式上以出租人为借款人，协议亦由贷款人与出租人签署，但它同时也为融资租赁的供货商和承租人设定了权利义务。第二，依据该协议，贷款人提供的贷款将直接支付于供货商并充抵部分货款；而承租人则负有以租金形式按期向贷款人清偿贷款本息的义务。第三，依据该协议，出租人通常仅将拥有的租赁设备和在租赁协议项下的出租权设为抵押和担保，因而贷款人对出租人可能完全没有追索权（即所谓"无追索权的贷款"）或者对其仅具有次要的追索权，即只有在承租人不能交纳租金的情况下，贷款人方可向出租人要求信用清偿。

另外，为保证银行债权的实现，贷款协议一般要附有担保协议，即以出租人拥有的租赁设备和出租权设定抵押和担保，这样就有了担保协议，但是，担保协议一般是作为贷款协议的从协议而存在。

由于国际融资租赁的出租人通常通过各种免责条款免除其对设备瑕疵的担

---

① 杠杆租赁（Leveraged Lease）是融资租赁的一种特殊方式，又称平衡租赁或减租租赁，即由贸易方政府向设备出租者提供减税及信贷刺激，而使租赁公司以较优惠条件进行设备出租的一种方式。杠杆租赁又称为第三者权益租赁（Third-party Equity Lease），其乃是介于承租人、出租人及贷款人（Lenders）间的三边协定，是由出租人（租赁公司或商业银行）本身拿出部分资金，然后加上贷款人提供的资金，以便购买承租人所欲使用的资产，并交由承租人使用，而承租人使用租赁资产后，应定期支付租赁费用。通常出租人仅提供其中 20%~40% 的资金，贷款人则提供 60%~80% 的资金。

保性责任，因而在租赁设备需要提供专门性维修服务和持续性技术服务的情况下，承租人往往还须与供货商签署设备维修服务协议。这样在承租人与供货商之间又存在维修服务法律关系。体现在"设备维修协议"中，主要是对供货商提供的设备规定安装、调试、技术培训、技术升级与交流等服务，不过，"设备维修协议"在内容比较简单的情况下一般直接纳入"设备供应协议"，作为货物买卖协议的售后服务条款而存在。

三、国际融资租赁协议的主要条款

国际融资租赁协议中涉及的条款众多，既包括一般性条款，又有当事人具体约定的条款，限于篇幅，我们仅对国际融资租赁涉及的基本条款作一介绍。国际融资租赁协议涉及的最基本的条款如下：

（一）设备说明条款

此条主要包括租赁设备的名称、规格、型号、数量、式样、设备的编号、供应商的名称和地址，以及说明出租人所出租的设备是应承租人的要求，由出租人购买专门用以出租给承租人使用的等。租赁设备作为国际融资租赁协议的标的，是将出租人、承租人、供货商联系起来的纽带，一般来说，在《设备供应协议》中会规定一个供货商知晓供货目的条款，以表明供应商自合同订立之始就知道其所供的货物是供出租人用来出租的，这样在发生纠纷时，出租人和承租人可据此要求供货商承担相应的责任，此条款一般与设备说明条款相对应。

（二）租赁设备所有权与使用权条款

依照此条款，一般规定：出租人是出租设备的所有人，承租人只能享有设备的占有与使用权，未经出租人同意，承租人不得将设备转让、抵押、出租或作出其他有损出租人对设备所有权的行为。在承租期内设备由承租人占有和使用，出租人不得以使用权干涉承租人对设备的占有与使用权。

（三）租期和租金支付条款

租期一般是指租金开始计算日到租期结束日。一般涉及起租日的确定和租赁期限长短的确定。出租人出租设备的目的是获得租金，租金支付条款主要包括租金的构成与计算、租金支付的货币和地点、租金的变更和罚息和租金支付方式，如租金支付间隔与次数等内容。

（四）租赁设备交付与检验条款

在国际融资租赁交易中，供货商直接将设备交付承租人，承租人负责设备的检验接收，嗣后向出租人出具验收证书和其他文件，出租人据此向供货商付款；此条一般还会规定承租人检验设备的期限。

（五）《设备供应协议》中为第三人利益条款

由于国际融资租赁交易中供货商与承租人之间不存在直接法律关系，为避免日后纠纷出现和解决，一般会在《设备供应协议》中为承租人设定权利，权利内容主要是关于供货商向承租人承担的有关产品的责任和设备维修、技术服务义务。

（六）租赁设备使用、维修与保管条款

此条款目的在于免除出租人的责任，因承租人对设备有自主支配权，承租人在占有、使用租赁设备时应妥善保管、合理使用，对租赁物负有维修义务。

（七）设备风险承担条款

在国际融资租赁交易中，设备意外损失的风险不是由设备的所有人即出租人承担，而一般都是由承租人承担。双方对设备意外损毁、灭失的风险涉及的权利义务在此条款中进行约定。

（八）租赁设备的保险条款

包括两个阶段，设备交付前阶段，根据双方供货协议的约定，由出租人和供货商约定对设备进行投保，此阶段设备的保险完全按照货物买卖协议来进行；设备交付后，一般是由承租人以出租人的名义且负担保险费用对设备投保。

（九）承租人履约保证金和担保条款

承租人履约保证金是在合同订立时由承租人向出租人交付的保证履行合同的保证金。这是一份租赁保证金之外的额外的担保。目的是为了保障出租人的利益。

（十）租赁权利转让条款

一般来说，国际融资租赁中，出租方权利转让是其固有的权利，在不影响承租人对设备的占有与使用的情况下，出租人可以将其合同项下的任何权利全部或部分转让给第三人。而承租人转让权利和义务，则必须经过出租人的同意或在合同中明确规定。

（十一）租期结束后的设备处理条款

在国际融资租赁交易中，由于涉及设备的跨国运输、转移问题，非常繁琐，所以出租人一般不会选择回收设备，一般来说，合同中会约定承租人在租期结束后享有设备购买、续租、退还的选择权，实务中，如果承租人不购买设备、不续租，出租人通常都让承租人作为代理人寻找设备买主或新的承租人。

（十二）违约责任条款

此条款主要规定承租人与出租人违约时双方的救济权。国际融资租赁交易中各方当事人违约责任问题比较复杂，各国法律规定又有所不同，所以，应在协议中尽量明确规定哪些事情构成双方当事人违约，应负什么样的法律责任，如何救济。

（十三）争议解决条款

争议解决条款主要涉及争议解决的方式，如诉讼还是仲裁方式的选择；还有关于争端解决适用的法律问题，合同中一般应事先约定合同发生争议时适用的法律，这个问题还会涉及国际私法中法律的适用问题，比较复杂。

（十四）其他条款

国际融资租赁协议中，根据每次交易的不同以及当事人的情况，都会根据实际需要拟订一定的专有条款，在此不赘述。

第九章 国际知识产权与技术贸易法

要点提示：国际技术贸易也是与国际货物贸易和国际服务贸易并列的三大贸易种类之一，随着科技的迅猛发展，知识、技术作为生产力，体现出巨大的商业价值，成为国际贸易中的重要标的之一。学习本章，重点掌握国际技术贸易的概念、特征、标的和贸易方式，并结合知识产权标的进行理解。还要掌握国际技术贸易法的基本知识，包括概念、体系和渊源，与国际知识产权法的联系以及国际技术许可证合同的主要条款，国际特许经营的相关知识。

第一节 概 述

一、国际技术贸易的概念与特征

所谓国际技术贸易，是指不同国家的商业主体之间进行的跨境商业性有偿技术转让行为，是国际贸易的一种类型。

理解这一概念要把握以下问题："不同国家"、"跨境"意味着国际技术贸易的国际性，这是区分国际技术贸易与国内技术贸易的标准；"商业主体"包括各类型的企业、经济组织和自然人；之所以强调"商业性有偿转让"是为了与非商业性的无偿转让相区别，如政府间的技术援助、纯粹的技术赠与是无偿的，不属于本章国际技术贸易的范畴；"技术转让"（Technology Transfer）包括技术出口与技术引进，在一次交易中两者是相对应的，技术出口方通常称做"供方"（Licensor），技术引进方一般称为"受方"（Licensee）。

国际技术贸易与国际货物贸易相比，因标的的不同，具有一些明显的区别，这些区别构成了国际技术贸易的特征：

首先，两者标的不同。国际技术贸易的标的为技术，一般是指专有技术，即具有商业属性的技术，而非公有技术。依照《国际技术转让行动守则（草案）》的规定，技术是"制造一种产品、应用一项工艺或提供一项服务的系统知识"。技术贸易中的技术具有无形性、系统性和商业属性。即其是一种看不见、摸不着的一套系统的、在工业生产上实用的、具有交换价值的东西。技术的上述特点决定了其与货物贸易的标的——有形的商品相比，不易计量、不易论质、不易评价，给技术贸易带来了一定的困难。

其次，两者转让的客体不同。货物贸易转让的是货物的所有权，而技术贸易转让的则是技术的使用权。一件物品只能完整地转让给一个对方，原物主也将因转让而丧失对该物的所有权；而一项技术可同时完整地转让给多个对方，且原有技术的持有者并不因转让而失去对该技术的所有权。

再次，政府对两者的管制不同。技术代表着一国的科技实力、制造水平，是国家创造力的源泉，其影响远远大于货物的交易，因此，各国通常都会基于国家安全、经济利益等方面考虑，对技术贸易进行各种管制。而货物贸易的管制程度要低。

最后，两者所适用的法律不同。因为技术的特殊性，调整技术贸易的法律除了涉及交易的通常事项之外，还要涉及工业产权保护、技术的定价、技术保密、授权、技术培训和服务等特殊事项，故一国往往要单独制定调整技术贸易的法律。

二、国际技术贸易的标的与知识产权

（一）知识产权（Intellectual Property）

所谓知识产权，是指公民或法人等主体依据法律的规定，对其从事智力创作或创新活动所产生的知识产品所享有的专有权利，又称为"智力成果权"、"无形财产权"。

知识产权具有三个显著特点：即知识产权的地域性、独占性、时间性。所谓地域性，是指除签订有国际公约或双边、多边协议外，依一国法律取得的权利只能在该国境内有效，受该国法律保护；所谓独占性，即只有权利人才能享有，他人不经权利人许可不得行使其权利；所谓时间性，指各国法律对知识产权分别规定了一定期限，期满后则权利自动终止。

知识产权的范围在不同的国家和国际条约中规定不同，最初的知识产权权利标的是两大类，即工业产权和版权，工业产权主要由《保护工业产权巴黎公约》规定，包括专利和商标；版权则由《保护文学艺术作品伯尔尼公约》规定。但知识产权是一个开放的体系，随着科技日新月异的发展，越来越多新型智力创新成果出现，知识产权的范围逐渐扩展，出现了如地理标志权、集成电路布图设计（拓扑图）、植物新品种、计算机软件、商号、技术秘密、商业秘密、域名等新型的知识产权标的，当然，这些标的还没有完全进入知识产权法的保护范畴，但承认这些标的的存在以及研究如何对其进行有效法律保护对于知识产权法的发展是必要和必须的。

知识产权的特点决定了其与国际技术贸易标的具有一定程度的重合性，国际技术贸易的标的中很大一部分正是知识产权法保护的范围，故国际技术贸易法与知识产权法关系紧密，知识产权法可以作为国际技术贸易法的渊源之一。

（二）国际技术贸易的标的

在了解知识产权的概念、特点和范围的基础上，我们对国际技术贸易的标的进行分类，国际技术贸易的标的一般包括以下四类：

1. 工业产权。

工业产权包括专利权和商标权，专利权（Patent Rights）的实质是其代表的权利人在一定期限内拥有的垄断性专利技术，即受到一国知识产权法保护的技术，包括发明、实用新型和外观设计专利，专利技术的权利人要通过法律规定的公开程序向公众公开，从而取得一定期限内的排他性、独占性权利；商标（Trade Marks）是商品生产者或经营者为了使自己的商品同他人的商品相区别而在其商品上所加的一种具有显著性特征的标记，商标虽不属于技术，但与技术密切相关，因为其所标示的商品往往内含着权利人特有的技术，所以也常将其作为国际技术贸易中的一项标的。

2. 专有技术。

目前，对于专有技术（Know-how）还没有一个统一确定的概念，在实践中通常还被称为技术诀窍、技术秘密、专门知识等。国际知识产权组织国际局（BIRPI）在1964年制定的《发展中国家发明样板法》对专有技术的定义是："所谓专有技术是指有关制造工艺和工业技术的使用及知识"。国际商会（ICC）拟定的《保护专有技术的标准条款草案》中定义为："专有技术是为了达到某种工业生产目的，而应用的某种必需的、具有秘密性质的技术知识、经验或其积累。"在国际技术贸易中，人们一般认为专有技术是指为生产某种产品或使用某种工艺所需要的技术知识、经验和技能，它包括设计图纸、资料、工艺流程、加工工艺、材料配方等技术秘密和经营管理、商业、财务等方面的商业秘密等内容，也包括技术人员、工人等所掌握的、不以文字形式记录下来的各种知识、经验和技能。专有技术是秘密的，不为公众所知，也不能轻易得到。

专有技术与专利技术相比，具有以下不同点：专有技术是秘密的，由权利人自力保护，专利技术是公开的，有专门的知识产权法保护；专利技术是独占、排他的技术，但同时也是有期限的，专有技术虽不具有排他性，一旦公开就可公知公用，但权利人若保护得当，可以永久拥有；专利技术属于知识产权法保护，而专有技术若被人不当使用，则由侵权行为法、不正当竞争法以及合同法来保护。

3. 计算机软件。

主要是指各种计算机程序、程序说明、辅助资料等，包括系统软件、应用软件和数据库等，关于计算机软件的保护有版权保护、专利保护，也有专门的计算机软件保护条例的保护。

4. 其他。

国际技术贸易的标的应该作一个开放式的规定，因为除了上述常见的三种标的之外，有些公开技术也可能成为国际技术贸易的标的，如超过保护失效的专利技术、已经公开的专有技术，即使其为公开的技术，但要真正掌握并运用到实际工作中也需要花费时间和费用，这就涉及转让方向受让方提供一种技术培训或服务，也可以构成国际技术贸易的标的。另外，知识产权是一个开放的体系，随着科技的发展、社会的进步，新类型的技术必定不断涌现，这些技术届时也必然会成为国际技术贸易的标的。因此，在此我们规定一个"其他"条款，以适应未来发展的需要。

三、国际技术贸易的方式

国际技术贸易的方式，一般来说分为三类：一种是技术软件（Soft Ware）贸易，即单纯的技术软件转让；一种是软件与硬件（Hard Ware）相结合的技术贸易；还有一种是与国际投资相结合的技术贸易。

（一）技术软件贸易

1. 国际许可证协议。

国际许可证协议是技术供方通过许可证协议的形式将其专利技术、商标或专有技术的使用权转让给受方的一种国际技术贸易。技术的供方称为许可方，技术的受方称为被许可方。国际许可证协议是最典型和最主要的国际技术贸易形式。

2. 国际技术咨询和服务。

国际技术咨询和服务（Consultant and Service）是指一方以自己的技术性劳务为委托方完成合同约定的某种工作，由委托方支付一定报酬的行为。提供技术性劳务的一方称为供应方或顾问方，接受技术性劳务的一方称为受方或委托方。双方交易的客体为技术咨询或服务这种技术性劳务。

3. 国际特许经营。

它是指由一家已经取得成功经验的企业，将其商标、商号名称、服务标志、专利、专有技术以及经营管理的方式或经验等全盘地转让给另一家企业使用，由后一企业（被特许人）向前一企业（特许人）支付一定金额的特许费的技术贸易行为。

（二）软件和硬件相结合的技术贸易

我们一般称设备买卖贸易为硬件贸易，而设备买卖贸易中一般都含有技术软件的贸易。两者相结合的贸易形式就是软件和硬件相结合的技术贸易。

1. 买卖成套设备、工程或关键设备的同时进行技术贸易。

此种技术贸易引进设备，包括成套的设备，如生产流水线设备等，也可以是关键设备，但是设备买卖的同时又必须包含技术交易，否则设备无法运行，故两者紧密结合，也属于国际技术贸易的一种方式。

2. 通过租赁设备进行技术贸易。

此种方式与上述第一种技术贸易一样，都是设备附带技术贸易，不同之处在于此种方式中涉及的是设备的租赁，而非买卖，如国际融资租赁中涉及的设备租赁，租赁来的先进设备本身含有工业产权或技术诀窍，因而这种租赁业务也就含有技术贸易。

3. 补偿贸易方式中的技术贸易。

补偿贸易（Compensation Trade）是指进口商在信贷基础上，向出口商购买机器、设备、技术物质或劳务，约定在规定期限内，一次或分期用商品或劳务偿还的贸易方式。在这种贸易方式之下，出口商向进口商提供机器设备，同时需要提供附带的技术软件，故也内含着技术贸易。

4. 合作开发方式下的技术贸易。

双方利用各自的优势合作进行科学技术研究，或者合作开发新产品、新材料和新工艺。双方在合作过程中，共同投资，共同确定研制的项目和计划以及研制方法。研制的成果由双方共有。双方在合作过程中，必然涉及先进的仪器、设备和技术的交流，所以也成为国际技术贸易的一种方式。

（三）与国际投资相结合的技术贸易

国际技术贸易也可以体现在国际投资领域中，例如我国的《中外合资经营企业法》、《中外合作经营企业法》以及《技术进出口管理条例》中都有关于技术投资等的规定，具体来说，技术投资有以下三种方式：

（1）技术作为资本作价入股这种方式就是将引进的技术评估作价，作为公司注册资本的一部分，以技术资本投资成为公司股东，享有股权，进行合作，这是最典型的技术投资模式，通过这种方式，引进技术的一方可拥有技术的使用权，从而消化吸收引进的技术，属于一种技术贸易的方式。

（2）合作经营方式下的技术贸易即技术供方提供专有技术或先进设备、材料和外汇资金，技术受方提供辅助设备、场地和劳动力以及配套的本国货币资金，双方进行合作生产和经营，也是技术贸易的一种途径。因为合作中也传授管理技巧和技术诀窍。

（3）合资或合作企业与合作方另订技术许可或技术转让合同。这种方式实质上一般是另外单独签订技术许可或技术转让合同，但因为是在合资或合作企业的基础上，与合作方签订的技术合同，所以仍将其归属到与国际投资相结合的技术贸易中。

除了上述三种类型外，国际技术贸易还可能会体现在国际服务贸易过程中，以技术服务的方式体现出来，如在国际工程承包服务中，由于国际工程承包是一种集资本、技术、知识、劳务等为一体的综合性服务，技术服务也是其中必要的一部分，故也存在技术贸易。

四、国际技术贸易法

（一）国际技术贸易法的概念

国际技术贸易法是调整国际技术贸易法律关系的法律规范的总称。

国际技术贸易法律关系包括交易性的国际技术贸易法律关系和管制性的国际技术贸易法律关系；调整国际技术贸易的法律规范既包括国内法规范也包括国际法规范。

（二）国际技术贸易法的体系和渊源

1. 国际技术贸易法的体系。

国际技术贸易法的体系可以分为总论和分论两大部分。

总论部分是关于国际技术贸易的贸易自由化原则，这些原则主要规定在WTO以及其他国际组织相关的国际条约中，如《与贸易有关的知识产权协议》（TRIPs）、《国际技术转让行动守则（草案）》等，这些国际公约的目的和宗旨是为了促进国际技术贸易的发展，其基本原则是促进成员国之间的技术贸易的自由化和有序的贸易秩序。在国际公约的要求下，成员国也往往进行国内立法以履行国际公约的义务，这样在国内法中也有关于国际技术贸易的原则性规定，如我国《对外贸易法》第三章中对技术进出口的原则性规定，也可以构成国际技术贸易法总论部分的内容。

分论部分按照涉及法律关系性质的不同，分为调整交易性国际技术贸易法律关系的法律规范和调整管制性国际技术贸易法律关系的法律规范。调整交易性法律关系的规范规定的是平等主体之间在技术进出口交易中各方的权利、义务问题，目前，这类法律规范数量不多，比较分散，如我国《合同法》中关于技术合同的法律规定，再如《国际技术转让行动守则（草案）》中关于技术转让交易的规定，还有 1995 年欧共体的《技术转让条例》是对技术转让双方权利、义务的规定，属于交易性的法律规范。

调整管制性国际技术贸易法律关系的法律规范规定的是一国政府、国际组织对技术贸易的管制和限制。如关于知识产权保护的国际条约中对知识产权的法律保护构成对技术贸易的一种限制，另外，各国出于各种原因对技术出口的限制和对技术引进中限制性商业条款的禁止的规定，均属于这种管制性的法律规范。

2. 国际技术贸易法的渊源。

（1）国际立法。调整国际技术贸易的国际立法包括国际公约、区域性协定和国际惯例等类别，但目前关于国际技术贸易的国际立法还很不完备。

与技术贸易有关的国际公约有世界贸易组织的《与贸易有关的知识产权协议》(TRIPs) 和世界知识产权组织制定和管理的一系列知识产权公约，如1883 年《保护工业产权巴黎公约》、1891 年《制裁商品来源的虚假或欺骗性标志协定》、1891 年《国际商标注册马德里协定》及其议定书、1973 年《商标注册条约》、1958 年《保护原产地名称及其国际注册协定》、1957 年《为商标注册目的而使用的商品与服务的国际分类尼斯协定》、1925 年《工业品外观设计国际备案海牙协定》、1968 年《工业品外观设计国际分类洛迦诺协定》、1970 年《专利合作华盛顿条约》(《专利合作条约》)、1961 年《保护植物新品种日内瓦公约》、1886 年《保护文学艺术作品伯尔尼公约》、1961 年《保护邻接权罗马公约》、1989 年《集成电路知识产权条约》等；1978 年联合国贸易和发展会议制定的《国际技术转让行动守则（草案）》虽因各国分歧较大至今未获通过，但作为迄今最全面的关于国际技术转让的统一规则，对国际技术贸易的立法还是提供了很多有益经验，具有重大借鉴意义。

除了上述公约外，还有一些条约和惯例也可以构成国际技术贸易法的渊源，如联合国工业发展组织 1975 年制定的《发展中国家以技术许可证合同形式引进外国技术指南》、1978 年《引进国对技术引进的看法》、1979 年《技术转让合同评价指南》等，再如联合国贸发会 1972 年制定的《对发展中国家开展技术转让的研究准则》、世界知识产权组织 1977 年制定的《发展中国家许可证贸易指南》、1980 年《技术转让合同管理示范法》、1980 年《计算机软件保护条约草案》等。

区域性的关于国际技术贸易的协定主要有：欧共体（现在的欧盟）理事会 1986 年通过的《半导体产品布图法律保护》、1991 年通过的《计算机程序法律保护指令》、1995 年《技术转让条例》、1996 年欧盟通过的《数据库保护指令》等，《北美自由贸易协定》中关于知识产权的保护条文以及安第斯组织的《卡塔赫那协定》中关于知识产权的保护等。

（2）国内立法。关于国际技术贸易的国内立法，不同国家的规定很不统一。尤其是在发达国家和发展中国家之间，呈现出两种不同的态势。发达国家由于在技术贸易中明显处于优势地位，所以对国际技术贸易一般不作更多的限制，仅有的限制是为了国家安全和公共利益之需，发达国家一般没有关于技术转让的专门法律，而是纳入民法、商法、经济法的调整范围，通过外国投资法、知识产权法、反垄断法、反不正当竞争法、出口管理法等进行调整。如美国 1979 年颁布了《出口管理法》、日本 1981 年颁布了《关于修改外汇管制与外贸管制的法律》，也有发达国家制定过专门的技术转让的法律，如 1970 年法国的《关于与外国人订立获得工业产权和技术知识合同的法令》、1973 年西班牙颁布的《技术转让法令》等。

发展中国家关于国际技术贸易的国内立法则非常积极，因其既要实现引进先进技术，发展本国经济的目标，同时又要避免发达国家通过技术输出控制本国商业和贸易，因此，通过制定国内法来对技术引进进行规制。关于国际技术贸易的国内法律渊源包括一国制定的《合同法》、《合资、合营企业法》、《反不正当竞争法》、《专利法》、《商标法》、《著作权法》、《对外贸易法》等相关法律、法规和规章。

第二节 国际许可证贸易

一、国际技术许可证贸易的概念

所谓国际技术许可证贸易，是指技术许可方同意被许可方在合同规定的范围和期限内使用许可方的技术，而由被许可方支付一定报酬的国际技术贸易方式。它是国际技术贸易中使用最广泛、最普遍的一种贸易方式。许可贸易是指交易双方通过签订许可合同或协议所进行的一种技术贸易方式。技术或商标的供方称为许可方，受方称为被许可方。许可贸易的标的主要是专利权、商标权和专有技术使用权，通过签订许可合同或协议，许可方允许被许可方取得他的专利、商标或专有技术的使用权，以及合同产品的制造权、销售权和进口权。

二、国际技术许可证合同的分类

（一）第一种分类

按照许可贸易涉及标的物的不同可分为三种基本类型：即专利许可、商标许可和专有技术许可。在国际技术许可贸易中，这三种类型有时单独出现，如单纯的专利许可、单纯的商标许可或单纯的专有技术许可，但在多数情况下，是以两种或三种类型的混合方式出现的，在国际技术贸易中，单纯的专利许可较少，在大多数情况下，专利许可还附带有专有技术许可，因为大多数专利申请人在申请专利时会将一些关键技术隐藏起来，只要符合专利申请的最低条件就可以了，这样专利保护的范围还可能扩大，而技术受让人仅获得这种专利的许可往往还是不能进行实际生产的，必须附带有专有技术的许可。所以，两种以上标的相结合的混合许可证合同，也叫捆绑许可证合同，就很常见。

（二）第二种分类

按照许可的范围和权限来划分，可以分为以下几类：

1. 普通许可。

普通许可（Simple License）又称一般许可，是指许可方允许被许可方在规定的地区和期限内使用其专利技术、专有技术或商标。许可方不但保留在该地区使用其技术的权利，而且还可以将该项技术或商标再转让给第三方，允许第三方在同一区域使用其技术或商标。被许可方在这种许可贸易中获得的权利较小，因而支付的使用费较低。但这种许可方式下，被许可方可能面临着来自许可方和其他被许可方产品的竞争。

2. 排他许可。

排他许可（Sole License）又称独家许可，许可方只允许被许可方一家在规定的地区和期限内使用其技术或商标。许可方保留在该区域内使用其技术或商标的权利，但不能向第三方转让同一技术或商标。由于这种许可方式排除了第三方在该地区制造或销售同一产品的可能，被许可方在该区域内对产品的垄断性相对增强，竞争相对减少，因此采用排他许可方式所支付的费用一般高于普通许可的费用。

3. 独占许可。

独占许可（Exclusive License）是指被许可方在规定的地区和期限内，对许可方的技术或商标享有独占的使用权，即不仅第三方，而且包括许可方本身均无权在该地区和规定的期限内使用该技术或商标。这种独占许可方式，使被许可方在该区域内对技术或商标具有完全的垄断性，其产品不会受到许可方和任何第三方产品的竞争，因此，采用独占许可方式所支付的费用高于前两种许可的费用。在独占许可贸易中，被许可方对技术或商标的垄断仅限于一定的地区和期限内，技术或商标的所有权仍属许可方，许可方仍可在其他地区或在规定期届满后在该地区转让或使用其技术或商标。

4. 分许可。

分许可（Sub-license）指被许可方在其被许可的地区内，以自己的名义与第三方签订再许可合同，把技术或商标的使用权转让给第三方，被许可方通常需经过许可方的同意，才能把使用权转让给第三方。采用分许可方式所支付的费用高于前几种许可的费用。

5. 交叉许可。

即双方通过技术交换形式进行的许可贸易，即通过签订许可合同，互相允许对方使用自己的技术。这种方式称为交叉许可（Cross License）。如果技术等价，双方不必支付费用，如果技术不等价，一方向另一方支付一定的补偿费用。

三、国际技术许可证合同的主要条款

国际技术许可证合同由于类型、双方谈判情况等的不同，其合同条款有其共同条款，也有一些特殊条款。双方具体权利义务的规定是由合同的具体条件决定的，一般来说，国际技术许可合同通常有如下条款：

（一）一般规定条款

包括合同名称和编号、签订时间和地点、当事人的法定名称和地址、鉴于条款和定义条款等。合同名称是为了明确合同的性质。例如"××专利许可合同"、"××专有技术许可合同"等；合同签订时间和地点涉及合同的生效、法律的适用及纳税等问题；当事人法定名称和地址，除有助于通信联络外，也是双方发生争议确定法院管辖权和适用具体法律的依据之一；鉴于条款，常用"鉴于……"语句开头，它是叙述性条款，用以说明当事人双方的背景、签约意愿和目的，其中要特别讲明许可方对技术或权利拥有的合法性及被许可方接受技术的意愿、经验和能力；定义条款是为使合同内容清楚、概念明确、统一，如对以下一些词语、概念：与合同标的有关的重要名词和术语、各国法律或惯例有不同理解或易产生歧义的重要名词和术语、重要的专业性技术术语、合同中多次出现、需加以简化的名词和术语等，将其定义明确清晰化，在同一合同各条款出现时，含义应完全一致。

（二）合同标的条款

即合同涉及转让技术的内容和范围。这是整个合同的核心部分，是确认双方权利和义务的基础。主要包括以下内容：转让技术的具体名称、规格，要求达到的性能和技术指标，转让的方式和涉及的技术资料，授权的范围和期限，供方在技术培训和技术服务方面应承担的责任和义务，具体培训人数、方式，技术服务的范围及待遇条件，要达到的目标，受方可以使用技术制造、销售和出口许可产品的地区，商标的使用办法等。

不同的合同标的所涉及的具体规定有所不同。如专利技术的转让一般包括专利条款、专利保持有效条款等。专利条款即要明确所转让专利技术的法律状态，如专利是否有效，是否涉及专利纠纷（如是否有人提出异议申请），要在合同中列出专利号、专利申请国别、申请时间和有效期限等。若属正在申请的专利，则要在合同中约定将来双方的权利义务如何随申请结果而变化。专利保持有效条款，即要求许可方按照专利权授予国的法律规定定期缴纳专利年费以维持专利的有效状态。商标许可合同则往往包括商标的内容和特征，商标的合法性和有效性，受方使用商标的形式，对商标标识的管理，供方对受方产品质量的监督权等。专有技术许可合同则往往须约定：缔约过失责任条款和保密条款，缔约过失责任主要是要求受方在合同缔结过程中保证对所知悉的对方技术秘密予以保密，保密条款则是在双方达成的合同中关于保密责任、保密措施的规定。

（三）合同价格和支付条款

国际技术许可证合同的合同价格主要在于对转让技术的定价，技术定价是个复杂的问题，其高低取决于多种因素，主要有供方所预期的利润、技术的生命周期和技术所处的周期阶段、技术使用的目的和范围、供方对受方授权的程度、供方对技术的担保和受方接受能力、技术供求状况、技术的经济效益等。这也决定了技术许可合同的计价和支付方式不同于国际货物贸易，国际技术许可证合同的计价和支付方式主要有三种：（1）总付价格。总付（Lump-sum Payment）也称一次总算，技术供方与受方签订合同后，按双方在合同中确认的一笔固定金额作为总价，由受方向供方一次付清或分期支付，对技术受方而言，采用分期支付方式可以最大限度减少交易风险。（2）提成支付（Royalty）。提成支付是指技术供方和受方在签订合同时并不具体规定技术使用费的总额，而是在受方利用引进技术开始生产后，以产品的产量、销售额或利润作为提成的基础，规定提成的金额或比例，由受方按期向供方支付提成费。提成支付方式下，产品产量的多少、销售量和利润的高低直接影响供方的收益，供方要承担一定的技术转让风险，从双方共担风险的角度来说，提成支付比总付方式合理，受方比较愿意采用提成支付方式。（3）入门费加提成（Initial Payment and Running Royalty）。这种方式是把技术使用费分为两部分支付，一部分为数额固定的预付金，即在合同生效或收到技术资料后先付一笔约定的款项，这部分费用称为入门费（Initial Payment），另一部分费用在项目投产或销售后，逐年提成支付。使用入门费与提成相结合的方式，一般是供方为了减少单纯提成支付的风险和受方为减少一次总付的风险，双方所达成的妥协支付方式。供方要求支付入门费的依据主要包括技术转让交易所支付的直接费用、技术指导服务费、技术培训费和项目设计费、"技术披露费"或"技术公开费"。

（四）技术改进和发展条款

在合同期限内，供受两方都有可能对原转让的技术作出某种新的改进或发展。一般来说，改进和发展的技术的所有权应归作出改进和发展的一方所有。但合同中一般规定技术改进交换条款，即在合同有效期内，双方都有义务彼此提供各自取得的技术改进和发展情况，供方对受方无偿提供技术改进的称为技术继续援助，相反则称为技术回授。

（五）技术资料交付条款

该条款包括技术资料交付的时间、地点和方式，对技术资料包装的要求，技术资料短损的补救办法和责任，技术资料使用文字和技术参数的度量衡制度等内容。

（六）保证条款

该条款主要是为维护被许可方的利益，保证条款一般包括技术保证和权利保证。技术保证包括技术资料、合同产品性能、设备性能、技术服务和人员的培训方面，权利保证主要是指许可方应保证其是所转让技术的合法所有者，并有权进行技术转让，这种转让在合同规定的地域内没有侵犯任何第三方的权利，通常，权利保证条款在鉴于条款中就有规定。

（七）技术验收条款

技术验收包括技术资料验收和产品性能（或项目）考核验收。要判断供方是否已完整、正确、无误地传授了技术，是否已达到双方签订合同时所规定的技术目标，最有效的方法是对合同产品（或项目）进行性能考核验收，以受方完全掌握引进技术以及达到双方规定的技术指标作为验收标准。技术考核验收的详细规定可以作为合同的一个附件，也可以纳入到合同中，一般包括以下内容：考核验收产品的型号、规格、数量；考核验收的内容、标准、方法、次数；考核验收的地点和时间安排；费用的负担等。

（八）违约责任条款

如规定供方未能遵守在保证条款中的义务时应承担的补救和赔偿责任；供方技术资料交付不及时的迟交罚款条款；由于供方资料错误或专家指导错误，致使产品、零部件返修或报废的直接损失，供方应予赔偿；以及由于供方原因，合同产品按考核验收条款，经多次考核试验达不到合同规定的技术目标时的赔偿条款等。

（九）其他条款

除上述条款外，国际技术许可证合同一般还包括人员培训、不可抗力、税费、法律的适用和争议的解决、合同期限、合同生效和终止、合同文字及签字、合同附件等条款和内容，在此不再赘述。

四、国际许可证协议中的限制性商业条款

国际许可证协议中的限制性商业条款，也叫限制性商业惯例（Restrictive Business Practices），是指在国际许可证协议中由技术许可方向被许可方施加的，法律所禁止的，造成不合理限制的合同条款。限制性商业条款具有明显的不平等性和违法性，这些条款或者直接影响市场竞争，或者对国际技术贸易尤其是对发展中国家引进技术及其经济发展造成不利影响。

对限制性商业条款的禁止在许多国际公约和国内立法中都可见到。世界贸易组织《与贸易有关的知识产权协议》对限制性商业条款作了禁止性规定，但只列举了各国比较公认的三种情况，1978 年的《联合国国际技术转让行动守则（草案）》则详细列举了应予禁止的 14 项限制性商业条款。该行动守则虽然本身没有生效，但其中的某些规定仍然被许多国家在制定国内法时参照使用。我国 2002 年 1 月 1 日的《技术进出口管理条例》有关限制性商业条款的规定就是在参考该守则草案的基础上制定的。根据《联合国国际技术转让行动守则（草案）》的规定，应予禁止的限制性商业条款包括：

（1）回授条款。要求受方将取得技术后作出的改进部分，在由供方专享的基础上，不需要供方给予补偿或承担互惠义务，或当转让或回授会使供方滥用其市场支配地位时，转让或回授给供方或供方指定的任何其他企业。

（2）对效力的异议。要求受方对被转让的专利技术的有效性，或对供方所要求或取得的其他此种权利的效力，不表示异议。

（3）独家经营。限制受方就类似的或由竞争性的技术或产品签订销售协定、代理协定或制造协定的自由，或取得竞争性技术的自由。

（4）对研究的限制。限制受方从事旨在按当地情况吸收和更改所转让技术的研究和发展，或限制受方实行与新产品、新工艺、新设备有关的研究发展计划。

（5）对使用人员方面的限制。要求受方使用供方指定的人员，或其后已有经充分训练的当地人员或已培训了这种人员时，仍继续作这种要求；或妨碍使用技术受方国家的人员。

（6）限定价格。限制受方对其引进技术所生产的产品自行确定价格的自由。

（7）对技术更改的限制。禁止受方按当地情况更改进口技术或对进口技术加以革新。或在受方自行负责作出更改且不使用技术供方的名称、商标、服务标志、商品名称时，迫使受方在设计或规格上作不愿意或不必要的变更。

（8）包销协定或独家代理协定。要求受方将包销权或独家代理权授予供方或供方指定的任何人。

（9）附带条件的安排。强制受方接受其不愿要的额外技术、未来发明和改进部分、货物或服务，或限制技术、货物或服务的来源，作为取得所需要的技术的条件。①

（10）出口限制。施行地区或数量限制，或规定产品的出口或出口价格必须事先得到同意，或对利用所供应的技术生产的可出口产品提高付款额，以这类限制方法禁止或严重妨碍出口。

（11）共享专利或互授许可协定以及其他安排。技术供方之间的共享专利或互授许可协定或其他国际技术转让交流协议中，对地区、数量、价格、顾客或市场的限制，会不正当地限制受方取得新的技术发展的机会，对技术转让产生不利影响。

（12）对宣传的限制。限制受方的广告或宣传。除非因下列情况而可能需要限制这种宣传：由于广告或宣传提到供方的名称、商标或服务标志、商品名称、或其他商业标识，为防止供方的商誉或名誉受损害；或由于供方可能要对产品负赔偿责任，而有正当理由避免这种责任；或为了保障安全或保护消费者；或为了确保所转让技术的机密性。

（13）工业产权期满后的付款和其他义务。对受方继续使用已失效、被撤销或期满的工业产权要求付款或承担其他义务。

（14）在技术转让协议期满后的限制。在技术转让协议期满后，限制受方

---

① 参见张圣翠：《国际商法》，上海财经大学出版社 2002 年版，第 329 页。

使用该项技术。

第三节　国际特许经营

一、国际特许经营的概念和特点

国际特许经营是指一国的特许经营者将自己所拥有的商标（包括服务商标）、商号、产品、专利和专有技术、经营模式等以特许经营合同的形式授予另一国的被特许经营者使用，被特许者按合同规定，在特许者统一的业务模式下从事经营活动，并向特许者支付相应的费用的一种国际技术贸易。特许经营的特点有：（1）特许经营是特许人和受许人之间的契约关系；（2）特许经营特许人允许受许人在规定期限内使用自己的商号、商标、服务标记、经营诀窍、商业和技术方法及其他知识产权标的；（3）受许人自己对其业务进行投资，并拥有其业务；（4）受许人需向特许人支付费用。国际特许经营除了具有特许经营上述的特点外，还具有国际性这一特点，即特许人和受许人是不同国家的商业主体。

国际特许经营是特许者将其拥有的商标、商号、专利技术、专有技术、经营模式等概括地授予受许者使用，其中所含的技术、知识产权成分最多，故将其归入国际技术贸易法的范畴中，属于一种新型的国际技术贸易方式。特许经营最早起源于美国，1851年Singer缝纫机公司为了拓展其缝纫机业务，开始授予缝纫机的经销权，在美国各地设置加盟店。撰写了第一份标准的特许经营合同书，在业界被公认为是现代意义上的商业特许经营起源。美国早期的特许经营是商品商标型特许经营，在这一阶段，特许商向加盟商提供的仅仅是商品和商标的使用权，作为回报，加盟商须定期向特许商支付费用。像通用汽车公司、福特公司、埃克森石油公司、麦当劳公司等当时都是采取这种方式从事经营，这也被称为"第一代特许经营"。但这种经营方式无法保证加盟商与特许商之间经营的一致性，导致对特许商商誉、声誉的重大损害，后来逐渐被淘汰。

国际特许经营是在特许商向国际范围扩张业务的过程中形成的。目前，国际特许经营发展迅速，正在成为21世纪主流的商业经营模式。我国于2001年加入WTO时承诺三年内开放特许经营市场，2005年商务部颁布的《商业特许经营管理办法》正式生效，2007年5月1日，国务院《商业特许经营管理条例》正式开始实施，此后，还颁布了《商业特许经营备案管理办法》和《商业特许经营信息披露管理办法》。这些规定对规范特许经营活动，促进商业特许经营健康、有序地发展具有重要的保障作用。

二、国际特许经营的分类

国际特许经营可以按照特许经营的特许权形式、授权内容与方式等分为以下三种类型：

（一）生产特许

受许人投资建厂，使用特许人的商标或标志、专利技术、专有技术和生产标准等来加工或制造取得特许权的产品，然后经过经销商或零售商出售，受许人不与最终用户（消费者）直接交易。典型的案例包括：可口可乐的灌装厂。

（二）产品—商标特许

受许人使用特许人的商标和零售方法来批发和零售特许人的产品。作为受许人仍保持其原有企业的商号，单一地或在销售其他商品的同时销售特许人生产并取得商标所有权的产品。如汽车销售常见的××品牌汽车特许经销店、4S店等。

（三）经营模式特许

受许人有权使用特许人的商标、商号、企业标志以及广告宣传，完全按照特许人设计的单店经营模式来经营；受许人在公众中完全以特许人企业的形象出现；特许人对受许人的内部运营管理、市场营销等方面实行统一管理，具有很强的控制，如麦当劳、肯德基、沃尔玛等在中国的连锁店。

三、国际特许经营合同的主要条款

国际特许经营合同的主要条款包括：

（1）合同标的条款。即授予的特许权内容和方式，如授权标的包括特许人的商标、商号、专利技术、专有技术、经营管理系统等标的，须以列举的方式规定在合同中加以明确，也涉及技术指导、技术培训和服务条款。

（2）授予权利的期限。代表经营期限，也规定期限届满后的安排。

（3）价格条款。即特许权使用费及支付方式，特许权使用费包括初始费用如加盟费和后期提成的费用，和双方约定的支付方式。

（4）双方权利义务条款。包括特许方的保证义务、监督权利，受许方取得权利标的使用权的权利和支付款项、服从特许方管理的义务等。

（5）其他条款。如合同的序言，鉴于条款，签订时间和地点，不可抗力，法律适用和争议解决，合同的生效、解除、终止等条款。

第十章　国际商事争议的解决

要点提示：本章主要讲授国际商事争议的几种主要解决方式，包括国际商事调解、国际商事仲裁以及国际民商事诉讼等。

第一节　概　　述

一、国际商事争议的概念与特征

简而言之，国际商事争议，就是具有国际性的商事争议。从一个国家的角度而言，就是具有涉外因素的商事争议。但哪些争议可以归为国际商事争议，不同的国家可能有不同的理解，一些国际性文件也对此问题进行了阐述。对此，第一章第一节"国际商法的调整范围"部分和本章第三节"国际商事仲裁"分别从不同角度进行了讨论。

与国内商事争议相比，国际商事争议具有国际性。因此，在争议的解决上，比国内商事争议更为复杂。如可能涉及不同国家法律的选择适用；域外送达；域外取证；在一国作出的具有法律约束力的文件，可能需要在其他国家承认与执行等。另一方面，国际商事争议属于商事争议，因此，其解决方式与一般商事争议类似，不会提交诸如国际法院这样的国际司法机构解决，而主要通过协商、调解、商事仲裁或者向某国的国内法院起诉等方式。

二、国际商事争议的主要解决方式

从争议是否提交司法机构来区分，国际商事争议的解决方式可以分为两种：诉讼以及诉讼外的解决方式。诉讼外的解决方式，也称为替代性纠纷解决方式（Alternative Dispute Resolution，ADR），包括协商、调解、仲裁以及其他一些新近出现的非诉讼解决方式。①

协商（Consultation），是当事人之间意图解决争议的一种方式。如果当事人经过协商，不能达成一致意见，只能寻求其他的争议解决方式。如果当事人之间协商成功，达成协议，这种协议在当事人之间具有约束力。与其他的方式相比，协商具有自己的优势。协商只有当事人参加，其商业信息不会泄露；协商的成本较低；协商对当事人之间的后期合作不会产生太大的影响。但是，争议的协商解决需要当事人之间确实拿出诚意，且其结果有赖于当事人的自动履行。因此，对国际商事争议的当事人而言，协商可能是其首选的争议解决方式，但并非是最终的解决方式。

诉讼和仲裁是两种高度制度化的纠纷解决方式，其作出的生效的法律文件具有强制执行效力。相比较而言，因为仲裁具有不同于诉讼的特点和优势，国际商事争议的当事人更倾向于仲裁这种争议解决方式。另一方面，近些年来，国际商事调解也发挥着越来越重要的作用。

第二节　国际商事调解

调解作为一种独立的解决国际商事纠纷的方式，受到越来越多的重视。

一、调解的界定及分类

调解（Mediation，Conciliation），是指争议当事人请求第三方协助解决他们之间纠纷的争议解决方式。第三方称之为调解人。

根据调解人的不同，调解大致可以分为以下几种不同的类型：仲裁调解；法院调解；商事调解；人民调解以及行业调解。②

仲裁调解是在仲裁庭主持之下的调解，是否同意调解，由当事人自己决定。仲裁调解成功，当事人之间可以达成调解协议。根据调解协议，仲裁庭可以制作调解书或者裁决书。仲裁调解书经送达，当事人双方签收之后生效。法院调解是在法庭主持之下的调解。法院调解也需要征得当事人的同意。调解成功之后，法院可以根据调解协议制作调解书，调解书经送达，当事人签收后

---

① ADR 是否包括仲裁，有不同的观点。一种观点认为仲裁属于 ADR，另一种观点认为因为仲裁的高度制度化，应当剔除在 ADR 之外。

② 应当说，仲裁机构、法院、人民调解委员会以及行业协会也会调解商事纠纷，但这里所指的商事调解主要是指提供商事调解服务的机构所进行的调解。

生效。

与此相区别，国际商事调解是一种较新的独立的解决国际商事争议的方式，其作用越来越突出，许多机构为商事调解提供服务，并为此制定了专门的调解规则。① 2002 年，联合国国际贸易法委员会还制定了《联合国国际贸易法委员会国际商事调解示范法》(以下简称《国际商事调解示范法》)，供各国自行采用。依据该示范法第 1 条的规定，调解是指当事人请求一名或多名第三人（"调解人"）协助他们设法友好解决他们由于合同引起的或与合同的或其他的法律关系有关的争议的过程，而不论其称之为调解、调停或以类似含义的措辞相称。国际调解是指订立调解协议时，调解协议各方当事人的营业地处于不同的国家；或者当事各方的营业地与履行商事关系中大部分义务的所在国不同；或者当事各方的营业地与争议标的事项关系最密切的国家不同或者当事人约定是国际调解。

我国虽然没有出台商事调解法，但在 2009 年，最高人民法院印发了《关于建立健全诉讼与非诉讼相衔接的矛盾纠纷解决机制的若干意见》的通知，强调了商事调解的重要性。

二、国际商事调解的特点与优势

一般来说，国际商事调解具有以下特点：

（1）自愿性。商事调解遵循当事人的自愿。调解程序自当事人同意参加调解程序而开始。如《国际商事调解示范法》规定，调解程序，自该争议各方当事人同意参与调解程序之日开始。② 其他提供调解服务的机构所规定的调解规则也有类似规定。而且，一旦当事人不同意参加调解，调解程序就会终止。

（2）保密性。商事调解具有保密性。除非当事人另有约定，与调解程序有关的一切信息均应保密，调解人以及其他调解参与人均不得将调解的情况告知他人。更有甚者，一方当事人仅告知调解人的有关情况，调解人可以不告知另一方当事人，如果当事人有此要求。

（3）灵活性。商事调解的程序非常灵活。调解程序的确定可以由调解人在考虑案情、当事人意愿等情况下，灵活进行。如调解人可以单独或者同时会

---

① 如美国仲裁协会制定的调解规则；伦敦国际仲裁院的调解规则；中国国际商会调解中心以及北京仲裁委员会的调解规则。

② 参见《国际商事调解示范法》第 4 条第 1 款。

见当事人及其代理人进行调解；要求当事人提出书面或者口头的解决争议的方案；征得当事人同意后，聘请有关专家就技术性问题提供咨询或者鉴定意见；提出解决争议的建议和意见等。

（4）当事人的参与性。商事调解是调解人协助解决纠纷的方式，调解中，当事人可以充分地参与案件，对案件的结果可以提出自己的意见。

（5）结果的开放性。经商事调解达成的和解协议，调解人可以在上面签字、盖章，形成调解书。这种调解书对当事人有约束力，但是，并不具有强制执行效力。商事调解中的气氛相对轻松，对当事人的后续合作不会产生太多的不利影响。

（6）费用的低廉性。调解的费用相对低廉。

此外，相对于仲裁、诉讼等争议解决方式，商事调解也有自己的优势。首先，商事调解更为尊重当事人的意志。虽然仲裁也以当事人自愿为基本原则，但是，一旦当事人之间存在有效的仲裁协议，仲裁机构就可以受理案件。即使事后一方当事人不愿意参加仲裁，仲裁程序也不能停止。商事调解的程序可以因为一方当事人的不愿意而终止。其次，商事调解保密性更强。商事调解一般不公开进行，调解人和其他调解参与人对调解中的各种事项必须履行保密义务。而且，调解人所了解到的一方当事人所提供的信息也可以不告知另一方当事人。而且，从实践来看，调解程序一般也无书面的记录。再次，商事调解更加灵活，程序上的灵活性也是商事调解的优势之一。诉讼必须依据严格的法定程序，仲裁虽然没有诉讼的程序严格，但也必须遵循一定的规定。而调解的程序更为灵活。最后，商事调解中当事人的能动性更强。调解人是协助当事人解决争议的，因此，调解过程中，当事人具有更强的参与性。

但是，相对于仲裁和诉讼，商事调解的局限性也是很明显的，当事人对调解程序的影响过大，所以，调解的顺利进行需要当事人之间有解决争议的诚意。调解结果不具有强制执行效力，其履行也有赖于当事人的自觉。

三、国际商事调解的一般程序

（一）调解程序的开始

无论是否有事前调解协议，调解程序都可以开始。如果当事人有事前的调解协议或者在合同中有调解条款，当事人可以向提供调解服务的机构申请调解。但不同于仲裁，即使当事人之间没有事前的调解协议，一方当事人也可以向提供调解服务的机构申请调解，经另一方当事人同意后，调解程序也可以开始。

向提供调解服务的机构申请调解时，一般会要求当事人提交调解申请书。申请书一般包括：各方当事人的基本情况；调解的请求以及争议事实；一些证据材料；自己的身份证明等。同时，当事人还要缴纳一定的费用。

（二）调解人的指定

当事人可以自己指定或者委托提供调解服务的机构协助指定调解人。调解人的人数一般为一人，当事人也可以约定为多人。提供调解服务的机构一般有调解人名册，但这种名册并不具有强制性，当事人也可以在名册之外指定调解人。在被指定为调解人之前以及整个调解过程中，调解人必须履行信息披露义务：在被征询其是否可以被指定为调解人时，应当披露有可能对其公正性或独立性产生正当怀疑的任何情形；如果此种情形发生在被指定之后，也应当毫不迟延地向各方当事人披露。

（三）调解方式

调解的方式可以由当事人自己约定。如果当事人没有约定，调解人在公正解决争议的前提下，可以采取其认为适当的方式。调解一般不公开进行，调解过程也不进行记录。

（四）调解程序的终止

调解程序的终止分为几种不同的情形。

调解程序可以因为各方当事人订立了和解协议而终止。一旦当事人达成了和解协议，争议得到解决，调解程序终止。

调解程序也可以因为无继续存在的意义而终止。调解过程中，如果已经没有成功的可能，调解人也可以宣布调解程序终止。

调解也可以因为一方或双方当事人的声明而终止。调解过程中，各方当事人可以向调解人声明，宣布终止调解程序；一方当事人经向对方或其他各方当事人和已指定的调解人声明，也可以宣布终止调解程序。

调解也可以因为调解期限届满而终止。调解期限可以由当事人自行约定，或者调解规则来确定。如果约定的或者规定的期限届满，调解程序也可以终止，除非当事人另有约定。

除此之外，有些调解规则规定，一旦调解人与一方当事人或当事人的代理人在一定的期限内没有联络，调解程序也终止。①

① For example, AAA, *Commercial Mediation Procedures*，第 12 条 d 项。

四、国际商事调解中的注意事项

（一）对调解人的限制

为了打消当事人的顾虑，让其敞开心扉，使调解顺利进行。《国际商事调解示范法》第 12 条规定：除非当事人另有约定，调解人不应当担任对于曾经是或目前是调解程序标的事项的争议或者由于同一合同或法律关系或任何与其有关的合同或法律关系引起的另一争议的仲裁员。一些调解规则也规定，调解人不能在事后的仲裁程序或诉讼程序中担任证人或者一方当事人的代理人。

（二）证据在其他程序中的限制使用

调解中提供的证据在事后的仲裁或者诉讼程序中也限制使用。根据《国际商事调解示范法》第 10 条的规定，调解程序的一方当事人或任何第三人，包括参与调解程序行政工作的人在内，不得在仲裁、司法或类似的程序中以下列事项作为依据、将之作为证据提出或提供证言或证据：一方当事人关于参与调解程序的邀请，或者一方当事人曾经愿意参与调解程序的事实；一方当事人在调解中对可能解决争议的办法所表示的意见或提出的建议；一方当事人在调解程序过程中作出的陈述或承认；调解人提出的建议；一方当事人曾表示愿意接受调解人提出的和解建议的事实；完全为了调解程序而准备的文件。同时，仲裁庭、法院或政府其他主管当局也不得下令披露此类信息。

（三）和解协议的可执行性分析

国际商事调解达成的和解协议或者调解人根据和解协议制作的调解书是否具有强制执行性，是影响国际商事调解的重大事项。

一般认为和解协议并不具有强制执行效力，但是约束当事人。具体到我国，根据最高人民法院印发的《关于建立健全诉讼与非诉讼相衔接的矛盾纠纷解决机制的若干意见》，和解协议具有民事合同的性质。而且如果和解协议中具有给付内容，当事人可以申请公证机关依法赋予强制执行效力。债务人不履行或者不适当履行具有强制执行效力的公证文书的，债权人可以依法向有管辖权的人民法院申请执行。①

---

① 参见最高人民法院 2009 年发布的《关于建立健全诉讼与非诉讼相衔接的矛盾纠纷解决机制的若干意见》第 9、10、12 条。

第三节　国际商事仲裁

相比于协商、调解等，商事仲裁裁决具有强制执行效力；相比于诉讼，商事仲裁更尊重当事人的意愿，更具保密性，更节省费用，更具专业性，对当事人之间的后续合作产生的不利影响更小。而且，由于大多数国家都是 1958 年《承认及执行外国仲裁裁决公约》（简称为 1958 年《纽约公约》）的成员国，仲裁裁决更利于在其他国家的承认与执行。因此，国际商事仲裁已经成为解决国际商事争议的常用方式。①

一、概述

（一）国际商事仲裁的概念与特点

简言之，国际商事仲裁就是具有国际性质的商事仲裁。从一个国家的角度，也可以理解为具有涉外性质的商事仲裁。对于"国际"（涉外）和"商事"二词，不同的国家可能有不同的理解。

根据《联合国国际贸易法委员会国际商事仲裁示范法》（以下简称《国际商事仲裁示范法》）第 1 条规定，仲裁如有下列情况即为国际仲裁：仲裁协议的当事各方在缔结协议时，他们的营业地点位于不同的国家；或者下列地点之一位于当事各方营业地点所在国以外：仲裁协议中确定的或根据仲裁协议而确定的仲裁地点或者履行商事关系的大部分义务的任何地点或与争议标的关系最密切的地点；当事各方明确同意的仲裁协议的标的与一个以上的国家有关。因此，依据《国际商事仲裁示范法》，以下几种情况下仲裁具有国际性质：（1）缔结仲裁协议时，当事人的营业地位于不同国家；（2）仲裁地点与当事人营业地不在同一国家；（3）仲裁地点与主要义务履行地不在同一国家；（4）仲裁地点与争议标的最密切联系地不在同一国家；（5）当事人同意仲裁协议的标的与一个以上的国家有关。

至于何种仲裁是"商事"的，《国际商事仲裁示范法》在脚注 2 中提到：对"商事"一词应作广义解释，使其包含不论是契约性或非契约性的一切商事性质的关系所引起的种种情事。商事性质的关系包括但不限于下列交易：供应或交换货物或服务的任何贸易交易；销售协议；商事代表或代理；保理；租

---

① 参见 [英] 艾伦·雷德芬、马丁·亨特等：《国际商事仲裁法律与实践》，林一飞、宋连斌译，北京大学出版社 2005 年版，第 1 页。

赁；建造工厂；咨询；工程；许可证；投资；筹资；银行；保险；开发协议或特许；合营和其他形式的工业或商业合作；货物或旅客的空中、海上、铁路或公路的载运。因此，《国际商事仲裁示范法》对商事一词虽然没有作出解释，但其理念应当是尽量扩大商事所能包括的法律关系。

我国仲裁法律没有明确界定"国际"（涉外）以及"商事"二词。但最高人民法院 1988 年 4 月 2 日发布的《关于贯彻执行〈中华人民共和国民法通则〉若干问题的意见（试行）》第 178 条将"涉外民事关系"解释为："凡民事关系的一方或者双方当事人是外国人、无国籍人、外国法人的；民事关系的标的物在外国领域内的；产生、变更或者消灭民事权利义务关系的法律事实发生在外国的，均为涉外民事关系。"最高人民法院 1992 年发布的《关于适用〈中华人民共和国民事诉讼法〉若干问题的意见》第 304 条规定："当事人一方或双方是外国人、无国籍人、外国企业或组织，或者当事人之间民事法律关系的设立、变更、终止的法律事实发生在外国，或者诉讼标的物在外国的民事案件，均为涉外民事案件。"除此之外，我国加入了《联合国国际货物销售合同公约》，该公约以当事人的营业地分处不同的缔约国作为"国际"的标准。对于"商事"一词，最高人民法院 1987 年《关于执行我国加入的〈承认及执行外国仲裁裁决公约〉的通知》第 3 条作了解释：根据我国加入该公约时所作的商事保留声明，我国仅对按照我国法律属于契约性和非契约性商事法律关系所引起的争议适用该公约。所谓"契约性和非契约性商事法律关系"，具体是指由于合同、侵权或者根据有关法律规定而产生的经济上的权利义务关系，例如货物买卖，财产租赁，工程承包，加工承揽，技术转让，合资经营，合作经营，勘探开发自然资源，保险，信贷，劳务，代理，咨询服务和海上、民用航空、铁路、公路的客货运输以及产品责任，环境污染，海上事故和所有权争议等，但不包括外国投资者与东道国政府之间的争端。由此可以看出，我国对于商事的理解也很宽泛。

国际商事仲裁之所以成为国际商事争议的常用解决方式，是因为其具有一些不同于其他争议解决方式的特点与优势。与协商、调解等争议解决方式相比，仲裁裁决具有强制执行效力，能够申请法院强制执行。而与诉讼相比，仲裁的优点也是显而易见的：仲裁具有专业性，仲裁员允许当事人自己挑选，而仲裁员来源于各个领域，其专业性比之法官更强；仲裁具有保密性，仲裁不公开审理，参与仲裁的所有人员对案件负有保密义务，而诉讼一般公开进行；仲裁的程序比之诉讼更为灵活；仲裁更为迅速、更为节省费用，仲裁一般实行一裁终局，而各国诉讼一般最少为两审终审，因此，仲裁更为迅速，相对而言，费用更为节省；仲裁更为尊重当事人的意志，案件能够提交仲裁，必须要有当事人的协议，当事人可以选择仲裁员、仲裁程序。仲裁裁决较之法院判决更易执行，因为1958年《纽约公约》的存在及其参加国众多，仲裁裁决更容易得到其他国家的承认与执行。

当然，商事仲裁也有其自己的局限性。如涉及多方当事人争议时，无法顺利设置仲裁第三人；仲裁实行一裁终局，以及各国对仲裁裁决的有限审查，使得错误的仲裁裁决难以改正等。

（二）国际商事仲裁的种类

根据是否有常设仲裁机构的存在，国际商事仲裁可以区分为机构仲裁和临时仲裁（Ad Hoc Arbitration）。所谓机构仲裁也称为制度性仲裁、常设仲裁，是当事人根据仲裁协议，将他们之间的争议提交给约定的常设仲裁机构所进行的仲裁。① 临时仲裁也称为特别仲裁、临时性仲裁，这种仲裁中，事前不存在常设性的仲裁机构，当事人只是根据仲裁协议，将争议提交根据协议组建的仲裁庭审理，从而作出裁决。无论是机构仲裁还是临时仲裁，具体仲裁案件的都是仲裁庭，案件仲裁完毕，仲裁庭都不复存在。两种仲裁各有优缺点，临时仲裁起源应当较早，仲裁费用可能低廉一些，程序应当更为灵活。机构仲裁中，有熟悉事务的工作人员协助一些程序性的事项，有一套比较成熟的仲裁规则，当事人可能更为省力，但其费用可能相对较高。

根据仲裁时是否按照严格的法律进行，国际商事仲裁可以区分为依法仲裁和友好仲裁。顾名思义，依法仲裁是依据法律规则所进行的仲裁。而友好仲裁也经常被界定为依据公允及善良原则所进行的仲裁。友好仲裁通常需要当事人的授权。友好仲裁人通常并不依据严格的法律，而是依据公允及善良原则以及商事惯例等进行仲裁。《国际商事仲裁示范法》承认友好仲裁。

（三）主要的国际商事仲裁机构

1. 国外主要的国际商事仲裁机构。

（1）国际商会国际仲裁院（the ICC International Court of Arbitration）成立于1923年，是附属于国际商会的解决国际商事争议的常设仲裁机构，总部设在巴黎。在解决国际商事争议方面，该机构处于世界领先地位。自其成立时起，该机构受理的案件数量超过16000个。而且，该机构的受案量逐年上升，自1999年起，每年有超过500件案件由该机构处理。仅在2009年，就处理了

---

① 参见黄进等：《仲裁法学》，中国政法大学出版社2008年版，第3页。

817 件案件，涉及 128 个国家的 2095 个当事人。① 国际仲裁院的现行仲裁规则是 1998 年通过的仲裁规则。

（2）解决投资争端国际中心（International Center for Settlement of Investment Disputes，ICSID）成立于 1966 年，是根据 1965 年的《关于解决国家与他国国民之间的投资争端的公约》（简称为《华盛顿公约》）而设立的。该中心的主要目的是为国际投资争议提供调解或者仲裁服务。随着国际间投资的增加，该中心已经成为解决投资者与国家之间争议的重要的国际商事仲裁机构。② 中心有两套程序规则。其一是 ICSID 公约、规章和规则；其二是附加的规则，自 1978 年起开始实施。根据前者向中心申请仲裁或者调解必须满足三个条件：当事人一方是公约成员国，另一方是自然人或公司，且必须是另一缔约国的国民；争议必须是因投资直接产生的法律争议；当事人必须用书面的形式表明同意提交中心仲裁或者调解。根据后者，中心秘书处可以管理国家和外国国民之间在公约范围之外的一些争议，包括：直接产生于投资的争议；当事国或者国民所在国至少有一方是公约成员国，二者之间产生的非直接产生于投资的争议；寻求事实的程序。③ 两套规则均经过修改，最近一次修改于 2006 年生效。

除此之外，各国也有一些著名的服务于仲裁的常设性仲裁机构。英国伦敦国际仲裁院（London Court of International Arbitration，LCIA）是世界上历史最为悠久的仲裁机构之一，成立于 19 世纪末期。瑞士苏黎世商会仲裁院（Court of Arbitration of the Zurich Chamber of Commerce）的历史也可以追溯至 1911 年，现在更名为瑞士商会仲裁与调解院（Swiss Chambers' Court of Arbitration and Mediation）。瑞典斯德哥尔摩商会仲裁院（Arbitration Institute of the Stockholm Chamber of Commerce，SCC）成立于 1917 年。美国仲裁协会（American Arbitration Association，AAA），也是具有悠久历史的提供仲裁以及其他 ADR 的服务机构。

2. 国内主要的国际商事仲裁机构。

从实践以及各仲裁机构的仲裁规则来看，在我国，所有的仲裁机构都既能

---

① 参见国际商会国际仲裁院的网址：http：//www. iccwbo. org/court/arbitration/id4584/index. html。

② 参见 ICSID 网址：http：//icsid. worldbank. org/ICSID/FrontServlet？requestType = CasesRH&actionVal = ShowHome&pageName = AboutICSID_Home。

③ 参见 ICSID 网址：http：//icsid. worldbank. org/ICSID/FrontServlet？requestType = CasesRH&actionVal = RightFrame&FromPage = Dispute Settlement Facilities&pageName = Disp_settl_facilities。

受理国际商事案件，也能受理国内商事案件。但传统上，主要的国际商事仲裁机构有：中国国际经济贸易仲裁委员会（CIETAC）、中国海事仲裁委员会（CMAC）、香港国际仲裁中心。

中国国际经济贸易仲裁委员会，于 1956 年 4 月成立，附设于中国国际贸易促进委员会，当时名为对外贸易仲裁委员会，于 1980 年改名为对外经济贸易仲裁委员会，又于 1988 年改名为中国国际经济贸易仲裁委员会。2000 年，中国国际经济贸易仲裁委员会同时启用中国国际商会仲裁院的名称。总会设在北京，并在上海、深圳、重庆和天津分别设有仲裁委员会上海分会、华南分会、西南分会和天津仲裁中心。该委员会现行的仲裁规则是 2005 年版的《中国国际经济贸易仲裁委员会仲裁规则》，除此之外，还有 2005 年版的《中国国际经济贸易仲裁委员会金融争议仲裁规则》，以及针对快速解决电子商务纠纷及其他经济贸易争议的需要，于 2009 年 5 月 1 日推出的《中国国际经济贸易仲裁委员会网上仲裁规则》。

中国海事仲裁委员会，于 1959 年 1 月成立，当时名为中国国际贸易促进委员会海事仲裁委员会，1988 年更名为中国海事仲裁委员会。总会设在北京，在上海设有分会。该会现行的仲裁规则是 2004 年的仲裁规则。该仲裁委员会主要受理国内外的海事争议，也可以受理当事人约定的其他争议。

香港国际仲裁中心，于 1985 年设立，该中心是按香港公司法的规定设立的民间非营利性公司。该中心依《联合国国际贸易法委员会仲裁规则》进行仲裁。

（四）调整国际商事仲裁的主要国际文件

1. 1958 年《纽约公约》。

1958 年《纽约公约》，全称为《承认及执行外国仲裁裁决公约》（*Convention on the Recognition and Enforcement of Foreign Arbitral Awards*），于 1958 年在联合国主持下订立，1959 年 6 月生效，现有 144 个成员国。① 《纽约公约》是目前最重要的承认与执行外国仲裁裁决方面的国际性公约，实际上替代了之前的两个仲裁方面的国际性文件：1923 年的《日内瓦仲裁条款议定书》及 1927 年的《日内瓦执行外国仲裁裁决公约》。我国于 1987 年成为《纽约公约》的成员国，但规定了两项保留：（1）互惠保留。根据该项保留，我国仅对在另一缔约国领土内作出的仲裁裁决的承认和执行适用该公约。（2）

---

① 《纽约公约》的具体规定可以参见联合国国际贸易法委员会的网站：http://www.uncitral.org/uncitral/en/uncitral_texts/arbitration/NYConvention.html。

商事保留。根据该项保留，我国仅对按照我国法律属于契约性和非契约性商事法律关系所引起的争议适用该公约。

《纽约公约》共有 16 条，其主要内容是：（1）缔约国承认仲裁协议的效力。只要存在有效的仲裁协议，缔约国的法院应当依据一方当事人的请求，令当事人将案件提交仲裁。（2）缔约国承认仲裁裁决具有拘束力，并依照执行地的程序规则予以执行，且不应在实质上比承认或执行本国的仲裁裁决规定更多的条件或更高的费用。（3）有关拒绝承认与执行外国仲裁裁决的规定。（4）更优权利条款。公约规定其不影响缔约国间所订关于承认及执行仲裁裁决之多边或双边协定之效力，亦不剥夺任何利害关系人可依援引裁决地所在国之法律或条约所认许之方式，在其许可范围内，援用仲裁裁决之任何权利。这一规定使得公约并不剥夺当事人在承认及执行仲裁裁决方面根据其他条约或者国内法所享有的更优的权利，所以称之为更优权利条款。

2. 1985 年《国际商事仲裁示范法》（*UNCITRAL Model Law on International Commercial Arbitration*）。

《国际商事仲裁示范法》由联合国国际贸易法委员会制定，本身并不具有法律效力。该示范法制定的目的是让各国考虑到国际商事仲裁的特殊性，帮助各国改革自己的仲裁法律，从而使得自己的仲裁法律趋于现代化。示范法包含了有关仲裁各方面的规定：仲裁协议；仲裁庭的组成；法院对仲裁裁决的承认与执行等，反映了国际商事仲裁实践中广为接受的一些主要做法。示范法于 2006 年进行了修改，主要放宽了仲裁协议的书面形式要求，强化了仲裁中的临时性措施。许多国家在制定或修改自己的仲裁法时，参考了或者直接引用了该示范法。该示范法在统一各国商事仲裁法上，发挥了重要作用。

除了这两个国际性文件之外，还存在一些地区性的国际公约，如 1961 年欧洲各国签署的《欧洲国际商事仲裁公约》（*European Convention on International Commercial Arbitration*），美洲国家之间的《美洲国家商事仲裁公约》（*The Inter-American Convention on International Commercial Arbitration*）。

二、国际商事仲裁协议

仲裁协议是商事仲裁的基石。商事争议能否提交仲裁，取决于是否存在有效的仲裁协议。一旦存在有效的仲裁协议，就能排除法院的管辖权。缺乏有效的仲裁协议是撤销仲裁裁决以及拒绝承认和不予执行仲裁裁决的重要理由之一。

（一）仲裁协议的定义

仲裁协议也称为仲裁合同或仲裁契约，是指在争议发生之前或争议发生之后，当事人缔结的将特定争议提交仲裁解决的协议。

（二）仲裁协议的种类

根据表现形式的不同，仲裁协议主要分为仲裁条款和仲裁协议书。

仲裁条款通常作为合同的争议解决条款，包含在主合同中。因其在争议发生之前拟定，而当事人在此时可能更为关注合同中的实体权利和义务，故而通常较短。

仲裁协议书是一份单独的法律文件，通常是在争议发生之后拟定。此时，当事人通常会对此较为重视，因此，仲裁协议书较为复杂，包括的内容较多。如可能对提交仲裁的事项进行具体规定，明确仲裁庭的组成、应遵循的仲裁程序、仲裁地点、仲裁所适用的法律等。

现在主要的国际性文件，如《纽约公约》以及《国际商事仲裁示范法》都承认争议发生之后的仲裁协议有效。①

我国也对仲裁协议的表现形式做了规定，根据《仲裁法》第16条第1款：仲裁协议包括合同中订立的仲裁条款和以其他书面形式在纠纷发生之前或者在纠纷发生后达成的请求仲裁的协议。因此，与大多数国家相同，我国既允许在争议发生之前也允许在争议发生之后订立仲裁协议。

（三）仲裁协议的主要内容

几乎所有的仲裁机构都有推荐性的仲裁条款，这些推荐性的仲裁条款可以帮助当事人撰写仲裁协议，一般比较简短。就当事人而言，可以使用这种比较简单的仲裁条款，也可以在仲裁协议中规定比较详尽的内容。

仲裁协议可以包括：（1）所适用的仲裁规则。在主要的国际性仲裁机构的推荐性仲裁条款中，都建议当事人写明所适用的仲裁规则。（2）仲裁事项。这是仲裁协议中的重要事项，一般的推荐性仲裁条款建议尽可能使用较为宽泛的表达，如"产生于或与本合同有关的一切争议"。因为如果将某些争议规定为可仲裁的事项，而有些争议规定由法院解决，理论上或许可行，在实践中就会产生诸如某项争议到底是否属于可仲裁事项这种需要事先确定的问题。（3）仲裁庭的组成方式。仲裁庭的人数一般为1人或3人，这可以由当事人自己约定。（4）仲裁地点。仲裁地点在国际商事仲裁中具有极其重要的作用。仲裁

---

① 参见［英］艾伦·雷德芬、马丁·亨特等：《国际商事仲裁法律与实践》，林一飞、宋连斌译，北京大学出版社2005年版，第21页。

不得违反仲裁地的强制性规定。仲裁地的法院可以对仲裁进行监督，仲裁裁决一般只可能被仲裁地的法院撤销或宣布无效。（5）仲裁所适用的法律。国际商事仲裁所适用的法律也是非常重要的事项，关系到当事人实体权利义务的实现，可以由当事人约定。（6）仲裁所使用的语言文字。仲裁采用何种语言，允许当事人自己选择。（7）仲裁裁决的终局效力。

我国仲裁法也明确了仲裁协议的主要内容，根据《仲裁法》第 16 条第 2 款的规定，仲裁协议应当具有下列内容：请求仲裁的意思表示；仲裁事项；选定的仲裁委员会。《仲裁法》第 18 条规定，如果没有约定仲裁委员会或者约定不明确的，当事人可以达成补充协议；达不成补充协议的，仲裁协议无效。而国际实践中一般认为选定了某个仲裁机构的仲裁规则，就意味着选定了仲裁机构。因此，为了与国际实践相一致，2006 年最高人民法院《关于适用〈中华人民共和国仲裁法〉若干问题的解释》第 4 条作了明确规定：仲裁协议仅约定纠纷适用的仲裁规则的，视为未约定仲裁机构，但当事人达成补充协议或者按照约定的仲裁规则能够确定仲裁机构的除外。而且，我国的仲裁机构通常也在其仲裁规则中规定，一旦约定了该仲裁机构的仲裁规则，就可以认定该仲裁机构具有管辖权。①

（四）仲裁协议的有效性

1. 仲裁协议效力的认定机构。

有效的仲裁协议是当事人将争议提交仲裁，排除法院管辖的前提。这里需要首先解决的问题是仲裁协议的效力由谁来认定。

（1）仲裁庭的认定。许多国际文件确认，仲裁庭应当有权认定仲裁协议的效力。而仲裁协议的有效与否决定着仲裁庭是否有权审理案件，这一点在理论上，称之为管辖权/管辖权理论。

《国际商事仲裁示范法》第 16 条规定：仲裁庭可以对它自己的管辖权包括对仲裁协议的存在或效力的任何异议，作出裁定。《联合国国际贸易法委员会仲裁规则》第 21 条也规定：仲裁庭应有权就对其管辖权所提出的异议，包括对仲裁条款或单独的仲裁协议的存在和效力所提出的任何异议，进行裁决。

（2）法院的认定。仲裁程序中，对仲裁协议的效力提出异议，通常是向仲裁庭提出的，但是，在许多国家，也允许当事人向法院对仲裁协议的效力提出异议。

---

① 如《中国国际经济贸易仲裁委员会仲裁规则》（2005）第 4 条第 3 款、《北京仲裁委员会仲裁规则》（2008）第 2 条。

我国《仲裁法》第 20 条对仲裁协议效力的认定机构作出了规定：当事人对仲裁协议的效力有异议的，可以请求仲裁委员会作出决定或者请求人民法院作出裁定。一方请求仲裁委员会作出决定，另一方请求人民法院作出裁定的，由人民法院裁定。因此，在我国，从法条规定上来看，能够对仲裁协议效力认定的机构是法院和仲裁机构，而且，法院具有某种程度的优先权。但 2006 年《关于适用〈中华人民共和国仲裁法〉若干问题的解释》对这种优先权作了一定的限制，其第 13 条第 2 款规定：仲裁机构对仲裁协议的效力作出决定后，当事人向人民法院确认仲裁协议效力或者申请撤销仲裁机构的决定的，人民法院不予受理。

2. 对仲裁协议效力提出异议的时间。

为了使当事人及时提出异议，各国一般都规定了对仲裁协议效力提出异议的时间限制。根据《国际商事仲裁示范法》第 16 条第 2 款，一般而言有关仲裁庭无权管辖的抗辩不得在提出答辩书之后提出，除非仲裁庭认为推迟抗辩有正当理由。《联合国国际贸易法委员会仲裁规则》第 21 条第 3 款也规定：对仲裁庭不具有管辖的抗辩不得迟于在答辩书中或在有反请求的情况下，在对反请求的答复中提出。

我国《仲裁法》第 20 条对异议的提起时间规定为：当事人对仲裁协议的效力有异议，应当在仲裁庭首次开庭前提出。而且，根据 2006 年《关于适用〈中华人民共和国仲裁法〉若干问题的解释》第 13 条以及第 27 条：如果当事人在仲裁庭首次开庭前没有对仲裁协议的效力提出异议，而后向人民法院申请确认仲裁协议无效的，人民法院不予受理；当事人在仲裁程序中未对仲裁协议的效力提出异议，在仲裁裁决作出后以仲裁协议无效为由主张撤销仲裁裁决或者提出不予执行抗辩的，人民法院不予支持；而如果当事人在仲裁程序中对仲裁协议的效力提出异议，在仲裁裁决作出后又以此为由主张撤销仲裁裁决或者提出不予执行抗辩，经审查符合仲裁法规定的条件，人民法院应予支持。

3. 仲裁协议的有效要件。

（1）形式有效性。无论 1958 年《纽约公约》第 2 条，还是 1985 年《国际商事仲裁示范法》第 7 条①，都强调仲裁协议必须是书面的，因此，一般认为仲裁协议的书面性是仲裁协议的形式有效性。但是，随着科学技术的发展，一些新的通信技术的出现，对书面一词的认定产生了越来越多的困惑。一些国家的立法放宽了对书面一词的解释。这方面的典型例证是 1996 年英国的仲

---

① 2006 年修改之前的《国际商事仲裁示范法》第 7 条，这一条在 2006 年有了修改。

裁法。

注意到各国立法以及实践的变化，2006 年，联合国国际贸易法委员会作出决议，对 1985 年《国际商事仲裁示范法》进行了修改。修改之前，该示范法对书面形式的规定是：仲裁协议应是书面的。协议如载于当事各方签字的文件中，或载于往来的书信、电传、电报或提供协议记录的其他电信手段中，或在申请书和答辩书的交换中当事一方声称有协议而当事他方不否认，即为书面协议。在合同中援引载有仲裁条款的一项文件即构成仲裁协议，但该合同须是书面的而且这种援引足以使该仲裁条款构成该合同的一部分。① 修改之后的示范法对仲裁协议的形式要件作了两个备选案文。备选案文之一还是规定仲裁协议应当采用书面形式，但对书面作了扩大规定。备选案文之二只界定了仲裁协议，对仲裁协议的形式未作任何要求。

同时，2006 年联合国国际贸易法委员会还通过了对 1958 年《纽约公约》第 2 条的解释建议，这份建议也认为应当在比较宽泛的意义上解释第 2 条规定的书面形式要求。

我国《仲裁法》也规定仲裁协议必须是书面形式，且 2006 年《关于适用〈中华人民共和国仲裁法〉若干问题的解释》第 1 条规定：《仲裁法》第 16 条规定的"其他书面形式"的仲裁协议，包括以合同书、信件和数据电文（包括电报、电传、传真、电子数据交换和电子邮件）等形式达成的请求仲裁的协议。该司法解释适应了现代技术的发展，与我国 1999 年《合同法》的规定保持了一致。

（2）当事人具有相应的行为能力。作为一份协议，其签订人当然应当具有行为能力。根据《纽约公约》，拒绝承认与执行仲裁裁决的理由之一即为，协议的当事人处于某种无行为能力的情况。至于当事人行为能力的法律适用，根据国际私法规则，一般适用当事人的属人法，也有可能适用行为地法。

（3）争议具有可仲裁性。仲裁协议中约定的争议事项依据法律必须是可以提交仲裁的。依据《国际商事仲裁示范法》，如果法院认为提交仲裁的争议依据本国的法律，不能通过仲裁解决，可以撤销裁决。而且，《纽约公约》和示范法也强调争议不具有可仲裁性是裁决不予执行的理由之一。

不同的国家对争议的可仲裁性有不同的规定，但总的趋势是扩大可以提交仲裁的事项。我国《仲裁法》第 2 条和第 3 条规定了争议的可仲裁性问题。其中，第 2 条规定，平等主体的公民、法人和其他组织之间发生的合同纠纷和

---

① 参见 1985 年《国际商事仲裁示范法》第 7 条第 2 款。

其他财产权益纠纷，可以仲裁。第 3 条则强调，婚姻、收养、监护、扶养、继承纠纷以及依法应当由行政机关处理的行政争议不能仲裁。

除此之外，我国仲裁法也强调：被胁迫而订立的仲裁协议也是无效协议。

（五）仲裁协议的独立性

仲裁协议的独立性主要是指仲裁条款的独立性，也称之为仲裁协议的自治性、可分性。这一特点意味着仲裁条款虽然是作为合同的组成部分而存在的，但是与主合同相分离。主合同无效、终止并不影响仲裁协议的效力。

仲裁协议的独立性已经为许多国际文件和各国的立法和实践所接受。如《国际商事仲裁示范法》第 16 条就规定：仲裁庭可以对它自己的管辖权包括对仲裁协议的存在或效力的任何异议，作出裁定。为此目的，构成合同一部分的仲裁条款应视为独立于其他合同条款以外的一项协议。仲裁庭作出关于合同无效的决定，不应在法律上导致仲裁条款的无效。

我国《仲裁法》也承认仲裁协议的独立性，其第 19 条规定：仲裁协议独立存在，合同的变更、解除、终止或者无效，不影响仲裁协议的效力。不仅如此，2006 年最高人民法院《关于适用〈中华人民共和国仲裁法〉若干问题的解释》第 10 条进一步规定，合同成立后未生效或者被撤销的，仲裁协议效力的认定适用《仲裁法》第 19 条第 1 款的规定，当事人在订立合同时就争议达成仲裁协议的，合同未成立不影响仲裁协议的效力。

（六）主要仲裁机构的示范性仲裁条款

各常设性国际商事仲裁机构一般有示范性仲裁协议条款，供当事人自行采用。

国际商会国际仲裁院的示范性仲裁条款是：所有产生于或与本合同有关的争议均应按照国际商会仲裁规则由依照该规则指定的一名或数名仲裁员终审解决。同时，仲裁院还建议当事人在仲裁协议中约定合同所适用的法律，仲裁员的数量，仲裁地和仲裁所使用的语言。①

伦敦国际仲裁院的示范性仲裁条款包括两种：争议发生之前的以及争议发生之后的。争议发生之前的示范性仲裁条款是：任何产生于或者与该合同有关的任何争议，包括合同的成立、效力以及终止，均应按照《伦敦国际仲裁院仲裁规则》提交仲裁予以解决，该规则被认为并入了该仲裁条款，成为该仲裁条款的一部分。此外，该示范性仲裁条款还允许当事人约定仲裁员的数量

---

① 参见国际商会国际仲裁院有关推荐性仲裁条款的网址：http://www.iccwbo.org/uploadedFiles/Court/Arbitration/other/mc_arb_chinese.pdf。

（1 个或 3 个），仲裁地，仲裁使用的语言，合同所适用的实体法。争议发生之后的示范性条款是：当事人之间发生的与……有关的争议，当事人同意按照《伦敦国际仲裁院仲裁规则》提交仲裁予以解决。其他内容与前者相同。①

因为我国仲裁法规定仲裁协议中必须包括选定的仲裁机构，故中国国际经济贸易仲裁委员会的示范性仲裁条款是：凡因本合同引起的或与本合同有关的任何争议，均应提交中国国际经济贸易仲裁委员会，按照申请仲裁时该会现行有效的仲裁规则进行仲裁。仲裁裁决是终局的，对双方均有约束力。②

三、仲裁庭的组成

国际商事仲裁中，仲裁庭的组成可以由当事人自己约定。根据仲裁庭的组成人数不同，一般可以分为独任仲裁庭和三人组成的仲裁庭。③

（一）独任仲裁庭

这种仲裁庭由一个仲裁员组成。当事人共同选定或者共同委托第三者指定一个仲裁员组成仲裁庭审理案件。相比较而言，独任仲裁庭的优点在于仲裁的费用较为低廉，效率较高。许多仲裁规则规定，如果争议的金额较小，推荐采用独任仲裁庭的方式。

（二）三名仲裁员组成的仲裁庭

在国际商事仲裁实践中，多数案件是选择由三人组成的仲裁庭来审理案件。按照主要的仲裁立法和实践，通常由申请人和被申请人各自选定一位仲裁员。第三名仲裁员，即首席仲裁员的指定则做法不同。按照《国际商事仲裁示范法》第 11 条的规定，首席仲裁员由当事人选定的两名仲裁员指定。如果当事人怠于行使自己的权利，在规定的时间内不选择仲裁庭的组成方式或者仲裁员，各国一般规定或者由法院或者由仲裁机构协助组庭。

依据我国《仲裁法》第 30、31、32 条的规定，仲裁庭可以由三名仲裁员或者一名仲裁员组成。如果当事人约定由三名仲裁员组成仲裁庭的，应当各自选定或者各自委托仲裁委员会主任指定一名仲裁员，第三名仲裁员由当事人共同选定或者共同委托仲裁委员会主任指定。如果当事人约定由一名仲裁员成立

---

① 参见伦敦国际仲裁院网址：http://www.lcia-arbitration.com/。
② 参见中国国际经济贸易仲裁委员会的网址：http://cn.cietac.org/Default.html。
③ 仲裁庭的组成一般是 1 个人或 3 个人，但有些国家也允许 2 个人组成仲裁庭。

仲裁庭的，应当由当事人共同选定或者共同委托仲裁委员会主任指定仲裁员。当事人没有在规定的时间内约定仲裁庭的组成方式或者选定仲裁员的，由仲裁委员会主任指定。

四、国际商事仲裁程序

（一）国际商事仲裁程序规则的确定

在遵守仲裁地仲裁法律强制性规定的前提下，当事人意思自治是确定国际商事仲裁程序规则的基本准则。如果当事人没有达成协议，一般由仲裁庭决定仲裁程序的进行。《国际商事仲裁示范法》第 19 条即做了类似规定。

1. 仲裁法的适用。

实践中，当事人自己较少约定所适用的仲裁法。一般而言，所适用的仲裁法应当就是仲裁地的仲裁法。如果当事人约定仲裁地在甲地，而适用乙地的仲裁法肯定会产生许多问题。因此，仲裁程序一般适用的是仲裁地的仲裁法。

2. 仲裁规则的适用。

而从各国的仲裁法来看，对仲裁程序的规定往往较为简略，这就需要其他的一些规定来补充仲裁法中没有详细规定的程序事项。在实践中，补充仲裁法、详细规定仲裁程序事项的通常是仲裁规则。

仲裁规则是规定仲裁中应遵循的具体程序的规则。仲裁规则不同于仲裁法，后者一般由国家的立法机关规定，而前者主要由仲裁机构或者其他机构制定。如 1976 年联合国国际贸易法委员会制定了《联合国国际贸易法委员会仲裁规则》，前面所提的众多的仲裁机构也都有自己的仲裁规则。

各仲裁规则的具体内容会有差异，但一般包括如仲裁机构的受案范围，仲裁庭的组成，仲裁程序的运行，仲裁裁决的作出等事项。当事人可以在仲裁协议中约定所适用的仲裁规则，但从各仲裁机构的示范性仲裁条款中也可以看出：各仲裁机构倾向于当事人约定适用其自身的仲裁规则。

（二）仲裁审理方式

1. 开庭审理和书面审理。

国际商事仲裁审理的方式包括两种：开庭审理和书面审理。这两种审理方式各有利弊。开庭审理也称之为口头审理，便于当事人当庭出示证据，进行口头质证、辩论，有利于查明事实真相，但可能比较耗费时间。而书面审理则主要就当事人提交的书面材料进行审理，节约时间，较为经济。但在国际商事仲裁实践中，不开庭仅凭文件进行书面审理的方式并不多见。①

我国《仲裁法》也规定开庭审理是基本的审理方式。《仲裁法》第 39 条规定：仲裁应当开庭进行；当事人协议不开庭的，仲裁庭可以根据仲裁申请书、答辩书以及其他材料作出裁决。

2. 不公开审理和公开审理。

普遍认为，相对于诉讼，保密是仲裁的优势之一。因此，仲裁以不公开审理为原则。除非当事人协议公开审理，否则仲裁审理都是不公开的。仲裁员以及其他仲裁参与人均有保密义务。我国《仲裁法》第 40 条也规定：仲裁不公开进行。当事人协议公开的，可以公开进行，但涉及国家秘密的除外。

（三）国际商事仲裁中的临时措施

所谓临时措施是以裁决书为形式的或另一种形式的任何短期措施。这种措施包括但不限于财产保全、证据保全措施，其关系到之后的仲裁裁决的履行、仲裁中事实的确定等，非常重要。因此，《国际商事仲裁示范法》在 2006 年修改时，其第四章重点修改的内容就是临时措施问题。

根据修改后的示范法，除非当事人另有约定，采取临时措施的权力机构包括：仲裁庭以及法院。而且，2006 年的《国际商事仲裁示范法》对仲裁庭采取的临时性措施作了详细规定，包括采取临时措施或者初步命令应当满足的条件；具体措施；临时措施或者初步命令的修改、中止和终结、披露、担保和损害赔偿。② 而且 2006 年《国际商事仲裁示范法》的一项重要创新在于设立了承认和执行临时措施的制度，而该制度以有关承认和执行仲裁裁决的制度为样本。按照 2006 年《国际商事仲裁示范法》的规定，法院发布与仲裁程序有关的临时措施的权力应当与法院在诉讼程序方面的权力相同，不论仲裁程序的进行地是否在本国境内。

我国《仲裁法》规定的临时措施包括财产保全和证据保全。这两种临时措施的决定权在法院手中，仲裁庭没有权力行使。我国《仲裁法》第 28 条规定，一方当事人因另一方当事人的行为或者其他原因，可能使裁决不能执行或者难以执行的，可以申请财产保全。当事人申请财产保全的，仲裁委员会应当

---

① 参见［英］艾伦·雷德芬、马丁·亨特等：《国际商事仲裁法律与实践》，林一飞、宋连斌译，北京大学出版社 2005 年版，第 337 页。

② 初步命令仅是作为维持现状的一种手段，直至仲裁庭发布临时措施，通过或者更改初步命令。一般而言，仅在仲裁庭认为事先向临时措施所针对的当事人披露临时措施请求可能阻挠这种措施的目的时，才可以下达初步命令。

将当事人的申请依照《民事诉讼法》的有关规定提交人民法院。申请有错误的，申请人应当赔偿被申请人因财产保全所遭受的损失。《仲裁法》第 46 条规定，在证据可能灭失或者以后难以取得的情况下，当事人可以申请证据保全。当事人申请证据保全的，仲裁委员会应当将当事人的申请提交证据所在地的基层人民法院。

（四）仲裁裁决

按照仲裁裁决的内容和效力，可以将仲裁裁决区分为中间裁决、部分裁决、临时裁决以及最终裁决。但一般而言，仲裁裁决是指最终裁决。

1. 仲裁裁决的作出。

如果是独任仲裁庭，仲裁裁决按照独任仲裁员的意见作出。如果仲裁庭的组成人员为 1 人以上，裁决应当按照多数仲裁员的意见作出。这是各国仲裁制度的通行做法。但是如果不能达成多数意见，应当如何处理，各国的规定并不一致。按照我国《仲裁法》第 52 条的规定，裁决应当按照多数仲裁员的意见作出，少数仲裁员的不同意见可以记入笔录。仲裁庭不能形成多数意见时，裁决应当按照首席仲裁员的意见作出。

2. 仲裁裁决的形式和内容。

仲裁裁决应当以书面形式作出，但并不需要所有仲裁员签字。按照《国际商事仲裁示范法》第 31 条的规定，仲裁裁决上只需要仲裁庭全体成员的多数签字即可，但要说明没有签字的理由。

仲裁裁决书一般包括仲裁请求，仲裁事实以及仲裁的理由和结果，仲裁费用的负担等。但是，如果当事人另有约定，或者仲裁裁决是根据当事人的和解协议制作而成的，也可以不说明仲裁裁决的理由。

依据我国《仲裁法》第 54 条的规定，裁决书应当写明仲裁请求、争议事实、裁决理由、裁决结果、仲裁费用的负担和裁决日期。当事人协议不愿写明争议事实和裁决理由的，可以不写。裁决书由仲裁员签名，加盖仲裁委员会印章。对裁决持不同意见的仲裁员，可以签名，也可以不签名。

3. 仲裁裁决的解释和更正。

仲裁裁决书作出之后，不能随意改变。但是，对仲裁裁决的具体意义不太明确、文字或者计算错误，各国都允许在一定的期限内予以解释或者更正。对仲裁庭已经裁决，但在裁决书中遗漏的事项，也允许仲裁庭作出补充裁决。

我国《仲裁法》第 56 条规定，对裁决书中的文字、计算错误或者仲裁庭已经裁决但在裁决书中遗漏的事项，仲裁庭应当补正；当事人自收到裁决书之日起 30 日内，可以请求仲裁庭补正。

4. 和解而达成的裁决。

在仲裁的过程中，当事人可以自行和解，由此可以达成和解协议。为了使和解协议的效力更加确定，当事人可能会请求仲裁庭根据和解协议作出裁决书，这种仲裁裁决可以称为合议裁决。

我国仲裁法也允许仲裁当事人进行和解，按照我国《仲裁法》第49条和第50条的规定，当事人申请仲裁后，可以自行和解。达成和解协议的，可以请求仲裁庭根据和解协议作出裁决书，也可以撤回仲裁申请。如果当事人达成和解协议，撤回仲裁申请后反悔的，可以根据仲裁协议申请仲裁。

5. 调解而达成的裁决。

仲裁中，仲裁庭也可以进行调解。依据我国仲裁法，仲裁庭在作出裁决前，可以先行调解。当事人自愿调解的，仲裁庭应当调解。如果调解达成协议的，仲裁庭应当制作调解书或者根据协议的结果制作裁决书。调解书与裁决书具有同等法律效力。调解不成的，应当及时作出裁决。调解书应当写明仲裁请求和当事人协议的结果。调解书由仲裁员签名，加盖仲裁委员会印章，送达双方当事人。调解书经双方当事人签收后，即发生法律效力。在调解书签收前当事人反悔的，仲裁庭应当及时作出裁决。而且，调解不成的，任何一方当事人均不得在之后的仲裁程序、司法程序和其他任何程序中援引对方当事人或仲裁庭在调解过程中的任何陈述、意见、观点或建议作为其请求、答辩或者反请求的依据。

6. 仲裁裁决的生效。

仲裁裁决作出之后，何时生效，各国的规定不同。依据我国《仲裁法》第57条的规定，裁决书自作出之日起发生法律效力。

（五）仲裁中的放弃异议条款

为了使当事人对仲裁中的事项及时提出异议，不因其怠于行使权利而制造麻烦，《国际商事仲裁示范法》以及许多仲裁规则都规定了"放弃异议条款"。根据该示范法第4条的规定，一方当事人知道示范法中当事人可以背离的任何规定或仲裁协议规定的任何要求未得到遵守，但仍继续进行仲裁而没有不过分迟延地或在为此订有时限的情况下，没有在此时限内对此种不遵守情事提出异议的，应视为已放弃其提出异议的权利。《中国国际经济贸易仲裁委员会仲裁规则》（2005年）第8条规定：一方当事人知道或者理应知道本规则或仲裁协议中规定的任何条款或情事未被遵守，但仍参加仲裁程序或继续进行仲裁程序而且不对此不遵守情况及时地、明示地提出书面异议的，视为放弃其提出异议的权利。

五、国际商事仲裁中的法律适用

国际商事仲裁不同于国内商事仲裁，通常涉及多个法律体系。事实上，至少可以确定五种情况下可能涉及多个法律体系问题：适用于当事人签订仲裁协议的能力的法律；适用于仲裁协议的法律；适用于仲裁程序的法律；适用于争议实体问题的法律或相关法律规则；适用于裁决的承认和执行的法律。① 其中，当事人签订仲裁协议的能力通常适用当事人的属人法或者行为地法；适用于裁决的承认和执行的法律通常是执行地法。因此，这里需要讨论的主要是中间的三项。而仲裁程序的法律适用在上面的第四部分已经阐述，所以，这里主要讨论仲裁协议以及仲裁中实体问题的法律适用。

（一）仲裁协议的法律适用

仲裁协议是否成立、是否有效，各国的规定不同。一般而言，涉外仲裁协议首先适用当事人约定的法律，如果当事人没有约定，一般适用仲裁地的法律。我国《仲裁法》中没有规定仲裁协议的法律适用，但是 2006 年最高人民法院《关于适用〈中华人民共和国仲裁法〉若干问题的解释》第 16 条规定：对涉外仲裁协议的效力审查，适用当事人约定的法律；当事人没有约定适用的法律但约定了仲裁地的，适用仲裁地法律；没有约定适用的法律也没有约定仲裁地或者仲裁地约定不明的，适用法院地法律。

（二）争议实体问题的法律适用

如果当事人有授权，仲裁员可以作为友好仲裁人适用公平合理原则对案件进行审理。如果当事人没有授权，仲裁员审理案件时就会考虑争议实体问题的法律适用。而由于各国法律存在冲突，仲裁庭在审理案件时，对争议实体问题适用不同的法律，结果也会大相径庭。一般而言，当事人对争议实体问题可以自行约定所适用的法律。如果当事人没有约定，就由仲裁庭直接确定。

我国《仲裁法》没有对涉外仲裁中实体问题的法律适用作出规定，但是《北京仲裁委员会仲裁规则》（2008 年）第 60 条规定：仲裁庭应当根据当事人选择适用的法律对争议作出裁决。除非当事人另有约定，选择适用的法律系指实体法，而非法律冲突法。当事人未选择的，仲裁庭应当适用与争议事项有最密切联系的法律。在任何情况下，仲裁庭均应当根据有效的合同条款并考虑有关国际商事惯例作出裁决。

---

① 参见 ［英］艾伦·雷德芬、马丁·亨特等：《国际商事仲裁法律与实践》，林一飞、宋连斌译，北京大学出版社 2005 年版，第 82 页。

六、国际商事仲裁裁决的申请撤销

《纽约公约》和《国际商事仲裁示范法》都承认仲裁裁决的撤销是对仲裁裁决进行监督的方式之一。根据《纽约公约》第 5 条，拒绝承认和执行仲裁裁决的理由之一是：裁决已经被裁决所在国或裁决所依据法律所在国的主管机关撤销。《国际商事仲裁示范法》第 34 条也认为申请撤销是对仲裁裁决的唯一追诉。

（一）申请撤销的期限

对商事仲裁裁决的申请撤销，有时间限制。但各国规定的时间各不相同。依据《国际商事仲裁示范法》，从当事人收到裁决书之日起，3 个月后不能申请撤销。因此，当事人申请撤销必须在收到裁决书之日起 3 个月内。

（二）申请撤销的理由

当事人提出撤销仲裁裁决的申请必须要有一定的理由。一般而言，可能的理由包括：

（1）无有效的仲裁协议。仲裁协议是仲裁的基石，有效的仲裁协议是仲裁庭行使管辖权的依据。因此，无有效的仲裁协议是仲裁裁决被撤销的理由之一。如《国际商事仲裁示范法》规定，当事人提出证据证明仲裁协议的当事人一方欠缺行为能力，或者根据当事各方所同意遵守的法律，或在当事人没有约定时，根据其本国法律，仲裁协议无效，那么，仲裁裁决可以被撤销。

（2）违反了正当程序，没有平等对待双方当事人。如《国际商事仲裁示范法》规定，未向援用的裁决所针对的当事人发出指定仲裁员的适当通知或仲裁程序的适当通知，或因他故致使其不能陈述案情，仲裁裁决可以被撤销。

（3）仲裁庭的组成或程序与当事人的约定不符，或者违反了法律的强制性规定。如《国际商事仲裁示范法》规定：仲裁庭的组成或仲裁程序与当事人的约定不一致；无此种约定时，与仲裁地所在国法律不符，仲裁裁决可以被撤销。

（4）越权仲裁。如果仲裁裁决中包含了仲裁协议约定的仲裁事项以外的事项。那么，仲裁裁决可以被撤销。同时，如果仲裁裁决只是部分越权，仲裁裁决也可以部分撤销。

此外，如果仲裁裁决所解决的争议超出了法律规定的可仲裁事项的范围或者违反了公共秩序，仲裁裁决也可以被撤销。

（三）申请撤销的后果

当事人申请撤销仲裁裁决之后，即使认为仲裁裁决存在瑕疵，也不必然撤销裁决，法院可以给予仲裁庭在一定期限内重新进行仲裁程序或者消除请求撤销裁决的理由的行动。

我国对涉外仲裁裁决的撤销也作了规定。依据我国《仲裁法》以及《民事诉讼法》，涉外仲裁裁决的撤销必须满足几个条件：首先，当事人申请撤销裁决的，应当自收到裁决书之日起 6 个月内提出。其次，管辖的法院是仲裁委员会所在地的中级人民法院。再次，申请的理由包括：当事人在合同中没有订有仲裁条款或者事后没有达成书面仲裁协议的；被申请人没有得到指定仲裁员或者进行仲裁程序的通知，或者由于其他不属于被申请人负责的原因未能陈述意见的；仲裁庭的组成或者仲裁的程序与仲裁规则不符的；裁决的事项不属于仲裁协议的范围或者仲裁机构无权仲裁的。①

当事人申请撤销仲裁裁决之后，人民法院经过合议庭审理，可以有三种不同的结果：第一是裁定不予撤销裁决；第二是通知仲裁庭重新仲裁，同时中止撤销程序，一旦仲裁庭重新仲裁，撤销程序就终止，而如果仲裁庭不进行重新仲裁，撤销程序就恢复；第三是裁定撤销仲裁裁决。② 如果仲裁裁决被撤销，当事人可以向法院起诉或者重新达成仲裁协议进行仲裁。仲裁裁决也可以部分撤销，依据最高人民法院《关于适用〈中华人民共和国仲裁法〉若干问题的解释》第 19 条的规定，当事人以仲裁裁决事项超出仲裁协议范围为由申请撤销仲裁裁决，经审查属实的，人民法院应当撤销仲裁裁决中的超裁部分。但超裁部分与其他裁决事项不可分的，人民法院应当撤销仲裁裁决。而且，人民法院应当在受理撤销裁决申请之日起 2 个月内作出撤销裁决或者驳回申请的

---

① 国内仲裁裁决的撤销与此有区别，根据我国《仲裁法》第 58 条的规定，国内仲裁裁决撤销的理由包括："（一）没有仲裁协议的；（二）裁决的事项不属于仲裁协议的范围或者仲裁委员会无权仲裁的；（三）仲裁庭的组成或者仲裁的程序违反法定程序的；（四）裁决所根据的证据是伪造的；（五）对方当事人隐瞒了足以影响公正裁决的证据的；（六）仲裁员在仲裁该案时有索贿受贿，徇私舞弊，枉法裁决行为的。人民法院经组成合议庭审查核实裁决有前款规定情形之一的，应当裁定撤销。人民法院认定该裁决违背社会公共利益的，应当裁定撤销。"

② 根据我国的司法解释，人民法院决定受理有仲裁协议的涉外争议、裁定撤销或者不予执行涉外仲裁裁决、以及不予承认和执行外国仲裁裁决之前，必须将其意见向所属辖区的高级人民法院报告，如果高级人民法院也同意下级法院的做法，则须报告给最高人民法院。在最高人民法院未作出答复前，有关下级人民法院暂不予受理相关起诉或不发出撤销和不予执行涉外仲裁裁决、不予承认和执行外国仲裁裁决的裁定。这即所谓涉外仲裁中的报告制度。

裁定。

七、国际商事仲裁裁决的承认与执行

（一）涉外仲裁裁决在我国的执行

这里所称的涉外仲裁裁决与国内仲裁裁决一样，都是我国的仲裁裁决。因此，其在我国只存在执行问题，而没有承认问题。

1. 条件。

涉外仲裁裁决在我国的执行必须满足一定的条件。首先，必须在法定的时间内申请执行。按照 2007 年修改的《民事诉讼法》第 215 条的规定，这个期限为 2 年，从仲裁裁决书规定的履行期间的最后一日起计算；裁决规定分期履行的，从规定的每次履行期间的最后一日起计算；裁决未规定履行期间的，从法律文书生效之日起计算。其次，必须向有管辖权的法院提出。这里所指的有管辖权的法院是被执行人住所地或者被执行的财产所在地的中级人民法院。再次，裁决具有约束力，即仲裁裁决没有被裁定撤销或者不予执行。

2. 涉外仲裁裁决的不予执行。

当事人申请执行仲裁裁决，另一方当事人可以申请不予执行。如果满足一定的条件，仲裁裁决就可以被裁定为不予执行。依据我国《仲裁法》和《民事诉讼法》，涉外仲裁裁决不予执行的理由与撤销的理由相同，也是当事人在合同中没有订有仲裁条款或者事后没有达成书面仲裁协议的；被申请人没有得到指定仲裁员或者进行仲裁程序的通知，或者由于其他不属于被申请人负责的原因未能陈述意见的；仲裁庭的组成或者仲裁的程序与仲裁规则不符的；裁决的事项不属于仲裁协议的范围或者仲裁机构无权仲裁的。①

（二）涉外仲裁裁决在外国的承认与执行

涉外仲裁裁决如果需要在外国承认与执行，则需要当事人直接向有管辖权的外国法院申请承认与执行，按照该国的规定办理。

（三）外国仲裁裁决在我国的承认与执行

外国仲裁裁决在我国的承认与执行，可以分为三种情况。第一，对方也是

----

① 国内仲裁裁决不予执行的理由与此有区别，包括：当事人在合同中没有订有仲裁条款或者事后没有达成书面仲裁协议的；裁决的事项不属于仲裁协议的范围或者仲裁机构无权仲裁的；仲裁庭的组成或者仲裁的程序违反法定程序的；认定事实的主要证据不足的；适用法律确有错误的；仲裁员在仲裁该案时有贪污受贿，徇私舞弊，枉法裁决行为的以及人民法院认定执行该裁决违背社会公共利益的。

《纽约公约》的成员国，则需要按照该公约办理。依据《纽约公约》，仲裁裁决应当被承认与执行，但如果依据被执行人的请求，被请求执行的国家的主管机关在以下几种情况下可以拒绝承认与执行：签订仲裁协议的当事人，根据对他们适用的法律，存在某种无行为能力的情况，或者根据仲裁协议所选定的准据法（或未选定准据法而依据裁决地法），证明该仲裁协议无效；被执行人未接到关于指派仲裁员或关于仲裁程序的适当通知，或者由于其他情况未能对案件进行申辩；裁决所处理的事项，非为交付仲裁事项，或者不包括在仲裁协议规定之内，或者超出仲裁协议范围以外；仲裁庭的组成或仲裁程序同当事人之间的协议不符，或者当事人之间没有这种协议时，同进行仲裁的国家的法律不符；裁决对当事人还没有拘束力，或者裁决已经由作出裁决的国家或据其法律作出裁决的国家的主管机关撤销或停止执行。除此之外，如果被请求承认和执行仲裁裁决地所在国家的主管机关查明有下列情况之一，也可以拒绝承认和执行：争执的事项，依照这个国家的法律，不可以仲裁解决者；承认和执行该项裁决将与这个国家的公共秩序抵触者。第二，对方不是《纽约公约》的成员国，此时一般按照互惠原则办理。第三，如果对方既不是《纽约公约》的成员国，与我国之间也无互惠关系，则可以由当事人根据仲裁裁决在我国起诉。

第四节　国际民事诉讼

国际民事诉讼也是解决国际商事争议的重要方式。但是，虽然冠以"国际"二字，诉讼仍是在一国法院进行的，只不过遵循的是一国的涉外民事诉讼程序。一般而言，相对于国内民事诉讼，国际民事诉讼中有几个问题值得强调：外国人的民商事诉讼地位；国际民商事案件的管辖；国际民商事诉讼中的司法协助，如域外送达，域外取证以及判决的承认与执行等。

一、外国人的民商事诉讼地位

（一）国民待遇原则的运用

国民待遇原则是确定外国人民事诉讼地位的基本原则，这一原则要求外国人在内国进行诉讼，享有与内国人同等的权利义务。这一原则也为我国立法所采纳。我国《民事诉讼法》第5条明确规定，外国人、无国籍人、外国企业和组织在人民法院起诉、应诉，同中华人民共和国公民、法人和其他组织有同等的诉讼权利义务。同时，为了保证自己的国民在他国能够享有国民待遇，一国通常还会规定这种国民待遇以对等为条件，如我国《民事诉讼法》第5条还规定，外国法院对中华人民共和国公民、法人和其他组织的民事诉讼权利加以限制的，中华人民共和国人民法院对该国公民、企业和组织的民事诉讼权利，实行对等原则。

（二）外国人诉讼行为能力的法律适用

外国当事人能否自己行使诉讼权利和义务，涉及当事人的诉讼行为能力问题。从国际上来看，外国人诉讼行为能力通常适用其属人法。大陆法系国家通常认为属人法是指当事人的本国法（国籍国法），英美法系国家通常认为属人法是指当事人的住所地法，除此之外，还出现了融合这两个概念的惯常居所地法。此外，为了保护内国善意当事人的利益，有些国家还对属人法作了一定的限制，如《日本民事诉讼法》第51条规定："外国人依据其本国法律虽然没有诉讼能力，但如依据日本法律有诉讼行为能力时，视为有诉讼行为能力的人。"① 我国没有规定外国人的诉讼行为能力的法律适用，但是规定了行为能力的法律适用。最高人民法院《关于贯彻执行〈中华人民共和国民法通则〉若干问题的意见（试行）》第180条规定，外国人在我国领域内进行民事活动，如依其本国法律为无民事行为能力，而依我国法律为有民事行为能力，应当认定为有民事行为能力。

（三）诉讼代理制度

外国人在内国诉讼，通常涉及诉讼代理问题。诉讼代理人是否必须由特定的人担任，有了代理人之后，当事人是否必须亲自出庭，各国的法律规定不同。依据我国《民事诉讼法》第239条和第240条的规定，外国人、无国籍人、外国企业和组织在人民法院起诉、应诉，需要委托律师代理诉讼的，必须委托中华人民共和国的律师。在中华人民共和国领域内没有住所的外国人、无国籍人、外国企业和组织委托中华人民共和国律师或者其他人代理诉讼，从中华人民共和国领域外寄交或者托交的授权委托书，应当经所在国公证机关证明，并经中华人民共和国驻该国使领馆认证，或者履行中华人民共和国与该所在国订立的有关条约中规定的证明手续后，才具有效力。同时，根据我国参加的《维也纳领事关系公约》，以及其他一些双边条约的规定，我国承认领事代理，外国人在我国进行民事诉讼的，可以委托领事代为参加诉讼。而且，根据最高人民法院的意见，外国人也可以委托我国的公民或者外国的公民作为诉讼代理人。但如果委托的是外国律师，则其只能以非律师身份参加诉讼。

---

① 参见黄进：《国际私法》，法律出版社2005年版，第632页。

（四）诉讼费用担保制度

诉讼费用担保制度是指当外国人作为原告在内国法院起诉时，为了防止其滥用诉讼权利，以及败诉时逃避其缴纳诉讼费用的义务，应被告的请求或依国内法院的规定，内国法院责令原告提供一定的财物作为担保。① 这里所称的诉讼费用并非案件受理费，因为依据法律，一般而言，只要提起诉讼就应当缴纳案件的受理费。这种制度的目的是防止外国原告滥用诉讼权利，防止其败诉后不缴纳诉讼费用，对法院所属国以及被告造成损害。诉讼费用担保制度可能对外国当事人造成不利影响，因此，许多国家在签订双边协议时，明确规定免除诉讼费用保证金。我国 2007 年实施的《诉讼费用交纳办法》中对外国人的诉讼费用交纳问题采用国民待遇以及对等原则。该办法第 5 条规定：外国人、无国籍人、外国企业或者组织在人民法院进行诉讼，适用本办法。外国法院对中华人民共和国公民、法人或者其他组织，与其本国公民、法人或者其他组织在诉讼费用交纳上实行差别对待的，按照对等原则处理。因此，原则上我国对外国原告并不实行诉讼费用担保制度。

二、国际民商事案件的管辖权

国际民商事案件的管辖权具有重要意义：是特定法院审理案件的前提条件，一国对某个国际民商事案件有管辖权，意味着该国的法院或者其他具有审判权的司法机关可以受理该案件；关系到实体问题的法律适用，与诉讼结果密切相关；与判决的承认与执行密切相关，因为许多国家规定具有合格管辖权的法院作出的判决才可能被承认以及执行。

（一）确定国际民商事案件管辖权的一般原则

各国的民事诉讼法对国际民商事案件管辖权的规定各有不同，如英美法系国家区分对人诉讼和对物诉讼，其管辖依据不同。对人诉讼中，只要有关案件的被告在送达传票时处于内国境内，只要传票能有效地送达给该被告人，内国法院就对该案件具有管辖权。对物诉讼中，只要有关财产处于内国境内或有关被告的住所处于内国境内，内国法院就有管辖权。以法国为代表的拉丁法系国家一般依据有关当事人的国籍来确定一国法院的管辖权。德国以及奥地利、日本等国则主张主要以被告的住所地来确定内国法院是否具有管辖权。虽然各国的规定不同，但是确定国际民商事案件管辖权的一般原则主要包括四个方面：

---

① 参见赵相林：《国际私法》，中国政法大学出版社 2005 年版，第 397 页。

1. 属地管辖原则。

属地管辖原则，也称为地域管辖或领土管辖原则，主张以有关民商事案件中的事实或者当事人与有关国家的地域联系作为确定管辖的依据。属地管辖原则是主权原则在国际民事诉讼管辖问题上的体现。这一原则在实践中具体体现为：管辖以当事人的住所地、营业地、惯常居所地、诉讼标的物所在地以及法律事实发生地，如合同履行地、合同缔结地、侵权行为地等为依据。

2. 属人管辖原则。

属人管辖原则，是指以当事人的国籍作为管辖的依据。这一原则强调在国际民商事案件中，有关诉讼当事人的国籍所属国家的法院具有管辖权。

3. 专属管辖原则。

专属管辖是指国家对特定的民商事案件规定自己享有排他的管辖权，而其他国家没有管辖权。这类管辖一般针对的是一国认为对自己非常重要的事项。

4. 协议管辖原则。

协议管辖是指允许当事人约定对国际民商事案件的管辖。这是意思自治原则在国际民事诉讼管辖中的体现。

需要指出的是，虽然有不同的确定管辖的依据，一般国家都不是单单采纳某一种原则，而是融合这些不同的规定，规定自己的管辖原则。

（二）我国对管辖的规定

我国对国际民商事案件管辖的规定涉及国际立法和国内立法。我国缔结或参加的国际条约中有一些关于涉外管辖的规定，如我国1954年加入的《国际铁路货物联运协定》，1980年加入的《国际油污损害民事责任公约》，1999年加入的《1969年国际油污损害民事责任公约的1992年议定书》，2005年对我国生效的《蒙特利尔公约》。我国对国际民商事案件管辖的国内立法主要包括《民事诉讼法》以及最高人民法院的一些司法解释。

1. 地域管辖。

（1）普通地域管辖。我国普通地域管辖的依据与德国类似，是被告的住所地。依据我国《民事诉讼法》第22条的规定，对公民提起的民事诉讼，由被告住所地人民法院管辖；被告住所地与经常居住地不一致的，由经常居住地人民法院管辖。对法人或者其他组织提起的民事诉讼，由被告住所地人民法院管辖。同一诉讼的几个被告住所地、经常居住地在两个以上人民法院辖区的，各该人民法院都有管辖权。与此同时，我国也规定，对不在中华人民共和国领域内居住的人提起的有关身份关系的诉讼，由原告住所地人民法院管辖；原告住所地与经常居住地不一致的，由原告经常居住地人民法院管辖。

（2）特殊地域管辖。特殊地域管辖涉及的主要是合同纠纷以及其他财产权益纠纷。我国《民事诉讼法》第 241 条规定，因合同纠纷或者其他财产权益纠纷，对在中华人民共和国领域内没有住所的被告提起的诉讼，如果合同在中华人民共和国领域内签订或者履行，或者诉讼标的物在中华人民共和国领域内，或者被告在中华人民共和国领域内有可供扣押的财产，或者被告在中华人民共和国领域内设有代表机构，可以由合同签订地、合同履行地、诉讼标的物所在地、可供扣押财产所在地、侵权行为地或者代表机构住所地人民法院管辖。

2. 协议管辖。

我国法律承认协议管辖，《民事诉讼法》第 242 条规定，涉外合同或者涉外财产权益纠纷的当事人，可以用书面协议选择与争议有实际联系的地点的法院管辖。选择中华人民共和国人民法院管辖的，不得违反关于级别管辖和专属管辖的规定。

3. 专属管辖。

我国法律规定了专属管辖，依据《民事诉讼法》第 34 条的规定，因不动产纠纷提起的诉讼，由不动产所在地人民法院管辖；因港口作业中发生纠纷提起的诉讼，由港口所在地人民法院管辖；因继承遗产纠纷提起的诉讼，由被继承人死亡时住所地或者主要遗产所在地人民法院管辖。除此之外，《民事诉讼法》第 244 条还规定，因在中华人民共和国履行中外合资经营企业合同、中外合作经营企业合同、中外合作勘探开发自然资源合同发生纠纷提起的诉讼，由中华人民共和国人民法院管辖。

4. 推定管辖。

我国法律也承认推定管辖。我国《民事诉讼法》第 243 条规定，涉外民事诉讼的被告对人民法院管辖不提出异议，并应诉答辩的，视为承认该人民法院为有管辖权的法院。

5. 级别管辖。

依据我国《民事诉讼法》第 19 条的规定，重大涉外案件由中级人民法院作为第一审人民法院。而根据最高人民法院《关于适用〈中华人民共和国民事诉讼法〉若干问题的意见》第 1 条，这里所称的重大涉外案件，是指争议标的额大，或者案情复杂，或者居住在国外的当事人人数众多的涉外案件。①

---

① 前述《民事诉讼法》2007 年进行了修改，所以该意见中有部分条款已经无效。但是这一条仍然有效。

除此之外，2002 年最高人民法院《关于涉外民商事案件诉讼管辖若干问题的规定》专门针对涉外民商事案件的级别管辖问题作了规定。根据该规定，第一审涉外民商事案件由国务院批准设立的经济技术开发区人民法院或者省会、自治区首府、直辖市所在地的中级人民法院或者经济特区、计划单列市中级人民法院或者最高人民法院指定的其他中级人民法院或者高级人民法院管辖。但其针对的仅是：（1）涉外合同和侵权纠纷案件；（2）信用证纠纷案件；（3）申请撤销、承认与强制执行国际仲裁裁决的案件；（4）审查有关涉外民商事仲裁条款效力的案件；（5）申请承认和强制执行外国法院民商事判决、裁定的案件。

（三）国际民商事案件管辖权的冲突

由于各国对涉外民商事案件管辖权的规定不同，因而会不可避免地产生涉外民商事管辖权的冲突。为了解决这一冲突，国际社会努力尝试制定统一的国际文件来协调这一问题。目前，取得实质性成果的有几个区域性的公约，如欧洲国家间的 1968 年的《布鲁塞尔公约》、1988 年的《洛迦诺公约》以及美洲国家间 1979 年的《美洲国家间关于外国判决和仲裁裁决的域外有效性公约》。国际上的最新成果则是 2005 年《海牙协议选择法院公约》，该公约调整基于选择法院协议而提起的国际民商事诉讼，对各国选择法院的协议和此种情况下，外国判决的承认与执行规则进行规定。2007 年 9 月，墨西哥成为加入该公约的第一个国家。2009 年 1 月和 4 月，美国和欧共体先后分别向海牙国际私法会议提交了加入公约的签字文件。我国虽然还没有加入该公约，但是，2008 年 7 月 3 日最高人民法院公布了《关于内地与香港特别行政区法院相互认可和执行当事人协议管辖的民商事案件判决的安排》，该安排主要借鉴了 2005 年的《海牙协议选择法院公约》。①

三、国际民商事司法协助

国际民商事司法协助，是指在国际民商事诉讼过程中，一国法院应另一国法院或者当事人的请求，协助进行某些诉讼行为，如代为取证，代为送达文书等。对国际民商事司法协助的范围，理论上有不同的观点：狭义的观点认为司法协助仅包括协助送达文书、协助取证；广义的观点认为除了上述行为之外，还包括对外国法院判决以及外国仲裁裁决的承认和执行。本书采广义观点。国

---

① See HCCH, Outline Hague Choice of Court Convention, available at http：//www. hcch. net/index_ en. php? ac t=conventions. text&cid=98，visited March 1，2010.

际司法协助的依据主要是：国际条约，如 1965 年订于海牙的《关于向国外送达民事或商事司法文书和司法外文书公约》（以下简称《海牙送达公约》），1970 年订于海牙的《关于从国外调取民事或商事案件证据的公约》（以下简称《海牙取证公约》）以及 2005 年《海牙协议选择法院公约》；区域性条约，如前所述《布鲁塞尔公约》、《洛迦诺公约》以及《美洲国家间关于外国判决和仲裁裁决的域外有效性公约》；双边条约、协定以及各国对国际司法协助的国内规定。

（一）域外送达

域外送达，是指一国司法机关，依据有关国际条约以及国内法律的规定，将司法文书以及司法外文书送交给居住在国外的诉讼当事人或其他诉讼参与人的行为。域外送达的主要方式包括：（1）按照国际司法协助条约规定的方式送达。这里所称的条约包括《海牙送达公约》，也包括区域性的公约以及双边条约。（2）外交代表或领事送达，这种方式主要是通过委托本国使领馆代为送达，是为国际社会所普遍承认和采用的方式。不过，采用这种方式进行域外送达的对象一般只能是本国国民，不能是驻在国或第三国的国民，并不得采取强制措施，不得违反所在国的法律。（3）邮寄送达。（4）委托当事人的诉讼代理人或亲属送达。（5）公告送达。（6）按照当事人协商的方式送达，这是英美普通法系国家所采用的一种送达方式。近些年来，随着科学技术的发展，电子邮件送达方式也渐渐被一些国家所采用。

我国是《海牙送达公约》的成员国，并且与许多国家订立了双边司法协助协定，除此之外，我国《民事诉讼法》第 245 条规定了人民法院对在我国没有住所的当事人送达诉讼文书的方式，2006 年最高人民法院也出台了《关于涉外民事或商事案件司法文书送达问题若干规定》的司法解释。从这些规定来看，我国采取的域外送达方式主要包括：

（1）依照受送达人所在国与中华人民共和国缔结或者共同参加的国际条约中规定的方式送达；

（2）通过外交途径送达；

（3）委托中华人民共和国驻受送达人所在国的使领馆代为送达，这针对的是具有中国国籍的受送达人；

（4）向受送达人委托的有权代其接受送达的诉讼代理人送达；

（5）作为受送达人的自然人或者企业、其他组织的法定代表人、主要负责人在中华人民共和国领域内的，人民法院可以向该自然人或者法定代表人、主要负责人送达；

（6）向受送达人在中华人民共和国领域内设立的代表机构或者有权接受送达的分支机构、业务代办人送达；

（7）受送达人所在国的法律允许邮寄送达的，可以邮寄送达，自邮寄之日起满6个月，送达回证没有退回，但根据各种情况足以认定已经送达的，期间届满之日视为送达；

（8）传真、电子邮件等能够确认收悉的其他适当方式向受送达人送达；

（9）公告送达，自公告之日起满6个月，即视为送达。

（二）域外取证

域外取证，是指受诉法院国的有关机构或人员为进行有关的民事诉讼程序而在法院国境外提取诉讼证据的行为。关于域外取证的国际条约以及区域性公约主要包括：《海牙取证公约》，美洲国家组织订立的《美洲国家间关于国外调取证据的公约》以及《美洲国家间关于国外调取证据的公约的附加议定书》，欧盟《关于成员国法院之间民商事案件取证合作的第1206号理事会规则》等。

《海牙取证公约》是最重要的有关域外取证的国际性公约，我国是其成员国。根据该公约，域外取证的方式包括以下四种。第一，请求书形式，也即受诉法院用请求书的形式，请求缔约国主管机关调取证据。按照公约，这种形式下，首先由请求国司法机关将请求书直接送交给执行国中央机关（中央机关由各缔约国自行指定，我国指定的中央机关是司法部），然后由中央机关转交给执行请求的主管机关。只有在两种情况下，才能拒绝执行请求书：在执行国，该请求书的执行不属于司法机关的职权范围；或者被请求国认为，请求书的执行将会损害其主权和安全。执行国不能仅因其国内法已对该项诉讼标的规定专属管辖权或不承认对该事项提起诉讼的权利为理由，拒绝执行请求。第二，外交官员、领事取证。我国仅仅认可使领馆官员向身处接受国的本国公民取证，且不能采取强制措施。第三，特派员取证。这主要是普通法系国家的做法，我国作出了保留。第四，当事人或诉讼代理人自行取证。这种方式在普通法系国家尤其是美国，得到了肯定。但是，我国作出了保留。我国《民事诉讼法》第261条第3款规定，未经中华人民共和国主管机关准许，任何外国机关或个人不得在中华人民共和国领域内送达文书、调查取证。据此可知，外国当事人或其诉讼代理人不得在中国境内自行取证。

（三）外国法院判决的承认与执行

一国法院的判决原则上只能在该法院国境内发生效力，但各国也在一定条件下承认和执行外国法院的判决，这一般以条约以及互惠原则为依据。目前国际上与此相关的具有广泛的国际性和普遍性的公约还不多。海牙国际私法会议1971 年订立了《民商事案件外国判决的承认与执行公约》，但该公约参加国很少。2005 年《海牙协议选择法院公约》则只针对协议管辖时的判决的承认与执行。

外国法院的判决必须符合一定的条件，才能得到承认与执行。这些条件主要包括：（1）作出判决的外国法院必须具有合格的管辖权；（2）原判决已经生效；（3）外国法院进行的诉讼程序是公正的；（4）外国法院的判决是通过合法的手段取得的；（5）不存在诉讼竞合，也即内国法院未就同一当事人之间的同一争议作出判决，也没有第三国法院就同一当事人之间的同一争议所作的判决已经被承认；（6）判决地国与执行地国之间存在条约关系或互惠关系；（7）外国法院的判决不与内国的公共政策相抵触等。

我国《民事诉讼法》对承认和执行外国法院判决作了规定。根据该规定，外国法院作出的发生法律效力的判决、裁定，需要我国人民法院承认和执行的，可以由当事人直接向我国有管辖权的中级人民法院申请承认和执行，也可以由外国法院依照该国与我国缔结或者参加的国际条约的规定，或者按照互惠原则，请求人民法院承认和执行。人民法院对申请或者请求承认和执行的外国法院作出的发生法律效力的判决、裁定，依照我国缔结或者参加的国际条约，或者按照互惠原则进行审查后，认为不违反我国法律的基本原则或者国家主权、安全、社会公共利益的，裁定承认其效力，需要执行的，发出执行令，进行执行。违反我国法律的基本原则或者国家主权、安全、社会公共利益的，不予承认和执行。而我国判决、裁定需要在国外承认和执行的，则可以由当事人直接向有管辖权的外国法院申请承认和执行，也可以由人民法院依照我国缔结或者参加的国际条约的规定，或者按照互惠原则，请求外国法院承认和执行。